SSAFY 단기 합격을 위한
해커스잡 ... 학습자료

IT·SW 취업 성공!

SW적성진단 FINAL 모의고사 이용권 (PDF)

9A3A F6C5 96C4 BE5X

해커스잡 사이트(job.Hackers.com) 접속 후 로그인 ▶ 사이트 메인 우측 퀵바 상단의 [교재 무료자료] 클릭 ▶ [취업교재 무료자료 다운로드] 페이지에서 본 교재 우측의 자료 [다운로드] 클릭 ▶ 위 쿠폰번호 입력 후 이용

소원쌤의 시험장에서 통하는 수리 SKILL 강의 수강권

CC5F E7B4 7CFD 4CUV

해커스잡 사이트(job.Hackers.com) 접속 후 로그인 ▶ 마이클래스 ▶ 상단의 [결제관리 - 포인트 · 쿠폰 · 수강권] 클릭 ▶ [쿠폰/수강권 등록하기]에 위 쿠폰번호 등록 ▶ [내강의실 - 패키지 · 이벤트 강의]에 강의 자동 지급

* 본 쿠폰은 한 ID당 1회에 한해 등록 및 사용 가능합니다. * 쿠폰 등록 시점 직후부터 30일간 PC 수강 가능합니다.

김동민의 반도체 직무 맞춤 분석 강의 수강권

2BC5 C6FF C9FF CCAL

해커스잡 사이트(job.Hackers.com) 접속 후 로그인 ▶ 마이클래스 ▶ 상단의 [결제관리 - 포인트 · 쿠폰 · 수강권] 클릭 ▶ [쿠폰/수강권 등록하기]에 위 쿠폰번호 등록 ▶ [내강의실 - 단과강의]에 강의 자동 지급

* 본 쿠폰은 한 ID당 1회에 한해 등록 및 사용 가능합니다. * 쿠폰 등록 시점 직후부터 30일간 PC 수강 가능합니다.

1:1 온라인 자소서 첨삭 5천원 할인쿠폰

C4A4 AAD8 97ED 4973

해커스잡 사이트(job.Hackers.com) 접속 후 로그인 ▶ 마이클래스 ▶ 상단의 [결제관리 - 포인트 · 쿠폰 · 수강권] 클릭 ▶ [쿠폰/수강권 등록하기]에 위 쿠폰번호 등록 ▶ 결제 시 적용

* 본 쿠폰은 한 ID당 1회에 한해 등록 및 사용 가능합니다. * 쿠폰 중복할인 불가 / 일반첨삭 상품에만 적용 가능합니다.

* 그 외 모든 쿠폰 관련 문의는 해커스 고객센터(02-537-5000)로 연락 바랍니다.

해커스 SSAFY 통합 기본서

삼성 청년 SW 아카데미(싸피)

SW적성진단+에세이+면접

해커스잡

서문

SSAFY에 합격하려면 어떻게 준비해야 하나요?

SSAFY 지원 절차와 그에 따른 전형들을 보면서
막연히 SSAFY에서 교육을 받은 뒤 IT 업계에서의 취업을 하고 싶다고 꿈꾸던 많은 분들에게
SSAFY 전형별 시험은 막막하게만 느껴질 것입니다.

최신 출제 경향을 정확히 파악하고 철저히 대비할 수 있도록,
기출 유형을 단기간에 익히고 실전 감각을 극대화할 수 있도록,
전 영역 필수 이론으로 탄탄한 기본기를 쌓고 취약 유형은 확실하게 극복할 수 있도록

해커스는 수많은 고민을 거듭한 끝에
신간 「해커스 SSAFY 통합 기본서 SW적성진단 + 에세이 + 면접」을 출간하게 되었습니다.

신간 「해커스 SSAFY 통합 기본서 SW적성진단 + 에세이 + 면접」은

01 적성검사에 출제되는 모든 문제 유형을 익히고 실전 감각을 극대화할 수 있도록 문제 풀이 꿀팁을 제공하는 것은 물론, 예제와 실전 문제를 풍부하게 수록했습니다.

02 실력 UP 핵심이론노트를 통해 기초 이론 학습을 할 수 있으며, 실전모의고사 3회분(온라인 1회 포함)을 통해 실전 감각을 키우고 문제 풀이 시간을 단축하여 SW적성검사 고득점을 달성할 수 있습니다.

03 에세이 및 면접 합격 가이드를 수록하여 에세이와 면접까지 대비할 수 있습니다.

해커스와 함께 SSAFY 지원 전형의 모든 관문을 넘어 합격의 기쁨을 누릴 "예비 SSAFY 교육생" 여러분께 이 책을 드립니다.

해커스 취업교육연구소

목차

PART 2 실전모의고사

실전모의고사 1회

실전모의고사 2회

PART 3 실력 UP 핵심이론노트

PART 4 에세이 및 면접

[책 속의 책]
약점 보완 해설집

[온라인 제공] 해커스잡 사이트(job.Hackers.com)
온라인 시험 대비
SW적성진단 FINAL 모의고사(PDF)

SSAFY 합격을 위한 이 책의 활용법

1 최신 출제 경향을 파악하고 전략적으로 학습한다!

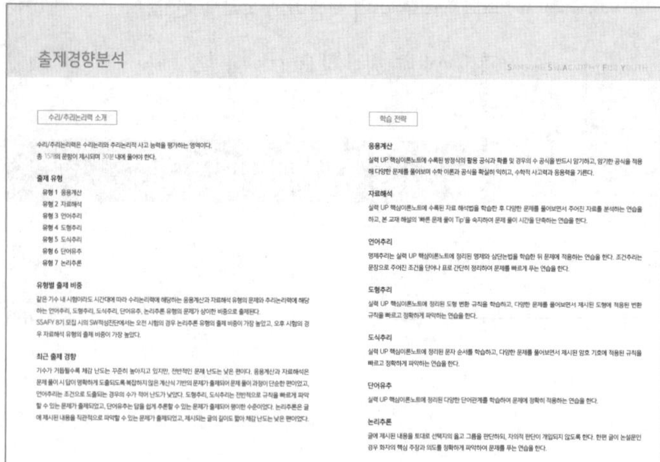

출제경향분석

SAMSUNG SW ACADEMY FOR YOUTH

수리/추리논리력 소개

수리/추리논리력은 수리논리와 추리논리적 사고 능력을 평가하는 영역이다.
총 15개의 문항이 제시되며 30분 내에 풀어야 한다.

출제 유형

유형 1 응용계산
유형 2 자료해석
유형 3 언어추리
유형 4 도형추리
유형 5 도식추리
유형 6 단어유추
유형 7 논리추론

유형별 출제 비중

같은 기수 내 시험이라도 시간대에 따라 수리논리력에 해당하는 응용계산과 자료해석 유형의 문제와 추리논리력에 해당하는 언어추리, 도형추리, 도식추리, 단어유추, 논리추론 유형의 문제가 상이한 비중으로 출제된다.
SSAFY 8기 모집 시의 SW적성진단에서는 오전 시험의 경우 논리추론 유형의 출제 비중이 가장 높았고, 오후 시험의 경우 자료해석 유형의 출제 비중이 가장 높았다.

최근 출제 경향

기수가 거듭될수록 체감 난도는 꾸준히 높아지고 있지만, 전반적인 문제 난도는 낮은 편이다. 응용계산과 자료해석은 문제 풀이 시 답이 명확하게 도출되도록 복잡하지 않은 계산식 기반의 문제가 출제되어 문제 풀이 과정이 단순한 편이었고, 언어추리는 조건으로 도출되는 경우의 수가 적어 난도가 낮았다. 도형추리, 도식추리는 전반적으로 규칙을 빠르게 파악할 수 있는 문제가 출제되었고, 단어유추는 답을 쉽게 추론할 수 있는 문제가 출제되어 평이한 수준이었다. 논리추론은 글에 제시된 내용을 직관적으로 파악할 수 있는 문제가 출제되었고, 제시되는 글의 길이도 짧아 체감 난도는 낮은 편이었다.

학습 전략

응용계산
실력 UP 핵심이론노트에 수록된 방정식의 활용 공식과 확률 및 경우의 수 공식을 반드시 암기하고, 암기한 공식을 적용해 다양한 문제를 풀어보며 수학 이론과 공식을 확실히 익히고, 수학적 사고력과 응용력을 기른다.

자료해석
실력 UP 핵심이론노트에 수록된 자료 해석법을 학습한 후 다양한 문제를 풀어보면서 주어진 자료를 분석하는 연습을 하고, 본 교재 해설의 '빠른 문제 풀이 Tip'을 숙지하여 문제 풀이 시간을 단축하는 연습을 한다.

언어추리
명제추리는 실력 UP 핵심이론노트에 정리된 명제와 삼단논법을 학습한 뒤 문제에 적용하는 연습을 한다. 조건추리는 문장으로 주어진 조건을 단어나 표로 간단히 정리하여 문제를 빠르게 푸는 연습을 한다.

도형추리
실력 UP 핵심이론노트에 정리된 도형 변환 규칙을 학습하고, 다양한 문제를 풀어보면서 제시된 도형에 적용된 변환 규칙을 빠르고 정확하게 파악하는 연습을 한다.

도식추리
실력 UP 핵심이론노트에 정리된 문자 순서를 학습하고, 다양한 문제를 풀어보면서 제시된 암호 기호에 적용된 규칙을 빠르고 정확하게 파악하는 연습을 한다.

단어유추
실력 UP 핵심이론노트에 정리된 다양한 단어관계를 학습하여 문제에 정확히 적용하는 연습을 한다.

논리추론
글에 제시된 내용을 토대로 선택지의 옳고 그름을 판단하되, 자의적 판단이 개입되지 않도록 한다. 한편 글이 논설문인 경우 화자의 핵심 주장과 의도를 정확하게 파악하여 문제를 푸는 연습을 한다.

출제경향분석

최신 SW적성검사의 출제 유형과 최근 출제 경향, 학습 전략 등으로 구성되어 있어 영역별 최신 출제 경향을 쉽게 파악할 수 있다.

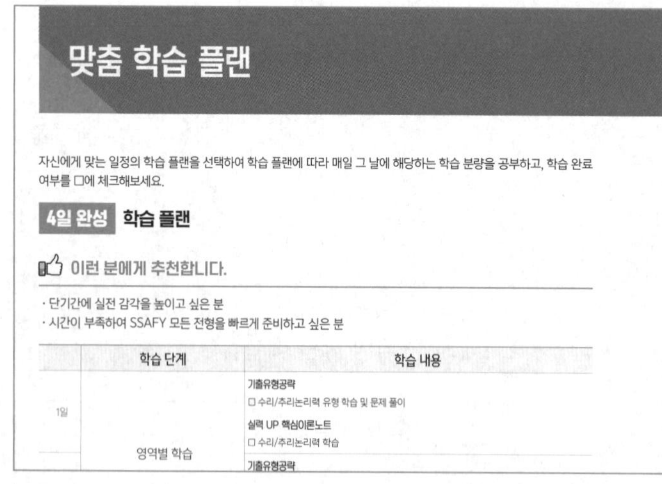

맞춤 학습 플랜

자신에게 맞는 일정의 학습 플랜을 선택하여 학습 플랜에 따라 매일 그 날에 해당하는 학습 분량을 공부하고, 학습 완료 여부를 □에 체크해보세요.

4일 완성 학습 플랜

이런 분에게 추천합니다.

· 단기간에 실전 감각을 높이고 싶은 분
· 시간이 부족하여 SSAFY 모든 전형을 빠르게 준비하고 싶은 분

	학습 단계	학습 내용
1일	영역별 학습	기출유형공략 □ 수리/추리논리력 유형 학습 및 문제 풀이 실력 UP 핵심이론노트 □ 수리/추리논리력 학습
		기출유형공략

4일 완성 맞춤형 학습 플랜

본 교재에서 제공하는 '4일 완성 학습 플랜'에 따라 학습하면 혼자서도 단기간에 유형 공략부터 에세이 및 면접까지 SSAFY의 모든 채용 단계를 완벽하게 대비할 수 있다.

2 최신기출유형 공략부터 실전까지 체계적으로 학습한다!

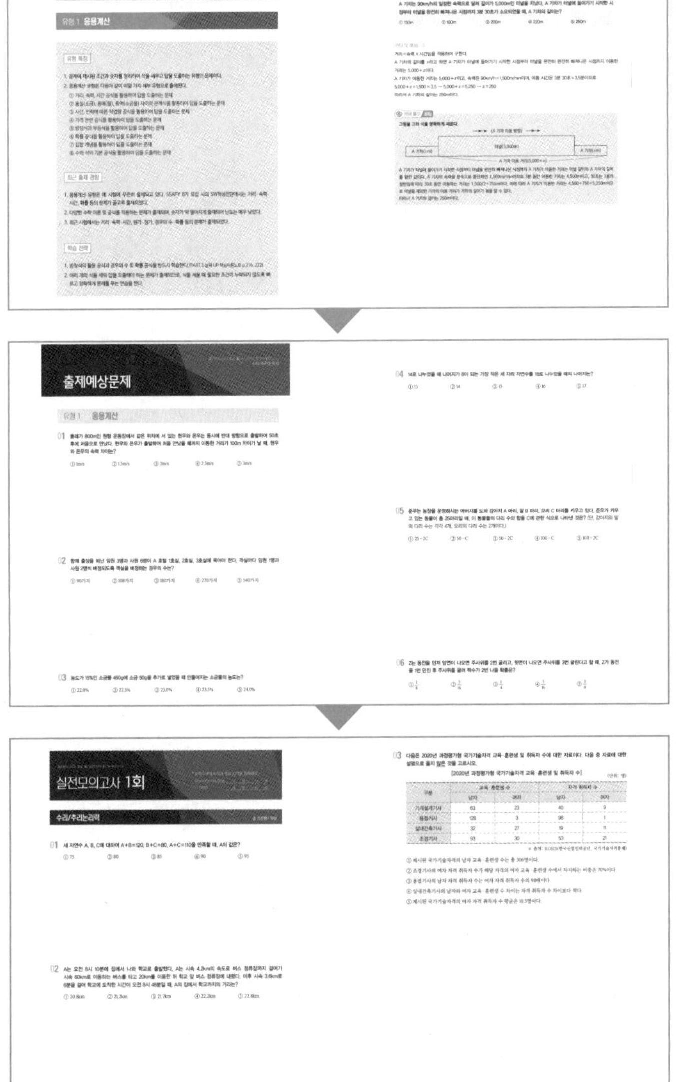

기출유형공략

SW적성검사 각 영역의 출제 유형과 최근 출제 경향, 유형별 학습전략과 예제 등으로 구성되어 있어 유형별 공략법을 빈틈없이 파악할 수 있다. 또한, 모든 예제마다 제공되는 '문제 풀이 꿀팁'을 통해 유형별 시간 단축 방법을 확실하게 익힐 수 있다.

출제예상문제

유형별 문제를 집중적으로 풀어보며 유형별 공략법을 문제에 적용하는 연습을 하고, 시간 단축 연습도 할 수 있다.

실전모의고사

SW적성검사에 대한 실전모의고사 2회분을 풀어봄으로써 완벽하게 실전을 대비할 수 있다.

3 필수 이론은 실력 UP 핵심이론노트로 학습한다!

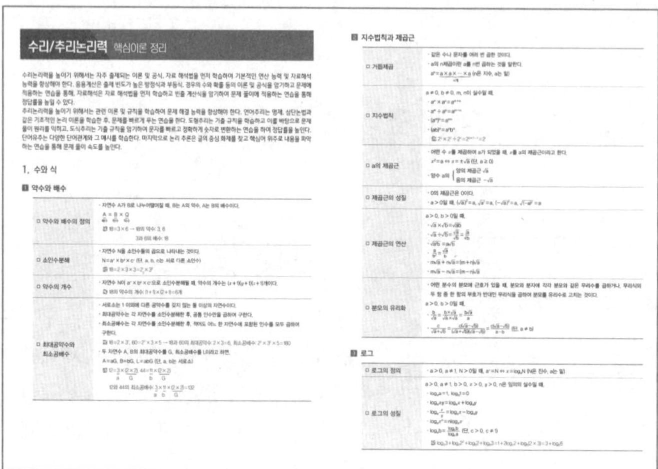

실력 UP 핵심이론노트

문제 풀이에 필요한 영역별 이론으로 구성된 '핵심이론 정리'를 통해 단기간에 SW적성검사 합격을 위한 핵심 개념을 학습할 수 있다. 또한, '핵심이론 Quiz'를 통해 학습한 내용을 다시 점검해볼 수 있다.

4 에세이 및 면접에도 철저하게 대비한다!

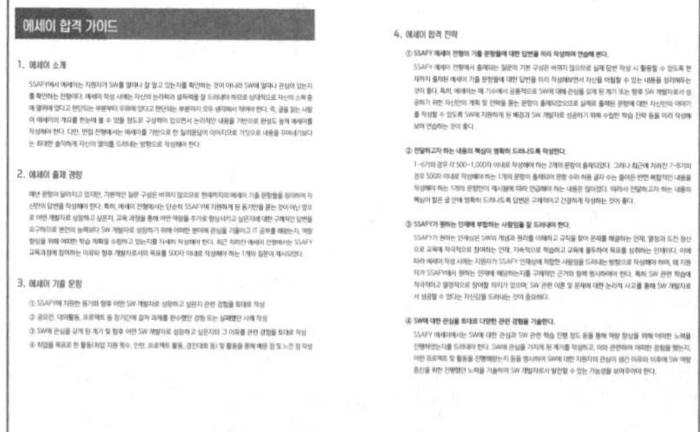

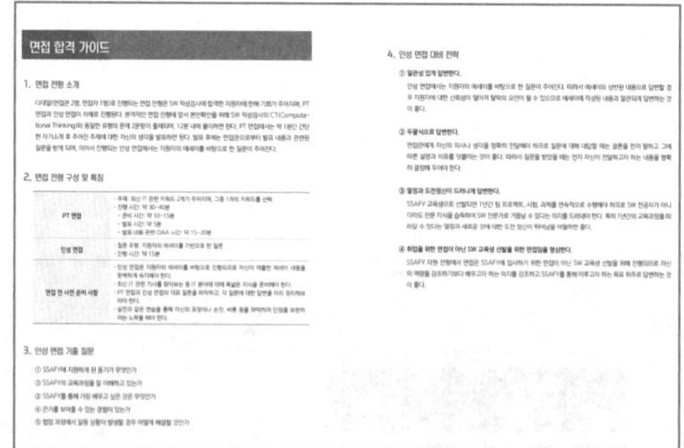

에세이 합격 가이드

SW적성진단뿐만 아니라 SW적성진단 이후 마감되는 에세이 전형까지 대비할 수 있도록 '에세이 합격 가이드'를 수록하였다. 이전 기수에서 실제로 출제된 문항 등을 미리 확인하고 답안 작성 Tip을 통해 에세이 전형까지 완벽하게 준비할 수 있다.

면접 합격 가이드

SW적성검사 합격 이후 진행되는 면접전형을 준비할 수 있도록 '면접 합격 가이드'를 수록하였다. 인성면접 기출 질문은 물론, PT면접에 도움되는 IT 상식 관련 핵심 개념 등이 정리되어 있어 면접전형도 빈틈없이 대비할 수 있다.

5 **취약점을 분석**하고, **상세한 해설**로 완벽하게 정리한다!

취약 유형 분석표

유형별로 맞힌 개수, 틀린 문제 번호와 풀지 못한 문제 번호를 적고 나서 취약한 유형이 무엇인지 파악해 보세요. 취약한 유형은 '기출유형공략'을 통해 복습하고 틀린 문제와 풀지 못한 문제를 다시 한번 풀어보세요.

	유형	맞힌 개수	틀린 문제 번호	풀지 못한 문제 번호
수리/추리논리력	응용계산	/2		
	자료해석	/3		
	언어추리	/2		
	도형추리	/2		
	도식추리	/2		
	단어유추	/2		
	논리추론	/2		
	TOTAL	/15		

취약 유형 분석표

영역별로 취약 유형을 파악하고 '기출유형공략'으로 복습한 후, 틀린 문제나 풀지 못한 문제를 반복하여 풀면서 약점을 극복할 수 있다.

약점 보완 해설집

모든 문제에 대해 상세하고 이해하기 쉬운 해설을 수록하여 체계적으로 학습할 수 있다. 특히 전 영역에 수록된 '빠른 문제 풀이 Tip'을 통해 복잡한 수치 계산을 빠르고 정확하게 푸는 방법까지 익힐 수 있다.

6 **동영상강의**와 **온라인 자료**를 **이용**한다! (job.Hackers.com)

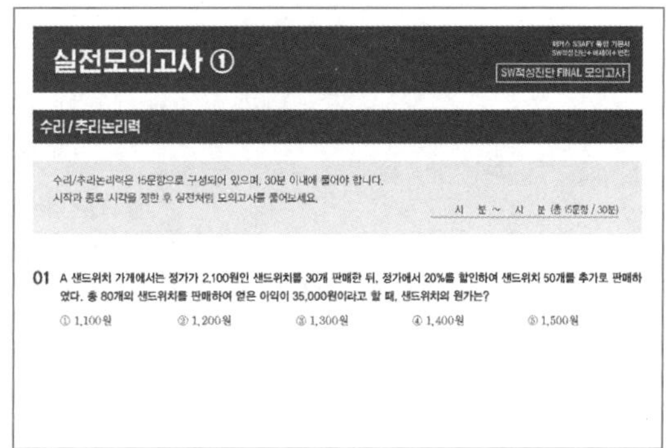

SW적성진단 동영상 강의

해커스잡 사이트에서 유료로 제공하는 본 교재의 동영상 강의를 통해 교재 학습 효과를 극대화할 수 있다.

SW적성진단 FINAL 모의고사

해커스잡 사이트에서 제공하는 SW적성진단 FINAL 모의고사를 통해 자신의 실력을 최종적으로 점검해 볼 수 있다.

맞춤 학습 플랜

자신에게 맞는 일정의 학습 플랜을 선택하여 학습 플랜에 따라 매일 그 날에 해당하는 학습 분량을 공부하고, 학습 완료 여부를 □에 체크해보세요.

4일 완성 학습 플랜

이런 분에게 추천합니다.

· 단기간에 실전 감각을 높이고 싶은 분
· 시간이 부족하여 SSAFY 모든 전형을 빠르게 준비하고 싶은 분

	학습 단계	학습 내용
1일	영역별 학습	**기출유형공략** □ 수리/추리논리력 유형 학습 및 문제 풀이 **실력 UP 핵심이론노트** □ 수리/추리논리력 학습
2일		**기출유형공략** □ CT 유형 학습 및 문제 풀이 **실력 UP 핵심이론노트** □ CT 학습
3일	실전 문제 풀이 + 최종 마무리	**실전모의고사** □ 1회 문제 풀이 □ 2회 문제 풀이 **실력 UP 핵심이론노트** □ 수리/추리논리력 복습 □ CT 복습
4일		**실전모의고사** □ 1회 복습 □ 2회 복습 **에세이 및 면접** □ 에세이 학습 □ 면접 학습

* 실전 연습을 더 하고 싶다면, 해커스잡 사이트(job.Hackers.com)에서 무료로 제공하는 SW적성검사 FINAL 모의고사를 이용하여 실전 감각을 높일 수 있다.

* 심화 학습을 원한다면, 해커스잡 사이트(job.Hackers.com)에서 유료로 제공하는 본 교재의 동영상강의를 수강하여 심화 학습을 할 수 있다.

7일 완성 학습 플랜

이런 분에게 추천합니다.

- 기본기를 쌓은 후 실전 연습을 하고 싶은 분
- 시간을 들여 모든 영역 및 유형을 꼼꼼히 학습하고 싶은 분

	학습 단계	학습 내용
1일	영역별 학습	**기출유형공략** □ 수리/추리논리력 유형 학습 및 문제 풀이 **실력 UP 핵심이론노트** □ 수리/추리논리력 학습
2일		**기출유형공략** □ 수리/추리논리력 복습 **실력 UP 핵심이론노트** □ 수리/추리논리력 복습
3일		**기출유형공략** □ CT 유형 학습 및 문제 풀이 **실력 UP 핵심이론노트** □ CT 학습
4일		**기출유형공략** □ CT 복습 **실력 UP 핵심이론노트** □ CT 복습
5일	실전 문제 풀이 + 최종 마무리	**실전모의고사** □ 1회 □ 1회 복습
6일		**실전모의고사** □ 2회 □ 2회 복습
7일		**에세이 및 면접** □ 에세이 학습 □ 면접 학습

* 실전 연습을 더 하고 싶다면, 해커스잡 사이트(job.Hackers.com)에서 무료로 제공하는 SW적성검사 FINAL 모의고사를 이용하여 실전 감각을 높일 수 있다.
* 심화 학습을 원한다면, 해커스잡 사이트(job.Hackers.com)에서 유료로 제공하는 본 교재의 동영상강의를 수강하여 심화 학습을 할 수 있다.

SSAFY 합격 가이드

1 SSAFY 알아보기

SSAFY란?

SSAFY는 삼성 청년 SW아카데미의 약자로, 삼성의 SW 교육 경험과 고용노동부의 취업지원 노하우를 바탕으로 취업 준비생에게 SW 역량 향상 교육 및 다양한 취업지원 서비스를 제공하여 취업에 성공하도록 돕는 프로그램을 말한다.

SSAFY VISION

SSAFY는 SW 경쟁력을 강화시켜 IT 생태계 저변을 넓히고 대한민국 청년 취업 경쟁력을 향상시킨다.

SSAFY 인재상

SW의 개념과 원리를 이해하고 규칙을 찾아 문제를 해결하는 인재

열정과 도전정신으로 교육에 적극 참여하는 인재

지속적으로 학습하고 교육에 몰두하여 목표를 성취하는 인재

SSAFY 교육과정 특징

몰입형 집중 코딩 교육	실전형 자기주도 학습	성과 창출형 교육
- 실습 중심의 강도 높은 코딩 교육을 실시 - 미션 달성에 따라 레벨이 올라가는 학습 방식(Gamification)을 적용하여 교육 몰입도를 높임	- 실제 업무와 유사한 형태의 프로젝트를 수행하면서 협업능력과 문제해결 역량을 쌓을 수 있음 - 학습자 간 코드 리뷰, 페어 프로그래밍 등의 상호학습 지향	- 경진대회, SW테스트 등을 통해 자신의 실력을 주기적으로 측정할 기회를 제공함 - 모든 PJT는 GitHub를 활용하며, PJT 수행결과가 곧 개인의 포트폴리오가 됨

"문제해결능력을 갖춘 경쟁력 있는 차세대 SW 인재 양성"

SSAFY 교육과정 로드맵

구분		목표	내용
5개월	기본과정	· 기초코딩 역량을 갖춘 신입 SW 개발자 양성	· SW 필수 지식과 알고리즘 중심의 몰입형 교육 · 수준별 분반 운영
1개월	1차 Job Fair	-	· 취업역량 향상 집중교육 · 개인별 취업지원 서비스 제공 · 취업활동 및 채용정보 중심 지원 · 해외연수(성적 우수자 대상) · 계절학기 운영(SW 수준별)
5개월	심화과정	· 프로젝트 기반의 자기주도형 학습을 통한 실전형 SW 개발자 양성	· 교육생 수준에 맞는 자기 주도형 프로젝트 수행 · 실무 환경과 동일한 개발방식 활용
1개월	2차 Job Fair	-	· 채용 박람회 개최 · 개인별 맞춤형 경력 설계 · 개인별 취업지원 서비스 제공 · 취업활동 및 채용정보 중점 지원

SSAFY 교육생 지원 내용

구분	지원 내용	세부 사항
1	전문화된 SW 교육 제공	SW 역량을 향상시키고 취업에 도움이 될 수 있도록 다양한 실전 학습 기회가 주어집니다. (삼성 SW 역량 테스트 응시 기회 제공, 경진 대회 실시 등)
2	교육지원금 지급	SW 교육에 온전히 집중할 수 있도록 매월 100만 원의 교육지원금을 지급합니다.
3	국내외 연구소 실습 기회 부여	우수 교육생을 선발하여 국내외 연구소의 실습 기회를 제공합니다. (삼성전자 해외연구소 등)
4	우수 교육생 시상	교육 성적 우수자, SW 등급 취득자 등 우수 교육생을 위한 다양한 시상 제도를 실시합니다.
5	개인별 진로상담 및 취업지원 서비스 제공	맞춤형 일자리 정보 및 취업 실전 역량 교육과 컨설팅 서비스를 통해 취업에 성공할 수 있도록 지원합니다.

2 SSAFY 지원 절차 알아보기

지원자격

1) 대상

- 연령: 만 29세 이하
- 학력: 국내외 4년제 대학(학사 이상) 졸업자 및 졸업 예정자(전공 무관)

2) 재직 여부

- 현재 미취업자 대상
- 인터뷰일부터 교육 시작일 전까지 재직(예정)자 지원 불가(사업장 건강보험 및 국민연금 가입 여부 기준)

3) 기타사항

- 교육시작일에 교육 입과 가능한 자
- 교육기간 중 통학 가능한 자(별도 숙소 제공 없음)
- 병역필 또는 면제자로 해외여행에 결격 사유가 없는 자

전형 절차

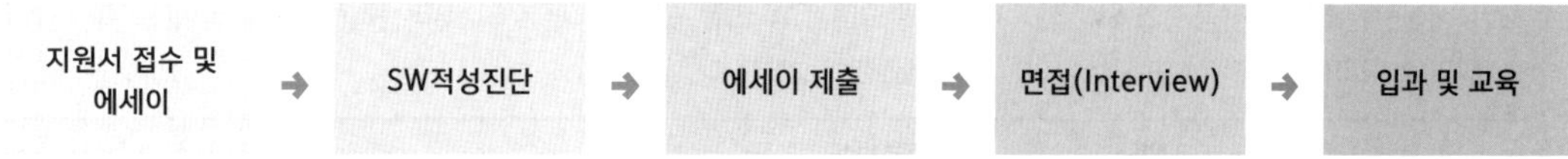

지원서 접수 및 에세이

- 자기소개서 항목을 통해 SW 직무에 대한 관심 또는 역량을 자세히 평가하고, 추후 면접 전형 시 인성 면접 질문으로 활용된다.
- 직무에 관계없이 쌓아온 인턴, 봉사활동, 자격증, 공모전, 어학성적 등은 필요하지 않으므로 자기소개서상에 SW에 대한 관심과 직무수행 역량을 잘 드러내야 한다.

SW적성진단

- SW에 대한 역량을 판단하는 평가로, SW 비전공자의 경우 수리/추리논리력과 CT 관련 적성검사를, SW 전공자의 경우 기초 코딩 테스트가 이루어진다.
- 1차수 또는 2차수에 나누어 치러지며, 응시 시작 30분 전 응시화면 촬영 후 SW적성진단 준비화면에 접속 가능하므로 본인이 속하는 차수를 미리 확인한 뒤 시간에 맞추어 진행해야 한다.
- 면접 진행 시 부정 응시 여부를 확인하기 위한 간단한 테스트가 치러지므로, SW적성진단 종료 이후에도 문제 풀이감을 잃지 않도록 해야 한다.

면접(Interview)

- 면접은 지원서에 작성한 내용을 확인하고 지원자가 갖추고 있는 기본 역량과 자질을 확인하고자 하는 과정이다.
- 토론면접, PT면접, 창의성면접 등 다양한 방식으로 사별 지원분야에 따라 면접 시 진행되는 방식이 다르므로 지원 단계에서부터 계열사·지원분야별 전형 방법을 확인한 후 미리 대비할 필요가 있다.

<출처: SSAFY 홈페이지>

SSAFY SW적성진단 합격 가이드

최신 SSAFY SW적성진단 출제 유형 알아보기

1. 시험 구성

SW적성진단은 SW 비전공자와 SW 전공자로 구분되며, SW 비전공자의 경우 수리/추리논리력과 CT 영역에 대한 SW적성검사가 진행되며, SW 전공자의 경우 기초 코딩 테스트가 치러진다.

구분	영역	문항 수	시간	평가 요소
SW 비전공자	수리/추리논리력	15문항	30분	논리력, 수치계산, 분석적 사고력
	CT	25문항	40분	논리력, 분석적 사고력
SW 전공자	기초 코딩테스트	-	120분	코딩 능력

2. 시험 특징

SW적성검사는 온라인으로 시행된다!

SW적성검사는 온라인 방식으로 실시된다. 캡처나 단축키를 사용할 수 없도록 시험 응시 전 프로그램을 설치해야 하며, 응시 시 IP 주소를 저장하여 같은 IP를 여러 명이 사용할 수 없도록 하고 있다.

시험 시간이 종료되면 자동으로 제출되므로 풀이 시간에 유의해야 한다!

영역 이동이나 별도의 종료 버튼이 존재하지 않아 수리/추리논리력 진단 시험 제출과 동시에 CT 진단 시험이 바로 진행되며, 제한 시간이 지나면 별도로 종료 버튼을 누르지 않아도 답안이 자동으로 제출되기 때문에 문제 풀이 시간에 유의해야 한다.

3. SW적성진단 출제 유형

구분	문제 유형	유형 설명	문항 수	한 문항당 풀이 시간
수리 /추리논리력 (총 15문항)	응용계산	문제에 제시된 조건과 숫자를 정리하여 식을 세우고 답을 도출하는 문제	약 2~3문항	약 80초
	자료해석	제시된 자료에 있는 항목을 분석하거나 자료에 있는 항목을 이용하여 계산하는 문제	약 2~4문항	약 90초
	언어추리	제시된 조건을 토대로 올바른 전제 또는 결론을 도출하거나 결론의 옳고 그름을 판단하는 문제	약 2~4문항	약 70초
	도형추리	제시된 도형의 변환 규칙을 파악하여 물음표에 해당하는 도형을 유추하는 문제	약 1~2문항	약 40초
	도식추리	제시된 암호 기호에 적용된 문자나 숫자의 변환 규칙을 파악하여 물음표에 해당하는 문자나 숫자를 유추하는 문제	약 1~2문항	약 60초
	단어유추	2개 이상의 단어 간 관계를 파악하는 문제	약 1~2문항	약 20초
	논리추론	제시된 글을 바탕으로 추론한 내용의 진위를 판단하고, 논점에 관한 주장 및 근거를 파악하는 문제	약 2~3문항	약 60초
CT (총 25문항)	정렬	주어진 숫자 또는 어휘로 이루어진 데이터를 정해진 순서에 맞게 나열하는 문제	약 5문항	약 90초
	이산수학	연속적이지 않고 단절된 값을 이용하여 풀이하는 문제	약 5~10문항	약 90초
	다이나믹 프로그래밍	문제에 제시된 조건에 따라 가능한 모든 경우의 가장 작은 문제부터 차례로 해결하여 각각의 결괏값을 얻고, 그 결괏값으로 점화식을 세워 정답을 도출하는 문제	약 5~10문항	약 90초
	그리디	각 단계에서의 최선의 선택을 통해 최적값을 찾는 문제	약 5문항	약 90초

2 SSAFY SW적성진단 필승 공략법

최신 출제 문제 유형 위주로 학습한다.

최근 출제 경향을 살펴보면 수리/추리논리력의 경우 대부분 기존에 출제된 유형이 고정적으로 출제되고 있다. 자주 출제되는 문제 유형 위주로 학습하고, 유형 변동에 대비하여 이전 시험에 출제된 적이 있는 유형도 폭넓게 학습하는 것이 좋다. CT의 경우 논리적 사고력을 기반으로 한 연산 문제가 출제되고 있다. 실제 시험에서는 다양한 형태의 문제가 출제되므로 규칙을 빠르게 찾는 연습을 하며 대비하는 것이 좋다.

논리적 사고력을 기른다.

SW적성진단의 경우 자료를 빠르게 분석한 후 계산을 요구하는 문제와 논리력과 추리력을 요구하는 문제의 출제 비중이 크다. 따라서 평소에 다양한 자료와 문제를 접하며 내용을 분석적으로 이해하고 논리적으로 사고하는 연습을 하면 빠른 문제 풀이에 도움이 될 수 있다.

시간 관리 연습을 한다.

문항 수 대비 풀이 시간이 짧은 편이기 때문에 실제 시험에서 모든 문제를 풀어내기 위해서는 평소에도 실전과 동일한 제한 시간을 두고 문제 푸는 연습을 해야 한다. 또한, 취약한 유형이 있다면 반복 학습을 통해 자신만의 풀이법을 터득하여 문제 풀이 시간을 단축할 수 있도록 해야 한다.

3 시험 당일 Tip!

1. 시험 응시 당일 유의사항

- 응시자 준수 사항 서약과 신분증 사본을 기한 내 제출하지 않은 경우 SW적성진단 시험에 응시할 수 없으므로 일정에 맞추어 미리 제출한다.
- SW적성진단 30분 전~시작 전까지 사진 촬영을 완료해야 하며, 얼굴과 날짜, 시간, 응시 화면이 찍히지 않은 경우 면접(Interview) 대상에서 제외될 수 있으므로 주의한다.
  * 마스크, 모자, 선글라스 등은 착용 불가하며, 응시자 본인이 셀프 카메라로 직접 촬영해야 한다.
- 사전에 공유된 응시 차수의 시간에 맞추어 SW적성진단 시험 사이트에 접속한다.
- 필기도구, 메모장, 계산기 사용이 가능하므로 시험 시작 전 미리 준비해 놓는다.
- SW적성진단 준비 화면 접속 가능 시간은 응시 가능 시간 30분 전이며, 응시 가능 시간에서 5분이 지나면 시험에 응시할 수 없으므로 제시간에 맞추어 시험을 진행한다.
- 수리/추리논리력 진단 종료 후 바로 CT 진단 시험이 시행되며, 영역별 제한 시간이 종료되면 답안이 자동으로 제출된다.
- 서버가 불안정할 수 있으므로 최신 버전의 크롬 또는 Microsoft edge를 활용하여 접속하되, 총 10번까지 같은 브라우저로 재접속 가능한 점을 유의한다.

2. 합격을 위한 Tip

- 별도의 시간 안내 방송은 없으며, 화면에 남은 시간이 제시된다.
- 문제 풀이 현황을 임시 저장할 수 있으며, 제한 시간 종료 전 문제 풀이를 완료했다면 최종 제출 버튼을 눌러야 한다.
- 영역별 제한 시간을 숙지하고 시간 내에 자신이 잘 풀 수 있는 문제를 먼저 풀고 나서 잘 모르는 문제를 푸는 방식으로 가능한 한 많은 문제를 빠르고 정확하게 푼다.

SAMSUNG
SW
ACADEMY
FOR
YOUTH

취업강의 1위, 해커스잡

job.Hackers.com

PART 1

기출유형공략

제1장 수리/추리논리력

제2장 CT(Computational Thinking)

PART 1 | 기출유형공략

제1장 수리/추리논리력

출제경향분석

수리/추리논리력 소개

수리/추리논리력은 수리논리와 추리논리적 사고 능력을 평가하는 영역이다.
총 15개의 문항이 제시되며 30분 내에 풀어야 한다.

출제 유형

유형 1 응용계산
유형 2 자료해석
유형 3 언어추리
유형 4 도형추리
유형 5 도식추리
유형 6 단어유추
유형 7 논리추론

유형별 출제 비중

같은 기수 내 시험이라도 시간대에 따라 수리논리력에 해당하는 응용계산과 자료해석 유형의 문제와 추리논리력에 해당하는 언어추리, 도형추리, 도식추리, 단어유추, 논리추론 유형의 문제가 상이한 비중으로 출제된다.
SSAFY 8기 모집 시의 SW적성진단에서는 오전 시험의 경우 논리추론 유형의 출제 비중이 가장 높았고, 오후 시험의 경우 자료해석 유형의 출제 비중이 가장 높았다.

최근 출제 경향

기수가 거듭될수록 체감 난도는 꾸준히 높아지고 있지만, 전반적인 문제 난도는 낮은 편이다. 응용계산과 자료해석은 문제 풀이 시 답이 명확하게 도출되도록 복잡하지 않은 계산식 기반의 문제가 출제되어 문제 풀이 과정이 단순한 편이었고, 언어추리는 조건으로 도출되는 경우의 수가 적어 난도가 낮았다. 도형추리, 도식추리는 전반적으로 규칙을 빠르게 파악할 수 있는 문제가 출제되었고, 단어유추는 답을 쉽게 추론할 수 있는 문제가 출제되어 평이한 수준이었다. 논리추론은 글에 제시된 내용을 직관적으로 파악할 수 있는 문제가 출제되었고, 제시되는 글의 길이도 짧아 체감 난도는 낮은 편이었다.

학습 전략

응용계산

실력 UP 핵심이론노트에 수록된 방정식의 활용 공식과 확률 및 경우의 수 공식을 반드시 암기하고, 암기한 공식을 적용해 다양한 문제를 풀어보며 수학 이론과 공식을 확실히 익히고, 수학적 사고력과 응용력을 기른다.

자료해석

실력 UP 핵심이론노트에 수록된 자료 해석법을 학습한 후 다양한 문제를 풀어보면서 주어진 자료를 분석하는 연습을 하고, 본 교재 해설의 '빠른 문제 풀이 Tip'을 숙지하여 문제 풀이 시간을 단축하는 연습을 한다.

언어추리

명제추리는 실력 UP 핵심이론노트에 정리된 명제와 삼단논법을 학습한 뒤 문제에 적용하는 연습을 한다. 조건추리는 문장으로 주어진 조건을 단어나 표로 간단히 정리하여 문제를 빠르게 푸는 연습을 한다.

도형추리

실력 UP 핵심이론노트에 정리된 도형 변환 규칙을 학습하고, 다양한 문제를 풀어보면서 제시된 도형에 적용된 변환 규칙을 빠르고 정확하게 파악하는 연습을 한다.

도식추리

실력 UP 핵심이론노트에 정리된 문자 순서를 학습하고, 다양한 문제를 풀어보면서 제시된 암호 기호에 적용된 규칙을 빠르고 정확하게 파악하는 연습을 한다.

단어유추

실력 UP 핵심이론노트에 정리된 다양한 단어관계를 학습하여 문제에 정확히 적용하는 연습을 한다.

논리추론

글에 제시된 내용을 토대로 선택지의 옳고 그름을 판단하되, 자의적 판단이 개입되지 않도록 한다. 한편 글이 논설문인 경우 화자의 핵심 주장과 의도를 정확하게 파악하여 문제를 푸는 연습을 한다.

기출유형공략

유형 1 응용계산

유형 특징

1. 문제에 제시된 조건과 숫자를 정리하여 식을 세우고 답을 도출하는 유형의 문제이다.
2. 응용계산 유형은 다음과 같이 여덟 가지 세부 유형으로 출제된다.
   ① 거리, 속력, 시간 공식을 활용하여 답을 도출하는 문제
   ② 용질(소금), 용매(물), 용액(소금물) 사이의 관계식을 활용하여 답을 도출하는 문제
   ③ 시간, 인력에 따른 작업량 공식을 활용하여 답을 도출하는 문제
   ④ 가격 관련 공식을 활용하여 답을 도출하는 문제
   ⑤ 방정식과 부등식을 활용하여 답을 도출하는 문제
   ⑥ 확률 공식을 활용하여 답을 도출하는 문제
   ⑦ 집합 개념을 활용하여 답을 도출하는 문제
   ⑧ 수와 식의 기본 공식을 활용하여 답을 도출하는 문제

최근 출제 경향

1. 응용계산 유형은 매 시험에 꾸준히 출제되고 있다. SSAFY 8기 모집 시의 SW적성진단에서는 거리·속력·시간, 확률 등의 문제가 골고루 출제되었다.
2. 다양한 수학 이론 및 공식을 적용하는 문제가 출제되며, 숫자가 딱 떨어지게 출제되어 난도는 매우 낮았다.
3. 최근 시험에서는 거리·속력·시간, 원가·정가, 경우의 수·확률 등의 문제가 출제되었다.

학습 전략

1. 방정식의 활용 공식과 경우의 수 및 확률 공식을 반드시 학습한다.(PART 3 실력 UP 핵심이론노트 p.216, 222)
2. 여러 개의 식을 세워 답을 도출해야 하는 문제가 출제되므로, 식을 세울 때 필요한 조건이 누락되지 않도록 빠르고 정확하게 문제를 푸는 연습을 한다.

난이도 ★★☆

01 거리, 속력, 시간 공식을 활용하여 답을 도출하는 문제

A 기차는 90km/h의 일정한 속력으로 달려 길이가 5,000m인 터널을 지났다. A 기차가 터널에 들어가기 시작한 시점부터 터널을 완전히 빠져나온 시점까지 3분 30초가 소요되었을 때, A 기차의 길이는?

① 150m ② 180m ③ 200m ④ 220m ⑤ 250m

|정답 및 해설| ⑤

거리=속력×시간임을 적용하여 구한다.

A 기차의 길이를 x라고 하면 A 기차가 터널에 들어가기 시작한 시점부터 터널을 완전히 완전히 빠져나온 시점까지 이동한 거리는 5,000+x이다.

A 기차가 이동한 거리는 5,000+x이고, 속력은 90km/h=1,500m/min이며, 이동 시간은 3분 30초=3.5분이므로

5,000+x=1,500×3.5 → 5,000+x=5,250 → x=250

따라서 A 기차의 길이는 250m이다.

문제 풀이 꿀팁

그림을 그려 식을 명확하게 세운다.

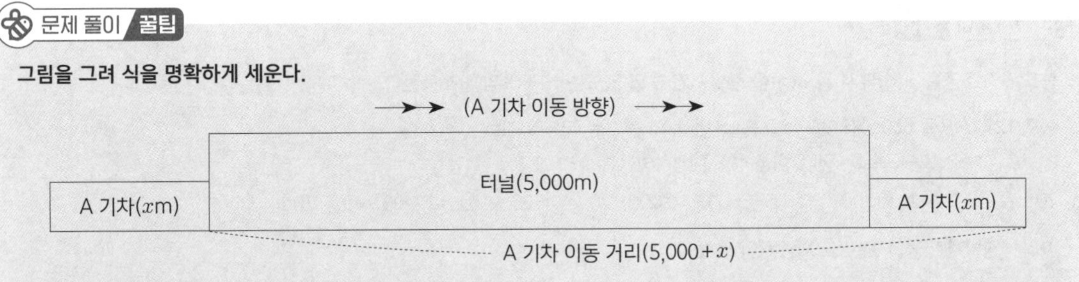

A 기차가 터널에 들어가기 시작한 시점부터 터널을 완전히 빠져나온 시점까지 A 기차가 이동한 거리는 터널 길이와 A 기차의 길이를 합한 값이다. A 기차의 속력을 분속으로 환산하면 1,500m/min이므로 3분 동안 이동한 거리는 4,500m이고, 30초는 1분의 절반임에 따라 30초 동안 이동하는 거리는 1,500/2=750m이다. 이에 따라 A 기차가 이동한 거리는 4,500+750=5,250m이므로 터널을 제외한 기차의 이동 거리가 기차의 길이가 됨을 알 수 있다.

따라서 A 기차의 길이는 250m이다.

난이도 ★☆☆

02 용질(소금), 용매(물), 용액(소금물) 사이의 관계식을 활용하여 답을 도출하는 문제

농도가 12%인 소금물 800g을 끓여 물을 증발시켰더니 농도가 20%인 소금물이 만들어졌을 때, 증발시킨 물의 양은?

① 250g　　② 280g　　③ 320g　　④ 350g　　⑤ 380g

|정답 및 해설| ③

소금의 양 = 소금물의 양 × $\frac{\text{소금물의 농도}}{100}$임을 적용하여 구한다.

농도가 20%인 소금물의 양을 x라고 하면

농도가 12%인 소금물 800g에 들어있는 소금의 양은 $800 \times \frac{12}{100} = 96$g임에 따라 농도가 20%인 소금물에도 소금이 96g 들어있으므로 $20 = \frac{96}{x} \times 100 \rightarrow 20x = 9{,}600 \rightarrow x = 480$

따라서 증발시킨 물의 양은 800 − 480 = 320g이다.

문제 풀이 꿀팁

농도 a% 소금물 x(g)에서 물 y(g)을 증발시킨 후의 농도는 $\frac{ax}{x-y}$%임을 적용한다.

농도 12% 소금물 800g에서 물 yg을 증발시킨 후의 농도는 20%이므로

a = 12, x = 800, 농도 = 20%이다. 이를 식에 대입하면

$20 = \frac{12 \times 800}{800 - y} \rightarrow 20 \times (800 - y) = 12 \times 800 \rightarrow 16{,}000 - 20y = 9{,}600 \rightarrow 20y = 6{,}400 \rightarrow y = 320$g

따라서 증발시킨 물의 양은 320g임을 알 수 있다.

난이도 ★☆☆

03 시간, 인력에 따른 작업량 공식을 활용하여 답을 도출하는 문제

인테리어 업자 갑과 을은 사무실의 바닥타일을 공사하려고 한다. 갑이 혼자 사무실의 바닥타일을 공사할 경우 15시간이 소요되고, 갑과 을이 함께 사무실의 바닥타일을 공사할 경우 9시간이 소요될 때, 을이 혼자 사무실의 바닥타일을 공사할 경우 소요되는 시간은?

① 21시간 ② 21시간 45분 ③ 22시간 15분
④ 22시간 30분 ⑤ 22시간 45분

|정답 및 해설| ④

시간당 일의 양$=\frac{\text{전체 일의 양}}{\text{시간}}$임을 적용하여 구한다.

전체 일의 양을 1이라고 하면 갑이 혼자 일할 때 15시간이 소요되므로 갑이 1시간 동안 하는 일의 양은 $\frac{1}{15}$이고, 갑과 을이 함께 일할 때 9시간이 소요되므로 갑과 을이 1시간 동안 하는 일의 양은 $\frac{1}{9}$이다. 이에 따라 을이 1시간 동안 하는 일의 양은 $\frac{1}{9}-\frac{1}{15}=\frac{5}{45}-\frac{3}{45}=\frac{2}{45}$이다.

을이 혼자 사무실의 바닥타일을 공사할 경우 소요되는 시간을 x라고 하면

$1=\frac{2}{45}\times x \rightarrow x=\frac{45}{2}=22.5$

따라서 을이 혼자 사무실의 바닥타일을 공사할 경우 소요되는 시간은 22시간 30분이다.

문제 풀이 꿀팁

조건의 비율이나 비중을 활용하여 간단히 풀이할 방법을 확인한다.

갑이 혼자 사무실의 바닥타일을 공사할 경우 15시간이 소요되고, 갑과 을이 함께 사무실의 바닥타일을 공사할 경우 9시간이 소요되므로 갑이 15−9=6시간 동안 할 수 있는 일의 양과 을이 9시간 동안 할 수 있는 일의 양이 동일한 것을 알 수 있다.

을이 혼자 사무실의 바닥타일을 공사할 경우 소요되는 시간을 x라고 하면 $15:x=6:9 \rightarrow x=22.5$이므로 을이 혼자 사무실의 바닥타일을 공사할 경우 소요되는 시간은 22시간 30분임을 알 수 있다.

난이도 ★☆☆

04 가격 관련 공식을 활용하여 답을 도출하는 문제

제시된 조건에 정가, 이익, 할인율 등 가격과 관련된 공식을 적용하여 식을 세운 후 정답을 구하는 문제로 출제된다.

우산 판매자인 A 씨는 장마철 우산 판매량을 늘리기 위해 우산을 정가에서 30% 할인된 금액으로 판매하였다. 우산 총 200개를 판매하여 100,000원의 이익을 얻었고 우산의 원가가 3,000원이라고 할 때, A 씨가 판매한 우산 1개의 정가는 얼마인가?

① 3,500원　② 4,000원　③ 5,000원　④ 6,000원　⑤ 6,500원

|정답 및 해설| ③

이익=판매가−원가(판매가 > 원가)임을 적용하여 구한다.

A 씨가 판매한 우산 1개의 정가를 x라고 하면 판매가는 정가에서 30% 할인된 금액이므로 판매가는 $x\times(1-0.3)=0.7x$이다.

이익$=0.7x-$원가이고, 우산의 원가는 3,000원이며, 우산 총 200개를 판매하여 100,000원의 이익을 얻었으므로 우산 1개를 판매했을 때의 이익은 $\frac{100,000}{200}=500$원이다.

이에 따라 $500=0.7x-3,000$이므로 정가 $x=5,000$이 된다.

따라서 A 씨가 판매한 우산 1개의 정가는 5,000원이다.

문제 풀이 꿀팁

묻는 대상을 정확히 파악하여 문제 풀이에 필요한 공식을 세운다.

우산 총 200개를 판매하여 100,000원의 이익을 얻었으므로 우산 1개당 500원의 이익금을 얻었음을 알 수 있다. 이때 우산 1개의 판매가=우산 1개의 원가+이익금이므로 우산 1개의 판매가는 3,000+500=3,500원이며, 판매가는 정가에서 30% 할인한 가격과 같으므로 3,500=정가×0.7이다.

따라서 정가는 3,500 / 0.7=5,000원이다.

난이도 ★★☆

05 방정식과 부등식을 활용하여 답을 도출하는 문제

A는 올해 수확한 사과를 여러 개의 박스에 나눠 담으려고 한다. 박스 한 개당 사과를 30개씩 담으면 사과 7개가 남고, 42개씩 담으면 6개의 박스에는 사과가 한 개도 담기지 않을 때, A가 가지고 있는 박스의 최소 개수는?

① 21개 ② 22개 ③ 23개 ④ 24개 ⑤ 25개

|정답 및 해설| ②

박스의 개수를 x라고 하면 박스 한 개당 사과를 30개씩 담을 때 7개의 사과가 남으므로 A가 올해 수확한 사과의 개수는 $30x+7$이다.

박스 한 개당 사과를 42개씩 담으면 여섯 개의 박스에 사과가 한 개도 담기지 않음에 따라 박스 $x-7$개에는 사과가 모두 42개씩 담기고, 이를 제외한 남은 1개의 박스에는 최소 1개 이상 42개 이하의 사과가 담겨야 하므로

$42(x-7)+1 \leq 30x+7 \rightarrow 42x-293 \leq 30x+7 \rightarrow 12x \leq 300 \rightarrow x \leq 25$ … ⓐ

$30x+7 \leq 42(x-7)+42 \rightarrow 30x+7 \leq 42x-252 \rightarrow 259 \leq 12x \rightarrow 21.58\dot{3} \leq x$ … ⓑ

ⓐ와 ⓑ를 연립하면

$21.58\dot{3} \leq x \leq 25$

따라서 A가 가지고 있는 박스의 최소 개수는 22개이다.

문제 풀이 꿀팁

박스의 최소 개수를 구하는 방정식만 계산한다.

박스 한 개당 사과를 42개씩 담으면 여섯 개의 박스에 사과가 한 개도 담기지 않으므로 $x-7$개의 박스에는 사과가 모두 42개씩 담기고, 이를 제외한 남은 1개의 박스에는 1개 이상 42개 이하의 사과가 담긴다. 이때 박스의 최소 개수를 구해야 하므로 $x-7$개의 박스를 제외한 한 개의 박스에 42개의 사과가 담기는 경우만 계산하면 $30x+7 \leq 42(x-7)+42 \rightarrow 30x+7 \leq 42x-252 \rightarrow 259 \leq 12x \rightarrow 21.583 \leq x$이다.

따라서 A가 가지고 있는 박스의 최소 개수는 22개임을 알 수 있다.

난이도 ★☆☆

06 확률 공식을 활용하여 답을 도출하는 문제

빨간색 볼펜이 3개, 파란색 볼펜이 4개, 검은색 볼펜이 5개 들어있는 필통에서 볼펜을 2개 꺼냈을 때, 빨간색 볼펜이 적어도 한 개 이상 나올 확률은?

① $\frac{2}{11}$　② $\frac{3}{11}$　③ $\frac{4}{11}$　④ $\frac{5}{11}$　⑤ $\frac{6}{11}$

|정답 및 해설| ④

사건 A가 일어날 확률 $= \frac{\text{사건 A가 발생하는 경우의 수}}{\text{모든 경우의 수}}$임을 적용하여 구한다.

필통에는 빨간색 볼펜이 3개, 파란색 볼펜이 4개, 검은색 볼펜이 5개로 총 12개의 볼펜이 들어있고, 필통에서 볼펜을 2개 꺼냈을 때 빨간색 볼펜이 적어도 한 개 이상 나올 확률은 빨간색 볼펜이 한 개 나올 확률과 두 개 나올 확률을 더한 값이고, 빨간색 볼펜이 한 개 나올 확률은 아래와 같다.

- 처음 꺼낸 볼펜이 빨간색이고, 두 번째로 꺼낸 볼펜이 빨간색이 아닐 확률: $\frac{3}{12} \times \frac{9}{11} = \frac{9}{44}$
- 처음 꺼낸 볼펜이 빨간색이 아니고, 두 번째로 꺼낸 볼펜이 빨간색일 확률: $\frac{9}{12} \times \frac{3}{11} = \frac{9}{44}$

이에 따라 필통에서 볼펜을 2개 꺼냈을 때, 빨간색 볼펜이 한 개 나올 확률은 $\frac{9}{44} + \frac{9}{44} = \frac{9}{22}$이다.

또한 빨간색 볼펜이 두 개 나올 확률은 아래와 같다.

- 처음과 두 번째로 꺼낸 볼펜이 빨간색일 확률: $\frac{3}{12} \times \frac{2}{11} = \frac{1}{22}$

따라서 필통에서 볼펜을 2개 꺼냈을 때, 빨간색 볼펜이 적어도 한 개 이상 나올 확률은 $\frac{9}{22} + \frac{1}{22} = \frac{10}{22} = \frac{5}{11}$이다.

문제 풀이 꿀팁

여사건을 이용하여 계산한다.

빨간색 볼펜이 적어도 한 개 이상 나올 확률은 전체 확률에서 빨간색 볼펜이 하나도 나오지 않을 확률을 뺀 값과 같으므로 전체 1에서 처음과 두 번째로 꺼낸 볼펜이 빨간색이 아닐 확률 $\frac{9}{12} \times \frac{8}{11} = \frac{6}{11}$을 제외한 $1 - \frac{6}{11} = \frac{5}{11}$임을 알 수 있다.

난이도 ★☆☆

07 집합 개념을 활용하여 답을 도출하는 문제

제시된 조건에 집합 개념을 적용하여 식을 세운 후 정답을 구하는 문제로 출제된다.

H 회사는 립밤을 나눠주기 위해 30명의 사원을 대상으로 a 사 립밤과 b 사 립밤의 선호도를 조사하였다. 이 중 18명은 a 사의 립밤을, 14명은 b 사의 립밤을 선호하였다. a 사와 b 사의 립밤을 모두 선호하는 사원은 6명일 때, 아무 립밤도 선호하지 않는 사원의 수는?

① 0명 ② 1명 ③ 2명 ④ 3명 ⑤ 4명

|정답 및 해설| ⑤

$n(A \cup B)=n(A)+n(B)-n(A \cap B)$임을 적용하여 구한다.

a 사의 립밤을 선호하는 사원의 집합을 A, b 사의 립밤을 선호하는 사원의 집합을 B라고 하면

a 사 또는 b 사의 립밤을 선호하는 사원은 18+14−6=26명이다.

따라서 아무 립밤도 선호하지 않는 사원의 수는 30−26=4명이다.

문제 풀이 꿀팁

어디에도 해당되지 않는 집합은 $(A \cup B)^c$임을 적용하여 구한다.

a 사의 립밤을 선호하는 사원의 수는 18명이나, b 사의 립밤만을 선호하는 사람은 14−6=8명이므로 아무 립밤도 선호하지 않는 사원의 수는 $n(A \cup B)^c=30-(18+8)=4$명임을 알 수 있다.

난이도 ★☆☆

08 수와 식의 기본 공식을 활용하여 답을 도출하는 문제

크기가 다른 두 개의 톱니바퀴가 있다. 큰 톱니바퀴의 톱니 수는 12개, 작은 톱니바퀴의 톱니 수는 9개이며, 두 개의 톱니바퀴는 서로 맞물려 회전한다. 두 톱니바퀴가 회전하여 처음 맞물렸던 위치로 돌아오려면 작은 톱니바퀴는 몇 번 회전해야 하는가?

① 2번 ② 3번 ③ 4번 ④ 5번 ⑤ 6번

|정답 및 해설| ③

두 톱니바퀴가 회전하여 처음 맞물렸던 위치로 돌아오기 위해 움직이는 톱니 수는 두 개의 톱니바퀴 톱니 수의 최소공배수임을 적용하여 구한다.

12를 소인수분해하면 $12=2^2\times3$, 9를 소인수분해하면 $9=3^2$이고, 12와 9의 최소공배수는 $2^2\times3^2=36$이므로 두 개의 톱니바퀴가 회전하여 처음 맞물렸던 위치로 돌아오려면 톱니바퀴의 톱니 36개가 움직여야 한다.

따라서 작은 톱니바퀴는 $\frac{36}{9}=4$번 회전해야 한다.

문제 풀이 꿀팁

최소공배수와 최대공약수를 구하는 방법을 학습한다.

큰 톱니바퀴의 톱니 수는 12개, 작은 톱니바퀴의 톱니 수는 9개이므로 두 수를 공통된 수로 나눠주면 몫과 나머지는 다음과 같다.

$$\begin{array}{r|rr} 3 & 12 & 9 \\ \hline & 4 & 3 \end{array}$$

이때 최대공약수는 두 수를 나눈 몫을 모두 곱한 값이므로 3이고, 최소공배수는 두 수를 나눈 몫을 모두 곱한 값에 나머지를 곱한 값이므로 $3\times4\times3=36$이다.

따라서 두 톱니바퀴가 회전하여 처음 맞물렸던 위치로 돌아오려면 작은 톱니바퀴는 36 / 9=4번 회전해야 함을 알 수 있다.

유형 2 **자료해석**

유형 특징

1. 제시된 자료에 있는 항목을 분석하거나 자료에 있는 항목을 이용하여 계산하는 유형의 문제이다.
2. 자료해석 유형은 다음과 같이 세 가지 세부 유형으로 출제된다.
   ① 자료의 내용과 일치/불일치하는 설명을 고르는 문제
   ② 제시된 자료를 다른 형태의 자료로 변환하는 문제
   ③ 자료의 특정한 값을 추론하는 문제

최근 출제 경향

1. 자료해석 유형은 출제 비중이 높은 편이며, 매 시험에 꾸준히 출제되고 있다.
2. 계산값이 나누어떨어지도록 자료 수치가 깔끔하게 출제되어 비교적 난도가 낮았다.
3. 최근 시험에서는 지역별 사망 인구와 출생 인구 등을 소재로 하는 자료가 출제되었다.

학습 전략

1. 여러 분야의 자료를 빠르고 정확하게 분석하기 위해 자료해석의 기본이 되는 자료 해석법을 반드시 학습한다. (PART 3 실력 UP 핵심이론노트 p.225)
2. 문제 풀이 시간 단축을 위해 본 교재 해설의 '빠른 문제 풀이 Tip'을 숙지한다.
3. 자료의 내용과 일치/불일치하는 설명을 고르는 문제는 계산이 필요하지 않은 순위, 대소 비교, 증감 추이 등을 파악하는 설명부터 확인하여 풀이 시간을 단축하고, 실전에서 빠르고 정확하게 풀 수 있도록 변화량·증감률·비중·평균 등의 기본적인 공식을 반드시 암기한다. (PART 3 실력 UP 핵심이론노트 p.224)
4. 제시된 자료를 다른 형태의 자료로 변환하는 문제는 선택지에 제시된 그래프의 구성 항목을 먼저 파악한 후 자료에서 관련 있는 항목의 값을 찾아 대소 비교로 증감 추이를 유추할 수 있는지 확인하며 문제를 빠르게 푸는 연습을 한다.
5. 자료의 특정한 값을 추론하는 문제는 자주 출제되는 수열의 합 공식을 암기하여 풀이 시간을 단축한다. (PART 3 실력 UP 핵심이론노트 p.215)

난이도 ★☆☆

01 자료의 내용과 일치/불일치하는 설명을 고르는 문제

제시된 자료에 대한 설명의 옳고 그름을 판단하거나 수치를 이용하여 특정 값을 계산하는 문제로 출제된다.

다음은 A~D 지역의 연도별 장기요양기관 수를 나타낸 자료이다. 다음 중 자료에 대한 설명으로 옳지 않은 것을 고르시오.

[연도별 장기요양기관 수]

(단위: 백 개)

구분	2016	2017	2018	2019	2020
A 지역	30	30	31	35	45
B 지역	10	11	11	15	15
C 지역	46	49	51	60	61
D 지역	7	8	8	9	9

① 2017년 이후 C 지역의 장기요양기관 수는 매년 전년 대비 증가하였다.
② 제시된 기간 동안 D 지역의 평균 장기요양기관 수는 8백 개 이상이다.
③ 2020년 A 지역의 장기요양기관 수는 2016년 대비 50% 증가하였다.
④ 제시된 기간 동안 C 지역의 장기요양기관 수는 매년 B 지역 장기요양기관 수의 4배 이상이다.
⑤ 2018년 장기요양기관 수의 전년 대비 증가율은 A 지역이 C 지역보다 더 높다.

|정답 및 해설| ⑤

2018년 장기요양기관 수의 전년 대비 증가율은 A 지역이 {(31－30)/30}×100≒3.3%, C 지역이 {(51－49)/49}×100≒4.1%로 A 지역이 C 지역보다 더 낮으므로 옳지 않은 설명이다.

① 2017년 이후 C 지역의 장기요양기관 수는 매년 전년 대비 증가하였으므로 옳은 설명이다.
② 제시된 기간 동안 D 지역의 평균 장기요양기관 수는 (7+8+8+9+9)/5=8.2백 개로 8백 개 이상이므로 옳은 설명이다.
③ 2020년 A 지역의 장기요양기관 수는 2016년 대비 {(45－30)/30}×100=50% 증가하였으므로 옳은 설명이다.
④ C 지역의 장기요양기관 수는 B 지역 장기요양기관 수의 2016년에 46/10=4.6배, 2017년에 49/11≒4.5배, 2018년에 51/11≒4.6배, 2019년에 60/15=4배, 2020년에 61/15≒4.1배이므로 옳은 설명이다.

문제 풀이 꿀팁

분모의 크기를 비교하여 문제를 풀이한다.

⑤ 2018년 C 지역의 장기요양기관 수는 전년 대비 2백 개 증가하였으므로 증가율은 (2/49)×100, A 지역의 장기요양기관 수는 전년 대비 1백 개 증가하였으므로 증가율은 (1/30)×100임에 따라 A 지역의 증가율 1/30=2/60와 C 지역의 증가율 2/49를 비교하면 분자는 같고, 분모는 A 지역이 더 크다. 이에 따라 A 지역의 증가율이 C 지역의 증가율보다 낮음을 알 수 있다.

난이도 ★★☆

02 제시된 자료를 다른 형태의 자료로 변환하는 문제

제시된 자료를 다양한 형태의 그래프로 변환하는 문제로 출제된다.

다음은 유형별 국가지정 문화재 현황을 나타낸 자료이다. 이를 바탕으로 2020년 유형별 국가지정 문화재의 2016년 대비 증가율을 바르게 나타낸 것을 고르시오.

[유형별 국가지정 문화재 현황]

(단위: 십 건)

구분	2016년	2017년	2018년	2019년	2020년
국보	331	336	342	348	350
보물	2,106	2,146	2,188	2,235	2,293
천연기념물	457	459	461	463	470
무형문화재	138	142	146	149	153
민속문화재	297	299	300	303	306

※ 출처: KOSIS(문화재청, 문화재관리현황)

①
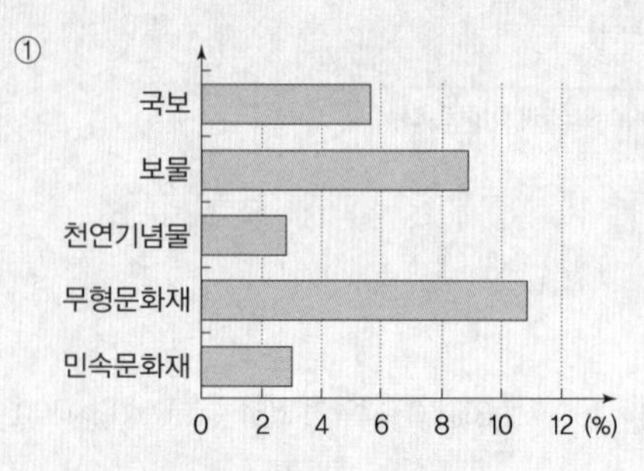

②
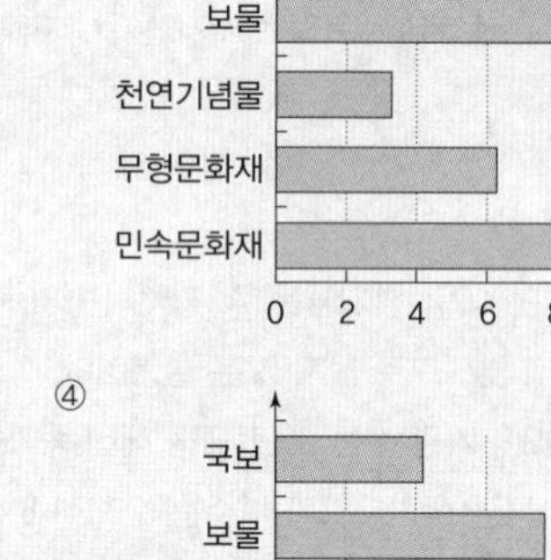

③
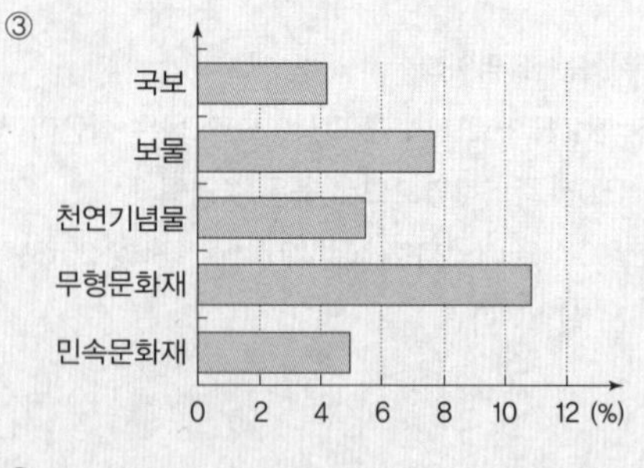

④
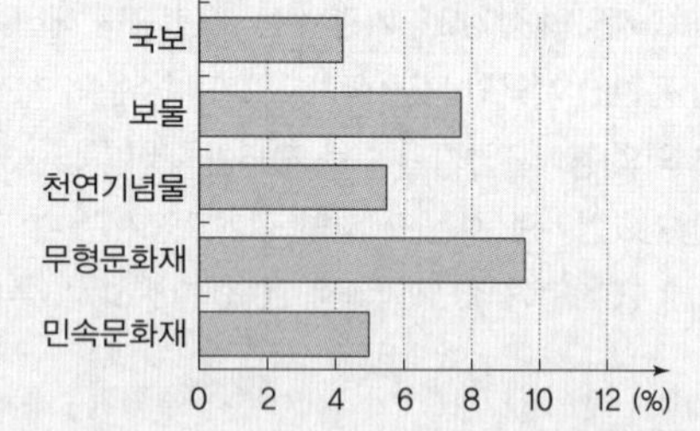

⑤
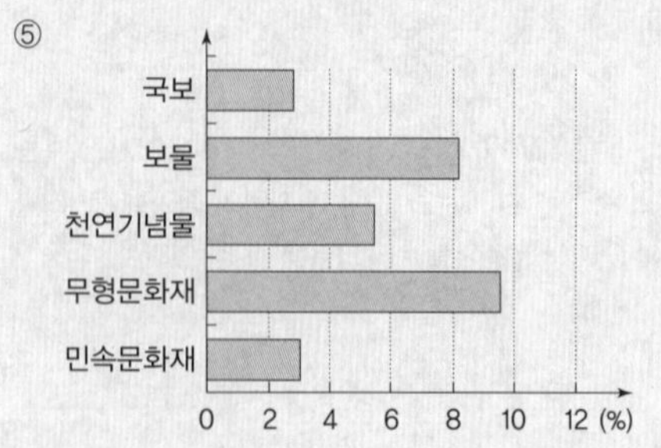

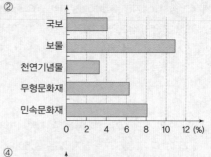

|정답 및 해설| ①

2020년 유형별 국가지정 문화재의 2016년 대비 증가율을 계산하면 아래와 같다.

구분	증가율(%)
국보	{(350 – 331) / 331} × 100 ≒ 5.7
보물	{(2,293 – 2,106) / 2,106} × 100 ≒ 8.9
천연기념물	{(470 – 457) / 457} × 100 ≒ 2.8
무형문화재	{(153 – 138) / 138} × 100 ≒ 10.9
민속문화재	{(306 – 297) / 297} × 100 ≒ 3.0

따라서 2020년 유형별 국가지정 문화재의 2016년 대비 증가율이 일치하는 ①이 정답이다.

문제 풀이 꿀팁

선택지별 수치가 가장 다양하게 나타나는 유형을 찾아 2020년 해당 유형의 2016년 대비 증가율을 구한다.

2020년 국보의 2016년 대비 증가율은 선택지 ①에서 6%에, 선택지 ②에서 4%에, 선택지 ③, ④에서 4%에, 선택지 ⑤에서 3%에 가깝게 나타나고 있어 수치가 가장 다양하게 나타나므로 2020년 국보의 2016년 대비 증가율을 구하면 {(350 – 331) / 331} × 100 ≒ 5.7%임에 따라 2020년 국보의 2016년 대비 증가율이 일치하는 ①이 정답이다.

난이도 ★★☆

03 자료의 특정한 값을 추론하는 문제

제시된 조건에 따라 자료에서 누락된 수치를 추론하거나 미래 시점의 수치를 예측하는 문제로 출제된다.

다음은 2022년 갑과 을의 월별 가스 요금을 나타낸 자료이며, 이를 분석한 결과 갑과 을의 가스 요금에 각각 일정한 규칙이 발견되었다. 자료를 보고 빈칸에 해당하는 값을 예측했을 때 가장 타당한 값을 고르시오.

[월별 가스 요금]

(단위: 원)

구분	갑	을
1월	( )	31,000
2월	( )	32,000
3월	20,500	34,000
4월	23,000	37,000
5월	25,500	41,000
6월	28,000	( )
7월	30,500	( )
8월	( )	( )
9월	( )	(㉡)
10월	( )	( )
11월	(㉠)	( )
12월	( )	( )

	㉠	㉡
①	38,000	67,000
②	40,500	59,000
③	40,500	67,000
④	43,000	59,000
⑤	43,000	67,000

|정답 및 해설| ③

㉠ 갑의 가스 요금은 3월에 20,500원이고, 4월 이후 전월 대비 증가한 가스 요금은 4월에 23,000−20,500=2,500원, 5월에 25,500−23,000=2,500원, 6월에 28,000−25,500=2,500원, 7월에 30,500−28,000=2,500원이므로 전월 대비 증가한 가스 요금은 매달 2,500원임을 알 수 있다. 이에 따라 갑의 11월 가스 요금은 30,500+(2,500×4)=40,500원이다.

㉡ 을의 가스 요금은 1월에 31,000원이고, 2월 이후 전월 대비 증가한 가스 요금은 2월에 32,000−31,000=1,000원, 3월에 34,000−32,000=2,000원, 4월에 37,000−34,000=3,000원, 5월에 41,000−37,000=4,000원이므로 전월 대비 증가한 가스 요금은 매달 1,000원씩 증가함을 알 수 있다. 이에 따라 을의 9월 가스 요금은 41,000+(5,000+6,000+7,000+8,000)=67,000원이다.

따라서 ㉠은 40,500, ㉡은 67,000인 ③이 정답이다.

문제 풀이 꿀팁

월별 가스 요금의 전월 대비 증감량을 비교하여 규칙을 찾는다.

을의 가스 요금은 전월 대비 매월 동일한 금액만큼 증가하지 않으므로 증가하는 금액 사이의 규칙을 찾는다. 을의 1월 가스 요금은 31,000원, 2월 가스 요금은 32,000원, 3월 가스 요금은 34,000원으로 매월 증가하는 금액이 각각 1,000원, 2,000원, 3,000원으로 다르지만 증가하는 금액이 매월 1,000원씩 올라가는 규칙이 적용됨을 알 수 있다.

유형 3 언어추리

유형 특징

1. 제시된 조건을 토대로 올바른 전제 또는 결론을 도출하거나 결론의 옳고 그름을 판단하는 유형의 문제이다.
2. 언어추리 유형은 다음과 같이 두 가지 세부 유형으로 출제된다.
   ① 명제추리 문제
   ② 조건추리 문제

최근 출제 경향

1. 명제추리 문제와 조건추리 문제 모두 제시된 조건으로 도출되는 경우의 수가 적은 문제가 출제되어 난도가 낮았다.
2. 최근 시험에서는 자리 배치에 대한 조건을 토대로 올바른 배치를 묻는 문제 등이 출제되었다.

학습 전략

1. 명제추리 문제는 명제와 삼단논법에 대한 기초적인 논리 이론을 반드시 학습한다. (PART 3 실력 UP 핵심이론 노트 p.226)
2. 조건추리 문제는 문장으로 주어진 조건을 단어나 표로 간단히 정리한 후, 제시된 조건을 토대로 결론의 옳고 그름을 바로 판단할 수 있는지 먼저 확인하여 풀이 시간을 단축한다. 또한, 고려해야 하는 조건이나 경우의 수를 빠짐없이 확인하여 빠르고 정확하게 문제를 푸는 연습을 한다.

난이도 ★☆☆

01 명제추리 문제

다음 전제를 읽고 반드시 참인 결론을 고르시오.

전제	모든 반도체 기업은 글로벌 기업이다.
	기술력이 높지 않은 모든 기업은 글로벌 기업이 아니다.
결론	

① 기술력이 높은 모든 기업은 반도체 기업이다.
② 모든 반도체 기업은 기술력이 높은 기업이다.
③ 어떤 반도체 기업은 기술력이 높지 않은 기업이다.
④ 기술력이 높은 어떤 기업은 반도체 기업이 아니다.
⑤ 기술력이 높은 모든 기업은 반도체 기업이 아니다.

|정답 및 해설| ②

기술력이 높지 않은 모든 기업이 글로벌 기업이 아니라는 것은 모든 글로벌 기업이 기술력이 높은 기업이라는 것이므로, 모든 반도체 기업이 글로벌 기업이면 모든 반도체 기업은 기술력이 높은 기업이 된다.

따라서 '모든 반도체 기업은 기술력이 높은 기업이다.'가 타당한 결론이다.

반도체 기업을 A, 글로벌 기업을 B, 기술력이 높은 기업을 C라고 하면

① 기술력이 높은 기업 중에 반도체 기업이 아닌 기업이 있을 수도 있으므로 반드시 참인 결론이 아니다.

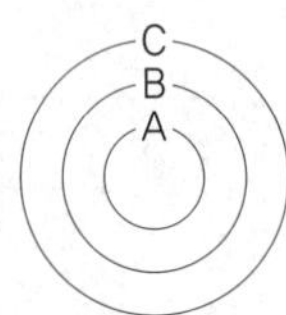

③, ⑤ 모든 반도체 기업은 기술력이 높은 기업이고, 기술력이 높은 기업 중에 반도체 기업이 적어도 한 곳 존재하므로 반드시 거짓인 결론이다.

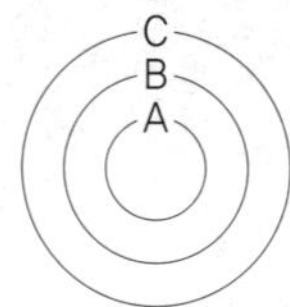

④ 기술력이 높은 모든 기업은 반도체 기업일 수도 있으므로 반드시 참인 결론이 아니다.

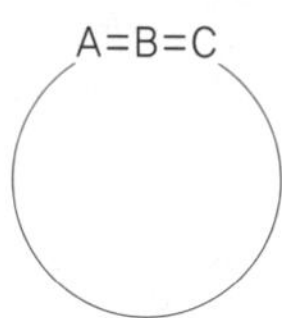

문제 풀이 꿀팁

주어진 명제가 참일 때 그 명제의 '대우'만이 참인 것을 알 수 있다.

첫 번째 명제와 두 번째 명제의 '대우'를 차례로 결합하면 모든 반도체 기업은 글로벌 기업이고, 모든 글로벌 기업은 기술력이 높은 기업이므로 모든 반도체 기업은 기술력이 높은 기업임을 알 수 있다.

따라서 정답은 ②가 된다.

난이도 ★☆☆

02 조건추리 문제

4층짜리 기숙사 건물에 거주하는 갑, 을, 병, 정 4명은 서로 다른 층에 거주한다. 다음 조건을 모두 고려하였을 때, 항상 거짓인 것을 고르시오.

- 갑은 홀수 층에 거주한다.
- 정은 병보다 아래층에 거주한다.
- 을은 짝수 층에 거주하지 않는다.

① 병은 가장 높은 층에 거주한다.
② 을과 정 사이에 거주하는 사람은 없다.
③ 갑 바로 위층에 거주하는 사람은 을이다.
④ 병 바로 아래층에 거주하는 사람은 갑이다.
⑤ 정보다 아래층에 거주하는 사람은 1명이다.

|정답 및 해설| ③

제시된 조건에 따르면 갑은 홀수 층에 거주하고, 을은 짝수 층에 거주하지 않으므로 을도 홀수 층에 거주하여 갑과 을은 각각 1층 또는 3층에 거주한다. 이때 정은 병보다 아래층에 거주하므로 정은 2층, 병은 4층에 거주함을 알 수 있다.

4층	병
3층	갑 또는 을
2층	정
1층	갑 또는 을

따라서 갑이 1층에 거주하면 바로 위층에 거주하는 사람은 정이고, 갑이 3층에 거주하면 바로 위층에 거주하는 사람은 병이므로 항상 거짓인 설명이다.

① 병은 4층에 거주하므로 항상 참인 설명이다.
② 을은 1층 또는 3층에 거주하고, 정은 2층에 거주하므로 항상 참인 설명이다.
④ 병 바로 아래층에 거주하는 사람은 갑 또는 을이므로 항상 거짓인 설명은 아니다.
⑤ 정은 2층에 거주하여 정보다 아래층에 거주하는 사람은 1명이므로 항상 참인 설명이다.

문제 풀이 꿀팁

위치를 정확하게 알 수 있는 조건부터 확인한다.

갑은 홀수 층에 거주하고, 을은 짝수 층에 거주하지 않으므로 을도 홀수 층에 거주한다. 이에 따라 갑과 을은 서로 연속하지 않은 층에 거주하므로 갑 바로 위층에 거주하는 사람은 을이 될 수 없음을 알 수 있다.
따라서 정답은 ③이 된다.

유형 4 **도형추리**

유형 특징

1. 제시된 도형의 변환 규칙을 파악하여 물음표에 해당하는 도형을 유추하는 유형의 문제이다.
2. 도형추리 유형은 다음과 같이 한 가지 세부 유형으로 출제된다.
   ① 박스형 문제

최근 출제 경향

1. 도형추리 유형은 출제 비중이 낮은 편이지만 매 시험에 꾸준히 출제되고 있다.
2. 대체로 규칙 파악이 수월한 문제가 출제되어 난도가 비교적 낮았다.
3. 최근 시험에서는 도형이 일정한 규칙에 따라 변화할 때 빈칸에 들어갈 도형을 찾는 문제가 출제되었다.

학습 전략

1. 기출 도형 변환 규칙을 반드시 학습한다. (PART 3 실력 UP 핵심이론노트 p.229)
2. 박스형 문제는 가장 먼저 규칙이 적용되는 방향을 파악해야 하므로 다양한 문제를 풀어보며 제시된 도형들 간의 규칙이 열과 열 사이에 적용되는지 행과 행 사이에 적용되는지 정확히 파악하는 연습을 한다.

난이도 ★☆☆

01 박스형 문제

9칸으로 분할된 사각박스 안에 8개의 도형이 제시되며, 선택지에는 사각박스 안의 도형과 비슷한 모양의 도형이 나온다. 도형에 회전, 색반전, 대칭 등 규칙을 적용하여 정답을 구하는 문제로 출제된다.

다음 도형에 적용된 규칙을 찾아 '?'에 해당하는 도형을 고르시오.

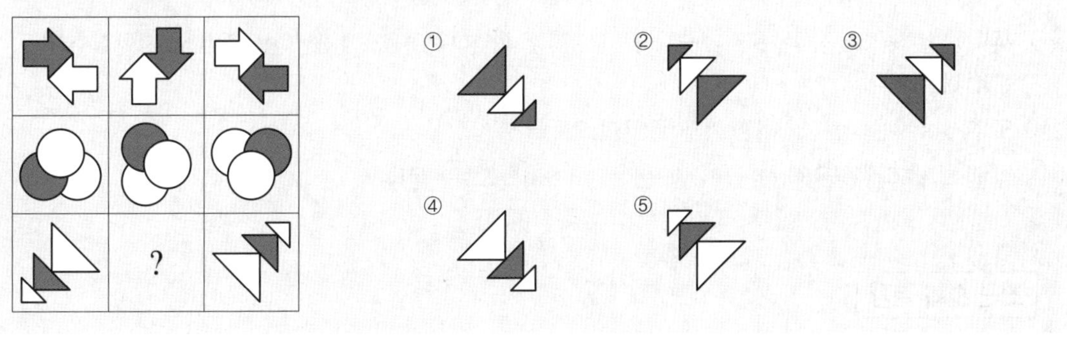

|정답 및 해설| ⑤

각 행에서 다음 열에 제시된 도형은 이전 열에 제시된 도형을 시계 방향으로 90° 회전한 형태이다.

[3행 1열] **[3행 2열]**

따라서 '?'에 해당하는 도형은 ⑤이다.

문제 풀이 **꿀팁**

제시된 도형들 간의 규칙이 열과 열 사이에 적용되는지, 행과 행 사이에 적용되는지 가장 먼저 확인한 뒤 규칙을 파악한다.

제시된 도형은 행별로 도형의 생김새가 비슷하게 위치하여 열에서 열로 규칙이 적용된 것을 파악할 수 있다. 이에 따라 자주 출제되는 규칙인 시계 또는 반시계 방향으로 회전, 색반전 등의 규칙을 각 도형들에 적용해보면 시계 방향으로 90° 회전하였으므로 3행 1열의 도형을 시계 방향으로 90° 회전하면 ⑤ 선택지의 도형이 됨을 알 수 있다.

유형 5 도식추리

유형 특징

1. 제시된 암호 기호에 적용된 문자나 숫자의 변환 규칙을 파악하여 물음표에 해당하는 문자나 숫자를 유추하는 유형의 문제이다.
2. 도식추리 유형은 다음과 같이 한 가지 세부 유형으로 출제된다.
   ① 암호 기호의 규칙을 적용했을 때 나오는 문자나 숫자를 고르는 문제

최근 출제 경향

1. 도식추리 유형은 출제 비중이 낮은 편이지만 매 시험에 꾸준히 출제되고 있다.
2. 대체로 규칙 파악이 수월한 문제가 출제되어 난도가 비교적 낮았다.
3. 최근 시험에서는 문자 또는 숫자 순서에 따라 특정 위치의 문자(숫자)를 이전 순서 또는 다음 순서에 오는 문자(숫자)로 변환시키거나 자리를 서로 바꾸는 규칙이 출제되었다.

학습 전략

1. 문자 순서를 빠르게 파악해야 문제 풀이 시간을 단축할 수 있으므로 문자 순서를 충분히 익힌다. (PART 3 실력 UP 핵심이론노트 p.230)
2. 문제에 제시된 규칙을 학습하고, 최대한 많은 문제를 풀어보면서 제시된 암호 기호에 적용된 변환 규칙을 빠르게 파악하는 연습을 한다. (PART 3 실력 UP 핵심이론노트 p.230)

난이도 ★★☆

01 암호 기호의 규칙을 적용했을 때 나오는 문자나 숫자를 고르는 문제

문자나 숫자의 변환 규칙을 나타내는 암호 기호 3~4개가 제시되며 이 암호 기호의 규칙을 적용해야 하는 문제로 구성된다.

[1-3] 다음 각 기호가 문자, 숫자의 배열을 바꾸는 규칙을 나타낸다고 할 때, 각 문제의 '?'에 해당하는 것을 고르시오.

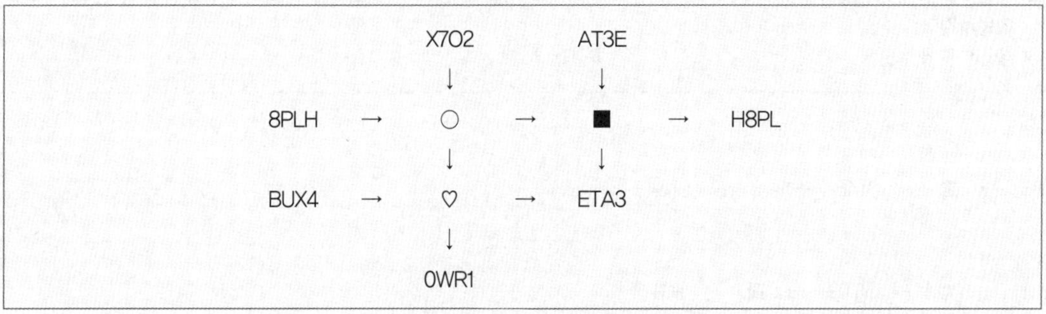

		X7O2		AT3E		
		↓		↓		
8PLH	→	○	→	■	→	H8PL
		↓		↓		
BUX4	→	♡	→	ETA3		
		↓				
		OWR1				

1.

4TB8 → ■ → ○ → ?

① 84TB ② 8T4B ③ T4B8 ④ T84B ⑤ TB84

2.

V2QH → ♡ → ■ → ?

① Y1TG ② G1YT ③ I3SN ④ K1YP ⑤ H2VQ

3.

? → ○ → ♡ → ZA62

① ZC91 ② WB33 ③ CZ91 ④ 9Z1C ⑤ BW33

|정답 및 해설| 1. ④ 2. ② 3. ⑤

♡: 문자와 숫자 순서에 따라 첫 번째, 세 번째 문자(숫자)를 다음 세 번째 순서에 오는 문자(숫자)로, 두 번째, 네 번째 문자(숫자)를 바로 이전 순서에 오는 문자(숫자)로 변경한다. ex. abcd → dafc(a+3, b−1, c+3, d−1) ○: 첫 번째, 두 번째 문자(숫자)의 자리를 서로 바꾼다. ex. abcd → bacd ■: 첫 번째 문자(숫자)를 세 번째 자리로, 세 번째 문자(숫자)를 네 번째 자리로, 네 번째 문자(숫자)를 첫 번째 자리로 이동시킨다. ex. abcd → dbac

1.
4TB8 → ■ → 8T4B → ○ → [T84B]

2.
V2QH → ♡ → Y1TG → ■ → [G1YT]

3.
[BW33] → ○ → WB33 → ♡ → ZA62

문자(숫자) 사이에 적용된 암호 기호가 적은 순으로 규칙을 찾는다.

문자(숫자) 사이에 하나의 규칙만 적용되거나 같은 규칙이 두 번 적용된 부분부터 확인하여 규칙을 찾는다. 이때 문자(숫자)의 자리가 변경되었는지, 다른 문자나 숫자로 변경되었는지 확인한다.

따라서 문자(숫자) 사이에 규칙이 한 번 적용된 ♡ 규칙을 먼저 찾은 후 ○ → ■ 순 또는 ■ 규칙을 먼저 찾은 후 ○ → ♡ 순으로 규칙을 확인해야 함을 알 수 있다.

유형 6 **단어유추**

유형 특징

1. 2개 이상의 단어 간의 관계를 파악하는 유형의 문제이다.
2. 단어유추 유형은 다음과 같이 두 가지 세부 유형으로 출제된다.
   ① 제시된 단어 쌍과 동일한 관계의 단어 쌍을 만드는 문제
   ② 나머지 단어 쌍과 다른 관계인 단어 쌍을 고르는 문제

최근 출제 경향

1. 단어유추 유형은 출제 비중이 낮은 편이지만 매 시험에 꾸준히 출제되고 있다.
2. 단어 간의 관계를 파악하기 쉬웠으며, 생소한 단어가 제시되거나 배경지식이 요구되는 문제가 출제되지 않아 난도가 낮았다.
3. 최근 시험에서는 유의관계, 반대관계 등의 단어 쌍이 출제되었다.

학습 전략

1. 다양한 단어 쌍을 학습한다. (PART 3 실력 UP 핵심이론노트 p.231)
2. 단어 쌍의 관계를 파악하기 어려울 때는 단어 쌍을 이루고 있는 각 단어의 속성을 토대로 단어의 의미, 상위 항목 존재 여부 등을 고려하여 문제를 푸는 연습을 한다.
3. 제시된 단어 쌍과 동일한 관계의 단어 쌍을 만드는 문제는 선택지에 제시된 단어를 직접 빈칸에 하나씩 넣어 보며 빠르게 정답을 찾는다.
4. 나머지 단어 쌍과 다른 관계인 단어 쌍을 고르는 문제는 단어 간의 관계를 쉽게 파악할 수 있는 선택지들을 찾아 오답을 빠르게 소거한다.

난이도 ★☆☆

01 제시된 단어 쌍과 동일한 관계인 단어 쌍을 만드는 문제

완전한 형태의 단어 쌍과 빈칸이 포함된 단어 쌍이 함께 제시되고, 선택지에는 빈칸에 들어갈 단어가 나온다.

다음 단어 쌍의 관계를 유추하여 빈칸에 들어갈 적절한 단어를 고르시오.

사명 : 임무 = 진위 : ( )

① 진단 ② 진실 ③ 결단 ④ 진가 ⑤ 본성

|정답 및 해설| ④

제시된 단어 사명과 임무는 모두 맡겨진 일을 뜻하므로 유의관계이다.

따라서 참과 거짓 또는 진짜와 가짜를 통틀어 이르는 말이라는 의미의 진위와 유의관계인 '진가'가 적절하다.

① 진단: 의사가 환자의 병 상태를 판단하는 일

② 진실: 거짓 없는 사실

③ 결단: 결정적인 판단을 하거나 단정을 내림

⑤ 본성: 사람이 본디부터 가진 성질

문제 풀이 꿀팁

어휘 쌍이 유의관계 또는 반대관계가 성립하는지 확인한다.

어휘관계 문제는 의미가 서로 비슷한 유의어 또는 의미가 서로 반대되는 반의어로 이루어진 어휘 쌍이 자주 출제되는 편이므로 제시된 어휘 쌍이 유의관계 또는 반대관계가 성립하는지를 먼저 확인해 본다.

제시된 단어 사명과 임무는 모두 누군가에게 주어진 일을 의미하므로 유의관계임을 알 수 있다.

난이도 ★☆☆

02 나머지 단어 쌍과 다른 관계인 단어 쌍을 고르는 문제

일정한 관계를 맺고 있는 2개 또는 3개의 단어들이 각 선택지로 나온다.

다음 단어 쌍의 관계를 유추하여 나머지와 다른 관계인 것을 고르시오.

① 순행 – 역행

② 미달 – 도달

③ 개선 – 보완

④ 정체 – 역동

⑤ 걸작 – 졸작

|정답 및 해설| ③

개선과 보완은 모두 잘못된 것이나 부족한 것, 나쁜 것 따위를 고쳐 더 좋게 만듦을 뜻하므로 유의관계이다.

①, ②, ④, ⑤는 모두 반대관계이다.

문제 풀이 꿀팁

선택지 ①, ②에 제시된 단어 쌍의 관계를 확인한다.

선택지 ①, ②에 제시된 단어 쌍 관계를 각각 확인하여 단어 쌍 관계의 일치 여부를 확인한다. 선택지 ①, ②에 제시된 단어 쌍 모두 반대관계이므로 단어 쌍이 반대관계가 아닌 선택지를 찾아야 한다.

선택지 ③에 제시된 개선과 보완은 모두 어떤 것을 더 나아지도록 만든다는 의미이므로 유의관계임에 따라 반대관계가 아님을 알 수 있다.

유형 7 **논리추론**

유형 특징

1. 제시된 글을 바탕으로 추론한 내용의 진위를 판단하고, 논점에 관한 주장 및 근거를 파악하는 유형의 문제이다.
2. 논리추론 유형은 다음과 같이 두 가지 세부 유형으로 출제된다.
   ① 논리적 판단 문제
   ② 주장에 대한 반박 문제

최근 출제 경향

1. 논리추론 유형은 논리적 판단 문제와 주장에 대한 반박 문제가 비슷한 비중으로 출제되고 있다.
2. 전반적으로 제시되는 지문의 길이가 짧고, 직관적인 내용으로 구성되어 있어 매우 낮은 난도로 출제되었다.
3. 최근 시험에서는 인문, 사회, 과학 등 다양한 분야의 내용이 지문으로 제시되었다.

학습 전략

1. 논리적 판단 문제는 글이 전제와 결론으로 구성되어 있다는 점을 명시하고 글에 드러나 있는 정보와 숨겨진 정보를 모두 파악하여 선택지 내용을 추론하는 연습을 한다.
2. 논리적 판단 문제는 두 개의 글을 복합적으로 이해하고 추론하는 문제도 출제되므로 각 글이 말하고자 하는 바를 명확히 이해한 뒤, 이와 대치되는 선택지를 소거하는 방식을 통해 문제 풀이 시간을 단축한다.
3. 주장에 대한 반박 문제는 필자의 주장과 근거를 정리한 후 주장에 무조건 반대하는 진술이 아닌 근거의 허점에 대해 반박을 제기하는 진술을 찾는다. 이때, 각 선택지가 필자의 주장에 대한 찬성 또는 반대 입장인지, 아니면 아무 관련 없는 진술인지 먼저 표시한 후, 진술에 해당하는 선택지만 서로 비교하여 문제 풀이 시간을 단축한다.

난이도 ★☆☆

01 논리적 판단 문제

매 시험에 1~2문항씩 꾸준히 출제되고 있는 문제이다. 10~12줄가량의 짧은 글이 제시되고, 선택지에는 글의 내용과 관련된 참 또는 거짓 진술이 제시된다.

다음 진술이 모두 참이라고 할 때 반드시 거짓일 수밖에 없는 것을 고르시오.

> 1592년 7월 한산도 앞 바다에서 이순신 장군이 이끈 조선 수군이 일본의 수군을 대파한 전투를 일컬어 한산도 대첩이라 부른다. 본래 조선 수군은 같은 해 6월 10일까지 사천, 당포, 당항포, 율포 등에서 일본을 상대로 일방적인 승리를 거두었는데, 일본은 해전에서의 패배를 만회하고자 와키자카 야스하루가 70척의 병선을, 구키 요시타카가 40척의 병선을 이끌고 거제도 등지를 침범하였다. 당시 조선 수군은 3도를 모두 합쳐 55척에 불과해 수세에 몰릴 것 같았으나, 이순신 장군은 일본 전선 70여 척이 견내량에 머무르고 있다는 사실을 확인하고 한산섬 앞바다로 일본 수군을 유인해 전투를 벌일 계획을 세웠다. 이는 견내량 주변은 물길이 좁고 암초가 많아 포탄 위주의 공격을 하는 조선 수군의 판옥선에는 불리하지만 조총 사격 및 상대 배에 올라타 공격을 하는 일본 수군에게 유리한 위치였기 때문으로, 일본 수군이 한산도 앞바다로 이끌려 나오자 모든 조선 수군은 학익진을 짠 뒤 각종 총통을 포격하였다. 결국 조선 수군의 공격에 우왕좌왕한 일본 수군은 병선 중 47척이 파괴되고 12척은 조선 수군에 빼앗긴 채 후퇴하게 되었고, 조선 수군은 크게 승리할 수 있었다.

① 한산도 대첩 당시 모든 일본의 병선이 파괴된 것은 아니다.
② 이순신 장군은 한산도 대첩에서 학익진을 펼치는 전술을 사용하였다.
③ 한산도 대첩 시 거제도 등지를 침범한 일본의 병선은 도합 100척이 넘었다.
④ 견내량 주변 바다와 같이 물길이 좁고 암초가 많은 곳은 포탄 위주의 공격을 할 때 유리한 지형이다.
⑤ 한산도 대첩 이전에 치러진 해전에서 조선 수군은 모두 승리하였다.

|정답 및 해설| ④

견내량 주변은 물길이 좁고 암초가 많아 포탄 위주의 공격을 하는 조선 수군의 판옥선에 불리하다고 하였으므로 견내량 주변 바다처럼 물길이 좁고 암초가 많은 곳이 포탄 위주의 공격을 할 때 유리한 지형이라는 것은 옳지 않은 내용이다.

① 한산도 대첩 결과 일본 수군의 병선 47척이 파괴되고 12척은 조선 수군에게 빼앗겼다고 하였으므로 옳은 내용이다.

② 한산도 대첩 당시 이순신 장군은 일본 수군을 한산도 앞바다로 유인한 뒤 학익진을 짜 각종 총통을 포격했다고 하였으므로 옳은 내용이다.

③ 한산도 대첩 이전의 패배 설욕을 위해 일본은 와키자카 야스하루의 70척 병선과 구키 요시타카의 40척 병선을 이끌고 거제도 등지를 침범했다고 하였으므로 옳은 내용이다.

⑤ 1592년 7월에 치러진 한산도 대첩 이전 6월 10일까지 조선 수군은 사천, 당포, 당항포, 율포 등에서 일본을 상대로 일방적인 승리를 거두었다고 하였으므로 옳은 내용이다.

문제 풀이 꿀팁

선택지의 핵심어과 제시된 글을 비교한다.

선택지에서 고유명사, 숫자 등의 핵심어를 먼저 파악한 뒤 각 선택지의 핵심어를 제시된 글에서 찾아 옳고 그름을 빠르게 판단한다.

난이도 ★☆☆

02 주장에 대한 반박 문제

매 시험에 1~2문항씩 꾸준히 출제되고 있는 문제이다. 주장 및 근거를 포함한 한 문단의 짧은 글이 제시되고, 선택지에는 이와 관련된 진술이 제시된다.

다음 주장에 대한 반박으로 가장 타당한 것을 고르시오.

세로토닌은 혈액이 응고할 때에 혈관 수축 작용을 하는 아민류의 물질을 말한다. 포유류의 혈소판, 혈청, 위점막 및 두족류의 침샘에 함유되어 있고 뇌 조직에서도 생성된다. 신경전달물질로서 세로토닌은 모든 물질이 그렇듯이 체내에 적정량만이 존재해야 하는데, 지나치게 많으면 뇌 기능을 자극하고 부족하면 침정(沈靜) 작용을 일으킬 수 있다. 세로토닌이 부족할 경우 우울증이나 불안증이 나타나기 때문에 우울증 환자들에게는 선택적 세로토닌 재흡수억제제와 같은 항우울제를 처방하여 세로토닌의 농도를 인위적으로 높여주기도 한다. 그러나 항우울제의 가장 큰 문제는 자살 충동, 감정의 무뎌짐, 불면증과 같은 부작용을 유발한다는 것이다. 실제로 영국에서는 경증 우울장애를 앓는 사람들에게는 약물 치료보다는 운동, 명상, 상담 등을 통한 치료가 선행되어야 함을 주장하고 있다. 항우울제가 세로토닌 조절에 도움이 되는 것은 맞지만, 섭취 시의 부작용을 고려하면 우울증 환자에게 항우울제를 처방하는 것은 지양할 필요가 있다.

① 영국에서는 항우울제가 세로토닌 수치 향상에 큰 영향을 미치지 않는다고 판단하고 있으므로 우리나라에서도 이를 참고해야 한다.

② 항우울제가 세로토닌 수치 향상에 영향을 미치는 것은 분명하므로 중증 우울증 환자에게 항우울제는 증상 완화에 큰 도움이 될 수 있다.

③ 세로토닌 기반의 항우울제는 남용하게 될 경우 큰 부작용을 겪을 수 있으므로 우울증 환자에 대한 항우울제 처방은 신중하게 이루어져야 한다.

④ 우울증 환자의 치료 시에는 항우울제와 같은 약물 치료 이전에 상담, 운동, 명상과 같은 비약물적 치료가 이루어져야 한다.

⑤ 우울증과 같은 증상은 개인의 환경과 상황에 따라서도 큰 영향을 받으므로 세로토닌의 영향력은 미미한 편이다.

|정답 및 해설| ②

제시된 글의 필자는 신경전달물질인 세로토닌이 체내에서 부족할 경우 우울증 및 불안증을 유발할 수 있으며, 이에 세로토닌을 조절하는 항우울증제가 우울증 환자에게 처방되지만, 여러 부작용을 유발할 수 있으므로 우울증 환자에게 항우울제를 처방하는 것은 지양해야 함을 주장하고 있다.
따라서 항우울제가 세로토닌 수치 개선에 영향을 미치는 것은 분명하기 때문에 중증 우울증 환자에게는 항우울제가 증상 완화에 큰 도움이 될 수 있다는 반박이 타당하다.

문제 풀이 꿀팁

선택지의 주장에 찬성하는 선택지를 우선 소거한다.

선택지의 내용이 필자의 주장에 대한 찬성 입장인지, 반대 입장인지를 혹은 완전히 관련 없는 진술인지 표시한 뒤 필자의 주장에 찬성하는 입장의 선택지는 소거하고, 필자의 주장에 완전히 반대하는 입장의 선택지만 서로 비교하여 정답을 찾는다.

출제예상문제

유형 1 | 응용계산

01 둘레가 800m인 원형 운동장에서 같은 위치에 서 있는 현우와 은우는 동시에 반대 방향으로 출발하여 50초 후에 처음으로 만났다. 현우와 은우가 출발하여 처음 만났을 때까지 이동한 거리가 100m 차이가 날 때, 현우와 은우의 속력 차이는?

① 1m/s ② 1.5m/s ③ 2m/s ④ 2.5m/s ⑤ 3m/s

02 함께 출장을 떠난 임원 3명과 사원 6명이 A 호텔 1호실, 2호실, 3호실에 묵어야 한다. 객실마다 임원 1명과 사원 2명씩 배정되도록 객실을 배정하는 경우의 수는?

① 90가지 ② 108가지 ③ 180가지 ④ 270가지 ⑤ 540가지

03 농도가 15%인 소금물 450g에 소금 50g을 추가로 넣었을 때 만들어지는 소금물의 농도는?

① 22.0% ② 22.5% ③ 23.0% ④ 23.5% ⑤ 24.0%

04 14로 나누었을 때 나머지가 8이 되는 가장 작은 세 자리 자연수를 18로 나누었을 때의 나머지는?

① 13 ② 14 ③ 15 ④ 16 ⑤ 17

05 준우는 농장을 운영하시는 아버지를 도와 강아지 A 마리, 말 B 마리, 오리 C 마리를 키우고 있다. 준우가 키우고 있는 동물이 총 25마리일 때, 이 동물들의 다리 수의 합을 C에 관한 식으로 나타낸 것은? (단, 강아지와 말의 다리 수는 각각 4개, 오리의 다리 수는 2개이다.)

① 25 − 2C ② 50 − C ③ 50 − 2C ④ 100 − C ⑤ 100 − 2C

06 Z는 동전을 던져 앞면이 나오면 주사위를 2번 굴리고, 뒷면이 나오면 주사위를 3번 굴린다고 할 때, Z가 동전을 1번 던진 후 주사위를 굴려 짝수가 2번 나올 확률은?

① $\frac{1}{8}$ ② $\frac{3}{16}$ ③ $\frac{1}{4}$ ④ $\frac{5}{16}$ ⑤ $\frac{3}{8}$

07 지난번에 지윤이는 연필 15자루와 지우개 4개를 사는 데 10,700원을 냈다. 그 후 연필은 200원, 지우개는 500원씩 가격이 올랐다. 지윤이가 지난번과 같은 개수만큼 연필과 지우개를 살 때 내야 할 금액은?

① 12,700원 ② 14,000원 ③ 15,200원 ④ 15,700원 ⑤ 16,300원

08 ○○식품에서는 5월 1일에 신제품을 출시하였고, 5월 1일부터 5월 5일까지 신제품을 구매한 사람의 수는 총 1,995명이었다. 5일 동안 신제품을 구매한 사람의 수는 매일 일정한 차이로 증가했다면, 5월 3일에 신제품을 구매한 사람의 수는?

① 333명 ② 399명 ③ 414명 ④ 549명 ⑤ 665명

09 가로의 길이가 80cm, 세로의 길이가 20cm인 직사각형이 있다. 이 직사각형 가로의 길이는 초당 4cm씩 줄어들고, 세로의 길이는 초당 2cm씩 늘어난다. 변경 전과 후의 넓이가 처음으로 같아질 때 사각형의 세로 길이는?

① 32cm ② 36cm ③ 40cm ④ 44cm ⑤ 48cm

10 어떤 아파트의 3층에서 엘리베이터를 탄 후 7층까지 멈추지 않고 이동하는 데 총 10초가 걸렸다. 엘리베이터는 분속 90m로 등속운동을 하고 아파트의 층간 거리가 일정할 때, 이 아파트의 층간 거리는?

① $\frac{3}{4}$m ② $\frac{9}{8}$m ③ $\frac{9}{2}$m ④ $\frac{15}{4}$m ⑤ $\frac{15}{2}$m

11 어느 카페에서 지난 5일 동안 판매된 음료는 1,500잔이다. 날마다 판매된 음료의 개수가 같았다면, 하루 동안 판매된 음료의 개수는?

① 150잔 ② 200잔 ③ 300잔 ④ 350잔 ⑤ 400잔

12 지은이는 편의점에서 3,000원짜리 음료수를 산 후 남은 돈의 절반 금액으로 과자를 샀다. 그리고 마지막으로 4,300원짜리 도시락을 샀더니 500원이 남았다. 지은이가 편의점에 가져간 돈의 금액은?

① 12,600원 ② 13,400원 ③ 14,200원 ④ 15,800원 ⑤ 16,000원

13 신입사원 5명 중 2명을 인사팀에 배정하는 경우의 수는 총 몇 가지인가?

① 2가지 ② 5가지 ③ 10가지 ④ 20가지 ⑤ 60가지

14 농도가 3%인 소금물 200g에 농도가 7%인 소금물을 섞었더니 농도가 6%가 되었다고 할 때, 농도가 7%인 소금물의 양은?

① 500g ② 560g ③ 600g ④ 630g ⑤ 720g

15 **오전 5시부터 오후 11시까지 운행하는 A번, B번, C번 버스가 있다. 버스 번호별 배차 간격은 A번이 6분, B번이 5분, C번이 8분이고, 번호별 세 종류의 버스는 모두 오전 5시에 처음 차고지에서 출발한다. 하루 동안 세 대의 버스가 차고지에서 동시에 출발하는 횟수는?** (단, 오후 11시는 차고지에서 막차가 출발하는 시각이다.)

① 7회 ② 8회 ③ 9회 ④ 10회 ⑤ 11회

16 **A, B, C, D, E 5명은 원형 탁자에 둘러앉아 식사를 하려고 한다. A가 B 바로 오른쪽 옆에 이웃하여 앉지 않을 확률은?**

① $\frac{1}{4}$ ② $\frac{1}{2}$ ③ $\frac{2}{3}$ ④ $\frac{3}{4}$ ⑤ $\frac{4}{5}$

17 **X가 혼자 작업하면 4시간, Y가 혼자 작업하면 6시간 걸려 완성할 수 있는 일이 있다. X와 Y가 함께 작업한다고 할 때, 일을 완성하기 위해 걸리는 시간은?**

① 1시간 48분 ② 2시간 24분 ③ 2시간 52분 ④ 3시간 14분 ⑤ 3시간 32분

18 A 회사에 근무하는 전 직원이 워크숍을 갈 예정이며, 워크숍에 참석하는 모든 직원에게 탄산수 1병, 물 2병, 에너지 음료 1병씩을 동일하게 지급하려고 한다. 세 종류의 음료를 총 440병 구매하여 직원들에게 남김없이 모두 나누어 준다면, A 회사에 근무하는 직원 수는?

① 95명 ② 100명 ③ 110명 ④ 120명 ⑤ 125명

19 갑와 을은 3판 2선승제로 격투 게임을 진행하였다. 매 게임마다 갑이 이길 확률은 40%, 을이 이길 확률은 60%일 때, 최종적으로 갑이 을을 이길 확률은?

① 31.5% ② 32.4% ③ 35.2% ④ 36.8% ⑤ 38.4%

20 갑은 회사에 출근하기 위해 집에서 출발하여 버스정류장까지 30분을 걸어간 뒤 버스를 2시간 동안 타고 이동하여 회사에 도착하였다. 집에서 회사까지의 전체 이동 거리를 $x$km라고 할 때, 버스의 속력은? (단, 걸어갈 때의 속력은 4km/h이며, 버스를 기다린 시간은 고려하지 않는다.)

① $\left(\frac{x}{2}-1\right)$km/h ② $\left(\frac{x}{2}-2\right)$km/h ③ $\left(\frac{x}{2}-3\right)$km/h ④ $\left(\frac{x}{2}-4\right)$km/h ⑤ $\left(\frac{x}{2}-5\right)$km/h

21 가죽가방 생산업체인 A 기업은 영업사원들의 동기부여를 위하여 성과제를 시행하고 있다. 5만 원에 판매되는 가죽가방을 1개 팔 때마다 1만 원의 기본 급여가 지급되며, 총 판매액이 200만 원을 초과하면 초과분의 10%가 보너스로 지급된다. 가죽가방의 총 판매액이 300만 원인 영업사원이 받는 급여는?

① 40만 원　② 50만 원　③ 60만 원　④ 70만 원　⑤ 80만 원

22 이번 달에 영주가 지하철을 이용하여 등교한 횟수는 13번이고, 지하철을 이용하여 하교한 횟수는 11번이다. 버스를 이용하여 등교 또는 하교한 횟수가 총 26번일 때, 이번 달에 영주가 등교한 일수는? (단, 등교 또는 하교 시 대중교통은 환승하지 않으며, 지하철과 버스 이외의 이동 수단은 고려하지 않는다.)

① 21일　② 22일　③ 23일　④ 24일　⑤ 25일

23 ○○건설은 신축 아파트에 입주한 아파트 주민에게 텃밭을 분양하려고 한다. 가로 90m, 세로 126m 크기의 텃밭을 정사각형 형태로 나눠서 아파트 주민에게 분양하려고 할 때, 분양받는 텃밭 한 변의 최대 길이는?

① 18m　② 24m　③ 30m　④ 36m　⑤ 42m

24 5만 원짜리 상품 6종류와 7만 원짜리 상품 4종류로 15만 원 이상 20만 원 이하의 패키지 상품을 구성하려고 한다. 구성 가능한 패키지 상품의 경우의 수는?

① 96가지　② 111가지　③ 116가지　④ 131가지　⑤ 152가지

25 서윤이는 원가가 15,000원인 교재를 100권 제작해 5%의 이익을 남겨 판매하려다 종이가 부족하여 50권밖에 제작하지 못했다. 서윤이는 제작한 50권의 책을 판매하여 처음과 같은 이익을 남기려고 할 때, 책정해야 하는 이익률은 얼마인가?

① 7%　② 10%　③ 12%　④ 15%　⑤ 17%

약점 보완 해설집 p.2

유형 2 | 자료해석

01 다음은 지역별 방수시설 수를 나타낸 자료이다. 다음 중 자료에 대한 설명으로 옳은 것을 고르시오.

[지역별 방수시설 수]

(단위: 개)

구분	2017년	2018년	2019년	2020년	2021년
A 지역	44	47	47	49	51
B 지역	19	20	21	23	26
C 지역	23	26	29	33	37
D 지역	41	43	49	52	55
E 지역	11	13	14	16	19

① 2021년 D 지역의 방수시설 수는 2017년 대비 15개 증가하였다.

② 제시된 기간 동안 C 지역의 방수시설 수는 매년 E 지역 방수시설 수의 2배 이상이다.

③ 제시된 기간 동안 B 지역과 E 지역의 방수시설 수 차이는 2018년 이후 매년 동일하다.

④ 제시된 지역 중 2017~2021년 방수시설 수가 매년 20개 이상인 지역은 총 4곳이다.

⑤ 제시된 기간 동안 E 지역의 평균 방수시설 수는 15개 이상이다.

02 다음은 2022년 1~5월 산업별 국내 카드 승인 실적에 대한 자료이다. 다음 중 자료에 대한 설명으로 옳지 않은 것을 고르시오.

[산업별 국내 카드 승인 실적]

(단위: 백억 원)

구분	1월	2월	3월	4월	5월
도 · 소매업	4,614	4,047	4,606	4,673	4,879
운수업	72	64	82	108	124
숙박 및 음식점업	930	780	939	1,150	1,316
교육서비스업	140	135	145	136	152
보건 및 사회복지 서비스업	488	449	479	481	492
여가 관련 서비스업	79	80	116	148	169

※ 출처: KOSIS(한국여신전문금융협회, 월간국내카드승인실적)

① 제시된 기간 동안 도 · 소매업의 국내 카드 승인 실적이 전월 대비 처음으로 증가한 달에 운수업의 국내 카드 승인 실적도 전월 대비 증가하였다.

② 교육서비스업에서 국내 카드 승인 실적의 전월 대비 증가율은 3월이 5월보다 크다.

③ 제시된 기간 동안 숙박 및 음식점업의 국내 카드 승인 실적은 총 500천억 원 이상이다.

④ 5월 국내 카드 승인 실적이 150백억 원 미만인 산업의 당월 국내 카드 승인 실적은 1월보다 50백억 원 이상 증가하였다.

⑤ 제시된 산업 중 2월 이후 국내 카드 승인 실적이 전월 대비 매월 증가한 산업은 총 1개이다.

03 다음은 A~D 지역의 7월 21일 건구 및 습구 온도에 따른 불쾌지수를 나타낸 자료이다. 자료를 보고 빈칸에 해당하는 값을 예측했을 때 가장 타당한 값을 고르시오.

[건구 및 습구 온도에 따른 불쾌지수]

구분	건구 온도(℃)	습구 온도(℃)	불쾌지수
A 지역	27.5	22.5	76.6
B 지역	23.8	21.2	(㉡)
C 지역	18.9	16.1	65.8
D 지역	(㉠)	26.3	80.2

※ 불쾌지수 = a + {b × (건구 온도 + 습구 온도)}

	㉠	㉡
①	26.8	70
②	26.8	73
③	27.5	70
④	28.7	72
⑤	28.7	73

04 다음은 시도별 원유 생산량을 나타낸 자료이다. 다음 중 자료에 대한 설명으로 옳지 않은 것을 모두 고르시오.

[시도별 원유 생산량]

(단위: 톤)

구분	2017년	2018년	2019년	2020년	2021년
서울	44	47	53	53	58
부산	2,481	2,465	2,433	2,296	1,978
대구	4,587	4,142	4,065	4,151	3,924
인천	15,061	15,318	16,123	15,145	14,765
광주	3,088	2,930	2,671	2,880	2,592
세종	24,624	24,231	24,033	23,888	22,722
경기	849,267	841,142	845,126	869,356	849,888
강원	90,732	90,643	91,738	96,932	95,738

※ 출처: KOSIS(농림축산식품부, 우유및유제품생산소비상황)

a. 제시된 기간 동안 처음으로 세종 원유 생산량이 부산 원유 생산량의 10배 이상이 된 해에 세종 원유 생산량은 전년 대비 증가하였다.
b. 서울의 2021년 원유 생산량은 2017년 대비 40% 이상 증가하였다.
c. 제시된 기간 동안 광주의 평균 원유 생산량은 2,800톤 이상이다.

① a ② c ③ a, b ④ b, c ⑤ a, b, c

05 다음은 인구 동향 조사 결과를 나타낸 자료이다. 2017년부터 2021년까지 자연 증가 건수의 평균은 약 얼마인가? (단, 소수점 첫째 자리에서 반올림하여 계산한다.)

[연도별 인구 동향]

(단위: 명, %)

구분	2017	2018	2019	2020	2021
출생아 수	471,265	484,550	436,455	435,435	438,420
사망자 수	257,396	267,221	266,257	267,692	275,895
자연 증가 건수	213,869	217,329	170,198	167,743	162,525
조출생률	9.4	9.6	8.7	8.6	8.6
조사망률	5.1	5.3	5.3	5.3	5.4
자연 증가율	4.3	4.3	3.4	3.3	3.2

※ 자연 증가 건수 = 출생아 수 – 사망자 수

① 165,743명 ② 186,333명 ③ 198,336명

④ 213,427명 ⑤ 232,505명

06 다음은 6대 광역시의 연도별 게임 사업체 수에 대한 자료이다. 다음 중 자료에 대한 설명으로 옳지 <u>않은</u> 것을 고르시오.

[연도별 게임 사업체 수]

(단위: 개)

구분	2016	2017	2018	2019	2020
부산	792	812	784	776	670
대구	637	681	732	714	581
인천	555	604	659	693	602
광주	538	592	601	622	484
대전	386	405	403	410	333
울산	324	371	370	366	260

※ 출처: KOSIS(문화체육관광부, 콘텐츠산업조사)

① 2020년 인천과 울산의 게임 사업체 수의 합은 같은 해 대구와 대전의 게임 사업체 수의 합보다 많다.

② 2019년 게임 사업체 수는 부산이 울산의 2배 이상이다.

③ 6대 광역시 중 2017년 게임 사업체 수의 전년 대비 증가량이 두 번째로 큰 광역시는 인천이다.

④ 2016년 6대 광역시의 평균 게임 사업체 수는 500개 이상이다.

⑤ 6대 광역시 중 2017년 이후 게임 사업체 수의 전년 대비 증감 추이가 대전과 동일한 광역시는 없다.

07 다음은 Y 지역의 업종별 창업기업 수에 대한 자료이다. 다음 중 자료에 대한 설명으로 옳은 것을 고르시오.

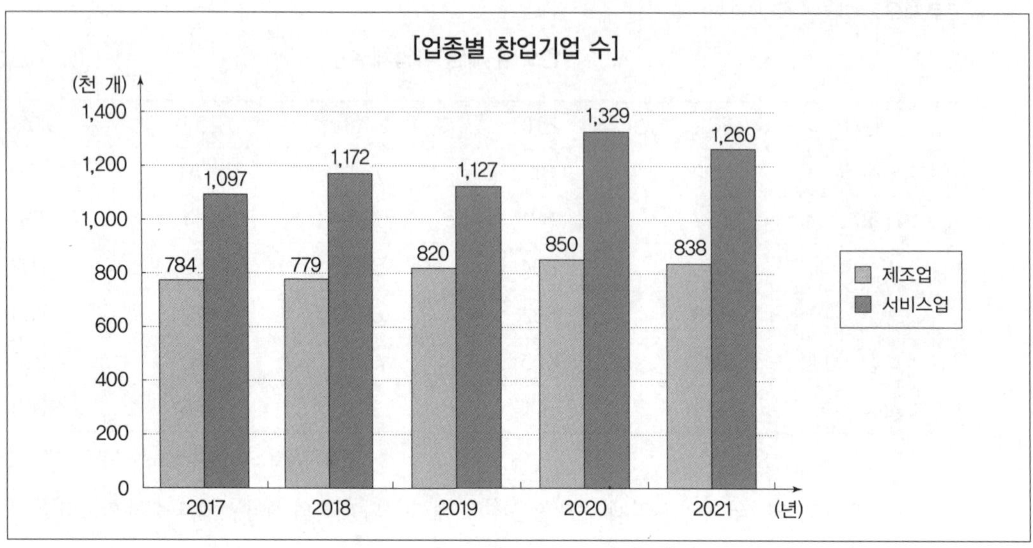

① 2018년 이후 서비스업의 창업기업 수는 매년 전년 대비 증가하였다.

② 2017년 서비스업 창업기업 수는 제조업 창업기업 수의 1.5배 이상이다.

③ 2020년 서비스업 창업기업 수의 전년 대비 증가율은 15% 이상이다.

④ 제시된 기간 동안 제조업의 평균 창업기업 수는 820천 개 이상이다.

⑤ 제시된 기간 동안 창업기업 수가 세 번째로 많은 해는 제조업과 서비스업이 동일하다.

08 다음은 혈액형별 헌혈 건수에 대한 자료이다. 다음 중 자료에 대한 설명으로 옳은 것을 모두 고르시오.

[혈액형별 헌혈 건수]

(단위: 만 건)

구분		2017년	2018년	2019년	2020년	2021년
RH+	합계	292	287	278	260	259
	O형	80	79	77	72	72
	A형	100	98	95	89	88
	B형	78	77	74	69	69
	AB형	34	33	32	30	30

※ 출처: KOSIS(대한적십자사, 혈액정보통계)

a. 제시된 기간 동안 RH+ B형의 헌혈 건수는 매년 RH+ AB형의 헌혈 건수보다 40만 건 이상 더 많다.
b. 제시된 기간 동안 RH+ A형의 헌혈 건수가 RH+ 혈액형의 전체 헌혈 건수에서 차지하는 비중은 매년 30% 이상이다.
c. 2018년 이후 RH+ 혈액형의 전체 헌혈 건수와 전년 대비 증감 추이가 동일한 혈액형은 없다.

① b ② c ③ a, b ④ b, c ⑤ a, b, c

09 다음은 2022년 1~5월 A 농장의 월별 가축 수를 나타낸 자료이다. A 농장의 가축 수는 각각 일정한 규칙에 따라 변화할 때, A 농장의 닭이 처음으로 1,000마리가 넘는 달에 오리는 몇 마리인가?

[월별 가축 수]

(단위: 마리)

구분	1월	2월	3월	4월	5월
닭	31	34	65	99	164
오리	22	43	65	88	112

① 143마리 ② 168마리 ③ 190마리 ④ 218마리 ⑤ 230마리

10 다음은 자격증별 취득자 수에 대한 자료이다. 다음 중 자료에 대한 설명으로 옳은 것을 고르시오.

[자격증별 취득자 수]

(단위: 백 명)

구분	2016년	2017년	2018년	2019년	2020년
A 자격증	14	16	19	22	19
B 자격증	66	63	48	44	56
C 자격증	82	83	89	115	100
D 자격증	49	49	51	57	54
E 자격증	39	40	40	42	37

① 제시된 기간 동안 취득자 수가 두 번째로 많은 자격증은 매년 B 자격증이다.

② 2016년 대비 2020년에 취득자 수가 가장 많이 증가한 자격증은 D 자격증이다.

③ 2017년 이후 취득자 수가 매년 전년 대비 증가한 자격증은 총 1개이다.

④ 2019년 A 자격증 취득자 수는 2016년 대비 50% 이상 증가하였다.

⑤ 제시된 기간 동안 E 자격증 취득자 수의 평균은 4천 명 이상이다.

11 다음은 연도별 육아휴직자 수와 육아휴직 지원금액을 나타낸 자료이다. 다음 중 자료에 대한 설명으로 옳지 않은 것을 고르시오.

[연도별 육아휴직자 수]

(단위: 명)

구분	2017	2018	2019	2020	2021
전체	41,733	58,137	64,069	69,616	76,833
여성근로자	40,914	56,735	62,279	67,323	73,412
남성근로자	819	1,402	1,790	2,293	3,421

[연도별 육아휴직 지원금액]

(단위: 백만 원)

구분	2017	2018	2019	2020	2021
전체	178,121	276,261	357,797	420,248	500,663
여성근로자	175,582	270,500	348,644	408,557	482,743
남성근로자	2,539	5,761	9,153	11,691	17,920

① 2021년 육아휴직자 1명당 평균 지원금액은 약 6.5백만 원이다.

② 여성근로자의 육아휴직 지원금액이 처음으로 370,000백만 원을 넘은 해에 남성근로자의 육아휴직자 수는 2,293명이다.

③ 2017년부터 2021년까지 남성근로자의 육아휴직자 수의 평균은 1,945명이다.

④ 2018년 이후 여성근로자와 남성근로자의 육아휴직자 수는 매년 증가하였다.

⑤ 2020년 남성근로자의 육아휴직 지원금액은 백억 원 이하이다.

12 다음은 연도별 일부 국립공원의 탐방객 수에 대한 자료이다. 다음 중 자료에 대한 설명으로 옳은 것을 고르시오.

[연도별 국립공원 탐방객 수]

(단위: 만 명)

구분	2016	2017	2018	2019	2020
지리산	288	307	331	300	267
계룡산	133	172	182	195	224
설악산	365	369	324	287	195
한라산	107	100	89	85	70
내장산	164	210	195	191	152
덕유산	171	173	150	122	100
오대산	125	151	140	136	118
주왕산	101	131	116	106	60
치악산	66	67	74	76	87
북한산	609	596	552	557	656
소백산	129	122	119	116	97
무등산	357	351	314	316	245

※ 출처: KOSIS(국립공원공단, 국립공원기본통계)

① 2017년 탐방객 수는 지리산이 주왕산의 2.5배 이상이다.

② 제시된 국립공원 중 탐방객 수가 네 번째로 많은 국립공원은 2016년과 2020년이 서로 동일하다.

③ 오대산과 치악산 탐방객 수의 합은 2020년이 2019년보다 많다.

④ 제시된 국립공원 중 2020년 탐방객 수가 2016년 대비 감소한 국립공원의 수는 총 9개이다.

⑤ 2017년 이후 계룡산과 내장산 탐방객 수의 전년 대비 증감 추이는 서로 동일하다.

13 다음은 가, 나 신문사의 연도별 구독자 수를 나타낸 자료이며, 신문사별로 연도별 구독자 수에 일정한 규칙이 발견되었다. 자료를 보고 빈칸에 해당하는 값을 예측했을 때 가장 타당한 값을 고르시오.

[연도별 구독자 수]

(단위: 만 명)

구분	가 신문사	나 신문사
2015년	17	16
2016년	19	15
2017년	38	18
2018년	40	17
2019년	(㉠)	20
2020년	82	(㉡)
2021년	164	22

	㉠	㉡
①	41	17
②	41	18
③	42	19
④	80	18
⑤	80	19

14 다음은 나노 소재별 투자액에 대한 자료이다. 다음 중 자료에 대한 설명으로 옳지 않은 것을 고르시오.

[나노 소재별 투자액]

(단위: 억 원)

구분	2017년	2018년	2019년	2020년	2021년
A 소재	408	360	551	766	569
B 소재	26	30	48	118	109
C 소재	81	86	63	110	113
D 소재	39	40	47	45	40
E 소재	24	52	54	180	228
F 소재	241	204	119	88	179
G 소재	916	681	656	615	615

① 2020년 C 소재와 F 소재의 투자액을 합한 금액에서 C 소재의 투자액이 차지하는 비중은 60% 이상이다.

② 제시된 기간 중 처음으로 A 소재의 투자액이 G 소재의 투자액보다 많아지는 해에 G 소재의 투자액은 전년 대비 감소하였다.

③ 제시된 기간 동안 B 소재의 연평균 투자액은 60억 원 이상이다.

④ 2021년 투자액이 2017년 대비 감소한 소재는 총 2개이다.

⑤ 제시된 기간 동안 D 소재와 E 소재의 투자액 차이가 두 번째로 작은 해는 2018년이다.

15 다음은 교통혼잡비용 및 전년 대비 증감률을 나타낸 자료이다. 2021년 교통혼잡비용의 8년 전 대비 증가액은 약 얼마인가? (단, 소수점 둘째 자리에서 반올림하여 계산한다.)

[교통혼잡비용 및 전년 대비 증감률]

(단위: 조 원, %)

구분	2014년	2015년	2016년	2017년	2018년	2019년	2020년	2021년
교통혼잡비용	26.9	27.7	28.5	29.1	30.3	31.4	32.4	33.3
전년 대비 증감률	1.5	3.0	2.9	2.1	4.1	3.6	3.2	2.8

※ 교통혼잡비용 = 차량운행비용 + 시간가치비용

① 6.2조 원 ② 6.4조 원 ③ 6.6조 원 ④ 6.8조 원 ⑤ 7.0조 원

16 다음은 P 국가의 우주산업 분야별 연구비 비중을 나타낸 자료이다. 다음 중 자료에 대한 설명으로 옳지 않은 것을 고르시오.

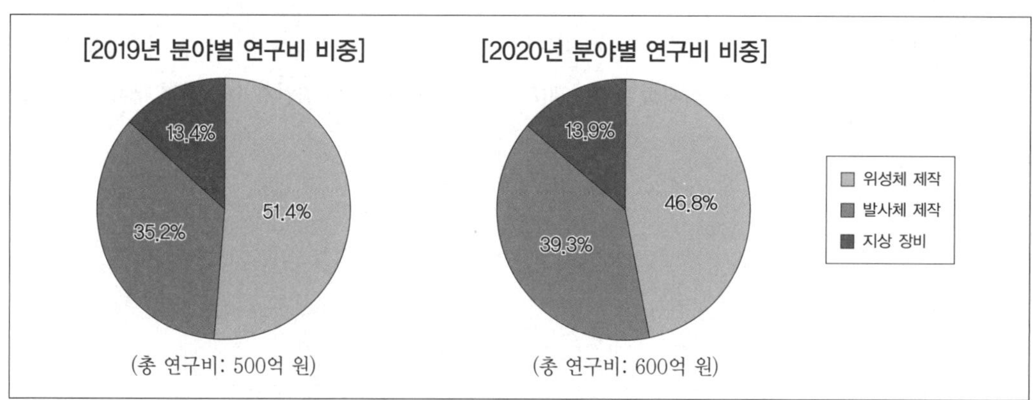

① 제시된 기간 동안 지상 장비 분야의 평균 연구비는 70억 원 이상이다.

② 2020년 발사체 제작 분야의 연구비는 같은 해 지상 장비 분야 연구비의 2배 이상이다.

③ 2020년 위성체 제작 분야의 연구비는 전년 대비 감소하였다.

④ 2019년 발사체 제작 분야의 연구비는 170억 원 이상이다.

⑤ 2020년 총 연구비에서 차지하는 비중이 전년 대비 가장 많이 증가한 분야는 발사체 제작 분야이다.

17 다음은 교육과정별 ICT 전문인력 취업자 현황에 대한 자료이다. 다음 중 자료에 대한 설명으로 옳은 것을 고르시오.

[ICT 전문인력 취업자 현황]

(단위: 명)

구분		2020년		2021년	
		남성	여성	남성	여성
전문대학교	ICT 학과	24	5	25	4
	ICT 관련 학과	6	11	3	3
	비ICT 학과	3	4	4	6
4년제 대학교	ICT 학과	79	25	85	22
	ICT 관련 학과	26	18	25	15
	비ICT 학과	23	12	29	17
대학원	ICT 학과	27	4	27	2
	ICT 관련 학과	16	6	13	6
	비ICT 학과	21	7	10	6

※ 출처: KOSIS(과학기술정보통신부, ICT전문인력수급실태조사)

① 4년제 대학교를 졸업한 2020년 남성 ICT 전문인력 취업자 중 ICT 관련 학과를 졸업한 사람보다 비ICT 학과를 졸업한 사람이 더 많다.

② 대학원을 졸업한 2021년 여성 ICT 전문인력 취업자 수는 총 12명이다.

③ 비ICT 학과를 졸업한 2021년 남성 ICT 전문인력 취업자 수는 제시된 모든 교육 과정에서 전년 대비 증가하였다.

④ 4년제 대학교에서 ICT 학과를 졸업한 2021년 여성 ICT 전문인력 취업자 수는 전년 대비 2명 감소하였다.

⑤ 전문대학교에서 ICT 관련 학과를 졸업한 2021년 남성 ICT 전문인력 취업자 수는 전년 대비 50% 감소하였다.

18 다음은 영화진흥위원회에서 제공하는 주요 영화산업국가의 자국영화점유율과 관련된 자료이다. 다음 중 자료에 대한 설명으로 옳은 것을 고르시오.

[국가별 자국영화점유율 추이]

(단위: %)

국가	2012년	2013년	2014년	2015년	2016년	2017년	2018년	2019년	2020년	2021년
미국	94	86	91	90	92	92	92	91	91	95
일본	38	41	53	48	60	57	54	55	66	61
영국	23	33	19	29	31	17	24	36	32	22
프랑스	39	36	45	36	45	37	36	41	40	34
독일	21	14	22	15	27	27	17	22	18	26
이탈리아	20	26	26	29	29	24	32	38	27	31
스페인	13	17	16	14	13	16	13	15	20	14
중국	55	60	55	54	61	57	56	54	49	59
인도	93	91	94	91	96	96	95	93	94	94
한국	59	59	64	50	42	49	47	52	59	60

① 2013년부터 2015년까지의 중국 자국영화점유율의 연평균은 57% 이상이다.

② 2016년과 2018년에 자국영화점유율이 높은 국가부터 낮은 국가까지의 순위는 모두 같다.

③ 2021년에는 제시된 국가의 절반 이상이 50% 이상의 자국영화점유율을 나타냈다.

④ 2013년부터 2021년까지 한국의 자국영화점유율은 전년 대비 총 4번 증가했다.

⑤ 제시된 기간 동안 미국은 매년 자국영화점유율이 가장 높다.

19 다음은 국내 5개 지역의 연도별 내국인 관광객 수에 대한 자료이다. 2021년 내국인 관광객 수가 전년 대비 10% 이상 증가한 지역들의 2021년 평균 내국인 관광객 수는?

[연도별 내국인 관광객 수]

(단위: 십만 명)

구분	A 지역	B 지역	C 지역	D 지역	E 지역
2020년	73	80	29	64	55
2021년	80	88	22	68	66

① 675만 명 ② 690만 명 ③ 720만 명 ④ 745만 명 ⑤ 770만 명

20 다음은 H 학생의 2022년 월별 일평균 휴식시간 및 학업성취도를 나타낸 자료이다. 자료를 보고 빈칸에 해당하는 값을 예측했을 때 가장 타당한 값을 고르시오.

[2022년 월별 일평균 휴식시간 및 학업성취도]

구분	1월	2월	3월	4월
일평균 휴식시간(분)	180	(㉠)	206	210
학업성취도(점)	63	55.5	(㉡)	72

※ 학업성취도 = (a + 일평균 휴식시간) × b

	㉠	㉡
①	155	69.8
②	155	70.8
③	155	71.4
④	165	70.8
⑤	165	71.4

21 다음은 2022년 상반기 지역별 전염병 신규 감염자 수에 대한 자료이다. 다음 중 자료에 대한 설명으로 옳지 않은 것을 고르시오.

[2022년 상반기 지역별 전염병 신규 감염자 수]

(단위: 명)

구분	1월	2월	3월	4월	5월	6월
A 지역	287	323	285	399	376	254
B 지역	437	454	472	419	463	492
C 지역	448	456	350	250	466	154

① 제시된 기간 중 C 지역의 전염병 신규 감염자 수는 5월에 가장 많다.

② 2022년 4월 A 지역 전염병 신규 감염자 수의 전월 대비 증가율은 40%이다.

③ 제시된 지역 중 월별 전염병 신규 감염자 수가 가장 많은 지역은 1월과 2월이 동일하다.

④ 2022년 2월 이후 B 지역의 전염병 신규 감염자 수는 전월 대비 매월 증가하였다.

⑤ 2022년 2월 전염병 신규 감염자 수의 전월 대비 증가량은 A 지역이 B 지역보다 많다.

22 다음은 우리나라 화장품 업체의 생산 실적을 나타낸 자료이다. 성장률이 가장 높은 해의 화장품 품목 한 개 당 평균 생산 금액은 약 얼마인가? (단, 소수점 첫째 자리에서 반올림하여 계산한다.)

[화장품 생산 실적]

구분	2015년	2016년	2017년	2018년	2019년	2020년	2021년
업체 수(개소)	395	430	526	591	829	1,480	1,895
품목 수(개)	51,579	65,535	76,099	85,533	93,682	101,296	88,806
총 생산 금액 (백만 원)	4,073,744	4,720,053	5,168,589	6,014,551	6,385,616	7,122,666	7,972,072
성장률(%)	2.3	15.9	9.5	16.4	6.2	11.5	11.9

※ 성장률(%) = {(기준연도 생산 금액 − 전년도 생산 금액) / 전년도 생산 금액} × 100

① 70백만 원　② 72백만 원　③ 79백만 원　④ 83백만 원　⑤ 86백만 원

23 다음은 원인별 가스사고 건수를 나타낸 자료이다. 이를 바탕으로 만든 그래프로 옳은 것을 고르시오.

[원인별 가스사고 건수]

(단위: 건)

구분	2017년	2018년	2019년	2020년	2021년
타 공사	7	6	14	11	10
시설 미비	29	34	29	27	14
제품 노후	18	34	14	16	18

※ 출처: KOSIS(한국가스안전공사, 가스사고통계)

① [시설 미비로 인한 가스사고 건수의 전년 대비 증감량]

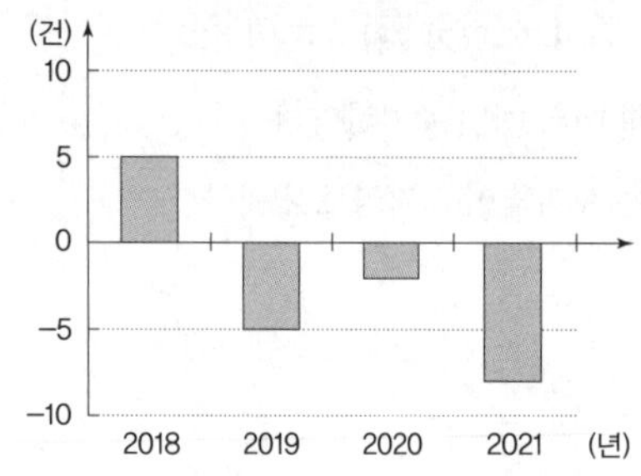

② [타 공사, 시설 미비, 제품 노후로 인한 평균 가스사고 건수]

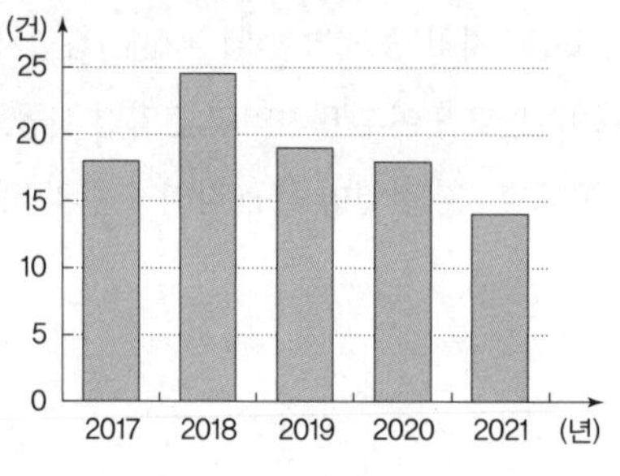

③ [제품 노후로 인한 가스사고 건수의 전년 대비 증감률]

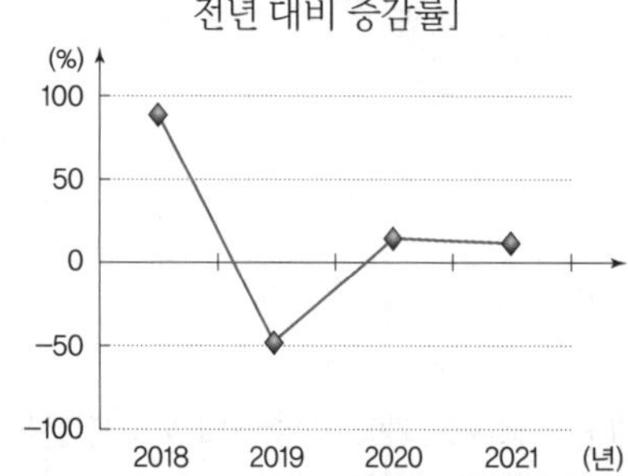

④ [2017년 원인별 가스사고 건수]

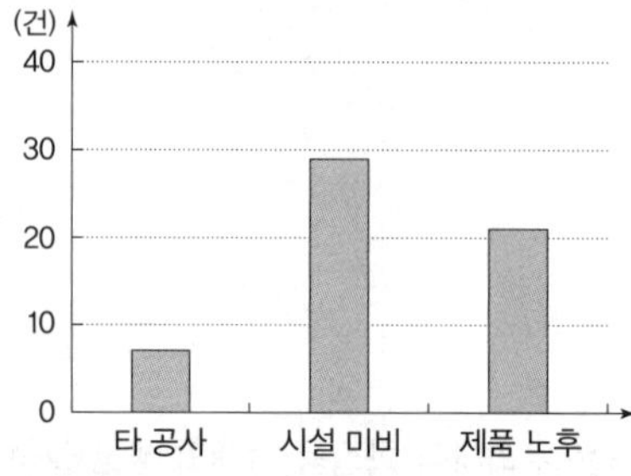

⑤ [타 공사로 인한 연도별 가스사고 건수]

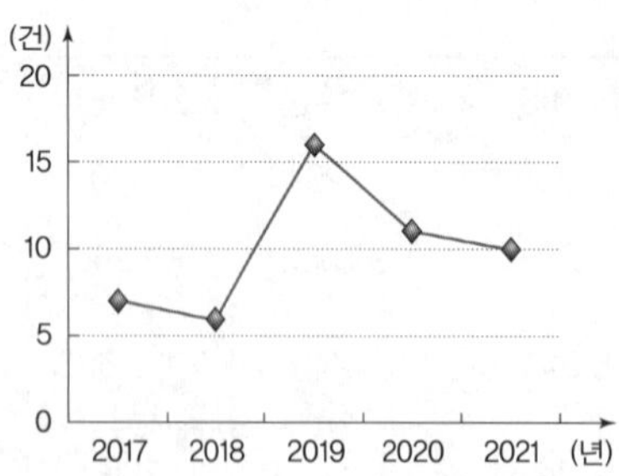

24 다음은 급전방식별 발전설비용량을 나타낸 자료이다. 이를 바탕으로 2017년 이후 중앙급전발전기와 비중앙급전발전기의 발전설비용량 합의 전년 대비 증가율을 바르게 나타낸 것을 고르시오.

[급전방식별 발전설비용량]

(단위: GW)

구분	2016년	2017년	2018년	2019년	2020년
중앙급전발전기	96	106	105	109	109
비중앙급전발전기	9	11	14	17	21

※ 출처: KOSIS(한국전력거래소, 발전설비현황)

①
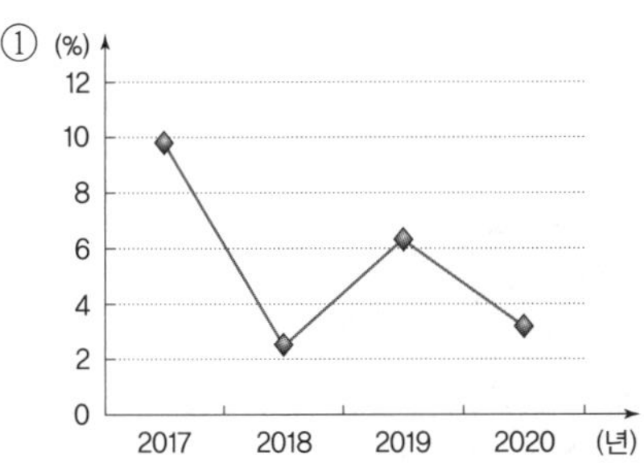

②
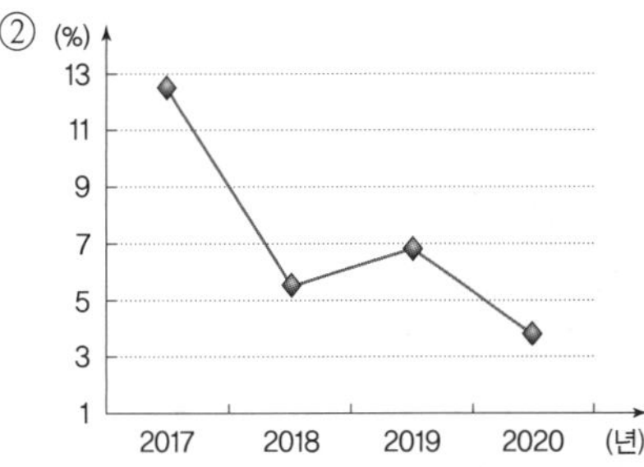

③
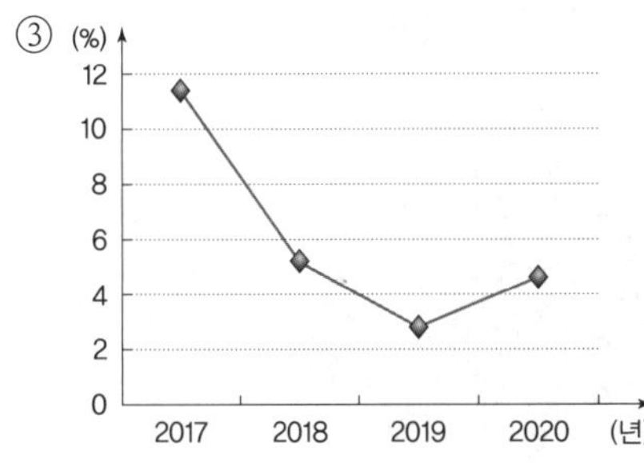

④
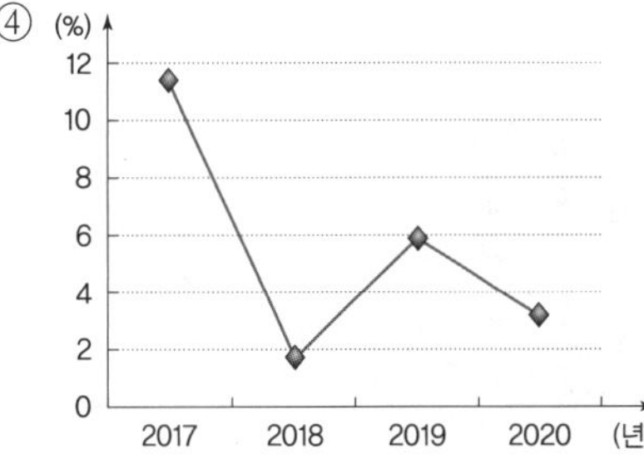

⑤
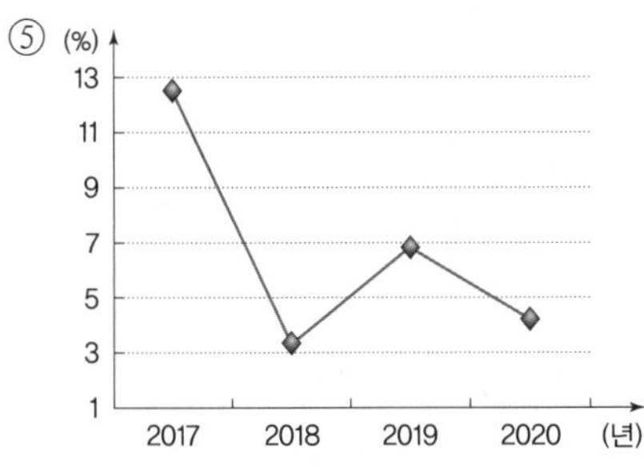

25 다음은 2021년 K 과수원의 가공제품별 사과 가공내역을 나타낸 자료이다. 이를 바탕으로 2021년 K 과수원 사과 가공내역의 가공제품별 비중을 바르게 나타낸 것을 고르시오.

[2021년 K 과수원의 가공제품별 사과 가공내역]

(단위: 십 톤)

구분	가공내역
전체	350
통조림	70
주스	140
잼	77
식초	63

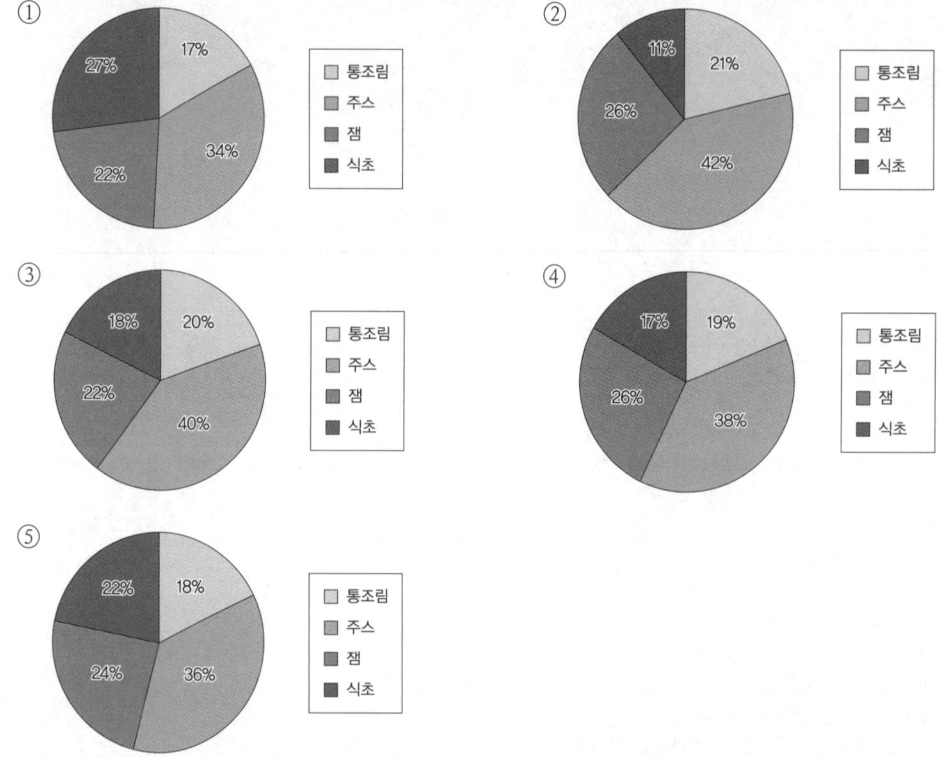

약점 보완 해설집 p.6

유형 3 | 언어추리

[01 - 03] 다음 전제를 읽고 반드시 참인 결론을 고르시오.

01

전제	버스를 타는 모든 사람은 택시를 탄다.
	지하철을 타지 않는 모든 사람은 버스를 타지 않는다.
결론	

① 지하철을 타는 모든 사람은 택시를 탄다.
② 택시를 타는 어떤 사람은 지하철을 타지 않는다.
③ 지하철을 타는 모든 사람은 택시를 타지 않는다.
④ 택시를 타는 모든 사람은 지하철을 탄다.
⑤ 택시를 타는 어떤 사람은 지하철을 탄다.

02

전제	면역력이 좋은 모든 사람은 해독력이 좋다.
	체력이 좋지 않은 모든 사람은 해독력이 좋지 않다.
결론	

① 면역력이 좋은 어떤 사람은 체력이 좋지 않다.
② 체력이 좋은 어떤 사람은 면역력이 좋지 않다.
③ 면역력이 좋은 모든 사람은 체력이 좋지 않다.
④ 면역력이 좋은 모든 사람은 체력이 좋다.
⑤ 체력이 좋은 모든 사람은 면역력이 좋다.

03

전제	자바 교육을 받는 모든 사람은 파이썬 교육을 받는다.
	자바 교육을 받는 어떤 사람은 C언어 교육을 받는다.
결론	

① C언어 교육을 받는 어떤 사람은 파이썬 교육을 받는다.
② 파이썬 교육을 받는 모든 사람은 C언어 교육을 받는다.
③ C언어 교육을 받는 어떤 사람은 파이썬 교육을 받지 않는다.
④ C언어 교육을 받는 모든 사람은 파이썬 교육을 받는다.
⑤ 파이썬 교육을 받는 어떤 사람은 C언어 교육을 받지 않는다.

[04 - 05] 다음 결론이 반드시 참이 되게 하는 전제를 고르시오.

04

전제	E가 놀이터에 없으면 A와 B가 있다.
	D가 놀이터에 있으면 G와 F가 없다.
	A와 B가 놀이터에 있으면 C도 있다.
결론	C가 놀이터에 없으면 G도 없다.

① E가 놀이터에 있으면 D가 없다.

② A 또는 B가 놀이터에 없으면 D도 없다.

③ D가 놀이터에 없으면 E도 없다.

④ D가 놀이터에 없으면 A와 B도 놀이터에 없다.

⑤ E가 놀이터에 없으면 D가 있다.

05

전제	공감능력이 있는 사원은 소통능력도 있다.
	추론능력이 있는 사원은 문제해결능력도 수리능력도 없다.
	대인관계능력이 없는 사원은 기획능력도 없다.
	문제해결능력이 없는 사원은 기획능력과 소통능력이 있다.
결론	추론능력이 있는 사원은 공감능력도 있다.

① 공감능력이 없는 사원은 소통능력이 있다.

② 갈등해결능력이 있는 사원은 공감능력이 있거나 문제해결능력이 없다.

③ 수리능력 또는 대인관계능력이 있는 사원은 공감능력이 있다.

④ 소통능력도 대인관계능력도 없는 사원은 공감능력이 있다.

⑤ 추론능력이 있는 사원은 대인관계능력과 소통능력이 있다.

[06 - 07] 다음 전제를 읽고 반드시 참인 결론을 고르시오.

06

전제	윤리 경영을 실천하는 모든 기업은 녹색 경영을 실천한다.
	윤리 경영을 실천하는 어떤 기업은 영리 기업이 아니다.
결론	

① 녹색 경영을 실천하는 모든 기업은 영리 기업이 아니다.

② 영리 기업이 아닌 모든 기업은 녹색 경영을 실천하지 않는 기업이다.

③ 모든 영리 기업은 녹색 경영을 실천하는 기업이다.

④ 영리 기업이 아닌 어떤 기업은 녹색 경영을 실천하는 기업이다.

⑤ 녹색 경영을 실천하지 않는 어떤 기업은 영리 기업이다.

07

전제	비가 오는 어떤 날은 천둥이 치는 날이다.
	천둥이 치는 모든 날은 화창하지 않은 날이다.
결론	

① 비가 오는 모든 날은 화창한 날이다.

② 비가 오는 어떤 날은 화창한 날이다.

③ 화창하지 않은 모든 날은 비가 오는 날이다.

④ 비가 오는 어떤 날은 화창하지 않은 날이다.

⑤ 화창한 모든 날은 비가 오는 날이다.

08 **할인 행사에 방문한 A, B, C, D 4명은 각각 서로 다른 순서로 행사 장소에 도착하였다. 다음 조건을 모두 고려하였을 때, 항상 거짓인 것을 고르시오.**

- 행사에 방문한 사람은 4명뿐이고, 선착순 2명만 할인 혜택을 받았다.
- C는 할인 혜택을 받았다.
- A는 네 번째 순서로 도착하였다.
- B는 D보다 먼저 도착하였다.

① D는 할인 혜택을 받지 못하였다.

② B는 첫 번째 순서로 도착하였다.

③ A 직전에 도착한 사람은 D이다.

④ B와 D 사이에 도착한 사람은 최대 2명이다.

⑤ C보다 늦게 도착한 사람은 2명이다.

09 **한 여행사에서 가격이 다른 유럽 여행 상품 A, B, C, D, E를 판매하고 있다. 다음 조건을 모두 고려하였을 때, 항상 옳은 설명을 고르시오.**

- B 상품과 D 상품의 가격 차이는 30만 원이다.
- E 상품의 가격은 C 상품과 D 상품의 평균 가격과 일치한다.
- B 상품이 E 상품보다 비싸다.
- B 상품과 C 상품의 가격 차이는 5만 원 이하이다.
- B 상품이 A 상품보다 싸다.

① A 상품이 두 번째로 비싸다.

② B 상품보다 비싼 상품은 두 종류이다.

③ C 상품이 가장 비싼 경우는 없다.

④ D 상품이 가장 비싸다.

⑤ E 상품이 두 번째로 싸다.

10 각각 1번부터 4번까지 쓰여진 4개의 전선은 A, B, C, D, E 전구 중 서로 다른 1개에 각각 연결되어 있다. 다음 조건을 모두 고려하였을 때, A 전구에 연결된 전선을 고르시오.

- 전선이 연결되어 있지 않은 전구에만 불이 켜지지 않는다.
- B와 D 중 불이 켜지지 않는 전구가 있다.
- 2번 전선은 A 또는 D에 연결되어 있다.
- 3번 전선은 B 또는 D에 연결되어 있다.
- C에는 4번 전선이 연결되어 있다.
- 전선이 연결되어 있지 않은 전구가 1개 있다.

① 1번 ② 2번 ③ 3번 ④ 4번 ⑤ 없음

11 보람, 혜정, 경희, 경은, 주희 5명은 올해 1월부터 6월까지 각자 한 번씩 해외여행을 다녀왔다. 다음 조건을 모두 고려하였을 때, 항상 옳지 않은 설명을 고르시오.

- 한 달에 한 명만 여행을 갔으며, 서로 여행지가 겹치지 않았다.
- 5명이 다녀온 해외여행지는 홍콩, 사이판, 베트남, 태국, 필리핀이다.
- 혜정이와 경은이는 연달아 여행을 다녀왔으며, 주희는 홀수 달에 베트남을 다녀왔다.
- 보람이는 1월에, 경희는 6월에 여행을 다녀왔다.
- 4월에 여행을 간 사람은 사이판을 다녀왔으며, 그 이후에 홍콩을 다녀온 사람이 있다.
- 보람이와 경은이 사이에는 한 명만 여행을 다녀왔으며, 보람이는 필리핀에 가지 않았다.

① 2월에는 아무도 여행을 다녀오지 않았다.

② 혜정이가 홍콩에 다녀왔다면 주희는 3월에 여행을 다녀왔다.

③ 경은이는 4월에 여행을 다녀왔다.

④ 주희와 보람이 사이에 여행을 다녀온 사람은 2명이다.

⑤ 혜정이가 5월에 필리핀을 다녀왔다면 경희는 태국을 다녀왔다.

12 **일정한 간격을 두고 일렬로 배치된 7개의 자리에 '가', '나', '다', '라', '마', '바', '사'가 좌우로 이웃하여 앉아서 커피, 주스, 우유, 스무디, 탄산수, 홍차, 녹차 중 하나씩을 주문했다. 다음 조건을 모두 고려하였을 때, 항상 옳지 않은 설명을 고르시오.**

> - 주문받지 않은 종류의 음료는 없다.
> - '다'와 '라'는 서로 이웃하여 앉아 있고, 각각 우유 또는 스무디를 주문했다.
> - '가'는 홍차를 주문했고, '마'와 이웃하여 앉아 있다.
> - 제일 늦게 주문한 사람은 주스를 주문했다.
> - 정중앙에 앉아 있는 사람은 녹차를 주문했다.
> - 우유를 주문한 사람과 탄산수를 주문한 사람은 7명 중 서로 가장 멀리 떨어져 앉아 있다.
> - '바'는 제일 늦게 주문한 사람의 오른쪽에 이웃하여 앉아 있고, 커피를 주문했다.

① 7명 중 제일 늦게 주문한 사람이 '나'라면 탄산수를 주문한 사람은 '사'이다.

② 홍차를 주문한 사람은 커피를 주문한 사람을 기준으로 왼쪽에 앉아 있다.

③ '바'는 '사'보다 '라'와 더 가까이 앉아 있다.

④ 녹차를 주문한 사람은 '마'이다.

⑤ 홍차와 우유를 주문한 사람 사이에는 스무디를 주문한 사람만 앉아 있다.

13 A, B, C, D, E는 각자 검은소, 얼룩소, 누렁소 중 한 마리를 기르고 있으며, 이 중 C는 얼룩소를 기르고 있다. 다섯 명 중 한 명만 진실을 말할 때, 항상 옳지 않은 설명을 고르시오.

- A: 나는 C와 같은 종류의 소를 기른다.
- B: C 또는 E는 얼룩소를 기르지 않는다.
- C: 나와 B는 얼룩소를 기른다.
- D: 나는 누렁소를 기르지 않는다.
- E: 나와 B는 얼룩소를 기르지 않는다.

① A와 E는 같은 종류의 소를 기른다.

② 검은소를 기르는 사람은 없을 수도 있다.

③ A와 D는 누렁소를 기른다.

④ 얼룩소를 기르는 사람은 2명 이상이다.

⑤ E는 검은소 또는 누렁소를 기른다.

14 국진, 완선, 수홍, 수용, 수지는 범인 찾기 게임을 하고 있다. 5명 중 범인은 1명이며, 이들은 자신이 파악한 단서들을 통해 아래와 같이 진술하였다. 5명 중 2명만 진실을 말한다고 할 때, 다음 중 범인을 고르시오.

- 국진: 수홍이가 범인이다.
- 완선: 국진이와 수용이 중 범인이 있다.
- 수홍: 수지는 범인이 아니다.
- 수용: 국진이와 완선이 중 진실을 말하는 사람이 있다.
- 수지: 수용이는 거짓을 말하고 있다.

① 국진　② 수지　③ 수용　④ 완선　⑤ 수홍

15 **4년제 대학교에 다니는 진경, 미영, 미주, 현정 네 사람은 학년과 고향이 서로 다르며, 네 사람의 고향은 청주, 전주, 목포, 진주 중 하나이다. 다음 조건을 모두 고려하였을 때, 항상 옳지 않은 설명을 고르시오.**

- 현정이는 미영이보다 학년이 높다.
- 미영이는 목포에 가본 적이 없다.
- 고향이 청주인 사람은 3학년이다.
- 진경이는 4학년이다.
- 고향이 전주인 사람은 미주 또는 현정이다.

① 학년을 정확히 알 수 있는 사람은 1명뿐이다.

② 전주가 고향인 사람은 현정이다.

③ 미영이는 미주보다 학년이 낮다.

④ 진경이의 고향은 진주이다.

⑤ 고향을 정확히 알 수 있는 사람은 총 2명이다.

16 **코딩 대회에 참가한 도윤, 명진, 진우, 태영 4명은 각각 1등부터 4등까지 하나의 등수를 차지하였다. 다음 조건을 모두 고려하였을 때, 항상 참인 것을 고르시오.**

- 점수가 높을수록 높은 등수를 차지하고, 동점인 사람은 없다.
- 명진이보다 점수가 낮은 사람은 없다.
- 진우의 점수는 90점이다.
- 도윤이의 등수는 2등이다.
- 태영이의 점수는 70점이다.

① 도윤이의 점수는 70점 미만이다.

② 1등인 사람의 점수는 90점이다.

③ 명진이보다 점수가 높은 사람은 2명이다.

④ 태영이보다 점수가 낮은 사람은 2명이다.

⑤ 진우는 도윤이보다 점수가 낮다.

17 H 회사의 기획팀 팀원 A, B, C, D, E, F 6명은 1박 2일 동안 제주도로 출장을 가려고 한다. 제주도로 향하는 비행기는 1시부터 5시까지 1시간마다 있으며, 업무 일정상 두 사람만 같은 비행기를 타고 나머지는 모두 다른 비행기를 타게 된다. 다음 조건을 모두 고려하였을 때, 다음 중 4시 비행기에 탑승할 수 없는 사람을 고르시오.

- A: 저는 다른 팀원들 일정을 모두 고려한 후에 4시 전 비행기를 탈 수 있으면 C 씨보다 먼저 출발하고, 탈 수 없으면 C 씨보다 늦게 출발할게요.
- B: D 씨는 1시에 먼저 출발해서 미팅 준비를 해주세요.
- C: 저는 미팅이 오후 늦게 있어서 어느 비행기를 타고 가도 상관없습니다.
- D: 저는 B 씨 말대로 먼저 출발해서 미팅 준비를 하고 있겠습니다.
- E: B 씨와 저는 1시 회의에 참석해야 해서 회의가 끝난 후에 같이 비행기를 타고 갈게요.
- F: 저는 B 씨 다음 미팅이라 B 씨가 탄 바로 다음 비행기를 타고 가겠습니다.

① A ② B ③ C ④ E ⑤ F

18 가영, 나영, 다영 3명은 키 순서대로 줄을 서려고 한다. 다음 조건을 모두 고려하였을 때, 항상 참인 것을 고르시오.

- 키가 가장 작은 사람이 맨 앞에 줄을 선다.
- 나영이는 가영이보다 앞에 줄을 선다.
- 맨 뒤에 줄을 서는 사람은 다영이가 아니다.

① 다영이는 앞에서 두 번째에 줄을 선다.
② 맨 뒤에 줄을 서는 사람은 가영이가 아니다.
③ 나영이와 다영이 사이에 줄을 서는 사람은 없다.
④ 가영이와 나영이 사이에 줄을 서는 사람이 있다.
⑤ 나영이는 뒤에서 두 번째에 줄을 선다.

19 **다음 조건을 모두 고려하였을 때, 어제 발견된 벽화를 그린 사람을 고르시오.**

- A, B, C, D 네 사람만이 벽화를 그리는 일을 하며, 벽화에는 벽화를 그린 사람만이 메모를 남길 수 있다.
- A와 B는 벽화를 그린 후, 항상 자신의 벽화에 거짓말을 적는다.
- C와 D는 벽화를 그린 후, 항상 자신의 벽화에 참말을 적는다.
- 어제 발견된 벽화에는 "이 벽화를 그린 사람은 C가 아니다."라는 한 문장이 적혀 있었다.

① A ② B ③ C ④ D ⑤ 알 수 없음

20 **A, B, C, D, E 총 5명은 일요일부터 목요일까지 5일 동안 각각 이틀 이상 봉사활동을 한다. 다음 조건을 모두 고려하였을 때, 항상 옳지 않은 설명을 고르시오.**

- C는 평일에만 봉사활동을 하며, 총 이틀 동안의 봉사활동을 연속으로 한다.
- A나 C가 봉사활동을 하는 요일에는 항상 E도 봉사활동을 한다.
- B와 D 두 사람만이 봉사활동 일수가 서로 같다.
- 3일 이상 봉사활동을 하는 A는 C가 봉사활동을 하는 날에는 하지 않는다.
- 가장 적은 인원수가 봉사활동을 하는 요일은 수요일 하루이다.

① 요일별 봉사활동 인원수는 확정된다.

② A와 B의 봉사활동 일수를 합한 것은 C와 E의 봉사활동 일수를 합한 것과 같다.

③ 봉사활동을 하는 요일이 확정된 사람은 두 사람이다.

④ 홀수의 인원이 봉사활동을 하는 요일은 없다.

⑤ 일요일과 목요일은 봉사활동을 하는 사람이 일치한다.

약점 보완 해설집 p.12

유형 4 | 도형추리

[01 - 20] 다음 도형에 적용된 규칙을 찾아 '?'에 해당하는 도형을 고르시오.

01

①
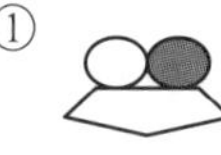
②

③
④
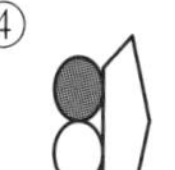
⑤

02

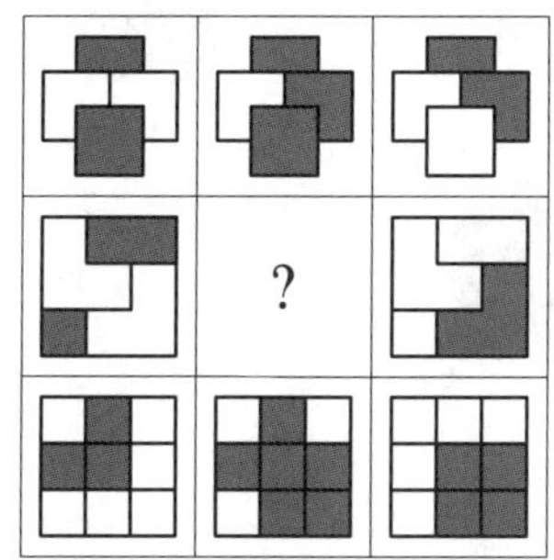

①
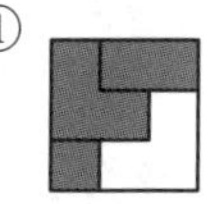
②
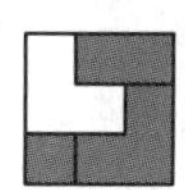
③
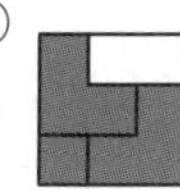
④
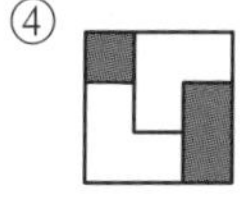

⑤
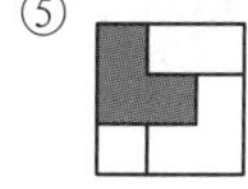

03

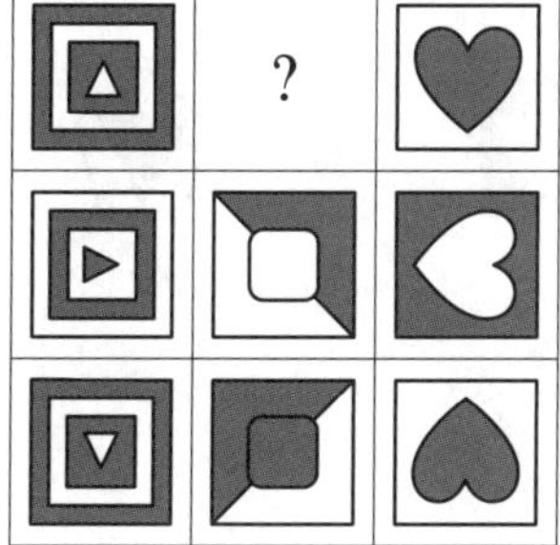

①
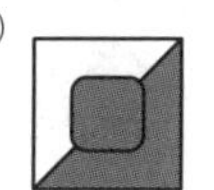
②

③
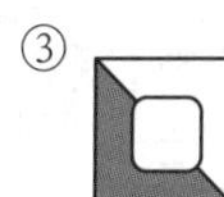
④
⑤

04

?

① ② ③

④ ⑤

05

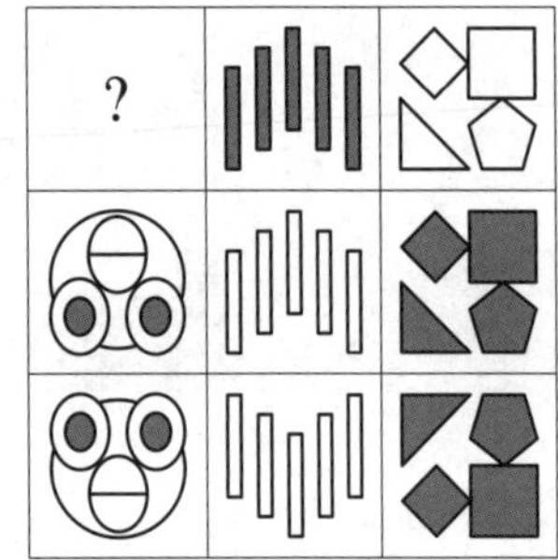

① 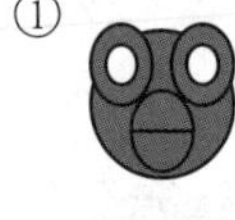 ② 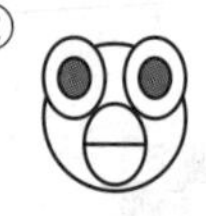 ③ 

④ 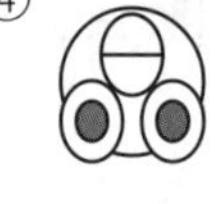 ⑤ 

06

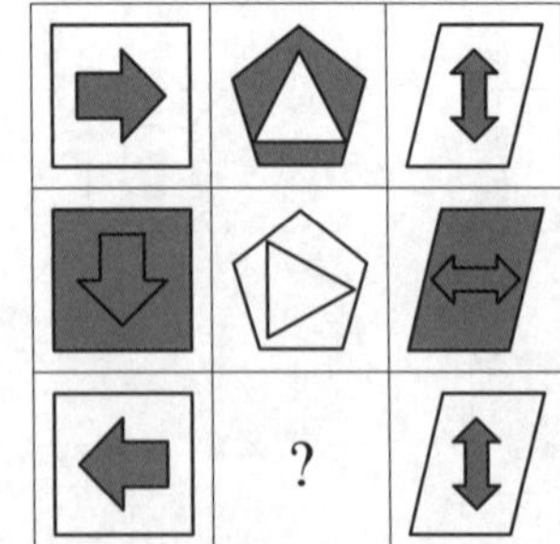

① 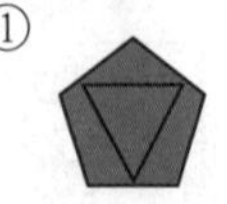 ②  ③ 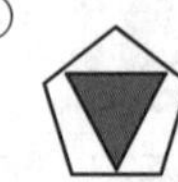

④  ⑤ 

07

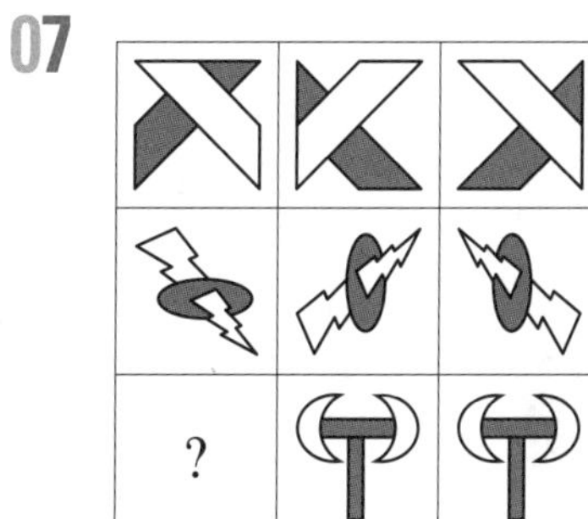

① 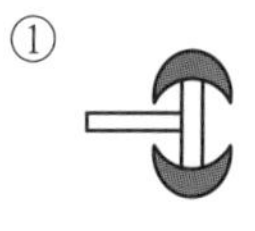

② 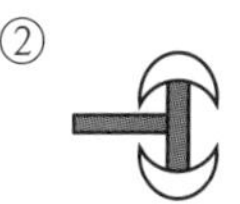

③ 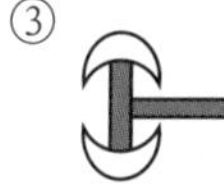

④ 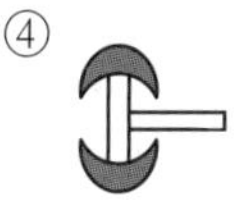

⑤ 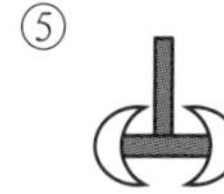

08

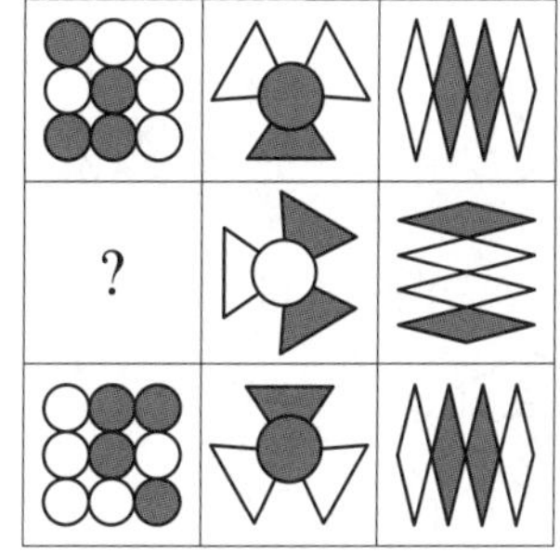

①

② 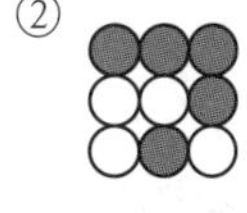

③ 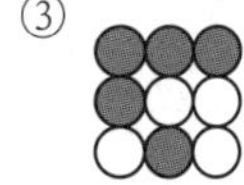

④

⑤ 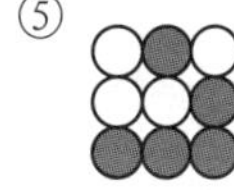

09

①

② 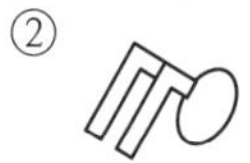

③

④

⑤ 

10

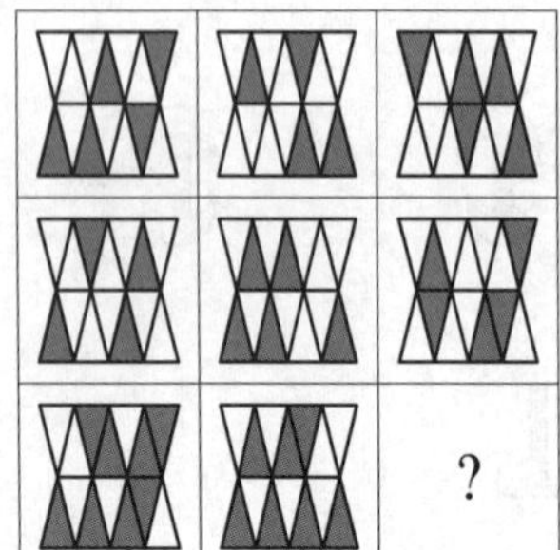

① 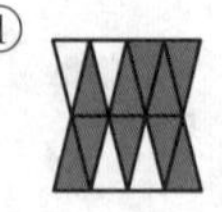

② 

③ 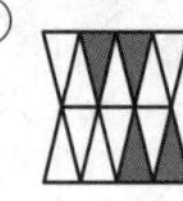

④

⑤

11

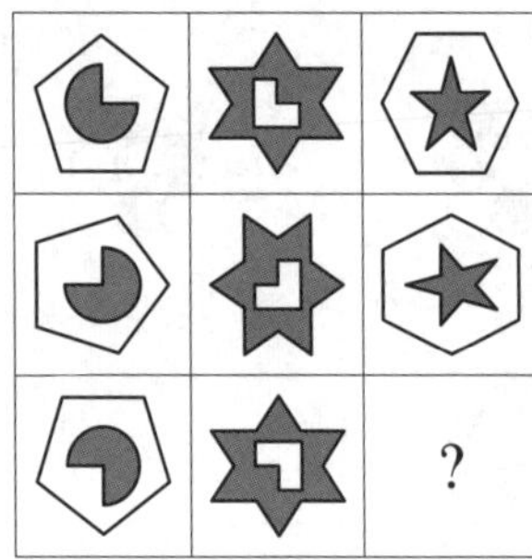

① 

② 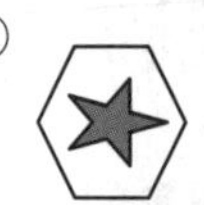

③ 

④ 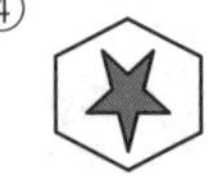

⑤ 

12

① 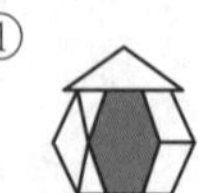

② 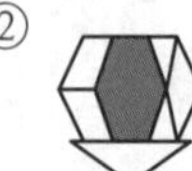

③ 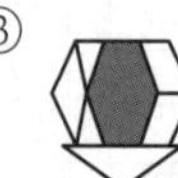

④ 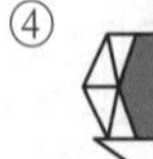
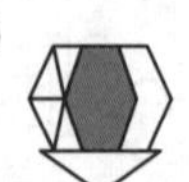

⑤ 

13

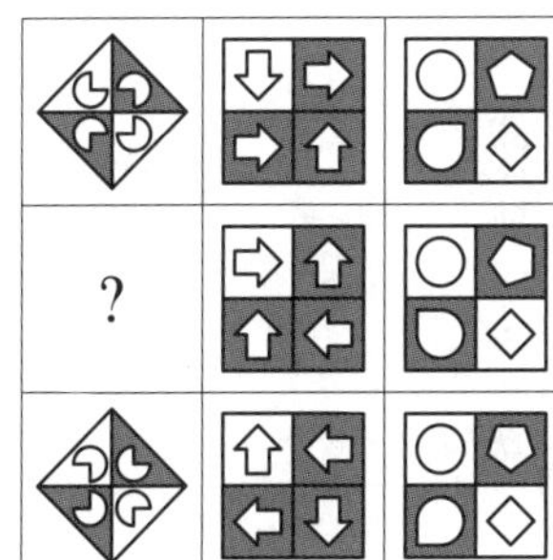

① 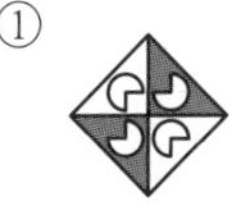

② 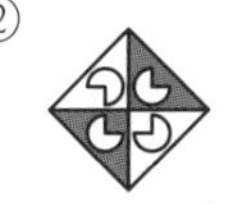

③ 

④ 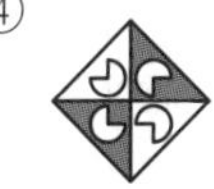

⑤ 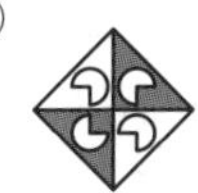

14

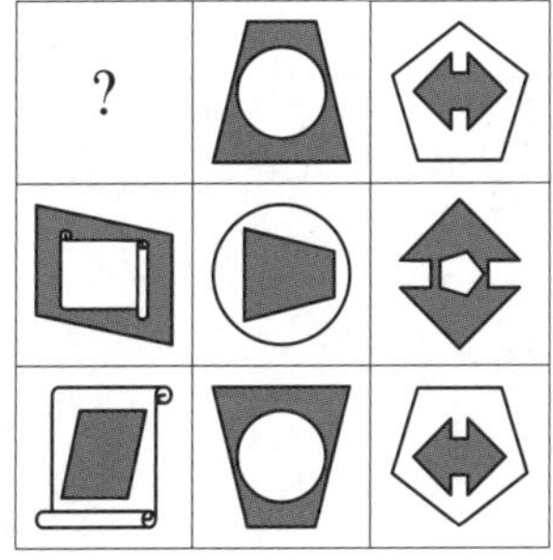

① 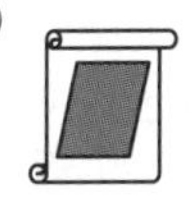

② 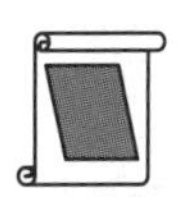

③ 

④

⑤ 

15

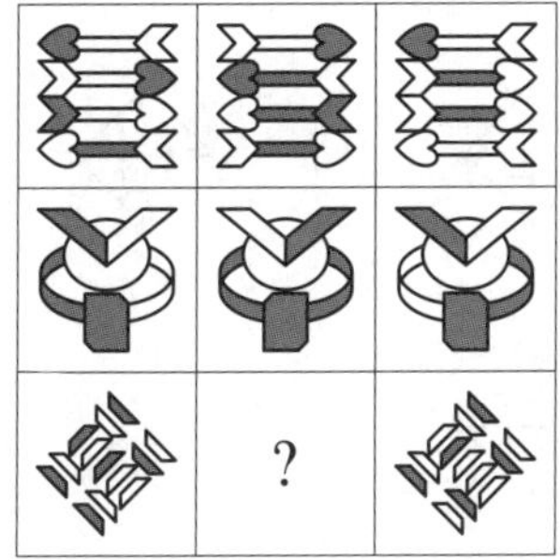

① 

② 

③

④

⑤ 

16

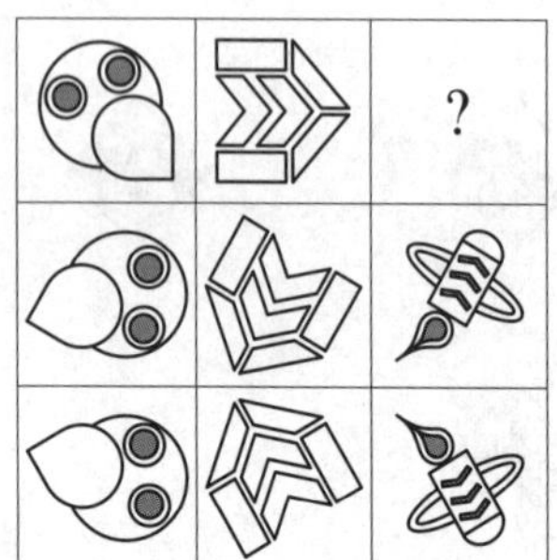

① 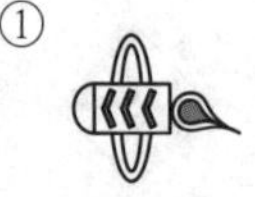
②
③ 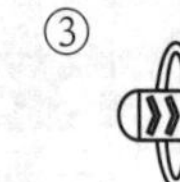

④ 
⑤

17

① 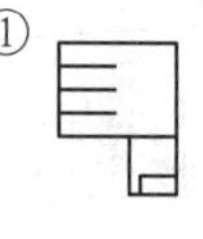
②
③

④
⑤

18

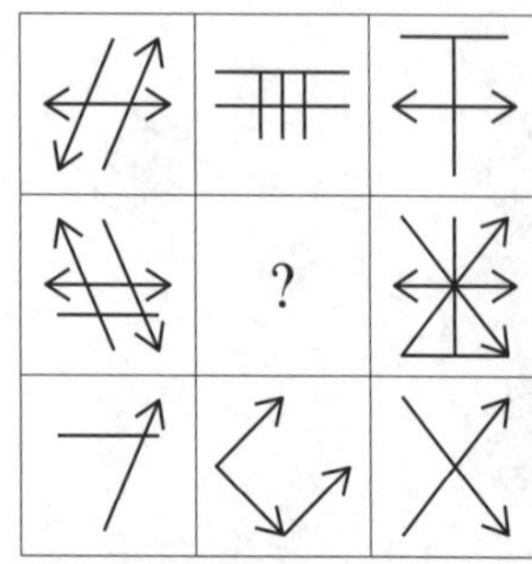

① 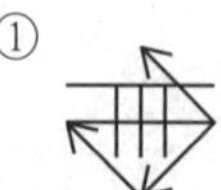
② 
③ 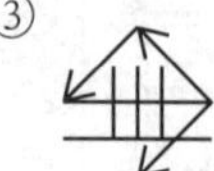

④
⑤ 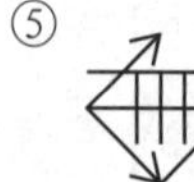

19

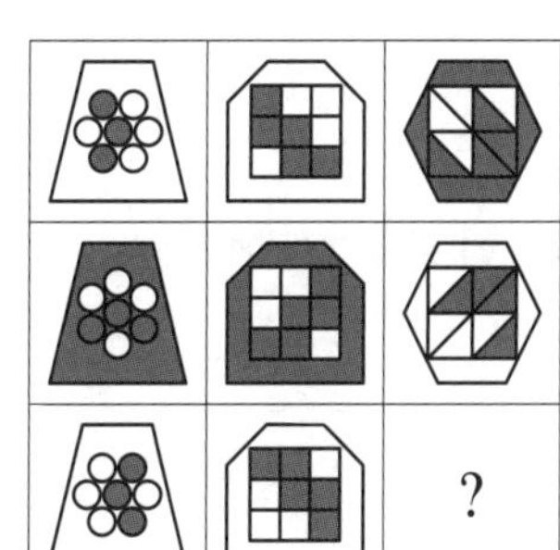

① 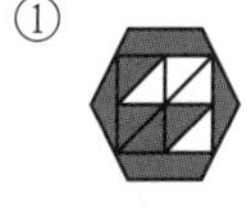

② 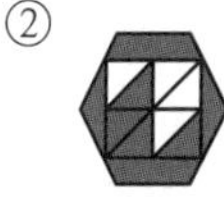

③ 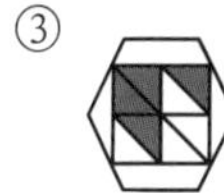

④

⑤ 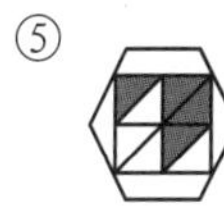

20

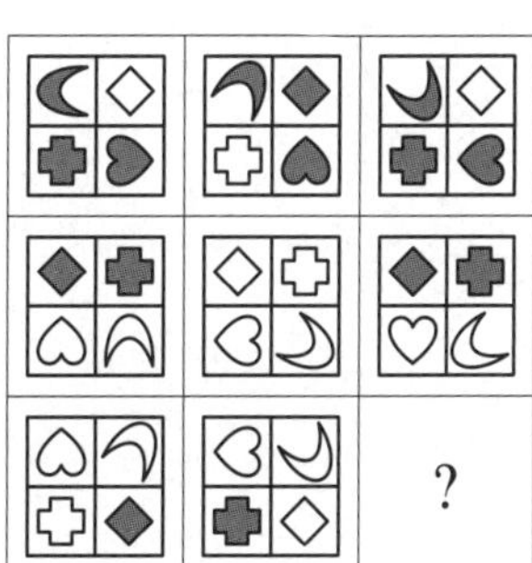

① 

② 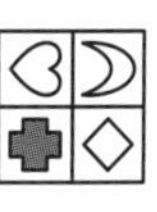

③ 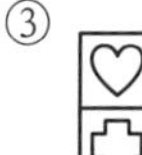

④ 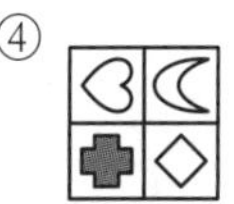

⑤ 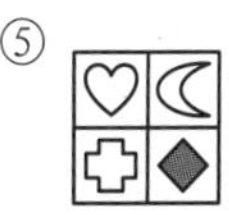

약점 보완 해설집 p.19

유형 5 | 도식추리

[01 - 02] 다음 각 기호가 문자, 숫자의 배열을 바꾸는 규칙을 나타낸다고 할 때, 각 문제의 '?'에 해당하는 것을 고르시오.

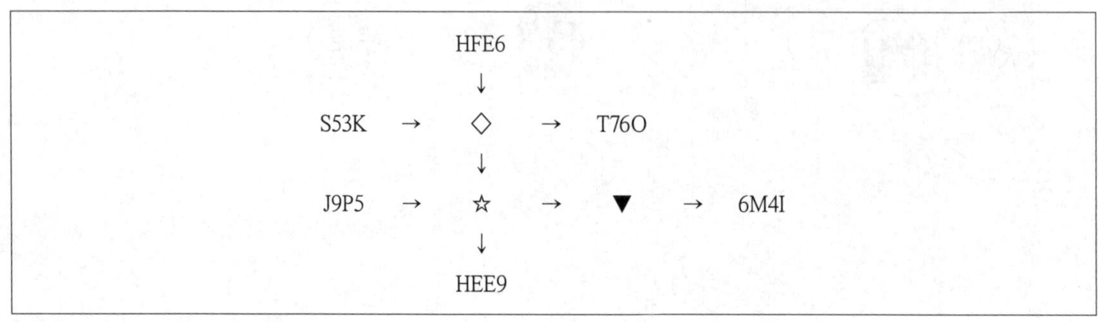

01

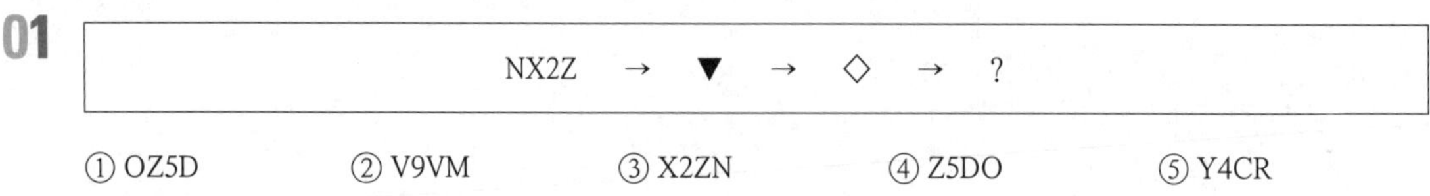

① OZ5D ② V9VM ③ X2ZN ④ Z5DO ⑤ Y4CR

02

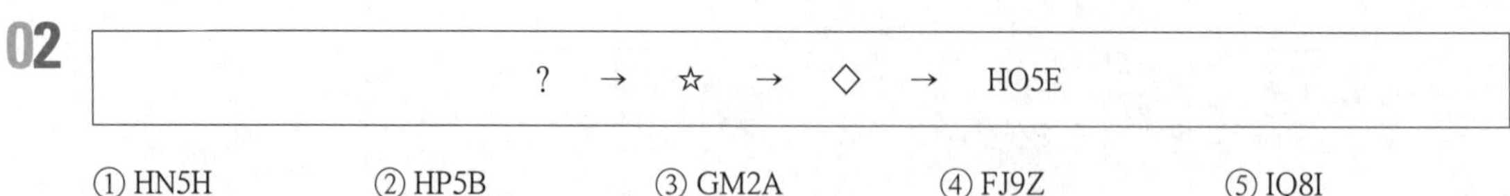

① HN5H ② HP5B ③ GM2A ④ FJ9Z ⑤ IQ8I

[03 - 05] 다음 각 기호가 문자의 배열을 바꾸는 규칙을 나타낸다고 할 때, 각 문제의 '?'에 해당하는 것을 고르시오.

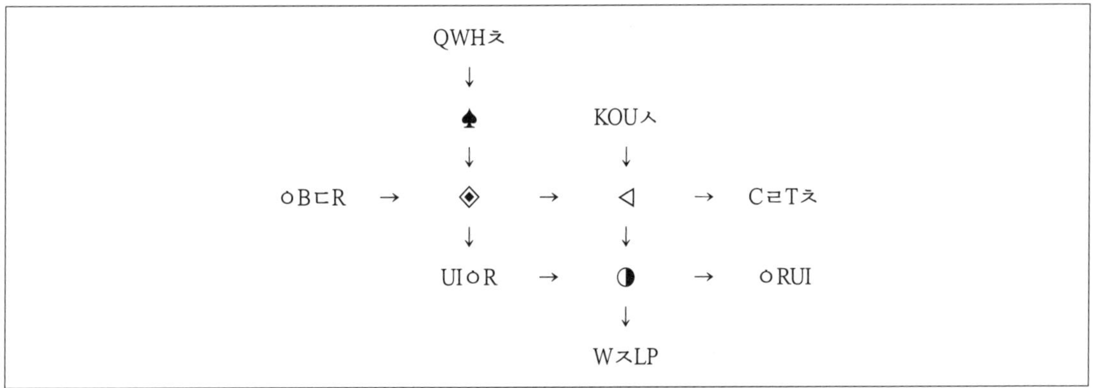

03

ㅁCRX → ♠ → ◁ → ?

① ㄹEQZ ② ㅅBUX ③ ㅂASV ④ ㄷDOX ⑤ ㅁZQT

04

YㅍㄷQ → ◈ → ◑ → ?

① QYㅍㄷ ② ㄹOZㅋ ③ ㄷㅍYQ ④ ㅍㄷQY ⑤ ZㅋㄹO

05

? → ◑ → ♠ → JGBㅇ

① IIAㅊ ② CㅂKE ③ KECㅂ ④ AㅊII ⑤ ㅊIIA

[06 - 08] 다음 각 기호가 문자, 숫자의 배열을 바꾸는 규칙을 나타낸다고 할 때, 각 문제의 '?'에 해당하는 것을 고르시오.

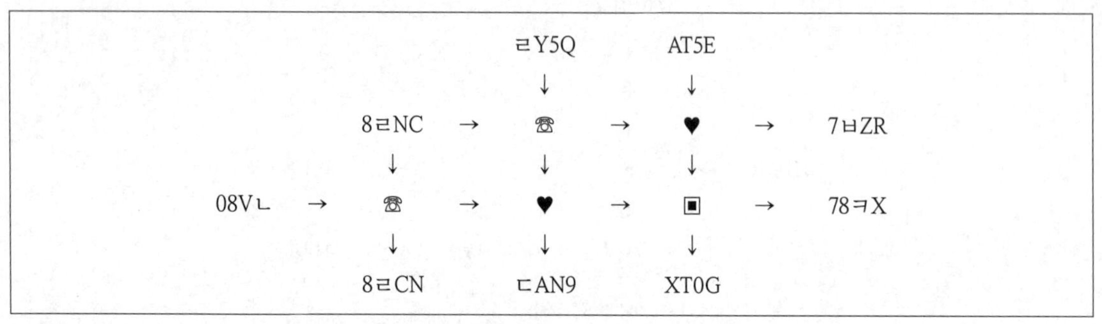

06

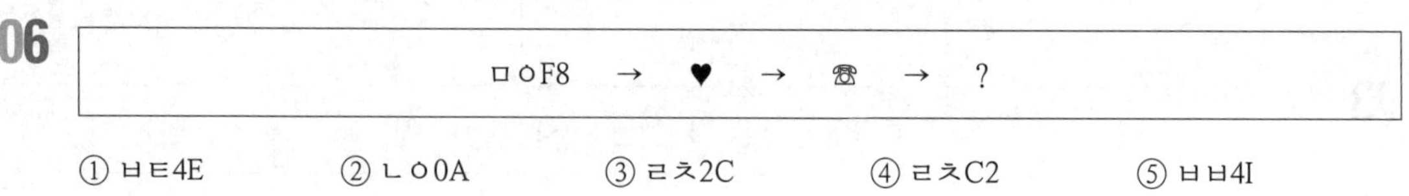

① ㅂㅌ4E ② ㄴㅇ0A ③ ㄹㅊ2C ④ ㄹㅊC2 ⑤ ㅂㅂ4I

07

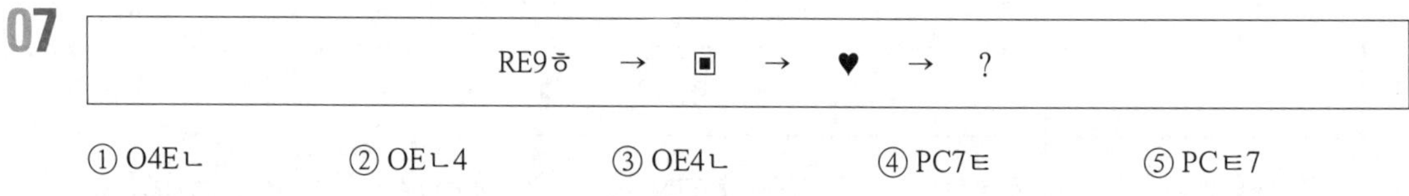

① O4Eㄴ ② OEㄴ4 ③ OE4ㄴ ④ PC7ㅌ ⑤ PCㅌ7

08

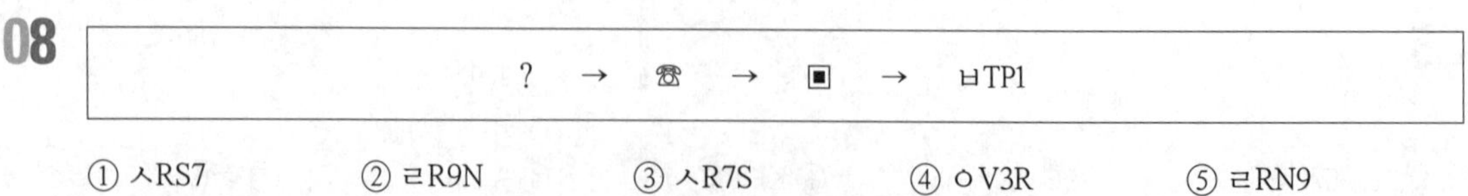

① ㅅRS7 ② ㄹR9N ③ ㅅR7S ④ ㅇV3R ⑤ ㄹRN9

[09 - 12] 다음 각 기호가 문자, 숫자의 배열을 바꾸는 규칙을 나타낸다고 할 때, 각 문제의 '?'에 해당하는 것을 고르시오.

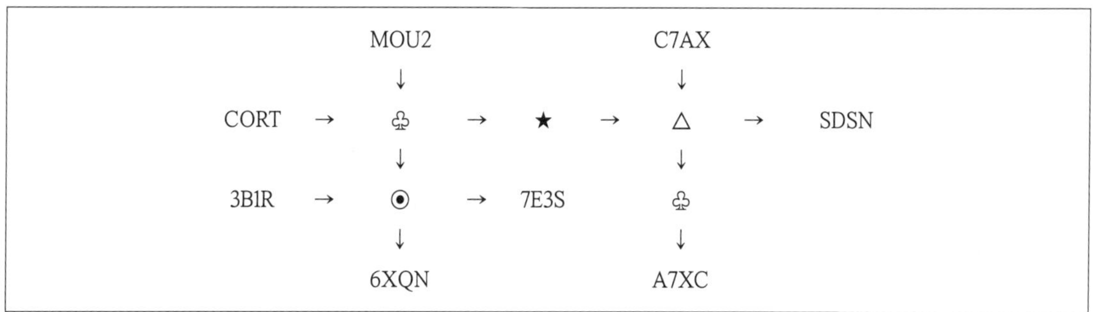

09

WDM5 → △ → ⊙ → ?

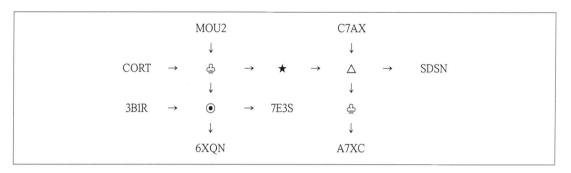

① A8FN ② NF8A ③ S2BL ④ A6GO ⑤ MD5W

10

FR29 → ⊙ → ★ → ?

① KT59 ② 13VI ③ HP47 ④ CN17 ⑤ IV31

11

? → △ → ♧ → B1UL

① LU1B ② LBU1 ③ L1BU ④ U1LB ⑤ BL1U

12

? → ♧ → ★ → EC8A

① Z9BF ② FB9Z ③ B7DD ④ A8CE ⑤ FZD7

[13-16] 다음 각 기호가 문자, 숫자의 배열을 바꾸는 규칙을 나타낸다고 할 때, 각 문제의 '?'에 해당하는 것을 고르시오.

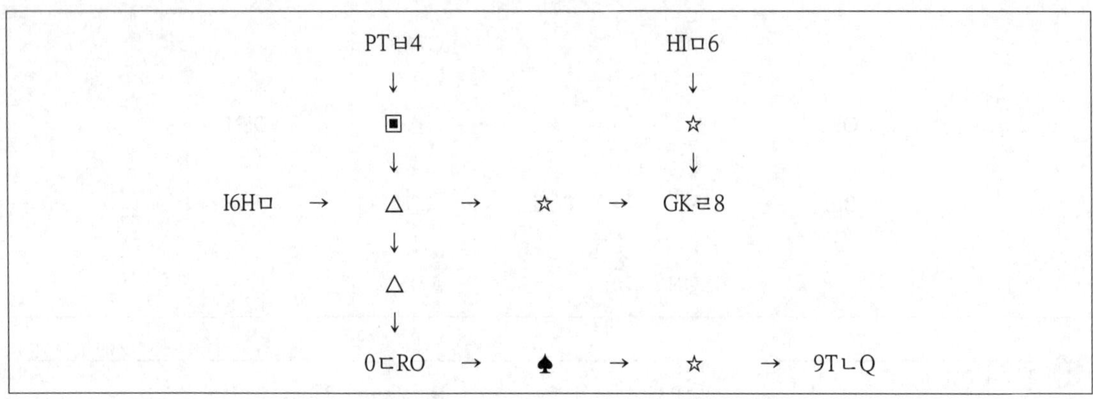

13

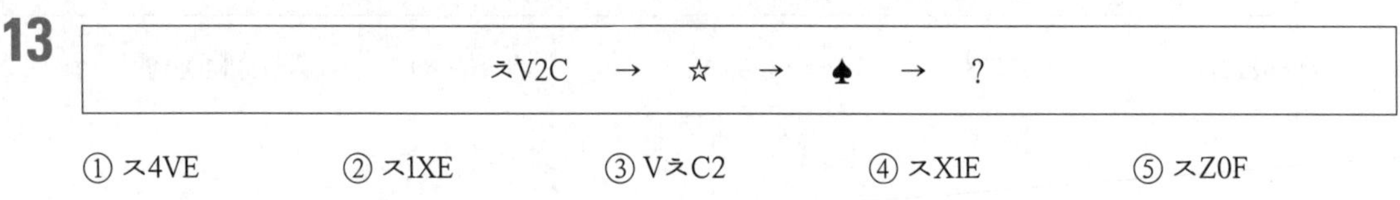

① ㅈ4VE ② ㅈ1XE ③ VㅊC2 ④ ㅈX1E ⑤ ㅈZ0F

14

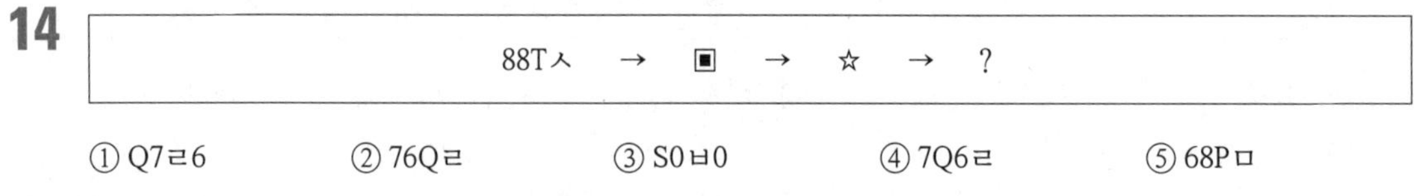

① Q7ㄹ6 ② 76Qㄹ ③ S0ㅂ0 ④ 7Q6ㄹ ⑤ 68Pㅁ

15

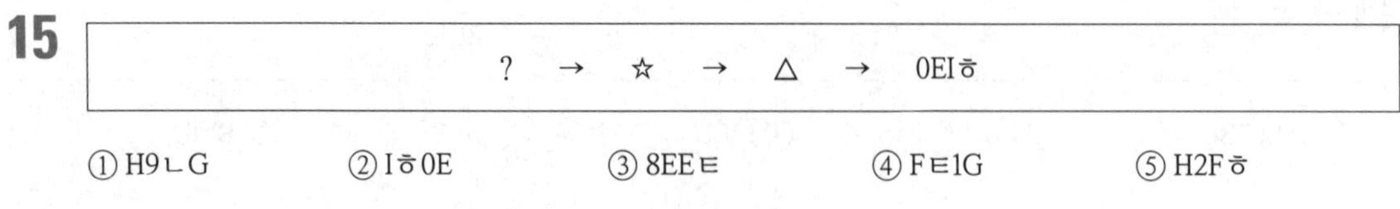

① H9ㄴG ② Iㅎ0E ③ 8EEㅌ ④ Fㅌ1G ⑤ H2Fㅎ

16

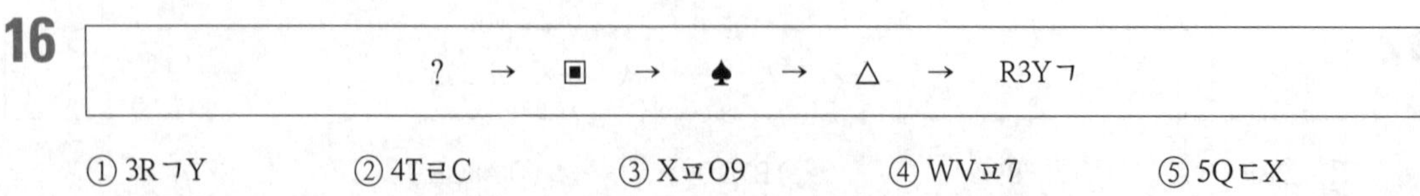

① 3RㄱY ② 4TㄹC ③ XㅍO9 ④ WVㅍ7 ⑤ 5QㄷX

[17 - 20] 다음 각 기호가 문자, 숫자의 배열을 바꾸는 규칙을 나타낸다고 할 때, 각 문제의 '?'에 해당하는 것을 고르시오.

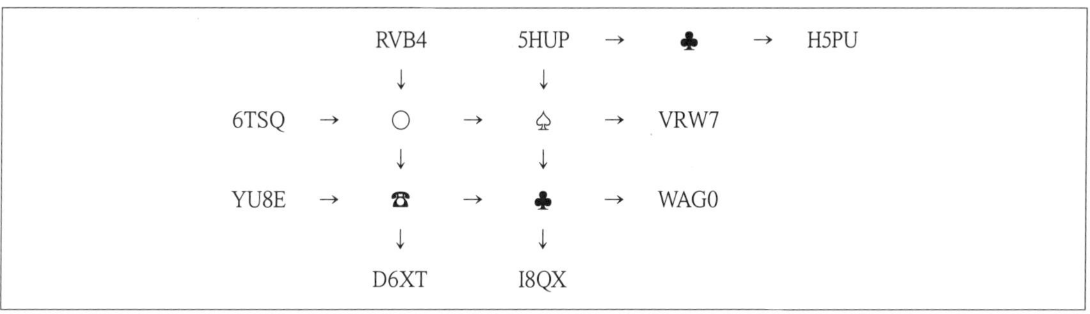

17

UTR7 → ♣ → ☎ → ?

① VW9T ② 7RUT ③ XUU8 ④ ZWW0 ⑤ T9VW

18

WQ3P → ♤ → ○ → ?

① P3WQ ② SYR5 ③ 0OPT ④ M2TP ⑤ 6QRZ

19

? → ♣ → ○ → 63RN

① NR63 ② 10MK ③ RN36 ④ PL14 ⑤ 36RN

20

? → ♤ → ☎ → ○ → JC5A

① 0DFO ② 7CEL ③ E2GV ④ V2EZ ⑤ 2EVZ

약점 보완 해설집 p.22

[01 - 10] 다음 단어 쌍의 관계를 유추하여 빈칸에 들어갈 적절한 단어를 고르시오.

01

낭비하다 : 허비하다 = 분부하다 : ( )

① 부담하다 ② 명령하다 ③ 거절하다
④ 상달하다 ⑤ 이행하다

02

긴장하다 : 이완하다 = 현명하다 : ( )

① 슬기롭다 ② 공정하다 ③ 어리석다
④ 총명하다 ⑤ 냉철하다

03

통달하다 : 숙달하다 = ( ) : 묵도하다

① 인도하다 ② 참견하다 ③ 묵시하다
④ 묵묵하다 ⑤ 묵념하다

04

터득하다 : (　　　) = 좌시하다 : 방관하다

① 수용하다　② 미지하다　③ 짐작하다
④ 간파하다　⑤ 개관하다

05

(　　　) : 너그럽다 = 약진하다 : 퇴보하다

① 편협하다　② 넉넉하다　③ 두둔하다
④ 원만하다　⑤ 대범하다

06

폐지 : (　　　) = 통합 : 분리

① 철폐　② 존속　③ 타파
④ 소거　⑤ 중단

07

항거 : (　　　) = 당착 : 모순

① 순종　② 거행　③ 반항
④ 항복　⑤ 통곡

08

처우 : 개선 = (　　) : 산출

① 투입
② 원가
③ 계산
④ 결산
⑤ 소비

09

안하무인 : 눈 = 오비삼척 : (　　)

① 눈썹
② 눈
③ 입
④ 코
⑤ 귀

10

매수하다 : 매도하다 = 착수하다 : (　　)

① 부상하다
② 작업하다
③ 개시하다
④ 종결하다
⑤ 기공하다

[11 - 20] 다음 단어 쌍의 관계를 유추하여 나머지와 다른 관계인 것을 고르시오.

11 ① 배제 - 제외
② 해임 - 임명
③ 강권 - 강제
④ 촉구 - 재촉
⑤ 연계 - 결부

12 ① 독창 - 합창
② 공세 - 수세
③ 해산 - 해체
④ 영원 - 유한
⑤ 간행 - 절판

13 ① 대응 - 항의
② 의존 - 기억
③ 자수 - 경찰
④ 의거 - 사실
⑤ 정황 - 판단

14 ① 돼지고기 - 소고기

② 버터 - 마가린

③ 쌀 - 밀가루

④ 자동차 - 휘발유

⑤ 만년필 - 연필

15 ① 꾸러미 - 보따리

② 모서리 - 귀퉁이

③ 오누이 - 남매

④ 샛별 - 금성

⑤ 품사 - 명사

16 ① 지휘 - 통솔

② 고립 - 격리

③ 근원 - 기인

④ 철회 - 번복

⑤ 분해 - 합성

17 ① 회피 - 직면
② 설치 - 철거
③ 전용 - 겸용
④ 선정 - 간택
⑤ 개화 - 낙화

18 ① 소나무 - 은행나무
② 신체 - 팔
③ 목성 - 토성
④ 무궁화 - 개나리
⑤ 포유류 - 조류

19 ① 양산 - 차단
② 보일러 - 난방
③ 연필 - 필기
④ 피아노 - 악기
⑤ 냉장고 - 보관

20 ① 실력 - 달리다
② 눈 - 거슬리다
③ 함성 - 묻히다
④ 양심 - 꺼리다
⑤ 틀 - 박히다

약점 보완 해설집 p.25

유형 7 | 논리추론

01 **다음 진술이 모두 참이라고 할 때 반드시 거짓일 수밖에 없는 것을 고르시오.**

여름만 되면 호우주의보나 호우경보가 발생할 때가 있다. 호우란 줄기차게 내리는 크고 많은 비로, 일정한 시간 동안 일정량보다 많은 양의 비가 내리면 기상청에서 호우주의보 또는 호우경보를 발표하게 된다. 우선 호우주의보는 3시간 동안 60mm가 넘는 비가 내리거나 혹은 12시간 동안 100mm가 넘는 비가 내릴 것으로 예상될 때 지정되며, 호우경보는 3시간 동안 90mm가 넘는 비가 내리거나 12시간 동안 180mm 이상의 비가 내릴 것으로 예상될 때 지정된다. 일단 호우주의보 또는 호우경보가 발령될 경우에는 도시, 농촌, 해안가 등 지역에 따라 피해 정도와 방향이 다르기 때문에 각 지역에 맞추어 대처할 필요가 있다. 특히 호우는 하천 범람, 산사태, 침수와 같은 상황을 유발해 재산 및 인명피해를 유발할 수 있으므로 가족 및 이웃과 함께 대피하는 것이 중요하다. 수시로 배수로와 빗물받이 청소는 물론, 비탈면, 옹벽, 축대 등이 안전하지 않다면 이를 정비하거나 시·군·구청에 신고해야 한다. 특히 건물이나 집 안에 있을 때는 강풍으로 인한 2차 피해가 발생하지 않도록 창문이 없는 방으로 이동하는 것이 바람직하다. 건물 외부에 있을 때는 침수지역, 산간, 계곡 등의 위험지역에서 빠르게 대피해야 하며, 농촌 지역에서는 논둑이나 물꼬를 확인하러 가다가 사고가 날 수 있으므로 논둑 및 물꼬에 접근하지 않도록 주의해야 한다.

① 농촌 지역에 호우경보나 호우주의보가 발령될 경우 논둑 및 물꼬 근처에는 가지 말아야 한다.

② 어떤 지역에 3시간 동안 70mm의 비가 내렸다면 호우주의보가 발령될 것이다.

③ 호우경보 또는 호우주의보가 발령된 지역에서는 빗물받이와 배수로를 계속해서 점검하고 청소해야 한다.

④ 집 안에 있을 때 호우경보가 발령되었다면 추후 탈출을 위해 창문이 있는 방으로 대피하는 것이 좋다.

⑤ 12시간 동안 180mm가 넘는 양의 비가 예상되는 지역에는 호우경보가 지정될 가능성이 높다.

02 다음 진술이 모두 참이라고 할 때 반드시 거짓일 수밖에 없는 것을 고르시오.

오이는 박과의 한해살이 덩굴풀로, 우리가 식용으로 섭취하는 오이는 이 풀의 열매이며, 제철은 4~7월로 알려져 있다. 오이는 단단하고 독특한 향이 있으면서 시원한 맛이 나는 것이 특징인데, 아삭한 식감 덕분에 오이는 생채, 김치, 샐러드 등 다양한 식재료로 활용된다. 시원한 맛이 나는 이유는 오이의 95%가 수분으로 이루어진 것에서 기인한다. 수분이 많다는 이유 때문에 특별한 영양소가 없을 것이라 생각하기 쉽지만, 풍부한 수분과 더불어 칼륨이 함유되어 있어 섭취 시 갈증 완화에 도움이 됨은 물론 체내의 노폐물을 배출하는 데에도 도움을 준다. 또한 오이에는 미네랄 이산화규소가 함유되어 있어 머리카락, 손톱, 발톱 등의 윤기와 모발 성장 촉진에 도움을 준다. 특히 비타민 C가 함유되어 있어 피로회복 및 피부 건강 회복에도 도움이 되지만, 오이에는 비타민 C를 파괴하는 아스코르비나아제라는 효소가 들어 있어 오이를 생으로 단독 섭취하지 않고 비타민 C가 함유된 다른 식품과 같이 조리하거나 섭취할 경우 비타민 C가 파괴될 수 있어 주의해야 한다. 다만, 아스코르비나아제는 불을 가하거나 산이 첨가되면 활성화되지 않으므로 비타민 C가 함유된 식품과 오이를 함께 먹을 때 비타민 C의 파괴를 막고자 한다면 이들을 함께 가열하거나 조리 시 식초를 첨가해야한다.

① 오이 섭취는 체내에 쌓인 노폐물을 배출하는 데에도 도움을 준다.
② 오이의 5%를 제외한 나머지는 수분으로 구성되어 있다.
③ 비타민 C가 함유된 식품과 오이를 함께 먹을 때 식초를 첨가할 경우 비타민 C가 모두 파괴될 수 있다.
④ 오이에 함유된 미네랄 이산화규소 성분은 머리카락이나 손발톱 영양에 도움을 준다.
⑤ 박과의 한해살이 덩굴풀에 해당하는 오이의 열매는 4~7월이 제철인 채소이다.

03 다음 내용을 바탕으로 추론할 수 있는 것을 고르시오.

> 우리나라에 서양식 의료 기술이 도입된 시기는 언제일까? 최초의 근대식 병원은 미국의 선교사인 호러스 알렌이 1885년에 설립한 광혜원으로 알려져 있다. 1884년 조선에 들어온 알렌은 갑신정변 당시 부상을 입은 민영익을 치료해 고종의 신임을 얻었고, 이후 왕실의 의사로 활동하며 고종에게 근대식 병원 설립을 건의하게 된다. 결국 고종은 서민 치료 기관인 혜민서와 활인서를 없애고 광혜원을 세워 근대식 병원이자 의료 교육기관으로 활용하도록 하였다. 본래 광혜원이란 이름은 널리 은혜를 베푼다는 의미로 쓰였으나, 문을 연 지 13일 만에 대중을 구제한다는 의미의 '제중원'으로 이름을 바꾸어 그 뜻에 맞게 이용되었다. 실제로 1886년 3월에는 16명의 학생을 뽑아 교육을 하였는데, 근대식 병원이 도입됨에 따라 많은 사람들이 서양 의학을 통해 병을 치료할 수 있었다고 한다. 이후 제중원은 1904년 미국의 사업가인 세브란스의 기부금을 받아 현대식 병원을 짓게 되었는데, 오늘날 세브란스 병원의 전신이 바로 제중원이라 할 수 있다.

① 세브란스 병원은 호러스 알렌의 기부금을 통해 지어진 현대식 병원이다.

② 갑신정변 당시 부상을 입은 민영익을 치료한 사람은 호러스 알렌이다.

③ 광혜원의 본래 명칭은 제중원이었으나, 문을 연 지 13일 만에 광혜원으로 바꾸었다.

④ 제중원에서는 1886년 3월에 16명의 환자를 선별해 치료하였다고 한다.

⑤ 오늘날 세브란스 병원의 전신은 서민 치료 기관인 혜민서이다.

04 **다음 진술이 모두 참이라고 할 때 반드시 거짓일 수밖에 없는 것을 고르시오.**

> 과거 인도에는 카스트 제도가 있었다. 카스트 제도는 일종의 신분제로, 사람을 신분에 따라 크게 네 가지로 구분하였다. 카스트 제도에 따르면 모든 인도인들은 종교적 사제에 해당하는 브라만, 정치 및 군대 일을 하는 귀족 크샤트리아, 상업 및 농업을 담당하는 서민 바이샤, 세 계급의 시중을 드는 노예 수드라로 네 가지 계급으로 구분된다. 본래 카스트 제도는 아리아인이 인도에 침입한 이후 1300년대를 전후하여 성립되었는데, 처음 카스트 제도가 형성되었을 당시에는 신분 구분이 엄격하지 않았다. 하지만, 계급별 직업이 세습되며 계급 역시 세습되었고, 이에 따라 하나의 사회 규범으로 자리 잡게 되면서 인도 사회에서 강력한 규범으로 작용하고 있다. 각 집단 사이에는 엄격한 차별이 존재하기 때문에 카스트 제도는 인도의 정치 및 사회적 통합의 걸림돌로 여겨진다. 이에 인도 정부에서는 카스트 제도를 법으로 금지하고 계급 간 차별을 금지하고 있지만, 여전히 실생활에서는 해소되지 않고 존재하고 있다. 그나마 대도시의 경우 카스트 제도가 점차 붕괴되는 추세이지만, 지방에서는 여전히 강력한 규범으로서 존재한다고 한다.

① 인도의 바이샤 계급은 일반 서민에 해당하는 계급으로서, 농업과 상업을 담당하고 있다.

② 카스트 제도에 의한 규범적 제약은 대도시보다 지방이 더 큰 편이다.

③ 카스트 제도는 아리아인이 인도에 침입한 뒤에 형성된 제도이다.

④ 인도에서는 카스트 제도를 법으로써 금지하고 있다.

⑤ 카스트 제도는 처음 형성되었을 당시부터 직업 및 계급적 구분이 엄격한 편이었다.

05 다음 진술이 모두 참이라고 할 때 반드시 거짓일 수밖에 없는 것을 고르시오.

우리는 맛을 느끼는 감각을 일컬어 미각이라 한다. 주로 미각은 혀에 있는 맛봉오리가 침에 녹은 화학물질에 반응하며 나타나게 된다. 흔히 혀끝으로만 맛을 느낀다고 하는 이들이 있는데, 이는 잘못된 정보이다. 미각은 혀에 위치한 미뢰에 의해 감지되며, 미뢰는 혀 표면을 포함해 구강 내 전체에 분포하고 있기 때문에 단순히 혀가 아니더라도 입천장에서도 맛을 느낄 수 있다. 특히 어린아이의 경우 성인과 달리 목구멍에도 미뢰가 있기 때문에 성인보다 더 다양하고 민감하게 맛을 느낄 수 있다. 미각의 가장 기본적인 감각으로는 단맛, 짠맛, 신맛, 쓴맛이 있다. 그 외에 떫은맛, 매운맛은 혀의 미뢰에서 느끼는 것이 아닌 통각 및 압각에 해당하는 피부 감각이라 할 수 있다. 미각은 사람마다 차이가 큰 것이 특징인데, 식습관이나 풍습, 편견, 정서 등에 따라 맛에 대한 인식이 다를 수 있다. 특히 음식의 맛은 단순히 미각을 통해서만 결정되는 것이 아니라 촉각과 후각이 복합적으로 작용하여 결정되기 때문에 같은 사람이라도 맛에 대한 느낌은 상황에 따라 다르게 느낄 수 있다.

① 성인보다 어린아이가 더 민감하고 다양하게 맛을 느낄 것이다.

② 떫은맛과 매운맛은 미각을 통해 느껴지는 감각이 아닌 피부 감각에 해당한다.

③ 미뢰는 혀뿐만 아니라 구강 내 전체에 분포하고 있다.

④ 특정 음식에 대해 느끼는 맛은 같은 사람이라면 항상 동일한 맛을 느끼게 된다.

⑤ 미각은 식습관, 풍습, 편견 등에 따라 달라질 수 있어 개인차가 심한 편이다.

06 **다음 글을 바탕으로 〈보기〉를 이해한 내용으로 적절한 것을 고르시오.**

고대 그리스의 조각가 피그말리온은 아름다운 여신을 조각한 뒤 이를 갈라테이아라 명하였는데, 조각상이 너무 아름다웠던 나머지 피그말리온은 갈라테이아를 사랑하게 된다. 이에 감동한 아프로디테 여신은 갈라테이아에게 생명을 넣어주었고, 피그말리온은 자신의 사랑을 이룰 수 있었다고 한다. 여기에서 유래된 피그말리온 효과는 타인의 긍정적인 기대나 관심이 개인의 능률이나 결과에 좋은 영향을 미친다는 것을 의미한다. 실제로 1986년 하버드의 로젠탈 교수가 전체 학생 중 20%에 해당하는 학생을 뽑고 교사에게 그들에게 기대와 격려를 전달할 것을 요청하였고, 실제 실험 이후 지능 검사를 시행했더니 20%에 해당한 학생들의 성적이 향상되었다고 한다. 즉, 교사의 기대와 격려가 학생들의 성적 향상에 영향을 미침을 증명한 것이다.

〈보기〉

스티그마 효과란 과거의 좋지 않은 경력이 현재의 인물 평가에 미치는 부정적인 영향 또는 한번 나쁜 사람으로 낙인이 찍히면 의식적·무의식적으로 그렇게 행동하는 현상을 말한다. 일종의 낙인 이론이라고도 불리는 이 효과는 남들이 부정적으로 자신을 평가해 한 번 낙인을 찍어버리면 본래 부정적인 태도를 보이지 않던 사람도 부정적인 행태를 취하게 되는 것에서 기인했다고 한다.

① 긍정적인 기대와 격려는 오히려 반발감을 느끼게 할 수 있으므로 상대의 특정 행동에 대한 긍정적 또는 부정적 태도 등을 취해서는 안 된다.

② 타인에 대한 긍정적 기대와 격려는 피그말리온 효과를 유발할 수 있지만, 잘못된 행동에 대해 낙인을 찍는 등의 행위는 스티그마 효과를 유발할 수 있어 주의해야 한다.

③ 스티그마 효과와 달리 피그말리온 효과는 고대 그리스 신화에서 기인한 내용이라는 점에서 오늘날 적용하기는 어려운 효과이다.

④ 피그말리온 효과 및 스티그마 효과는 학교에서 학생들을 교육할 때만 적용할 수 있다는 점에서 일반화하기는 어렵다.

⑤ 잘못한 행동을 한 사람한테 잘못된 행동에 따른 부정적 인식을 계속 드러낼 경우 스티그마 효과보다는 피그말리온 효과에 따른 긍정적 결과가 도출될 수 있다.

07 다음 내용을 바탕으로 추론할 수 있는 것을 고르시오.

흔히 틀에 박힌 방식이나 태도를 취하는 것을 일컬어 매너리즘에 빠졌다는 말을 쓴다. 본래 매너리즘은 1520년경부터 1600년대 초까지 대개 회화를 중심으로 발생한 유럽의 미술 양식으로, 예술 창작 및 발상 측면에서 독창성을 잃고 평범한 경향으로 표현 수단이 고정된 것을 의미한다. 매너리즘은 성숙기 르네상스 고전주의의 쇠퇴 혹은 고전주의에 대한 반동으로 여겨지기도 하며, 성숙기 르네상스 고전주의와 바로크를 이어주는 역할을 의미하기도 한다. 다만, 명칭 자체가 스타일과 양식을 의미하는 이탈리아어 마니에라(Maniera)에서 유래되었기 때문에 개성 있고 독특한 양식을 의미하기보다는 모방 및 아류와 같은 의미를 뜻한다. 이로 인해 한 때 매너리즘은 퇴보에 도달한 전통주의라고 여겨지거나 정신적인 위기의 시대에 두각을 나타낸 죽어가는 양식의 마지막 표현이라고 비판받기도 했다. 하지만 20세기 초에 매너리즘 시대의 예술에 대한 관심이 부상하며 독일의 비평가 및 역사가들은 매너리즘에 대해 미학적 왜곡과 정신적 격렬함이 무분별하고 기묘하게 반영된 것이라고 평하였다. 실제로 미술에서의 매너리즘은 왜곡되고 구불거리는 형상, 불명확한 구도, 양식적인 속임수 등을 띠고 있는데, 열광적 감정, 긴장과 부조화의 느낌, 신경 불안의 감각을 전달한다. 내용보다는 양식 자체를 강조한다는 측면에서 기존의 르네상스 양식을 파괴하는 탈고전주의적 성향이 강하다고 할 수 있다.

① 매너리즘 양식은 20세기 초에 처음 발생한 미술 양식에 해당한다.
② 매너리즘은 양식 자체보다는 내용을 강조한다는 특징이 있다.
③ 이탈리아어인 마니에라에서 유래된 매너리즘은 모방과 아류와 같은 뜻을 내포하고 있다.
④ 20세기 초 독일의 비평가들은 매너리즘이 퇴보에 도달한 전통주의라고 비판하였다.
⑤ 매너리즘은 성숙기 르네상스 고전주의와 방향성을 같이 하는 미술 양식이다.

08 다음 진술이 모두 참이라고 할 때 반드시 거짓일 수밖에 없는 것을 고르시오.

> 여름만 되면 모기로 인해 밤잠을 설치는 이들이 많다. 모깃과의 곤충을 통틀어 모기라고 하는데, 지구상에는 3,500여 종이 알려져 있고 우리나라에만 해도 9속 56종이 존재한다고 알려져 있다. 고온다습하고 더러운 환경에서 잘 자라기 때문에 쉽게 번식하며, 특히 연못 또는 하수구와 같이 고인 물이 존재하는 곳에서는 암컷 모기 한 마리가 한 번에 200개의 알을 낳아 그 수는 빠르게 증가하게 된다. 크기는 10mm에 불과하지만 모기가 날 수 있는 범위는 7~8m로, 건물 2층 높이에 해당한다. 그보다 높은 고층에서 관찰되는 모기는 사람의 몸에 붙어 올라가거나 배수관 등을 타고 올라 건물 안으로 들어가게 된다. 사람 몸에서 피를 빨아먹는 모기는 암컷에 한정된다. 암컷 모기가 흡혈하는 이유는 단백질 보충을 위함으로 알려져 있으며, 일단 암컷 모기가 흡혈을 하고 나면 4~7일 정도 후에 알을 낳게 된다. 문제는 모기는 위생 해충으로 분류되기 때문에 여러 질병을 옮긴다는 점이다. 매년 100만 명의 생명을 앗아가는 말라리아부터 일본뇌염, 황열, 뎅기열 등 모기는 다양한 질병을 사람에게 옮기고 있어 일종의 독충이라 할 수 있다.

① 암컷 모기는 흡혈을 한 뒤에 바로 알을 낳아 번식하게 된다.

② 모기는 건물 2층 높이에 해당하는 범위까지 날 수 있다.

③ 말라리아는 매년 100만 명가량의 사람 목숨을 앗아갈 만큼 사람에게 치명적인 질병이다.

④ 고인 물에서 암컷 모기 한 마리는 한 번에 약 200개의 알을 낳는다.

⑤ 암컷 모기는 단백질을 보충하기 위해 사람의 피를 빨아먹는다.

09 **다음 진술이 모두 참이라고 할 때 반드시 거짓일 수밖에 없는 것을 고르시오.**

> 자동차를 구매하고 나면 선팅을 하는 경우가 많다. 선팅의 기본적인 존재 이유는 태양으로부터 운전자를 보호하고 자외선을 차단하는 것이다. 즉, 선팅의 역할은 열 차단 및 자외선 차단에 있는 것이다. 실제로 한여름 태양열이 강한 장소에 선팅이 되지 않은 자동차를 세워둘 경우 자동차 내부 온도는 80~90도까지 상승하게 되지만, 선팅 처리가 된 자동차는 내부 온도가 상승하는 것을 일부 막아주는 효과가 있다. 게다가 연비 절약에도 큰 도움을 주는데, 적절한 선팅을 유지하게 되면 실내 온도를 낮추기 위한 에어컨 가동 정도를 줄일 수 있기 때문에 에너지 절약은 물론 연비 개선 효과도 얻을 수 있다. 흔히 좋은 선팅 필름은 높은 자외선 차단율을 가져야 한다고 생각하기 쉽다. 하지만, 선팅의 좋고 나쁜 정도를 알기 위해서는 적외선 차단율을 중점으로 파악해야 한다. 이는 차량 내부 온도를 높이는 가장 큰 요인이 적외선이기 때문인데, 적외선 차단 수치가 높을수록 총 태양에너지 차단율도 높일 수 있다. 따라서 선팅을 하고자 할 때는 사용할 필름의 적외선 차단 정도를 반드시 확인하고 결정하는 것이 좋다.

① 선팅되지 않은 자동차를 한여름 뙤약볕에 두면 내부 온도는 80~90도까지 높아지게 된다.
② 선팅을 잘 활용하면 내부 온도를 낮추기 위한 에어컨 가동률을 낮춰 에너지 절약에 도움이 된다.
③ 선팅은 열과 자외선을 차단해 운전자를 보호하는 역할을 한다.
④ 선팅은 자동차 연비 개선에도 도움을 준다.
⑤ 선팅을 통해 총 태양에너지 차단율을 높이고자 한다면 자외선 차단율이 높은 제품을 선택해야 한다.

10 다음 내용을 바탕으로 추론할 수 있는 것을 고르시오.

통풍은 팔다리 관절에 심한 염증이 되풀이되어 생기는 유전성 대사 이상 질환을 말한다. 사람이 음식을 먹으면 퓨린이라는 물질이 섭취되는데, 이를 우리 몸에서 대사하고 남은 산물을 요산이라 한다. 통풍은 혈액 속에 존재하는 요산 결정이 관절의 연골, 힘줄 등의 조직에 쌓이며 나타나게 된다. 농도 높은 요산이 우리 몸속에 쌓일 경우 통풍이 발생하며, 관절의 염증을 유발함은 물론 극심한 통증이 시작될 수 있다. 게다가 심한 경우 관절 변형 및 관절 불구가 나타날 수도 있다. 통풍은 나이가 많아질수록 나타날 확률이 높아지며, 요산의 농도가 높을수록 발생 확률이 증가한다. 또한 체중이 높을수록 발병할 가능성이 높고, 여성보다는 남성에게서 발생 빈도가 높은 편인데, 이는 남성의 경우 늙을수록 요산 제거 능력이 저하되지만 여성의 경우 폐경을 하기 전까지는 여성호르몬 덕분에 요산 제거 능력이 유지되기 때문이다. 다만, 근래에는 고지방, 고퓨린 음식을 섭취하는 이들이 많아 젊은 사람들에게서도 통풍이 발생하고 있다. 개인의 요산 제거 능력을 일상생활에서 개인이 파악하기는 어려우므로 통풍의 발생을 예방하고자 한다면 계란, 치즈, 우유, 빵과 같은 저퓨린 음식을 즐겨 먹는 것이 도움이 된다.

① 체내에 요산의 농도가 높을 경우 통풍이 발생할 수 있다.

② 통풍은 남성보다는 폐경기 이전의 여성에게서 더 자주 나타난다.

③ 팔다리 관절에 심한 염증이 발생하며 통풍이 나타나더라도 관절 불구와 같은 문제는 나타나지 않는다.

④ 통풍이 발생하지 않으려면 고퓨린 음식을 자주 먹어야 한다.

⑤ 통풍으로 인해 관절 염증이 발생하더라도 통증이 없어 병의 발생을 알아차리기 어렵다.

11 다음 글을 바탕으로 〈보기〉를 이해한 내용으로 적절한 것을 고르시오.

푄 현상은 공기가 높은 산을 넘으며 고온 건조해지는 현상을 일컫는다. 본래 푄 현상은 알프스의 산 중 하나인 푄에서 부는 국지풍이 알프스를 넘으며 따뜻해지는 것에서 명명하게 되었다. 그렇다면 왜 높은 산을 넘으며 공기가 고온 건조해지는 것일까? 푄 현상은 공기가 산을 넘으며 아래로 내려가면서 단열압축하기 때문에 발생한다. 지면에 가까운 공기는 원래 수증기를 내포하고 있는데, 공기가 넘어가는 산은 위로 갈수록 온도가 낮아지므로 상승하는 공기는 단열팽창을 하게 된다. 이때 공기에 내포된 수증기들은 응결되며 비를 내리게 되며, 수증기가 강수로 빠져나간 공기는 산 정상을 지나고 지면으로 다시 내려올 때 단열압축이 되며 고온 건조한 공기가 되는 것이다.

〈보기〉

한여름 대구는 흔히 대프리카라고 불릴 만큼 높은 온도를 자랑하는 지역이다. 이는 대구 지역이 산으로 둘러싸인 분지에 해당하기 때문인데, 대구의 북쪽에는 팔공산이, 남쪽에는 비슬산이, 동쪽에는 태백산맥이, 서쪽에는 소백산맥이 위치하고 있다. 분지 내로 높은 온도의 공기가 유입되지만, 네 면이 모두 산으로 둘러싸여 있어 공기 순환이 잘 이루어지지 않아 체감 온도가 올라가고, 덥고 습한 기온이 유지된다.

① 푄 현상은 알프스의 산에서 유래된 말이기 때문에 대구 등의 우리나라 지형과는 거리가 멀어 적용하기 어렵다.

② 대구의 경우 내륙 지역에 해당하기 때문에 대구의 높은 온도는 푄 현상으로 설명하기보다는 분지 자체의 특성으로 설명해야 한다.

③ 푄 현상을 거쳐 형성된 공기는 저온 다습한 특성을 갖고 있어 푄 현상의 영향을 받는 대구 역시 평소 기온이 다른 지역 대비 낮다.

④ 대구의 기온이 다른 지역보다 높은 이유는 푄 현상 때문이 아니라 북태평양 고기압의 영향을 받은 결과라고 할 수 있다.

⑤ 대구와 같은 분지 지역은 푄 현상으로 인해 높은 온도의 공기가 모이지만, 공기가 빠져나갈 수 없는 지형이기 때문에 한여름 온도가 매우 높다.

12 다음 진술이 모두 참이라고 할 때 반드시 거짓일 수밖에 없는 것을 고르시오.

음식을 조리하는 과정에서는 수많은 분자가 만들어지는 화학반응이 나타난다. 이 중에서도 마이야르 반응은 아미노산과 환원당 사이에서 일어나는 화학반응이다. 섭씨 약 140℃에 도달할 때 시작되는 마이야르 반응은 그 외 다른 생체 효소가 없는 상황에서도 매우 빠른 속도로 진행되며, 섭씨 약 200℃ 이상의 온도에서는 음식이 검게 타는 현상을 볼 수 있다. 이는 섭씨 약 200℃ 이상의 온도에 이를 경우 마이야르 반응을 통해 새로운 분자가 나타나며, 이어서 열분해가 진행되기 때문이다. 따라서 마이야르 반응은 온도와 깊은 연관성이 있으며, 온도에 따라 음식의 색이나 맛을 결정하는 화학 반응이라 할 수 있다. 마이야르 반응은 색이나 맛뿐 아니라 향기 또한 발생시킨다. 음식에 들어 있는 당 분자들은 흔히 서로 결합하려는 성질이 있어 둘씩 짝을 이루거나 긴 사슬 구조를 만든다. 마찬가지로 단백질도 수백 개의 아미노산이 서로 연결된 긴 사슬로 이루어져 있다. 마이야르 반응은 그 긴 사슬 끝에 있는 당이 다른 사슬 끝에 있는 아미노산과 만나 반응하며 시작된다. 당과 아미노산이 만나 새로운 화학물질이 생겨나며, 반응한 화학물질은 자연스럽게 재정렬된다. 마이야르 반응에 영향을 미치는 당과 아미노산의 종류는 매우 다양하며, 이때 참여하는 당과 아미노산의 종류에 따라 생성되는 화학물질 종류도 천차만별이다. 한편 마이야르 반응은 실온상태에서도 진행된다. 간장이나 된장과 같은 발효식품에서 매우 느린 속도로 진행되는 것을 볼 수 있으며, 오래 묵힐수록 깊은 맛이 나는 이유가 바로 여기에 있다.

① 서로 다른 사슬 끝에 있는 당과 아미노산이 만나 발생하는 새로운 화학물질은 반응 후 재정렬된다.

② 음식 조리 시 나타나는 마이야르 반응은 음식의 맛뿐만 아니라 향기에도 영향을 미친다.

③ 마이야르 반응 과정에서 분자가 새로 생성되며 열분해가 진행된다면 음식은 검게 탄다.

④ 마이야르 반응은 섭씨 약 140~200℃ 사이의 온도에서만 나타나는 화학반응이다.

⑤ 마이야르 반응은 특별한 생체 효소가 존재하지 않더라도 반응 속도가 매우 빠르다.

13 **다음 진술이 모두 참이라고 할 때 반드시 거짓일 수밖에 없는 것을 고르시오.**

> 만보기는 기기 내부에 있는 센서가 흔들림을 감지해 걸음 횟수를 측정하는 기계이다. 기계식 만보기는 사람이 걸을 때 위아래로 속도가 달라지는 현상 즉, 수직 방향의 가속도가 달라지는 점을 이용하여 걸음 횟수를 측정한다. 수직 방향으로 달라지는 속도의 변화를 인식하는 것으로, 만보기 내부에 있는 무거운 자석이 위아래로 왔다 갔다 흔들리면서 생기는 자기장의 변화를 센서가 인식하여 걸음 수를 측정한다. 따라서 기계식 만보기는 사람이 실제로 걸은 횟수를 정확히 인식한다기보다 내부에 있는 자석 추의 움직임만을 감지하여 측정하는 것이다. 그러나 요즘 스마트 기기들은 내부에 탑재된 센서를 통해 더욱 정확한 걸음 수를 측정할 수 있다. 여기서 등장하는 센서 중 하나가 바로 가속도 센서이다. 기계식 만보기가 수직 방향으로 형성되는 자기장의 변화를 측정하였다면 가속도 센서는 가로, 세로, 높이 각각의 방향으로 속도 변화를 감지한다. 가로축은 땅과 수평으로 걸어가는 방향의 변화를, 세로축은 진행 방향의 옆 방향에서의 변화를, 높이 축은 수직으로 점프하는 방향으로의 변화를 확인하는 것이다. 흔들림을 통한 진폭의 변화는 걷거나 뛸 때와 비교하여 매우 크다는 성질을 적용하여 각 축으로 들어온 속도 변화 값들을 비교한 후 걷거나 뛸 때 나타날 수 있는 진폭 변화의 최댓값을 미리 설정하여 실제 걸음 수를 걸러낸다.

① 기계식 만보기 내부의 센서는 흔들림을 통한 자기장의 변화를 감지할 수 있다.

② 사람이 걷거나 뛸 때 나타나는 진폭의 변화는 흔들림으로 인한 진폭의 변화보다 더 크다.

③ 기계식 만보기는 사람이 걸을 때 나타나는 위아래의 움직임을 인지하여 걸음 수를 측정한다.

④ 스마트 기기에 내재된 만보기에는 움직임을 통한 진폭 변화의 최댓값이 설정되어 있다.

⑤ 가속도 센서는 수직 방향뿐 아니라 수평 방향으로의 속도 변화도 감지할 수 있다.

14 다음 내용을 바탕으로 추론할 수 있는 것을 고르시오.

성장기 아이를 둔 부모의 가장 큰 관심사는 아마 아이의 성장판일 것이다. 성장판은 긴뼈에서 뼈끝과 뼈몸통 사이에 있는 얇은 연골층으로, 뼈 길이의 성장이 일어나는 부분을 말한다. 사람의 팔다리가 성장을 하기 위해서는 성장판의 연골 세포들이 활발하게 세포 분열을 해야 한다. 이때의 세포 분열에 영향을 미치는 가장 큰 요인은 유전적 소인이고, 이외에 영양소나 호르몬 공급, 성장판에 가하는 적당한 자극 등도 세포 분열에 영향을 미치게 된다. 즉, 기본적으로는 타고난 유전자가 전반적인 성장 정도를 결정하되, 발육 시기의 충분한 영양분 공급과 청소년기 적당한 운동이 사람의 성장 정도를 좌우한다고 할 수 있다. 유전적 특징의 영향을 가장 많이 받듯 사람마다 성장판 상태도 다르기 때문에 성장이 시작하는 시기 및 성장이 종료하는 시기는 사람마다 다르다. 보통은 여자의 경우 15세가량, 남자는 17세가량이 되면 성장판이 닫히기 때문에 더 이상 키가 크는 등의 성장은 발생하지 않는다. 다만, 이것은 평균에 기인한 것이므로 특정한 질병을 갖고 있는 등 개인에 따라서는 평균 수치보다 더 빠르거나 늦게 성장판이 닫히는 경우도 있다.

① 청소년기에 농구나 축구 등의 운동을 하는 것은 성장에 전혀 영향을 미치지 못한다.

② 사람의 성장 정도에 가장 큰 영향을 미치는 요인은 영양소 및 호르몬 공급 정도이다.

③ 평균적인 수치에 따르면 남성보다 여성의 성장판이 더 늦게 닫히는 편이다.

④ 성장판의 연골 세포가 활발하게 분열하는 사람은 그렇지 않은 이보다 성장 정도가 더 좋을 것이다.

⑤ 사람은 성장판이 닫힌 뒤에도 팔다리가 성장하여 키 역시 자라게 된다.

15 **다음 글을 바탕으로 〈보기〉를 이해한 내용으로 적절한 것을 고르시오.**

1990년대 미국에서 처음 등장한 파이어족은 글로벌 금융 위기 이후 경기 침체기에 사회 활동을 시작한 밀레니얼 세대에 의해 확산된 운동이다. 파이어족은 경제적 자립을 기반으로 자발적으로 조기에 은퇴를 하겠다는 목표로 20대부터 수익의 70~80%를 저축하는 극단적 절약을 행하는 이들을 말한다. 대개 고소득·고학력의 사람들에게서 나타난 이 운동은 단순히 목표액을 저축하겠다는 데에 의의를 두지 않고 현재에 조금 덜 쓰고 덜 먹더라도 30대 말이나 40대에는 은퇴하여 자신이 하고 싶은 것을 하며 살겠다는 데에 의의를 두고 절약을 실천하게 된다.

〈보기〉

정상적인 부부생활을 이어가되 부부의 의지로 아이를 두지 않는 맞벌이 부부를 딩크족이라고 한다. 딩크족은 부부만의 생활을 풍요롭게 즐기고자 하는 사람들의 방식으로, 자녀가 없으면서 맞벌이를 하기 때문에 육아로 인한 지출이 없어 비교적 경제적으로 풍족한 삶을 영위하게 된다. 국가마다 다소 차이는 있지만, 딩크족의 시발점은 경제적으로 안정된 후에 아이를 갖겠다는 경제난에서 기인했다고 보는 것이 일반적이다.

① 파이어족과 딩크족의 확대는 연금과 같은 사회보장제도 혜택에 부정적 영향을 줄 수 있다.

② 파이어족과 딩크족은 빠른 시기에 은퇴하는 것을 지향한다는 점에서 비슷한 의미를 내포하고 있다.

③ 파이어족이나 딩크족과 같은 생활 방식의 등장은 경제적 불확실성에서 출발했다고 보아야 한다.

④ 파이어족과 달리 딩크족은 조기에 은퇴하지 않아 파이어족보다 경제적으로 더 풍족하게 살 수 있다.

⑤ 파이어족은 경제적 자립을 기본으로 한다는 점에서 딩크족과 구분된다.

16 다음 주장에 대한 반박으로 가장 타당한 것을 고르시오.

> 척추는 몸의 하중을 지탱하는 동시에 몸을 움직이는 데 있어 중요한 역할을 한다. 이러한 척추에 다양한 질환이 발생할 경우 걷거나 움직이는 데 어려움을 초래하면서 일상생활에 불편을 야기한다. 그중 척추관협착증은 노화로 인한 퇴행성 변화로 척추관이 좁아지면서 신경을 압박해 통증을 비롯한 여러 증상을 동반하며, 삶의 질을 떨어뜨리는 대표적인 허리 질환이다. 이처럼 척추관협착증은 노화가 주원인이긴 하나 최근에는 잘못된 자세, 운동 부족, 비만 등 자세나 과체중이 원인이 되어 젊은 층에서도 빈번하게 나타나고 있다. 문제는 대부분의 사람들이 척추관협착증의 원인을 노화로만 인지하고 있다는 것이다. 이로 인해 노년층의 경우 치료 방법을 강구하지 않고 방치하는 문제가 나타나며, 젊은 층에서는 일시적인 증상이라는 생각에 통증이 있음에도 휴식을 취하지 않는 경우도 많다. 하지만 방치 기간이 길어져 증상이 심화되면 통증으로 인한 보행장애나 마비 증상으로 발전할 수 있으므로 주의를 기울여야 하며, 젊은 층에서 척추관협착증이 나타날 경우 체중 조절이 필수적이다.

① 젊은 나이에 나타나는 척추관협착증은 일시적인 증상일 수 있으므로 통증이 일정 기간 지속되는 경우에 한해 통증 정도에 적합한 치료를 받아야 한다.

② 척추관협착증은 대부분 노년층에서 나타나는 질환이므로 척추 통증이 나타나는 노년층 환자의 경우에는 항상 척추관협착증을 염두에 두어야 한다.

③ 노화로 인한 척추관협착증이 발현될 경우에 치료 효과를 보기 위해서는 증상 발현 즉시 치료 방법을 강구해야 한다.

④ 척추관협착증의 원인에는 운동 부족이나 비만뿐 아니라 잘못된 자세와 노화현상이 있으므로 젊은 층에서 발현된 증상이라 하더라도 체중 조절이 필수적인 치료 방법은 아닐 수 있다.

⑤ 나이에 상관없이 척추관협착증 환자가 잘못된 자세를 계속해서 유지할 경우 척추 건강에 악영향을 미칠 수 있다는 점을 명심해야 한다.

17 다음 주장에 대한 반박으로 가장 타당한 것을 고르시오.

> 게임 중독은 게임에 과도하게 몰입되어 있는 상태로, 일상생활뿐 아니라 건강에도 악영향을 미치는 상태를 말한다. 수면 부족, 식욕 저하 문제가 나타나며, 대인 관계에도 어려움이 생기는 등 여러 부작용을 동반한다. 이러한 게임 중독의 심각성을 고려해 지난 2019년 세계보건기구(WHO)는 국제질병분류 제11차 개정안을 통해 게임 중독을 '게임이용장애'라는 코드로 질병 목록에 추가하였으며, 게임 중독이 질병으로 정의되는 순간 정신과 질환으로 지정돼 정신과적 치료가 필요하다는 진단이 내려진다. 게임에 과도하게 몰입하는 사람들은 스스로 조절할 수 있는 능력이 저하되어 있으므로 정신과적 치료를 통해 과하게 몰입한 상태를 억제할 수 있을 것이다. 게임이용장애를 앓고 있는 사람에게 정신과적 치료가 필요하다는 진단을 내릴 경우 정신과적 질환을 앓고 있는 환자로 낙인찍힐 수 있으며, 이로 인해 사회에서의 분리가 더욱 심화되는 등 심리적 압박을 가져올 수 있다는 비판 여론이 있지만 정신과적 치료를 통한 효과를 생각했을 때 게임 중독 현상을 보이는 이에게 필요한 조치를 체계적으로 관리할 수 있다는 장점이 있다. 따라서 모든 게임 중독을 질병으로 분류하여 게임에 과도하게 몰입하는 이들에게 정신과적 치료를 제공할 수 있도록 법적 기준을 마련해야 한다.

① 게임 중독은 게임에 몰입되어 있는 정도를 객관적인 수치로 나타낼 수 있으므로 정신과적 치료가 필요한 게임 중독 정도를 명확히 나타낼 수 있다.

② 게임을 하는 시간에 상관없이 스스로 조절이 가능한 경우는 게임 중독으로 보기 어려우므로 게임이용장애로 분류할 수 없다.

③ 게임 중독을 정신과적 질환으로 분류할 경우 사회로부터의 분리가 더욱 심화할 수 있으므로 무조건 질병으로 분류하는 행태는 치료 효과에 부정적인 영향을 미칠 수 있다.

④ 게임에 몰입하는 사람을 두고 정신과적 질환을 앓고 있는 환자라고 낙인을 찍을 경우 치료 효과에 긍정적인 영향을 미칠 수 있다.

⑤ 게임에 몰입하는 정도가 중해 스스로 통제할 수 있는 능력이 결여되어 있는 사람은 어떠한 정신과적 치료로도 조절하기 어렵다.

18 다음 주장에 대한 반박으로 가장 타당한 것을 고르시오.

> 공매도(空賣渡)란 주가 하락에서 생기는 차익금을 노리고 실물 없이 주식을 파는 행위로, 주권을 실제로 갖고 있지 아니하거나 갖고 있더라도 상대에게 인도할 의사 없이 신용 거래로 환매(還買)하는 것을 말한다. 예컨대 현재 주가가 50만 원인 기업의 주가 하락이 예상된다면, 그 기업의 주식을 빌려 50만 원에 매도를 한다. 이후 그 기업의 주가가 실제로 40만 원으로 떨어졌다면 공매도한 사람은 40만 원에 다시 그 주식을 구입해 주식을 빌렸던 이에게 갚는 방식을 활용하게 된다. 물론 예상한 것처럼 주식을 빌린 기업의 주가가 떨어진다면 시세 차익을 얻을 수 있지만, 예측이 틀릴 경우 공매도한 사람은 손해를 볼 수 있으며, 주가가 떨어지더라도 해당 주식을 확보하지 못한다면 결제 불이행 사태가 벌어질 수도 있다. 이와 같은 투기적 성격으로 인해 공매도를 금지하는 국가도 많지만, 사실 공매도가 존재한다고 해서 무조건 주가가 떨어지는 것은 아니다. 오히려 공매도는 불필요한 주식 거품을 막을뿐더러 시장 정보가 주식에 바로 반영될 수 있도록 돕는다. 세계 대부분의 국가에서 공매도를 허용하는 이유도 바로 이것에서 기인한 것이므로 공매도를 금지할 경우 오히려 시장의 자율성을 해칠 수 있다.

① 공매도를 한 사람의 예측이 맞을 경우 주식을 통해 시세 차익을 얻을 수 있다는 점에서 공매도는 긍정적이다.

② 공매도는 주식 시장에 거품이 끼는 것을 막고 시장 정보가 주식에 즉각적으로 반영될 수 있도록 돕는다.

③ 공매도를 한 사람이 예측이 틀려 빌린 주식의 주가가 오히려 상승할 경우 공매도를 통해 손해를 입을 수도 있다.

④ 공매도는 투기적 성격을 띠기 때문에 결제 불이행 사태와 같은 주식 시장 혼란을 초래할 수 있어 무조건적 허용은 경계해야 한다.

⑤ 공매도의 성격상 개인 투자자가 손해를 입을 수 있다는 맹점이 있지만 시장의 자율성을 고려해 공매도를 금지해서는 안 된다.

19 다음 주장에 대한 반박으로 가장 타당한 것을 고르시오.

> 야구 선수를 평가하는 지표에는 다양한 지표가 있다. 그중에서도 WAR(Wins Above Replacement)은 대체 선수 대비 승리 기여도를 말하는 것으로, 한 명의 야구선수가 기록한 타격, 수비, 투구 등의 전 종목 성적을 수치화하여 나타낸 것을 말한다. 만약 WAR이 0~1인 선수라면 벤치에서 대기하는 선수, 1~2는 핵심 선수, 2~3은 꾸준한 주전 선수, 3~4는 좋은 선수, 4~5는 올스타급 선수로 구분되며 5~6은 슈퍼스타 선수로 구분된다. WAR은 포수의 수비 역량을 평가하는 방식은 다소 미흡하다는 비판을 받기는 하지만, 기본적으로 전 종목의 성적을 토대로 계산할뿐더러 선수의 포지션 및 리그와 구장으로 인한 요소까지 보정하여 수치를 산출하기 때문에 통합 지표라는 이점이 있다. 특히 모든 선수를 수치로써 일괄 평가가 가능하다는 장점을 고려할 때, 모든 선수들의 연봉을 산정할 때는 WAR을 기반으로 결정해야 보다 객관적인 평가가 가능해질 것이다.

① 야구 선수를 평가할 때 활용되는 WAR은 대체 선수 대비 승리 기여도를 나타낸다는 점에서 해당 선수의 성적을 정확히 판단할 수 없다.

② 야구 선수들의 연봉을 결정할 때는 특정 성적만을 토대로 결정하는 것이 아니라 통합 지표가 될 수 있는 내역을 토대로 산출해야 한다.

③ 포수 포지션을 맡고 있는 선수의 경우 WAR을 통해 정확한 수비 역량을 산출할 수 없으므로 모든 선수의 연봉 산출에 WAR을 일괄 반영해서는 안 된다.

④ WAR을 통해 0~1의 점수를 받은 선수와 5~6의 점수를 받은 선수의 실력 차는 분명함을 알 수 있으므로 야구 선수의 연봉 산정 시 참고 자료로서 WAR을 활용해야 한다.

⑤ WAR은 단순히 성적으로만 점수를 산출하는 것이 아니라 상황과 환경에 따른 수치 보정이 된다는 점에서 이점이 많다.

20 다음 주장에 대한 반박으로 가장 타당한 것을 고르시오.

> 당뇨병은 소변에 당분이 많이 섞여 나오는 병으로, 탄수화물 대사를 조절하는 호르몬 단백질인 인슐린이 부족하여 생기게 된다. 소변량과 소변보는 횟수가 늘어나고, 갈증이 나서 물을 많이 마시게 되며, 전신 권태가 따르는 한편 식욕이 좋아지는 특징이 있다. 당뇨병 환자는 혈당 조절에 어려움을 겪기 때문에 더운 날씨에 특히 취약한데, 고온으로 인해 갈증 정도가 심해지면 시원한 음료 혹은 과일을 찾아 혈당 수치가 쉽게 오를 수 있어 주의해야 한다. 그렇다고 음식 섭취를 소홀히 하면 오히려 건강을 해칠 수 있으므로 평소 지키던 식생활을 잘 지키되 6가지 식품군을 골고루 섭취할 필요가 있다. 다만, 수박, 참외, 복숭아, 포도와 같은 여름 제철 과일은 무기질과 비타민 흡수에 도움은 되지만 당 지수가 높아 당뇨병 환자에게는 문제가 될 수 있다. 따라서 당뇨병 환자라면 당 지수가 높은 과일은 섭취를 자제하는 것이 좋다.

① 당뇨병 환자는 환경의 변화에 상관없이 생활 식습관을 지키기 위해 항시 노력해야 한다.

② 당뇨병 환자는 여름철에 입맛이 떨어진다고 해서 당 지수가 높은 여름 제철 과일을 섭취하지 않도록 주의해야 한다.

③ 무절제한 과일 섭취는 당뇨병 환자에게 치명적일 수 있으므로 당 지수가 높은 음식은 먹지 말아야 한다.

④ 과일은 무기질 및 비타민 흡수를 위해 섭취할 필요가 있으므로 적당량의 과일을 섭취한다면 오히려 당뇨병 환자의 건강관리에 도움이 된다.

⑤ 당뇨병 환자가 당도가 높은 음식을 섭취할 경우 혈당이 빠르게 상승해 건강에 악영향을 미칠 수 있다는 점을 명심해야 한다.

약점 보완 해설집 p.28

PART 1 | 기출유형공략

제2장 CT(Computational Thinking)

출제경향분석

CT(Computational Thinking) 소개

CT(Computational Thinking)는 컴퓨터 프로그래밍의 사고 능력을 평가하는 영역이다.
총 25개의 문항이 제시되며, 40분 내에 풀어야 한다.

출제 유형

유형 1 정렬
유형 2 이산수학
유형 3 다이나믹 프로그래밍
유형 4 그리디

유형별 출제 비중

같은 기수 내 시험이라도 시간대에 따라 정렬, 이산수학, 다이나믹 프로그래밍, 그리디 유형의 문제가 상이한 비중으로 출제되며, 최근 치러진 SW적성진단 시험에서는 다이나믹 프로그래밍, 그리디 유형의 문제 출제 비중이 가장 높았다.

최근 출제 경향

기수가 거듭될수록 비전공자도 충분히 풀 수 있을 정도로 난도가 점점 낮아지고 있으며, 문제 출제 범위 또한 좁아지고 있는 추세이다. 유형별 핵심 이론 학습을 통해 관련 공식을 암기하고, 문제 풀이에 필요한 공식을 빠르게 적용하는 연습을 한다면 제한된 시간 내에 충분히 풀이 가능한 난이도의 문제가 출제되고 있다.

학습 전략

정렬

실력 UP 핵심이론노트에 수록된 정렬의 종류에 따른 이론 및 풀이 방식을 학습하여 다양한 문제를 풀어보면서 문제 풀이 시간을 단축하는 연습을 한다.

이산수학

실력 UP 핵심이론노트에 수록된 이산수학의 핵심 이론을 학습한 후 다양한 문제를 풀어보면서 이론별 풀이 방법을 숙지하여 문제 풀이 시간을 단축하는 연습을 한다.

다이나믹 프로그래밍

실력 UP 핵심이론노트에 정리된 점화식 및 핵심 이론 학습을 통해 문제 풀이에 필요한 공식을 빠르게 도출하여 문제 풀이 시간을 단축하는 연습을 한다.

그리디

실력 UP 핵심이론노트에 정리된 그리디 알고리즘의 핵심 이론을 학습하고, 다양한 문제를 풀어보면서 제시된 문제에 필요한 풀이 공식을 빠르게 도출하여 문제 풀이 시간을 단축하는 연습을 한다.

기출유형공략

유형 1 정렬

유형 특징

1. 주어진 숫자 또는 어휘로 이루어진 데이터를 정해진 순서에 맞게 정렬하는 문제이다.
2. 제시된 하나의 상황에 대해 데이터가 서로 다른 5문항이 출제되고, 1문항당 약 90초 내에 풀어야 한다.
3. 정렬 유형은 다음과 같이 한 가지 세부 유형으로 출제된다.
   ① 데이터를 오름차순 또는 내림차순으로 정렬하는 문제

최근 출제 경향

주어진 데이터를 오름차순 혹은 내림차순으로 정렬하는 문제가 출제되고 있다. 데이터 정렬 방법으로는 값이 가장 작은 데이터를 가장 앞에 위치한 데이터와 교환하는 선택정렬, 제시된 조건에 맞는 위치에 데이터를 삽입하는 삽입정렬, 서로 이웃한 데이터를 비교하여 조건에 맞춰 위치를 교환하는 버블정렬이 출제되며, 체감 난도는 낮은 편이나, 정렬 순서와 정렬 방법을 함께 진행해야 하는 문제의 출제 빈도가 높다.

학습 전략

1. 값이 작은 데이터부터 값이 큰 데이터 순으로 차례대로 정렬하는 오름차순 정렬과 값이 큰 데이터부터 값이 작은 데이터 순으로 차례대로 정렬하는 내림차순 정렬을 구분하는 연습을 한다.
2. 선택정렬 방법으로 정렬하는 문제와 삽입정렬 방법으로 정렬하는 문제, 버블정렬 방법으로 정렬하는 문제를 구분하는 연습을 한다.(PART 3 실력 UP 핵심이론노트 p.252)

난이도 ★☆☆

01 데이터를 오름차순 또는 내림차순으로 정렬하는 문제

다음 설명을 읽고, 제시된 데이터가 오름차순으로 정렬되려면 데이터의 위치를 총 몇 번 교환해야 하는지 구하시오.

[오름차순 정렬]

3	1	4	4	2

① 첫 번째 데이터와 두 번째 데이터를 비교하여 크기가 더 작은 데이터가 왼쪽에 오도록 위치를 교환한다.

3	1	4	4	2	→	1	3	4	4	2

② 두 번째 데이터와 세 번째 데이터를 비교하여 크기가 더 작은 데이터가 왼쪽에 오도록 위치를 교환하며, 크기가 더 작은 데이터가 이미 왼쪽에 위치해 있는 경우 위치를 교환하지 않는다.

1	3	4	4	2	→	1	3	4	4	2

③ 세 번째 데이터와 네 번째 데이터를 비교하여 크기가 더 작은 데이터가 왼쪽에 오도록 위치를 교환하며, 비교하는 두 데이터의 크기가 같을 경우 위치를 교환하지 않는다.

1	3	4	4	2	→	1	3	4	4	2

④ 위와 같은 방법으로 서로 이웃한 데이터들의 크기를 순서대로 비교하여 위치를 교환한 다음, 모든 데이터가 오름차순으로 정렬될 때까지 위 과정을 반복한다.

[Test Case]

2	4	1	3	5

[정답] 3번

01.

4	2	2	7	5

02.

3	5	1	2	6

03.

2	2	5	4	3	5

04.

5	6	1	4	3	1

05.

5	2	7	6	1	4	3

|정답 및 해설|

제시된 설명에 따라 [Test Case]의 데이터들을 오름차순으로 정렬하면 다음과 같다.

• 데이터 위치 교환: 1번

2	4	1	3	5	→	2	1	4	3	5

• 데이터 위치 교환: 2번

2	1	4	3	5	→	2	1	3	4	5

서로 이웃한 데이터들의 크기를 순서대로 모두 비교하여 위치를 교환하였음에도 데이터가 오름차순으로 정렬되지 않았으므로 다시 첫 번째 데이터부터 순서대로 서로 이웃한 데이터와의 크기를 비교하여 위치를 교환한다.

• 데이터 위치 교환: 3번

2	1	3	4	5	→	1	2	3	4	5

모든 데이터가 오름차순으로 정렬되었으므로 데이터의 위치 교환을 멈춘다.

따라서 [Test Case]에서 제시된 모든 데이터가 오름차순으로 정렬되려면 데이터의 위치를 총 3번 교환해야 한다.

01. [정답] 3번

• 데이터 위치 교환: 1번

4	2	2	7	5	→	2	4	2	7	5

• 데이터 위치 교환: 2번

2	4	2	7	5	→	2	2	4	7	5

• 데이터 위치 교환: 3번

2	2	4	7	5	→	2	2	4	5	7

모든 데이터가 오름차순으로 정렬되었으므로 데이터의 위치 교환을 멈춘다.

따라서 모든 데이터가 오름차순으로 정렬되려면 데이터의 위치를 총 3번 교환해야 한다.

02. [정답] 4번

• 데이터 위치 교환: 1번

• 데이터 위치 교환: 2번

• 데이터 위치 교환: 3번

3	1	2	5	6	→	1	3	2	5	6

• 데이터 위치 교환: 4번

모든 데이터가 오름차순으로 정렬되었으므로 데이터의 위치 교환을 멈춘다.

따라서 모든 데이터가 오름차순으로 정렬되려면 데이터의 위치를 총 4번 교환해야 한다.

03. [정답] 3번

• 데이터 위치 교환: 1번

2	2	5	4	3	5	→	2	2	4	5	3	5

• 데이터 위치 교환: 2번

2	2	4	5	3	5	→	2	2	4	3	5	5

• 데이터 위치 교환: 3번

2	2	4	3	5	5	→	2	2	3	4	5	5

모든 데이터가 오름차순으로 정렬되었으므로 데이터의 위치 교환을 멈춘다.

따라서 모든 데이터가 오름차순으로 정렬되려면 데이터의 위치를 총 3번 교환해야 한다.

04. [정답] 11번

- 데이터 위치 교환: 1번

데이터의 위치를 1번 교환하였을 때, 세 번째 데이터의 크기가 네 번째, 다섯 번째, 여섯 번째 데이터의 크기보다 크므로 세 번째 데이터의 위치를 네 번째, 다섯 번째, 여섯 번째 데이터의 위치와 각각 1번씩, 총 3번 더 교환해야 하며, 3번의 위치 교환을 더 하였을 때 해당 데이터들의 위치는 다음과 같다.

- 데이터 위치 교환: 1+3=4번

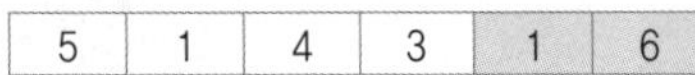

첫 번째 데이터의 크기가 두 번째, 세 번째, 네 번째, 다섯 번째 데이터의 크기보다 크므로 첫 번째 데이터의 위치를 4번 더 교환해야 하며, 4번의 위치 교환을 더 하였을 때 해당 데이터들의 위치는 다음과 같다.

- 데이터 위치 교환: 4+4=8번

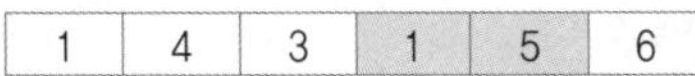

두 번째 데이터의 크기가 세 번째, 네 번째 데이터의 크기보다 크므로 두 번째 데이터의 위치를 2번 더 교환해야 하며, 2번의 위치 교환을 더 하였을 때 해당 데이터들의 위치는 다음과 같다.

- 데이터 위치 교환: 8+2=10번

1	3	1	4	5	6

- 데이터 위치 교환: 11번

모든 데이터가 오름차순으로 정렬되었으므로 데이터의 위치 교환을 멈춘다.

따라서 모든 데이터가 오름차순으로 정렬되려면 데이터의 위치를 총 11번 교환해야 한다.

05. [정답] 13번

- 데이터 위치 교환: 1번

5	2	7	6	1	4	3	→	2	5	7	6	1	4	3

데이터의 위치를 1번 교환하였을 때, 세 번째 데이터의 크기가 네 번째, 다섯 번째, 여섯 번째, 일곱 번째 데이터의 크기보다 크므로 세 번째 데이터의 위치를 4번 더 교환해야 하며, 4번의 위치 교환을 더 하였을 때 해당 데이터들의 위치는 다음과 같다.

- 데이터 위치 교환: 1+4=5번

2	5	6	1	4	3	7

세 번째 데이터의 크기가 네 번째, 다섯 번째, 여섯 번째 데이터의 크기보다 크므로 세 번째 데이터의 위치를 3번 더 교환해야 하며, 3번의 위치 교환 더 하였을 때 해당 데이터들의 위치는 다음과 같다.

- 데이터 위치 교환: 5+3=8번

2	5	1	4	3	6	7

두 번째 데이터의 크기가 세 번째, 네 번째, 다섯 번째 데이터의 크기보다 크므로 두 번째 데이터의 위치를 3번 더 교환해야 하며, 3번의 위치 교환을 더 하였을 때 해당 데이터의 위치는 다음과 같다.

- 데이터 위치 교환: 8+3=11번

2	1	4	3	5	6	7

- 데이터 위치 교환: 12번

2	1	4	3	5	6	7	→	1	2	4	3	5	6	7

- 데이터 위치 교환: 13번

1	2	4	3	5	6	7	→	1	2	3	4	5	6	7

모든 데이터가 오름차순으로 정렬되었으므로 데이터의 위치 교환을 멈춘다.

따라서 모든 데이터가 오름차순으로 정렬되려면 데이터의 위치를 총 13번 교환해야 한다.

문제 풀이 꿀팁

데이터의 순서와 상관없이 데이터의 크기가 큰 것부터 순서대로 데이터의 위치를 오른쪽으로 이동한다. 이때 데이터가 오름차순으로 정렬되기 위해 각각의 데이터가 오른쪽으로 몇 번 이동하였는지 구한 후 구한 이동 횟수를 모두 합한다.

Test Case에 제시된 데이터 (2, 4, 1, 3, 5)에서 크기가 가장 큰 5는 이미 가장 오른쪽에 위치해 있으므로 더 이상 오른쪽으로 이동하지 않는다. 두 번째로 큰 데이터인 4는 데이터가 오름차순으로 정렬되기 위해 오른쪽으로 두 번 이동해야 하며, 이후 데이터는 (2, 1, 3, 4, 5)가 된다. 3은 이미 세 번째 순서에 위치해 있으므로 오른쪽으로 이동하지 않으며, 2는 오른쪽으로 한 번 이동해야 한다. 이때 데이터는 (1, 2, 3, 4, 5)가 되어 모든 데이터가 오름차순으로 정렬된다. 이에 따라 데이터는 4가 두 번, 2가 한 번, 총 3번 오른쪽으로 이동하였음을 알 수 있다.

따라서 모든 데이터가 오름차순으로 정렬되려면 데이터의 위치를 총 3번 교환해야 한다.

유형 2 이산수학

유형 특징

1. 0, 1, 2, 3,…으로 이어지는 정수처럼 연속적이지 않고 단절된 값을 이용하여 풀이하는 문제이다.
2. 이산수학의 주요 분야로는 집합, 논리, 경우의 수, 이산적 확률 등이 있다.
3. 제시된 하나의 상황에 대해 수치가 다른 5문항이 출제되고, 1문항당 약 90초 내에 풀어야 한다.
4. 이산수학 유형은 다음과 같이 두 가지 세부 유형으로 출제된다.
   ① 배열을 활용하는 문제
   ② 경우의 수 및 확률을 구하는 문제

최근 출제 경향

배열을 이용하는 문제, 확률을 구하는 문제, 경우의 수를 구하는 문제, 일 처리 순서를 계획하는 문제 등이 출제되고 있으며, 기본적인 수학 공식을 암기하고 있으면 쉽게 풀이할 수 있어 난도가 낮은 편이다.

학습 전략

1. 배열을 이용하는 문제의 경우 배열의 합과 곱을 이용하여 풀이해야 되는 문제가 출제될 수 있으므로 배열의 기본 개념을 함께 학습해야 한다.
2. 경우의 수 및 확률을 구하는 문제의 경우 조합과 순열, 곱의 법칙과 합의 법칙을 이용하여 풀이해야 하는 문제가 출제될 수 있으므로 확률 및 경우의 수 문제에 활용되는 수학 공식을 함께 학습해야 한다.

난이도 ★☆☆

01 배열을 활용하는 문제

다음 설명을 읽고, S의 최솟값을 구하시오.

- A, B 파일에는 각각 N개의 이미지가 일렬로 나열되어 있다.
- A, B 각 파일 내 나열된 이미지를 나열 순서가 같은 이미지끼리 하나로 합성하여 비어 있는 C 파일에 모두 저장하려고 한다. 예를 들어 나열된 순서에 따른 이미지별 용량이 A=[a, b, c], B=[d, e, f]라고 가정하면, 나열된 순서가 같은 a와 d, b와 e, c와 f를 각각 합성하여 합성된 3개의 이미지를 C 파일에 저장한다.
- 합성된 이미지의 용량은 합성하기 전 이미지 두 개의 용량을 곱한 값과 같으며, C 파일에 저장된 모든 이미지의 용량을 합한 값은 S로 나타낸다.
- A 파일 내 이미지의 나열 순서는 변경할 수 있으나, B 파일 내 이미지의 나열 순서는 변경할 수 없다.

[Test Case]

나열된 순서에 따른 이미지별 용량: A=[1, 1, 1, 6, 0], B=[2, 7, 8, 3, 1]

[정답] 18

01. 나열된 순서에 따른 이미지별 용량: A=[1, 1, 3], B=[10, 30, 20]

02. 나열된 순서에 따른 이미지별 용량: A=[2, 1, 6], B=[20, 0, 15]

03. 나열된 순서에 따른 이미지별 용량: A=[7, 1, 6, 8], B=[15, 30, 25, 100]

04. 나열된 순서에 따른 이미지별 용량: A=[10, 20, 10, 20], B=[100, 20, 1, 9]

05. 나열된 순서에 따른 이미지별 용량: A=[15, 31, 0, 3, 26], B=[12, 13, 3, 9, 1]

|정답 및 해설|

제시된 설명에 따라 S의 최솟값을 구하기 위해서는 A 파일에서 용량이 가장 큰 이미지와 B 파일에서 용량이 가장 작은 이미지, A 파일에서 용량이 가장 작은 이미지와 B 파일에서 용량이 가장 큰 이미지를 합성해야 한다.

[Test Case] 내 A 파일의 이미지 중 용량이 6으로 가장 큰 이미지와 B 파일의 이미지 중 용량이 1로 가장 작은 이미지를 합성해야 하고, A 파일의 이미지 중 용량이 0으로 가장 작은 이미지와 B 파일의 이미지 중 용량이 8로 가장 큰 이미지를 합성해야 하며, A 파일의 나머지 이미지는 용량이 모두 1이므로 B 파일의 나머지 이미지와 무작위로 합성할 수 있다. 이에 따라 재나열된 순서에 따른 A 파일의 이미지별 용량은 [1, 1, 0, 1, 6]이 된다.

따라서 [Test Case]에서 S의 최솟값은 $(1\times2)+(1\times7)+(0\times8)+(1\times3)+(6\times1)=18$이다.

01. [정답] 80

제시된 설명에 따라 S의 최솟값을 구하기 위해서는 A 파일에서 용량이 3으로 가장 큰 이미지와 B 파일에서 용량이 10으로 가장 작은 이미지를 합성해야 한다. A 파일의 나머지 이미지는 용량이 모두 1이므로 B 파일의 나머지 이미지와 무작위로 합성할 수 있다. 이에 따라 재나열된 순서에 따른 A 파일의 이미지별 용량은 [3, 1, 1]이 된다.

따라서 S의 최솟값은 $(3\times10)+(1\times30)+(1\times20)=80$이다.

02. [정답] 50

제시된 설명에 따라 S의 최솟값을 구하기 위해서는 A 파일에서 용량이 6으로 가장 큰 이미지와 B 파일에서 용량이 0으로 가장 작은 이미지를 합성해야 한다. 다음으로 A 파일에서 용량이 2로 두 번째로 큰 이미지와 B 파일에서 용량이 15로 두 번째로 작은 이미지를 합성해야 하며, A 파일에서 용량이 1로 가장 작은 이미지와 B 파일에서 용량이 20으로 가장 큰 이미지를 합성해야 한다. 이에 따라 재나열된 순서에 따른 A 파일의 이미지별 용량은 [1, 6, 2]가 된다.

따라서 S의 최솟값은 $(1\times20)+(6\times0)+(2\times15)=50$이다.

03. [정답] 575

제시된 설명에 따라 S의 최솟값을 구하기 위해서는 A 파일에서 용량이 8로 가장 큰 이미지와 B 파일에서 용량이 15로 가장 작은 이미지를 합성해야 한다. 다음으로 A 파일에서 용량이 7로 두 번째로 큰 이미지와 B 파일에서 용량이 25로 두 번째로 작은 이미지를 합성해야 하며, A 파일에서 용량이 가장 작은 이미지와 B 파일에서 용량이 가장 큰 이미지를 합성할 때까지 이 과정을 반복한다. 이에 따라 재나열된 순서에 따른 A 파일의 이미지별 용량은 [8, 6, 7, 1]이 된다.

따라서 S의 최솟값은 $(8\times15)+(6\times30)+(7\times25)+(1\times100)=575$이다.

04. [정답] 1,400

제시된 설명에 따라 S의 최솟값을 구하기 위해서는 A 파일에서 용량이 20으로 가장 큰 이미지와 B 파일에서 용량이 1로 가장 작은 이미지를 합성해야 한다. 다음으로 A 파일에서 용량이 20으로 두 번째로 큰 이미지와 B 파일에서 용량이 9로 두 번째로 작은 이미지를 합성해야 하며, A 파일에서 용량이 가장 작은 이미지와 B 파일에서 용량이 가장 큰 이미지를 합성할 때까지 이 과정을 반복한다. 이에 따라 재나열된 순서에 따른 A 파일의 이미지별 용량은 [10, 10, 20, 20]이 된다.
따라서 S의 최솟값은 (10 × 100) + (10 × 20) + (20 × 1) + (20 × 9) = 1,400이다.

05. [정답] 280

제시된 설명에 따라 S의 최솟값을 구하기 위해서는 A 파일에서 용량이 31로 가장 큰 이미지와 B 파일에서 용량이 1로 가장 작은 이미지를 합성해야 한다. 다음으로 A 파일에서 용량이 26으로 두 번째로 큰 이미지와 B 파일에서 용량이 3으로 두 번째로 작은 이미지를 합성해야 하며, A 파일에서 용량이 가장 작은 이미지와 B 파일에서 용량이 가장 큰 이미지를 합성할 때까지 이 과정을 반복한다. 이에 따라 재나열된 순서에 따른 A 파일의 이미지별 용량은 [3, 0, 26, 15, 31]이 된다.
따라서 S의 최솟값은 (3 × 12) + (0 × 13) + (26 × 3) + (15 × 9) + (31 × 1) = 280이다.

문제 풀이 **꿀팁**

S는 C 파일에 저장된 모든 이미지의 용량을 더한 값이므로 A 파일에 저장된 이미지는 용량이 큰 순서대로, B 파일에 저장된 이미지는 용량이 작은 순서대로 재나열 후 합성하여 용량을 구한다.
Test Case에서 각 파일 내 나열된 순서에 따른 이미지별 용량은 A = [1, 1, 1, 6, 0], B = [2, 7, 8, 3, 1]이다. A 파일 내 저장된 이미지를 용량이 큰 순서대로 재나열하면 A = [6, 1, 1, 1, 0], B 파일 내 저장된 이미지를 용량이 작은 순서대로 재나열하면 B = [1, 2, 3, 7, 8]이다.
따라서 A, B 파일 내 나열된 이미지 중 나열 순서가 동일한 이미지끼리 합성하였을 때, S의 최솟값은 (6 × 1) + (1 × 2) + (1 × 3) + (1 × 7) + (0 × 8) = 18임을 알 수 있다.

난이도 ★★☆

02 경우의 수 및 확률을 구하는 문제

다음 설명을 읽고, 혜진이가 복권 번호를 고르는 경우의 수를 구하시오.

혜진이는 1부터 45까지의 번호 중 K개의 번호를 조합하는 복권을 구매하려고 한다. 혜진이는 45개의 번호 중 R(R≥K)개를 선택하여 집합 S를 만들고, 집합 S에 포함된 번호만 이용하여 번호를 조합하는 전략으로 복권을 구매하려고 한다. 예를 들어 혜진이가 45개의 번호 중 3개의 번호를 조합하는 복권을 구매할 때 {1, 2, 3, 4}의 집합 S를 만들었다면 혜진이가 복권 번호를 고르는 경우의 수는 {1, 2, 3}, {1, 2, 4}, {1, 3, 4}, {2, 3, 4}로 총 4가지가 된다.

[Test Case]

- K=7
- S={3, 8, 12, 17, 23, 26, 32, 35, 42}

[정답] 36가지

01. • K=6
  • S={1, 3, 5, 7, 9, 11, 16, 18, 24, 35, 38, 40}

02. • K=8
  • S={1, 2, 6, 8, 10, 14, 18, 21, 25, 32, 33, 36, 41, 45}

03. • K=9
  • S={2, 5, 6, 7, 12, 18, 23, 25, 29, 32, 35, 44}

04. • K=9
  • S={5, 8, 13, 15, 19, 24, 26, 28, 34, 37, 38, 41, 45}

05. • K=10
  • S={4, 8, 12, 15 ,16, 20, 24, 26, 28, 30, 34, 38, 42, 44}

|정답 및 해설|

서로 다른 n개에서 순서를 고려하지 않고 r개를 뽑는 경우의 수는 ${}_{n}C_{r}=\frac{n!}{r!(n-r)!}$임을 적용하여 구한다.

제시된 설명에 따르면 혜진이는 45개의 번호 중 R개를 선택하여 집합 S를 만들고, 집합 S에 포함된 번호만 이용하여 번호를 조합하는 전략으로 복권을 구매하므로 집합 S에 포함된 원소는 서로 다른 숫자이다. 이때 혜진이가 구매하는 복권은 K개의 번호를 조합하므로 혜진이가 복권 번호를 고르는 경우의 수는 집합 S의 원소의 개수 중 순서를 고려하지 않고 K개를 뽑는 경우의 수이다.

Test Case에서 S={3, 8, 12, 17, 23, 26, 32, 35, 42}임에 따라 집합 S의 원소의 개수는 9개이고, K=7이다.

따라서 [Test Case]에서 혜진이가 복권 번호를 고르는 경우의 수는 ${}_{9}C_{7}=\frac{9!}{7!(9-7)!}=36$가지이다.

01. [정답] 924가지

S={1, 3, 5, 7, 9, 11, 16, 18, 24, 35, 38, 40}임에 따라 집합 S의 원소의 개수는 12개이고, K=6이다.

따라서 혜진이가 복권 번호를 고르는 경우의 수는 ${}_{12}C_{6}=\frac{12!}{6!(12-6)!}=924$가지이다.

02. [정답] 3,003가지

S={1, 2, 6, 8, 10, 14, 18, 21, 25, 32, 33, 36, 41, 45}임에 따라 집합 S의 원소의 개수는 14개이고, K=8이다.

따라서 혜진이가 복권 번호를 고르는 경우의 수는 ${}_{14}C_{8}=\frac{14!}{8!(14-8)!}=3,003$가지이다.

03. [정답] 220가지

S={2, 5, 6, 7, 12, 18, 23, 25, 29, 32, 35, 44}임에 따라 집합 S의 원소의 개수는 12개이고, K=9이다.

따라서 혜진이가 복권 번호를 고르는 경우의 수는 ${}_{12}C_{9}=\frac{12!}{9!(12-9)!}=220$가지이다.

04. [정답] 715가지

S={5, 8, 13, 15, 19, 24, 26, 28, 34, 37, 38, 41, 45}임에 따라 집합 S의 원소의 개수는 13개이고, K=9이다.

따라서 혜진이가 복권 번호를 고르는 경우의 수는 ${}_{13}C_{9}=\frac{13!}{9!(13-9)!}=715$가지이다.

05. [정답] 1,001가지

S={4, 8, 12, 15, 16, 20, 24, 26, 28, 30, 34, 38, 42, 44}임에 따라 집합 S의 원소의 개수는 14개이고, K=10이다.

따라서 혜진이가 복권 번호를 고르는 경우의 수는 ${}_{14}C_{10}=\frac{14!}{10!(14-10)!}=1,001$가지이다.

문제 풀이 꿀팁

K개의 번호를 뽑는 전체 집합을 정확히 파악한다.

1~45까지의 번호 중 집합 S에 속한 번호만으로 K개의 번호를 조합하므로 전체 집합은 45가 아닌 S의 원소의 개수인 n(S)이다.

Test Case에서 n(S)=9, K=7임에 따라 9개의 번호 중 7개의 번호를 고르는 경우의 수는 ${}_{9}C_{7}=\frac{9!}{7!(9-7)!}=36$가지이다.

유형 3 다이나믹 프로그래밍

유형 특징

1. 문제에 제시된 조건에 따라 가능한 모든 경우의 가장 작은 문제부터 차례로 해결하여 각각의 결괏값을 얻고, 그 결괏값으로 점화식을 세워 정답을 도출하는 유형의 문제이다.
2. 제시된 하나의 상황에 대해 수치가 다른 5문항이 제시되고, 1문항당 약 90초 내에 풀어야 한다.
3. 다이나믹 프로그래밍 유형은 다음과 같이 한 가지 세부 유형으로 출제된다.
   ① 점화식을 사용하여 결괏값을 도출하는 문제

최근 출제 경향

1. 다이나믹 프로그래밍 유형은 최근 꾸준히 출제되고 있다.
2. 점화식을 사용하여 최솟값 또는 최댓값 구하기, 경우의 수 구하기 등이 있으며, 비전공자도 어렵지 않게 풀 수 있을 만큼 비교적 낮은 난도의 문제가 출제되고 있다.

학습 전략

1. 문제에 제시된 조건에 따라 가능한 모든 경우 중 가장 작은 문제의 경우부터 차례대로 결괏값을 구한 후 이들의 규칙성을 찾아 문제 풀이에 적용 가능한 점화식을 도출하는 연습을 해야 한다.
2. 점화식을 세우는 과정을 먼저 숙지하고 점화식의 결괏값을 도출하는 연습을 통해 문제 풀이 시간을 단축해야 한다.(PART 3 실력 UP 핵심이론노트 p.258)

난이도 ★★☆

01 점화식을 사용하여 결괏값을 도출하는 문제

다음 설명을 읽고, A가 게시판에 게시물을 빈틈없이 배치할 수 있는 경우의 수를 구하시오.

A는 가로×세로의 길이가 각각 1×2, 2×1인 두 종류의 게시물로 가로 길이가 2, 세로 길이가 n인 게시판을 빈틈없이 채우려고 한다.

[Test Case]

n=3

[정답] 3가지

01. n=4

02. n=5

03. n=7

04. n=9

05. n=12

|정답 및 해설|

가로×세로의 크기가 2×n인 게시판에 게시물을 빈틈없이 배치할 수 있는 경우의 수를 DP[n]이라 할 때, n의 값에 따라 게시판을 채울 수 있는 경우의 수는 다음과 같다.

• n=1일 경우

DP[1]일 경우 2×1 크기의 게시물 1개를 배치할 수 있으므로 1가지이다.

[경우 1]

• n=2일 경우

DP[2]일 경우 2×1 크기의 게시물 2개를 세로로 나란히 배치하거나 1×2 크기의 게시물 2개를 가로로 나란히 배치할 수 있으므로 2가지이다.

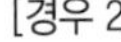

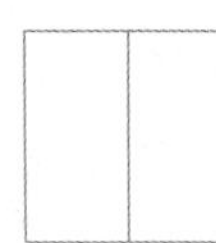

• n=3일 경우

DP[3]일 경우 2×3 크기의 게시판을 채울 수 있는 경우의 수는 3가지이다.

[경우 1]

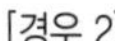

[경우 3]

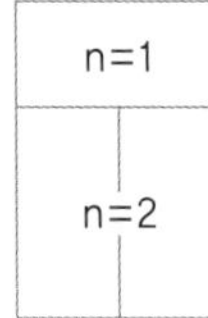

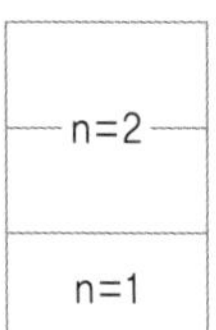

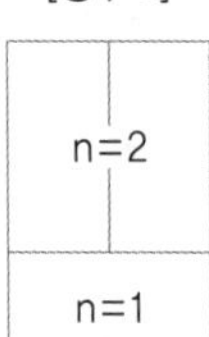

이에 따라 n의 값이 3일 경우 게시판을 채울 수 있는 경우의 수는 n의 값이 1일 경우 게시판을 채울 수 있는 경우의 수와 n의 값이 2일 경우 게시판을 채울 수 있는 경우의 수의 합과 같으므로 DP[n]의 값은 점화식 DP[n]=DP[n−1]+DP[n−2]를 만족함을 알 수 있다.

이때 DP[n]=DP[n−1]+DP[n−2]를 만족함에 따라 n≥4일 때, 2×n인 게시판에 게시물을 빈틈없이 배치할 수 있는 경우의 수는 다음과 같다.

DP[4]=DP[3]+DP[2]=3+2=5

DP[5]=DP[4]+DP[3]=5+3=8

DP[6]=DP[5]+DP[4]=8+5=13

DP[7]=DP[6]+DP[5]=13+8=21

DP[8]=DP[7]+DP[6]=21+13=34

DP[9]=DP[8]+DP[7]=34+21=55

DP[10]=DP[9]+DP[8]=55+34=89

DP[11]=DP[10]+DP[9]=89+55=144

DP[12]=DP[11]+DP[10]=144+89=233

…

따라서 [Test Case]에서 2×3 크기의 게시판에 게시물을 빈틈없이 배치할 수 있는 경우의 수는 3가지이다.

01. [정답] 5가지

n=4일 때, DP[4]=5이다.
따라서 2×4 크기의 게시판에 게시물을 빈틈없이 배치할 수 있는 경우의 수는 5가지이다.

02. [정답] 8가지

n=5일 때, DP[5]=8이다.
따라서 2×5 크기의 게시판에 게시물을 빈틈없이 배치할 수 있는 경우의 수는 8가지이다.

03. [정답] 21가지

n=7일 때, DP[7]=21이다.
따라서 2×7 크기의 게시판에 게시물을 빈틈없이 배치할 수 있는 경우의 수는 21가지이다.

04. [정답] 55가지

n=9일 때, DP[9]=55이다.
따라서 2×9 크기의 게시판에 게시물을 빈틈없이 배치할 수 있는 경우의 수는 55가지이다.

05. [정답] 233가지

n=12일 때, DP[12]=233이다.
따라서 2×12 크기의 게시판에 게시물을 빈틈없이 배치할 수 있는 경우의 수는 233가지이다.

문제 풀이 꿀팁

피보나치 수열을 적용하여 계산한다.

첫 번째 항의 값과 두 번째 항의 값을 알 때, 세 번째 항부터 그 이후 항의 값은 값을 구하고자 하는 항 이전의 두 항의 값을 각각 더하여 구할 수 있다.
2×3 크기의 게시판을 채울 수 있는 경우의 수부터는 점화식 DP[n]=DP[n-1]+DP[n-2]이 적용될 수 있으므로 세로의 길이가 3인 게시판에 게시물을 배치할 수 있는 경우의 수는 DP[3]=DP[2]+DP[1]=2+1=3가지임을 알 수 있다.

유형 4 그리디

유형 특징

1. 그리디는 어떤 문제의 해결을 위해 필요한 여러 단계가 있을 때 각 단계에서 최선의 선택을 하게 하는 알고리즘을 의미하며, 각 단계에서의 최선의 선택이 결국 전체 문제에 대한 최적값이 되는 유형의 문제이다.
2. 제시된 하나의 상황에 대해 수치가 다른 5문항이 출제되고, 1문항당 약 90초 내에 풀어야 한다.
3. 그리디 유형은 다음과 같이 한 가지 세부 유형으로 출제된다.
   ① 최솟값 또는 최댓값을 구하는 문제

최근 출제 경향

1. 그리디 유형은 매 시험마다 꾸준히 출제되고 있다.
2. 제시된 조건을 바탕으로 최적값을 구하는 문제의 형태로 출제되며, 문제 유형이 단순하여 규칙을 찾지 않더라도 예시를 토대로 하나하나 계산하여 풀 수 있을 정도의 쉬운 문제가 출제되었다. 특히 알고리즘 용어나 컴퓨터 용어 등을 알고 있지 않더라도 풀 수 있는 수준의 문제가 출제되었다.

학습 전략

1. 최적값을 구하는 대표적인 문제인 거스름돈을 구하는 문제, 최적 경로를 구하는 문제 등을 풀어보며 그리디 알고리즘의 규칙을 찾는 연습을 한다.(PART 3 실력 UP 핵심이론노트 p.261)
2. 해설의 내용 및 문제 풀이 꿀팁을 통해 문제 풀이 방법을 확실히 숙지하고 이를 다른 문제에 적용하는 연습을 한다.

난이도 ★★☆

01 최솟값 또는 최댓값을 구하는 문제

다음 설명을 읽고, 성배가 정육점에서 받을 수 있는 거스름돈 중 동전 개수의 최솟값을 구하시오.

- 성배는 정육점에서 고기를 x원어치 구매하고, 정육점에 y원을 지불하여 거스름돈을 받는다.
- 정육점은 거스름돈으로 1,000원, 500원, 100원, 50원, 10원, 5원, 1원만 사용하며, 정육점은 지폐나 동전을 충분히 보유하고 있다.
- 1,000원은 지폐, 나머지는 모두 동전이다.

[Test Case]

x=12,540원, y=15,000원

[정답] 6개

01. x=17,434원, y=20,000원

02. x=23,872원, y=30,000원

03. x=36,745원, y=40,000원

04. x=47,358원, y=50,000원

05. x=54,683원, y=60,000원

|정답 및 해설|

제시된 설명에 따르면 성배는 정육점에서 고기를 x원어치 구매하고, 정육점에 y원을 지불하여 거스름돈을 받는다. 또한, 정육점은 거스름돈으로 1,000원, 500원, 100원, 50원, 10원, 5원, 1원만 사용하며, 1,000원은 지폐이므로 동전의 개수에 포함되지 않는다.

동전의 개수가 최대가 되려면 정육점에 지불한 y원에서 고깃값인 x원을 뺀 금액에 거스름돈으로 줄 수 있는 가장 큰 금액인 1,000원부터 차례대로 더 넣을 수 없을 때까지 추가하여야 한다.

$y-x$=15,000−12,540=2,460원이므로 이를 1,000원부터 차례대로 추가하면 남은 금액은 다음과 같다.

구분	1,000원	500원	100원	50원	10원	5원	1원
개수	2개	0개	4개	1개	1개	0개	0개
남은 금액	460원	460원	60원	10원	0원	0원	0원

따라서 [Test Case]에서 성배가 정육점에서 받을 수 있는 거스름돈 중 동전 개수의 최솟값은 0+4+1+1+0+0=6개이다.

01. [정답] 5개

$y-x$=20,000−17,434=2,566원이므로 이를 1,000원부터 차례대로 추가하면 남은 금액은 다음과 같다.

구분	1,000원	500원	100원	50원	10원	5원	1원
개수	2개	1개	0개	1개	1개	1개	1개
남은 금액	566원	66원	66원	16원	6원	1원	0원

따라서 성배가 정육점에서 받을 수 있는 거스름돈 중 동전 개수의 최솟값은 1+0+1+1+1+1=5개이다.

02. [정답] 7개

$y-x$=30,000−23,872=6,128원이므로 이를 1,000원부터 차례대로 추가하면 남은 금액은 다음과 같다.

구분	1,000원	500원	100원	50원	10원	5원	1원
개수	6개	0개	1개	0개	2개	1개	3개
남은 금액	128원	128원	28원	28원	8원	3원	0원

따라서 성배가 정육점에서 받을 수 있는 거스름돈 중 동전 개수의 최솟값은 0+1+0+2+1+3=7개이다.

03. [정답] 4개

$y-x$=40,000−36,745=3,255원이므로 이를 1,000원부터 차례대로 추가하면 남은 금액은 다음과 같다.

구분	1,000원	500원	100원	50원	10원	5원	1원
개수	3개	0개	2개	1개	0개	1개	0개
남은 금액	255원	255원	55원	5원	5원	0원	0원

따라서 성배가 정육점에서 받을 수 있는 거스름돈 중 동전 개수의 최솟값은 0+2+1+0+1+0=4개이다.

04. [정답] 8개

$y-x$=50,000−47,358=2,642원이므로 이를 1,000원부터 차례대로 추가하면 남은 금액은 다음과 같다.

구분	1,000원	500원	100원	50원	10원	5원	1원
개수	2개	1개	1개	0개	4개	0개	2개
남은 금액	642원	142원	42원	42원	2원	2원	0원

따라서 성배가 정육점에서 받을 수 있는 거스름돈 중 동전 개수의 최솟값은 1+1+0+4+0+2=8개이다.

05. [정답] 7개

$y-x$=60,000−54,683=5,317원이므로 이를 1,000원부터 차례대로 추가하면 남은 금액은 다음과 같다.

구분	1,000원	500원	100원	50원	10원	5원	1원
개수	5개	0개	3개	0개	1개	1개	2개
남은 금액	317원	317원	17원	0원	7원	2원	0원

따라서 성배가 정육점에서 받을 수 있는 거스름돈 중 동전 개수의 최솟값은 0+3+0+1+1+2=7개이다.

문제 풀이 꿀팁

지불한 돈의 일, 십, 백의 자리 숫자가 모두 0이므로 고깃값 중 천의 자리 이상은 버림하고 남은 숫자에 대해 1,000의 보수를 구한 뒤 500부터 순차적으로 보수에 들어갈 수 있는 동전의 수를 계산한다.

Test Case에서 x=12,540원의 천의 자리 이상을 버림하고 남은 숫자의 1,000의 보수를 구하면 1,000−540=460원이므로 100원 4개, 50원 1개, 10원 1개로 거스름돈이 구성됨을 알 수 있다.

출제예상문제

유형 1 | 정렬

[01 - 05] **다음 설명을 읽고, 제시된 배열 내 숫자를 내림차순으로 정렬하기 위해 필요한 정렬 횟수를 구하시오.**

[내림차순 정렬]

5	2	8	4	7

① 제시된 배열 내 숫자 중 최댓값을 찾아 고정되지 않은 숫자 중 왼쪽 첫 번째 순서에 위치한 숫자와 자리를 교환하며, 자리 교환 1번을 정렬 1회로 계산한다. 이때 고정되지 않은 숫자 중 왼쪽 첫 번째 순서에 위치한 숫자가 최댓값이라면 자리를 교체하지 않으므로 정렬 횟수에 포함하지 않는다.

5	2	8	4	7

→

8	2	5	4	7

② 제시된 배열의 왼쪽 첫 번째 순서에 위치한 숫자의 자리를 고정한다.

8	2	5	4	7

③ 제시된 배열의 모든 숫자의 자리가 고정될 때까지 ①~② 과정을 반복한다.

[Test Case]

7	2	1	9	4

[정답] 3회

01

18	4	7	23	12

02

31	28	35	17	21

03

26	29	39	42	22	33

04

36	48	25	38	45	27

05

58	36	40	63	32	43	52

[06 - 10] 다음 설명을 읽고, 코드를 정렬했을 때 정렬된 코드 중 각 문제에서 요구하는 위치의 코드를 구하시오.

[코드 정렬]

- 모든 코드는 문자로 구성되고, 문자는 알파벳 대문자(A~Z)와 숫자(0~9)로 구성되며, 동일한 코드는 존재하지 않는다.
- 코드는 왼쪽에서 오른쪽으로 일렬로 정렬하며, 코드 길이가 짧은 것부터 왼쪽에 위치하도록 한다. 이때 코드 길이는 코드에 포함된 문자의 개수를 나타낸다.
- 코드 길이가 같은 코드가 있을 경우 각 코드에 포함된 숫자의 합을 비교하여 숫자 합이 작은 코드가 왼쪽에 위치하도록 한다.
- 위 조건들만으로 코드를 정렬할 수 없는 경우 숫자로 시작하는 코드가 알파벳으로 시작하는 코드보다 왼쪽에 위치하도록 하며, 이때 숫자는 크기가 작은 순서대로, 알파벳은 사전 순서인 A → Z 순서대로 왼쪽부터 위치하도록 한다.
- 바로 위 조건을 통해 정렬이 완료될 때까지 왼쪽에서 첫 번째 문자부터 차례로 비교한다.

[Test Case]

왼쪽에서 세 번째에 위치하는 코드

A867	6Z4B	37DD	48CZ	36Q	AWE4

[정답] 37DD

06 왼쪽에서 세 번째에 위치하는 코드

TS000	R11	AS24	GS25	RV385	338E	1F11	2E2

07 왼쪽에서 네 번째에 위치하는 코드

DJ82	02Z9	3888	FH39	0WP	4OD9	RJ83	FHASF

08 왼쪽에서 다섯 번째에 위치하는 코드

9E2	D23K	30DK	30DJ	W2WZ	EJFFE	518	Q4D2

09 오른쪽에서 네 번째에 위치하는 코드

S2501	ZW30E	W0EKW	20FJE	39VND8	39SLA	102W	EJF0	39ED	39EU

10 오른쪽에서 다섯 번째에 위치하는 코드

FJY2JE	4EJF0	20QR	WJF2Q	Q0W12	E9FV	WKD0	2JW9F	W9WQZ	E1IF93

약점 보완 해설집 p.32

유형 2 | 이산수학

[01 - 05] 다음 설명을 읽고, 기철이가 기말시험에 통과하는 경우의 수를 구하시오.

기철이는 이번 기말시험 문제가 중간시험 이후 배운 N개의 단원 중 R개의 단원에서 출제되며, 출제 단원 1개 당 하나의 문제가 나온다는 사실을 알게 되었다. 문제가 출제될 단원은 알 수 없으나 졸업논문 준비로 N개의 단원을 모두 공부할 시간이 부족한 기철이는 R개의 단원을 임의로 선택해 공부하려고 한다. N개의 단원은 A, B, C, …단원으로 구분되며, 기철이가 공부한 단원과 문제가 출제된 단원이 M개 이상 일치할 경우 기철이는 기말시험에 통과한다.

[Test Case]

- N={A, B, C, D, E, F}, R=4, M=3
- 실제 출제된 과목={A, B, C, D}

[정답] 9가지

01
- N={A, B, C, D, E}, R=3, M=1
- 실제 출제된 과목={A, B, E}

02
- N={A, B, C, D, E, F, G}, R=5, M=4
- 실제 출제된 과목={A, C, E, F, G}

03
- N={A, B, C, D, E, F, G, H}, R=5, M=3
- 실제 출제된 과목={C, D, F, G, H}

04
- N={A, B, C, D, E, F, G, H, I, J, K, L}, R=9, M=7
- 실제 출제된 과목={A, C, E, F, G, H, I, K, L}

05
- N={A, B, C, D, E, F, G, H, I, J, K, L, M, N, O, P, Q}, R=11, M=8
- 실제 출제된 과목={A, B, D, F, G, H, I, K, L, M, Q}

[06 - 10] 다음 설명을 읽고 부분집합의 개수를 모두 더한 값을 출력한다고 할 때, 출력되는 값을 구하시오.

- 1부터 N까지의 숫자로 구성된 집합 {1, 2, ⋯, N}이 있다.
- N의 범위는 $3 \le A \le N \le B$이고 두 자연수 A, B를 입력받아 N=A일 경우, N=A+1일 경우, ⋯, N=B일 경우 각각의 부분집합 개수를 모두 구한다.

[Test Case]

A=3, B=4

[정답] 24

06 A=3, B=6

07 A=4, B=7

08 A=4, B=9

09 A=5, B=12

10 A=5, B=14

약점 보완 해설집 p.37

유형 3 | 다이나믹 프로그래밍

[01 - 05] 다음 설명을 읽고, 간식을 섭취하여 얻을 수 있는 최대 열량을 구하시오.

간식이 담긴 N개의 접시가 식탁 위에 일렬로 나열되어 있다. 각 접시에 담긴 간식의 총 열량은 정해져 있으며, 접시에 담긴 간식을 모두 섭취하면 해당 접시에 담긴 간식의 총 열량을 얻을 수 있다. 접시에 담긴 간식은 반드시 아래 두 가지 규칙에 따라 섭취해야 한다.
1. 접시를 선택하면 해당 접시에 담긴 간식을 모두 섭취해야 하며, 섭취 후 접시는 원래 위치에 되돌려 놓는다.
2. 연속으로 나열된 세 개의 접시를 모두 선택할 수는 없다.

[Test Case]

나열된 순서에 따른 접시별 열량: [3, 2, 5, 8, 4]

[정답] 17

01 나열된 순서에 따른 접시별 열량: [2, 4, 3, 2, 1]

02 나열된 순서에 따른 접시별 열량: [6, 3, 8, 5, 7]

03 나열된 순서에 따른 접시별 열량: [11, 9, 6, 7, 12]

04 나열된 순서에 따른 접시별 열량: [10, 25, 23, 14, 8, 17]

05 나열된 순서에 따른 접시별 열량: [16, 14, 17, 22, 31, 28, 20, 19]

[06 - 10] 다음 설명을 읽고, 민준이의 여행 일정으로 가능한 경우의 수를 구하시오.

- 민준이는 국내 여행으로 N일 동안 N개의 지역을 방문하려고 한다.
- 하루에 한 지역만 방문할 수 있고, 한 지역에서 2일 이상 머무를 수 없다.
- N개 지역의 방문 순서를 미리 계획하였으나, 상황에 따라 하루 간격으로는 방문할 지역의 방문 순서를 변경할 수 있다. 예를 들어 여행 3일째에 방문하려고 계획한 지역을 여행 2일째 또는 여행 4일째에 방문할 수는 있으나, 이 지역을 여행 1일째 혹은 여행 5일째에 방문할 수는 없다.
- 식당을 예약한 날의 경우 일정을 변경할 수 없으며, 식당을 예약한 날에 반드시 해당 식당이 위치한 지역을 방문해야 한다.

[Test Case]

N=10, 식당 예약한 날: [3, 7]

[정답] 18가지

06 N=9, 식당 예약한 날: [4, 6]

07 N=12, 식당 예약한 날: [2, 7, 8]

08 N=15, 식당 예약한 날: [4, 9]

09 N=16, 식당 예약한 날: [6]

10 N=20, 식당 예약한 날: [5, 10, 15]

약점 보완 해설집 p.40

유형 4 | 그리디

[01 - 05] 다음 설명을 읽고, 서울 미술관의 전시실을 대여할 수 있는 작가는 1일 최대 몇 명인지 구하시오.

- 서울 미술관은 작품 전시를 원하는 작가들에게 미술관 전시실 대여 신청서를 받고 있다.
- 전시실 대여 가능 시간은 7시부터 22시까지이며, 서울 미술관은 전시실 대여 신청자가 원하는 Start Time과 Finish Time을 고려하여 최대한 많은 작가에게 대여해 주고자 한다.
- 이번에 대여 신청을 받는 전시실은 제1전시실로, 1개의 전시실만 대여가 가능하며 작가 2명 이상의 작품을 동시에 전시할 수 없다.

[Test Case]

구분	A	B	C	D	E	F
Start Time	9시	11시	10시	10시	15시	13시
Finish Time	12시	14시	17시	15시	19시	15시

[정답] 3명

01

구분	A	B	C	D	E	F
Start Time	15시	10시	7시	11시	13시	9시
Finish Time	16시	13시	9시	12시	15시	11시

02

구분	A	B	C	D	E	F
Start Time	8시	12시	13시	19시	7시	14시
Finish Time	9시	15시	14시	21시	14시	17시

03

구분	A	B	C	D	E	F	G
Start Time	11시	16시	7시	11시	9시	12시	20시
Finish Time	12시	20시	12시	15시	11시	14시	22시

04

구분	A	B	C	D	E	F	G
Start Time	13시	12시	8시	12시	14시	11시	17시
Finish Time	16시	15시	11시	13시	22시	12시	20시

05

구분	A	B	C	D	E	F	G	H
Start Time	12시	13시	8시	15시	10시	21시	7시	7시
Finish Time	14시	16시	11시	20시	13시	22시	13시	8시

[06 - 10] 다음 설명을 읽고, 제시된 조건에 따라 최종 도출되는 문자를 구하시오.

- 민영이와 수지는 각자 N개의 알파벳으로 구성된 문자열을 만들어 각각의 알파벳에 해당하는 숫자의 합 V를 통해 상대의 문자열을 맞추는 게임을 하기로 하였다.
- 문자열은 알파벳 A부터 Z까지 26개의 대문자로 구성할 수 있으며, A가 나타내는 숫자는 1, B가 나타내는 숫자는 2, …, Z가 나타내는 숫자는 26으로, A부터 Z까지 각 알파벳이 나타내는 숫자는 차례로 1씩 증가한다.
- 민영이와 수지는 조건에 따라 구성 가능한 문자열 중 사전상 가장 먼저 등장하는 문자열을 만들어야 한다. 예를 들어 알파벳 3개로 각각의 알파벳에 해당하는 숫자의 합이 6인 문자열을 만들어야 한다면 ABC 또는 AAD 또는 CBA 등의 문자열을 구성할 수 있으며, 이 중 사전상 먼저 등장하는 문자열은 AAD이므로 AAD를 만들어야 한다.
- 구성한 문자열에서 최소 개수로 사용한 문자가 최종 도출되며, 최소 개수로 사용한 문자가 다수인 경우 해당 문자들이 모두 도출된다.

[Test Case]

N = 7, V = 68

[정답] L

06 N=6, V=84

07 N=7, V=94

08 N=8, V=75

09 N=8, V=81

10 N=9, V=86

약점 보완 해설집 p.45

SAMSUNG
SW
ACADEMY
FOR
YOUTH

PART 2

실전모의고사

SAMSUNG SW ACADEMY FOR YOUTH

실전모의고사 1회

* 모의고사의 시작과 종료 시각을 정하세요.

수리/추리논리력 (30분) 시 분 ~ 시 분

CT (40분) 시 분 ~ 시 분

수리/추리논리력

총 15문항 / 30분

01 세 자연수 A, B, C에 대하여 A+B=120, B+C=80, A+C=110을 만족할 때, A의 값은?

① 75 ② 80 ③ 85 ④ 90 ⑤ 95

02 A는 오전 8시 10분에 집에서 나와 학교로 출발했다. A는 시속 4.2km의 속도로 버스 정류장까지 걸어가 시속 60km로 이동하는 버스를 타고 20km를 이동한 뒤 학교 앞 버스 정류장에 내렸다. 이후 시속 3.6km로 6분을 걸어 학교에 도착한 시간이 오전 8시 48분일 때, A의 집에서 학교까지의 거리는?

① 20.8km ② 21.2km ③ 21.7km ④ 22.2km ⑤ 22.8km

03 다음은 2020년 과정평가형 국가기술자격 교육·훈련생 및 취득자 수에 대한 자료이다. 다음 중 자료에 대한 설명으로 옳지 않은 것을 고르시오.

[2020년 과정평가형 국가기술자격 교육·훈련생 및 취득자 수]

(단위: 명)

구분	교육·훈련생 수		자격 취득자 수	
	남자	여자	남자	여자
기계설계기사	63	23	40	9
용접기사	128	3	98	1
실내건축기사	32	27	19	11
조경기사	93	30	53	21

※ 출처: KOSIS(한국산업인력공단, 국가기술자격통계)

① 제시된 국가기술자격의 남자 교육·훈련생 수는 총 306명이다.

② 조경기사의 여자 자격 취득자 수가 해당 자격의 여자 교육·훈련생 수에서 차지하는 비중은 70%이다.

③ 용접기사의 남자 자격 취득자 수는 여자 자격 취득자 수의 98배이다.

④ 실내건축기사의 남자와 여자 교육·훈련생 수 차이는 자격 취득자 수 차이보다 적다.

⑤ 제시된 국가기술자격의 여자 자격 취득자 수 평균은 10.5명이다.

04 다음은 2022년 상반기 가, 나 양어장의 월별 물고기 개체 수를 나타낸 자료이며, 이를 분석한 결과 양어장별로 일정한 규칙이 발견되었다. 자료를 보고 빈칸에 해당하는 값을 예측했을 때 가장 타당한 값을 고르시오.

[2022년 상반기 월별 물고기 개체 수]

(단위: 마리)

구분	1월	2월	3월	4월	5월	6월
가 양어장	2,435	2,735	3,035	3,335	(㉠)	3,935
나 양어장	4,368	4,358	4,338	4,298	4,218	(㉡)

	㉠	㉡
①	3,535	4,058
②	3,535	4,068
③	3,635	4,058
④	3,635	4,068
⑤	3,735	4,068

05 다음은 Z 지역의 기업 규모별 공장 수를 나타낸 자료이다. 이를 바탕으로 2020년 하반기 이후 대기업, 중기업, 소기업 공장 수 합계의 전반기 대비 증감률을 바르게 나타낸 것을 고르시오.

[공장 규모별 공장 수]

(단위: 백 개)

구분	2020년 상반기	2020년 하반기	2021년 상반기	2021년 하반기
대기업	14	10	12	11
중기업	11	8	13	11
소기업	17	15	20	17

①
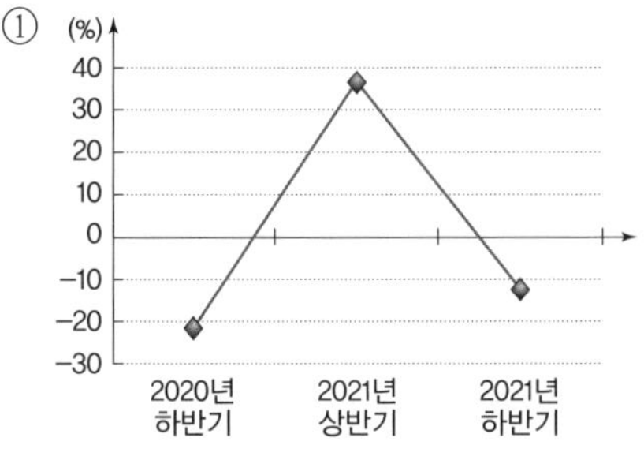

②
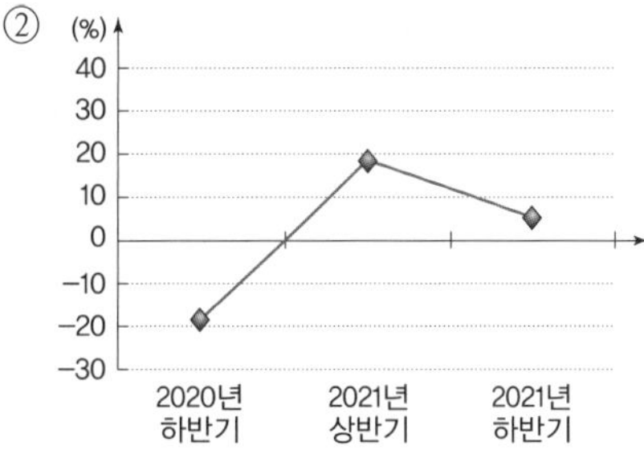

③
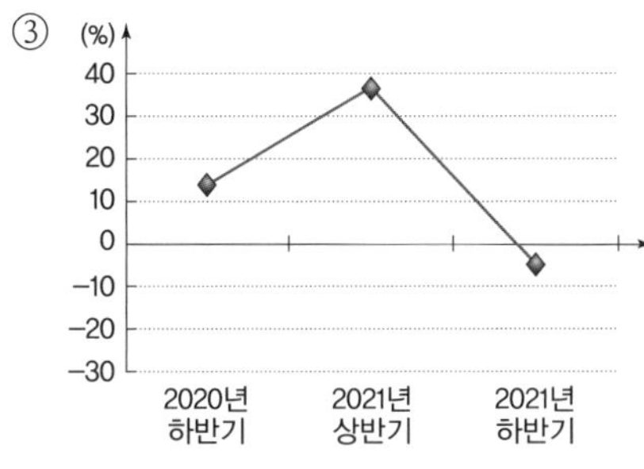

④
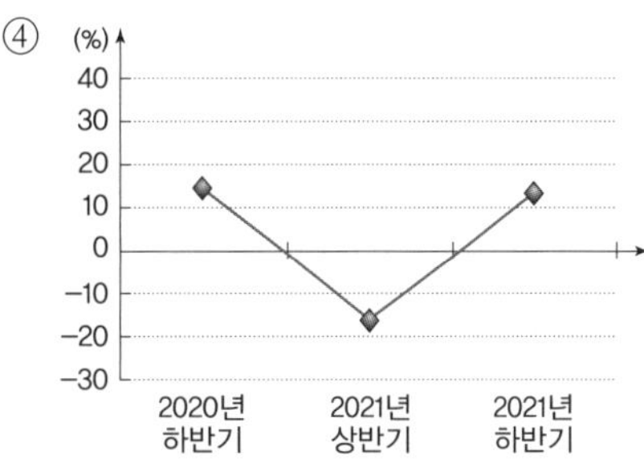

⑤
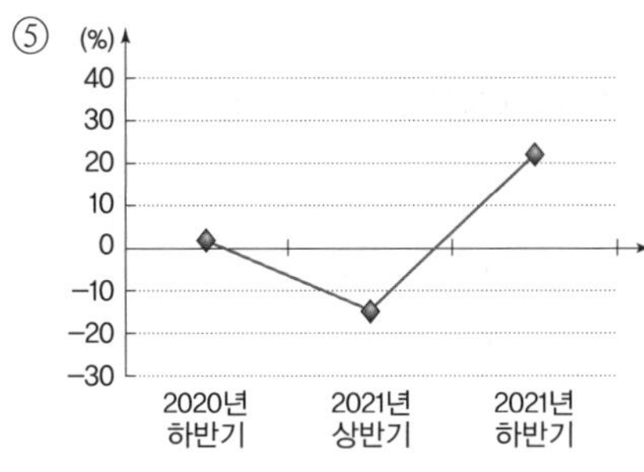

06 다음 결론이 반드시 참이 되게 하는 전제를 고르시오.

전제	감기에 걸린 모든 사람은 열이 난다.
결론	재채기를 하는 어떤 사람은 열이 난다.

① 감기에 걸리지 않은 어떤 사람은 재채기를 하지 않는다.

② 재채기를 하는 모든 사람은 감기에 걸리지 않았다.

③ 재채기를 하지 않는 모든 사람은 감기에 걸리지 않았다.

④ 재채기를 하는 어떤 사람은 감기에 걸리지 않았다.

⑤ 감기에 걸린 어떤 사람은 재채기를 하지 않는다.

07 경태, 동현, 명년, 정식, 정윤 5명은 5인승 자동차를 타고 여름휴가를 떠나려고 한다. 다음 조건을 모두 고려하였을 때, 운전석에 앉은 사람을 고르시오.

- 1번 자리는 운전석, 2번 자리는 조수석, 3번, 4번, 5번 자리는 뒷좌석이다.
- 정윤이는 정식이보다 오른쪽 자리에 앉았고, 명년이보다 왼쪽 자리에 앉았다.
- 명년이는 경태보다 뒤쪽 자리에 앉았다.
- 동현이는 뒷좌석에 앉았다.

앞

왼쪽	1번		2번	오른쪽
	3번	4번	5번	

뒤

① 경태 ② 동현 ③ 명년 ④ 정식 ⑤ 정윤

[08 - 09] 다음 도형에 적용된 규칙을 찾아 '?'에 해당하는 도형을 고르시오.

08

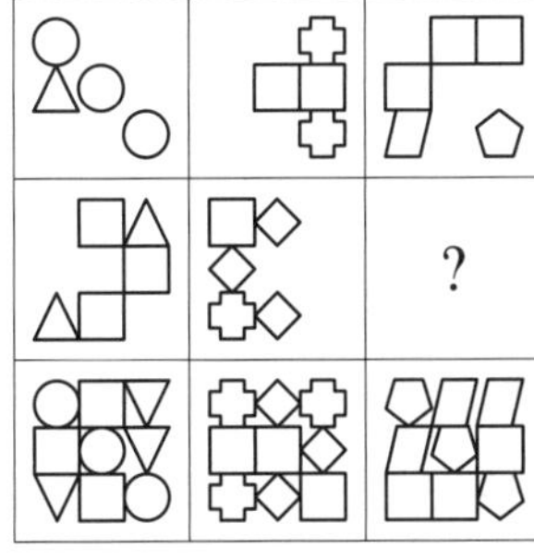

① 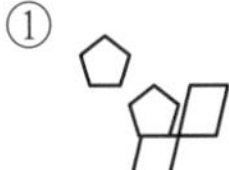

② 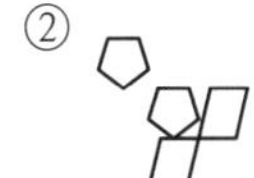

③ 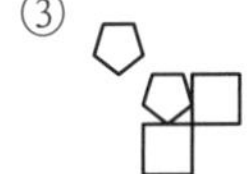

④ 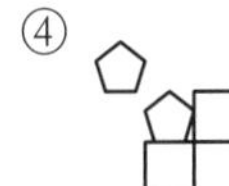

⑤ 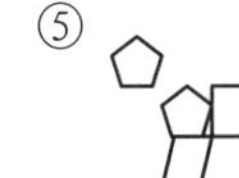

09

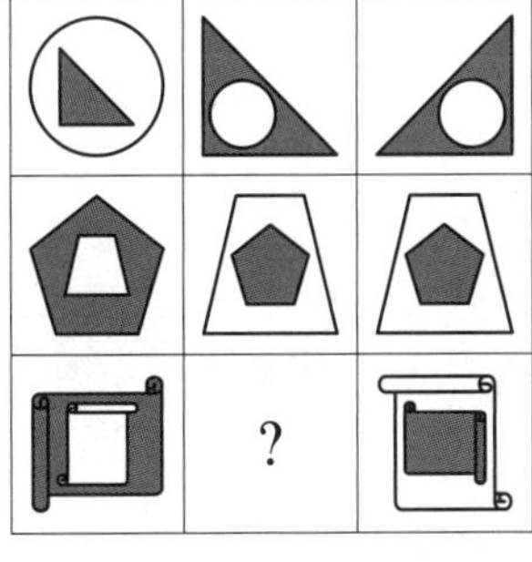

① 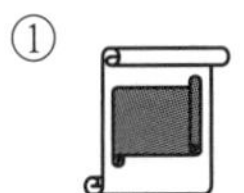

② 

③ 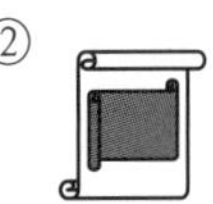

④ 

⑤

10 다음 각 기호가 문자의 배열을 바꾸는 규칙을 나타낸다고 할 때, 문제의 '?'에 해당하는 것을 고르시오.

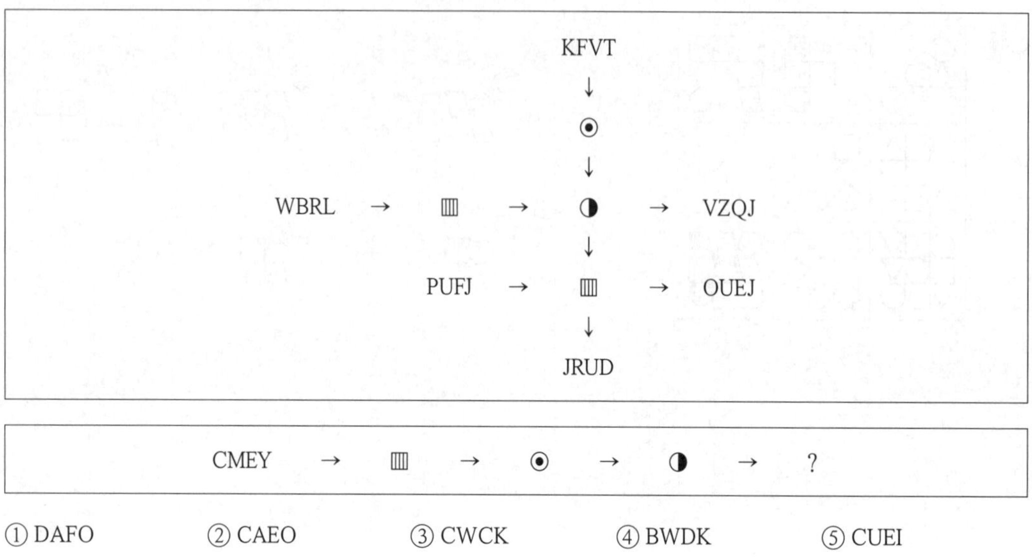

11 다음 각 기호가 문자, 숫자의 배열을 바꾸는 규칙을 나타낸다고 할 때, 문제의 '?'에 해당하는 것을 고르시오.

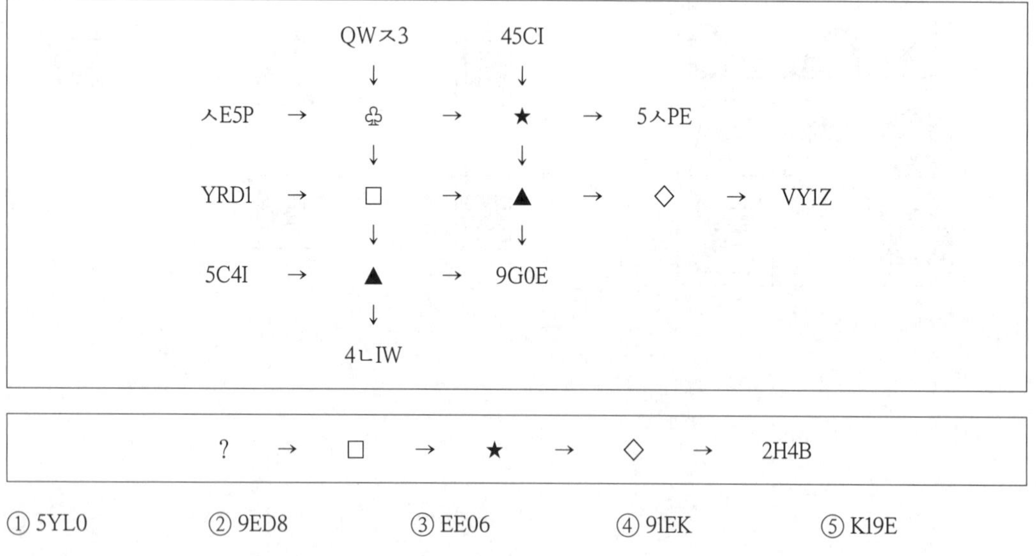

12 다음 단어 쌍의 관계를 유추하여 빈칸에 들어갈 적절한 단어를 고르시오.

진보하다 : 발전하다 = 출하하다 : ( )

① 적재하다 ② 출시하다 ③ 투하하다
④ 입하하다 ⑤ 결탁하다

13 다음 단어 쌍의 관계를 유추하여 나머지와 다른 관계인 것을 고르시오.

① 호사하다 - 검약하다
② 참작하다 - 감안하다
③ 건전하다 - 불온하다
④ 상종하다 - 절교하다
⑤ 격감하다 - 격증하다

14 **다음 진술이 모두 참이라고 할 때 반드시 거짓일 수밖에 없는 것을 고르시오.**

> 습도는 공기 가운데 수증기가 들어 있는 정도를 의미한다. 습도를 나타내는 다양한 지표 중 우리가 흔히 접하는 지표는 상대 습도이다. 공기가 포함할 수 있는 최대 수증기의 양은 온도에 따라 다르게 나타나는데, 포화수증기량에 대한 비율을 상대 습도라 하며, '실제수증기압/포화수증기압×100'으로 나타낼 수 있다. 이때 실제 수증기압은 대기 중의 수증기 압력을 가리키는 말로, 수증기량과 비례 관계에 있다. 상대 습도는 기온의 변화에 매우 민감하게 반응하며, 하루 중 상대 습도는 기온 변화 양상과 정반대의 양상을 보인다. 수증기량이 고정된 상태에서 기온이 상승할 경우 포화수증기압도 상승하기 때문에 상대 습도는 반대로 낮아진다. 이는 기온이 상승함에 따라 공기가 포함할 수 있는 최대 수증기량이 급속도로 증가하기 때문이다. 반면에 기온이 떨어지게 되면 포화수증기압이 함께 낮아져 상대 습도는 높아진다. 실제로 이런 현상이 원인으로 작용하여 공기 중의 수증기가 응결하게 되면 기온은 떨어지고 이로 인해 공기 중의 수증기가 포화 상태에 이르게 된다. 한편 상대 습도를 측정할 때는 건구 온도계와 습구 온도계를 많이 사용하며, 습도의 변화에 민감한 머리카락을 이용한 모발 습도계를 사용하기도 한다.

① 공기 중 수증기가 응결한다면 공기 중 수증기량은 포화 상태에 다다른다.

② 공기 중 최대 수증기량의 변화에 영향을 미치는 것은 온도의 변화이다.

③ 포화수증기압이 올라가게 되면 상대 습도는 낮아지는 현상을 보인다.

④ 모발 습도계를 활용하는 이유는 모발이 온도 변화에 민감하게 반응하기 때문이다.

⑤ 하루 동안의 기온 변화 양상은 상대 습도의 변화 양상과 동일하다.

15 다음 주장에 대한 반박으로 가장 타당한 것을 고르시오.

MZ세대 사이에서 MBTI에 대한 관심이 뜨겁다. 브릭스와 마이어가 개발한 MBTI는 일상생활에 활용 가능하도록 만들어진 성격 유형 지표를 의미한다. 개인이 쉽게 응답할 수 있는 문답을 통해 각자가 인식 및 판단 시의 선호하는 경향을 파악한 후 이러한 경향이 실제 행동에 어떤 영향을 미치는지를 판단해 실생활에 응용하게 된다. MBTI에 따르면 사람은 외향 대 내향, 감각 대 직관, 사고 대 감정, 판단 대 인식으로 구분할 수 있어 총 16가지의 성격 유형으로 구분할 수 있다. MBTI의 주요한 점은 일상생활에도 적용 가능한 지표라는 점이다. 각각의 성격 유형은 스스로에 대한 이해는 물론 타인에 대한 이해도를 높일뿐더러 대인 간 상호작용 개선에도 활용할 수 있다. 이러한 점을 고려할 때, MBTI는 개개인을 판단하는 지표로 적극 활용될 필요가 있으며, 상대에 대해 접근할 때 MBTI를 알고 다가간다면 더 깊은 이해로 서로를 이해할 수 있게 될 것이다.

① 개개인이 쉽게 문답할 수 있는 내용을 통해 MBTI 결과가 도출되므로 MBTI는 개인의 특성에 대한 신뢰도가 여타 검사 대비 높은 편이다.

② MBTI가 개개인의 성질을 이해하는 데 도움이 될 순 있지만, 성격 유형 지표를 나타낸다는 점에서 타인을 이해하는 보조수단으로써 활용되어야 한다.

③ 일상생활 속에서 타인을 대할 때가 아니더라도 본인 스스로에 대한 이해도를 높이고자 한다면 MBTI 검사가 가장 효과적일 것이다.

④ 실생활에서 타인을 잘 이해하고 대인 관계 능력을 향상시키고자 한다면 MBTI 유형에 따른 경향을 파악하고 타인에게 접근해야 한다.

⑤ MBTI는 개개인을 16가지의 유형 중 하나로 분류할 수 있다는 점에서 신뢰도가 높으므로 여러 방면에서 활용되어야 한다.

약점 보완 해설집 p.50

CT(Computational Thinking)

총 25문항 / 40분

[01 - 05] 다음 설명을 읽고, 제시된 데이터가 오름차순으로 정렬되기 위해 필요한 총 이동 횟수를 구하시오.

[오름차순 정렬]

(5, 6)	(5, 4)	(8, 9)	(5, 4)	(2, 6)	(1, 5)

모든 데이터는 (x, y)로 구성되어 있으며, 다음 순서에 따라 오름차순으로 정렬된다.

① 정렬은 두 번째 데이터부터 시작하며, 두 번째 데이터와 두 번째 데이터보다 왼쪽에 위치한 첫 번째 데이터의 x값을 비교하여 x값이 작은 데이터부터 순서대로 정렬되도록 두 번째 데이터의 위치를 이동한다. 이때 비교하는 데이터의 x값이 동일한 경우 y값을 비교하여 y값이 작은 데이터부터 순서대로 정렬되도록 데이터의 위치를 이동한다.

(5, 6)	(5, 4)	(8, 9)	(5, 4)	(2, 6)	(1, 5)	→	(5, 4)	(5, 6)	(8, 9)	(5, 4)	(2, 6)	(1, 5)

② 세 번째 데이터와 세 번째 데이터보다 왼쪽에 위치한 모든 데이터의 x값을 비교하여 x값이 작은 데이터부터 순서대로 정렬되도록 세 번째 데이터의 위치를 이동한다. 이때 세 번째 데이터의 x값이 첫 번째, 두 번째 데이터의 x값보다 크므로 위치를 이동하지 않는다.

(5, 4)	(5, 6)	(8, 9)	(5, 4)	(2, 6)	(1, 5)	→	(5, 4)	(5, 6)	(8, 9)	(5, 4)	(2, 6)	(1, 5)

③ 네 번째 데이터와 네 번째 데이터보다 왼쪽에 위치한 모든 데이터의 x값을 비교하여 x값이 작은 데이터부터 순서대로 정렬되도록 네 번째 데이터의 위치를 이동한다. 이때 비교하는 데이터의 (x, y)값이 모두 동일한 경우 값이 동일한 데이터가 연달아 나열되도록 데이터의 위치를 이동한다.

(5, 4)	(5, 6)	(8, 9)	(5, 4)	(2, 6)	(1, 5)	→	(5, 4)	(5, 4)	(5, 6)	(8, 9)	(2, 6)	(1, 5)

④ 위와 같은 방법으로 마지막 데이터의 위치까지 모두 이동한 다음, 모든 데이터가 오름차순으로 정렬될 때까지 위 과정을 반복한다.

[Test Case]

(4, 2)	(1, 4)	(3, 9)	(5, 8)	(2, 6)	(1, 5)

[정답] 4회

01

(3, 8)	(5, 2)	(8, 1)	(4, 6)	(7, 4)	(2, 9)

02

(5, −1)	(4, 5)	(6, −2)	(−1, 6)	(4, 5)	(2, 10)

03

(8, −6)	(11, 2)	(7, −1)	(6, 7)	(13, 8)	(11, 9)

04

(5, 4)	(4, 9)	(−2, 6)	(9, 13)	(4, 9)	(13, 2)	(5, 8)

05

(12, 3)	(9, −5)	(6, 6)	(12, 4)	(1, 9)	(6, 3)	(6, 6)

[06 - 10] **다음 설명을 읽고, 훈련에 참가하지 않은 두 명의 훈련병 번호를 구하시오.**

- ○○훈련소에는 1번부터 N번까지의 훈련병이 있으며, N은 2 이상이다.
- 두 명의 훈련병이 훈련에 참석하지 않았다.
- ○○훈련소 훈련병 번호를 모두 합한 값을 S_1, 훈련에 참가한 훈련병 번호를 모두 합한 값을 S_2라고 한다.
- ○○훈련소 훈련병 번호의 제곱을 모두 합한 값을 T_1, 훈련에 참가한 훈련병 번호의 제곱을 모두 합한 값을 T_2라고 한다.

[Test Case]

$N=10$, $S_1=55$, $S_2=41$, $T_1=220$, $T_2=120$

[정답] 6번, 8번

06 $N=6$, $S_1=21$, $S_2=16$, $T_1=91$, $T_2=78$

07 $N=12$, $S_1=78$, $S_2=66$, $T_1=650$, $T_2=560$

08 $N=15$, $S_1=120$, $S_2=91$, $T_1=1,240$, $T_2=819$

09 $N=19$, $S_1=190$, $S_2=173$, $T_1=2,470$, $T_2=2,325$

10 $N=23$, $S_1=276$, $S_2=244$, $T_1=4,324$, $T_2=3,780$

[11 - 15] **다음 설명을 읽고, 바둑돌이 바둑판을 벗어나지 않는 경우의 수를 구하시오.**

- 바둑판은 3행 3열로 이루어져 있으며 바둑돌은 바둑판의 한가운데 위치한다.
- 바둑돌은 총 N 턴 이동하고, 한 턴에 상, 하, 좌, 우 중 한 방향으로 한 칸씩 이동하며, 이동하지 않는 경우는 없다.
- 바둑돌이 바둑판 밖으로 이동하면, 다시 바둑판 안으로 들어올 수 없다.

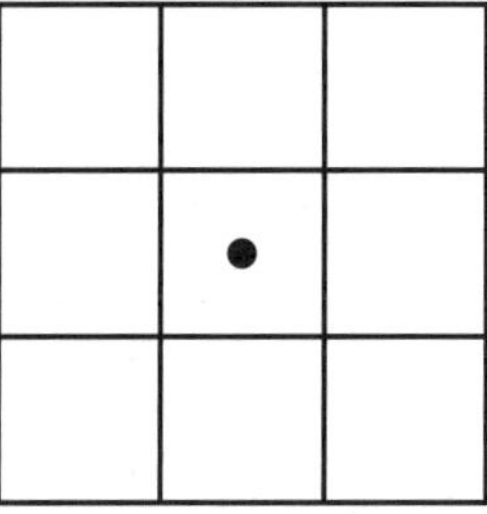

[Test Case]

N=3

[정답] 32가지

11 N=5

12 N=7

13 N=8

14 N=9

15 N=10

[16 - 20] 다음 설명을 읽고, 갑이 출발점에서 도착점까지 이동하면서 주운 칩을 교환하여 얻을 수 있는 금액의 최댓값을 구하시오.

1개당 만 원으로 교환해주는 칩이 출발점에서 도착점까지 이동 경로마다 놓여있다. 갑은 출발점에서 출발하여 교차점에서는 오른쪽 또는 아래쪽으로만 이동하고 도착점에 도착하기까지 경로에 놓여있는 칩을 모두 주우며 이동한다.

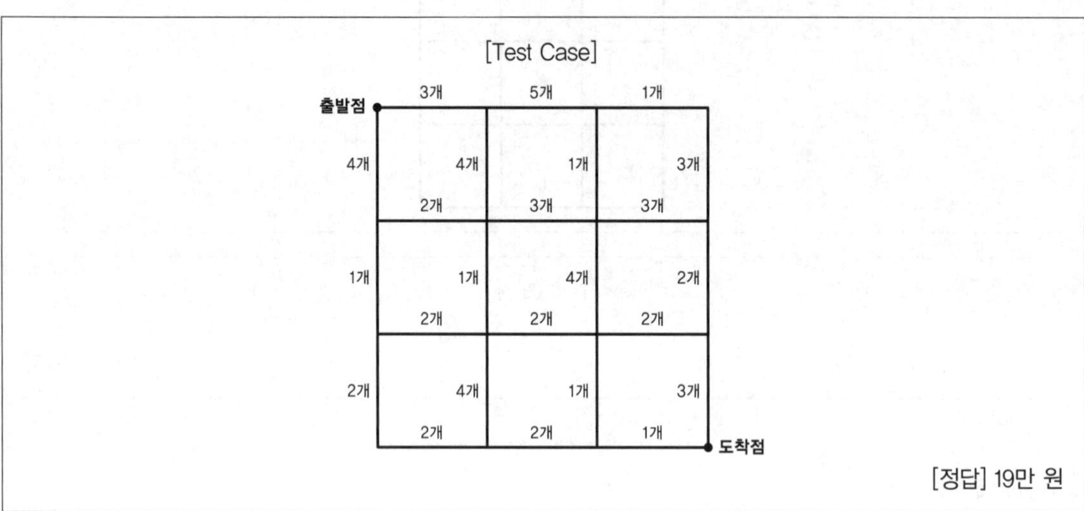

[정답] 19만 원

16

17

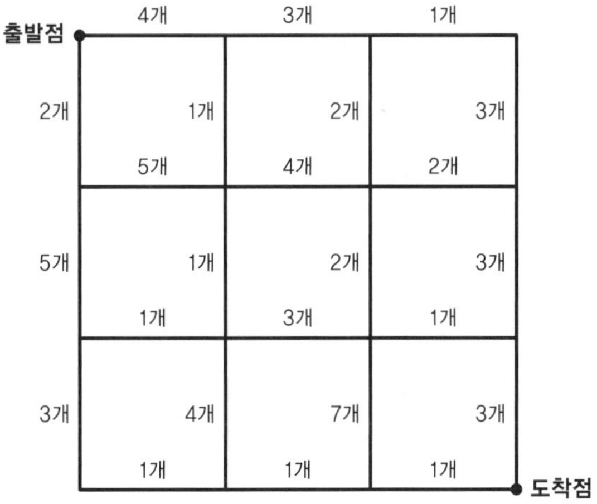

출발점

4개 3개 1개

2개 1개 2개 3개

5개 4개 2개

5개 1개 2개 3개

1개 3개 1개

3개 4개 7개 3개

1개 1개 1개

도착점

18

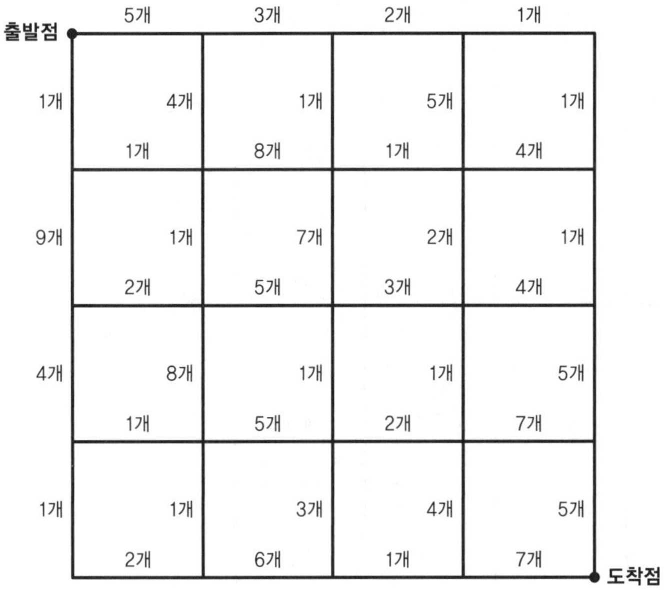

출발점

5개 3개 2개 1개

1개 4개 1개 5개 1개

1개 8개 1개 4개

9개 1개 7개 2개 1개

2개 5개 3개 4개

4개 8개 1개 1개 5개

1개 5개 2개 7개

1개 1개 3개 4개 5개

2개 6개 1개 7개

도착점

19 출발점

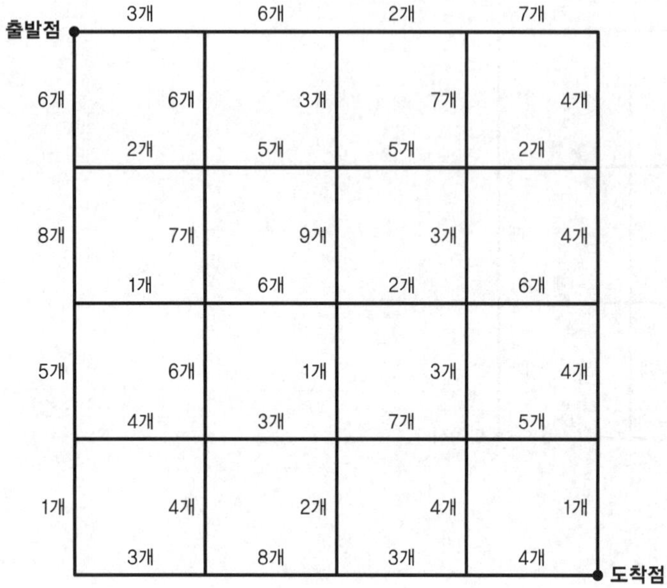

3개 6개 2개 7개

6개 6개 3개 7개 4개

2개 5개 5개 2개

8개 7개 9개 3개 4개

1개 6개 2개 6개

5개 6개 1개 3개 4개

4개 3개 7개 5개

1개 4개 2개 4개 1개

3개 8개 3개 4개

도착점

20 출발점

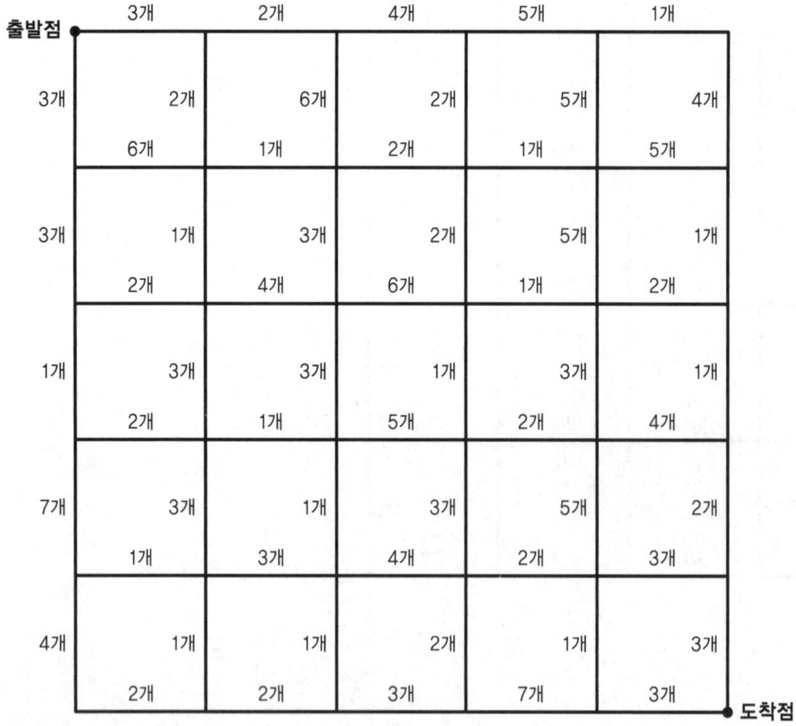

3개 2개 4개 5개 1개

3개 2개 6개 2개 5개 4개

6개 1개 2개 1개 5개

3개 1개 3개 2개 5개 1개

2개 4개 6개 1개 2개

1개 3개 3개 1개 3개 1개

2개 1개 5개 2개 4개

7개 3개 1개 3개 5개 2개

1개 3개 4개 2개 3개

4개 1개 1개 2개 1개 3개

2개 2개 3개 7개 3개

도착점

[21 - 25] 다음 설명을 읽고, 카드게임에서 얻을 수 있는 점수의 최솟값을 구하시오.

- 자연수가 적힌 N장의 카드 중 서로 다른 두 장의 카드 X, Y를 합칠 수 있다.
- 카드를 합치면 X, Y에 각각 적힌 자연수의 값이 서로 더해지며, 더한 값을 기존 X, Y 카드에 적혀 있던 자연수 위에 덮어쓴다. 예를 들어 3이 적힌 카드와 7이 적힌 카드를 합치는 경우 각각의 카드에 3과 7을 더한 10을 덮어쓰며, 10이 두 카드에 적힌 새로운 자연수가 된다.
- 카드를 총 M번 합친 후 N장의 카드에 적힌 자연수를 모두 더한 값이 카드게임의 점수가 된다.

[Test Case]

M=1, 카드에 적힌 자연수: [2, 4, 3]

[정답] 14

21 M=2, 카드에 적힌 자연수: [5, 9, 8]

22 M=2, 카드에 적힌 자연수: [1, 6, 4, 7]

23 M=3, 카드에 적힌 자연수: [2, 5, 7, 11]

24 M=3, 카드에 적힌 자연수: [13, 10, 14, 16, 11]

25 M=6, 카드에 적힌 자연수: [23, 21, 19, 17, 15]

약점 보완 해설집 p.53

SAMSUNG SW ACADEMY FOR YOUTH

실전모의고사 2회

* 모의고사의 시작과 종료 시각을 정하세요.

수리/추리논리력 (30분) 시 분 ~ 시 분

CT (40분) 시 분 ~ 시 분

수리/추리논리력

총 15문항 / 30분

01 **순희와 정희가 각각 1m²의 밭을 매는 데 순희는 12분, 정희는 8분이 소요된다. 순희와 정희가 2시간 동안 함께 밭을 매었을 때, 순희와 정희가 맨 밭의 총넓이는?** (단, 순희와 정희가 맨 밭은 겹치지 않는다.)

① $18m^2$ ② $20m^2$ ③ $22m^2$ ④ $24m^2$ ⑤ $25m^2$

02 **A 기업은 청팀과 백팀으로 팀을 나누어 운동회를 진행하였다. 청팀과 백팀은 각각 50명이고, 팀별 남자 비중은 청팀이 30%, 백팀이 40%였다. 운동회에 참가한 여자 직원 1명이 운동회 경품에 당첨됐을 때, 그 직원이 청팀일 확률은?**

① $\frac{6}{13}$ ② $\frac{7}{13}$ ③ $\frac{8}{13}$ ④ $\frac{9}{13}$ ⑤ $\frac{10}{13}$

03 농도가 8%인 소금물과 농도가 15%인 소금물을 섞어 농도가 12%인 소금물 140g이 만들어졌을 때, 처음에 있던 농도가 8%인 소금물의 양은 얼마인가?

① 55g ② 60g ③ 65g ④ 70g ⑤ 80g

04 다음은 수도권 지역의 2021년 사회 복지 자원봉사 관리센터 수를 나타낸 자료이다. 다음 중 자료에 대한 설명으로 옳지 않은 것을 고르시오.

[사회 복지 자원봉사 관리센터 수]

(단위: 개소)

구분	서울특별시	인천광역시	경기도
사회 복지 시설	2,068	718	2,156
보건 의료 시설	65	31	77
기타 시설	314	63	191
합계	2,447	812	2,424

※ 출처: KOSIS(보건복지부, 사회복지자원봉사현황)

① 경기도 소재의 사회 복지 시설 수는 서울특별시 소재의 사회 복지 시설 수보다 80개소 이상 더 많다.

② 서울특별시 소재의 기타 시설 수는 경기도 소재의 기타 시설 수의 2배 이상이다.

③ 인천광역시 소재의 사회 복지 시설 및 보건 의료 시설 수의 합은 749개소이다.

④ 제시된 지역 중 다른 지역에 비해 보건 의료 시설 수가 가장 많은 지역이 다른 지역에 비해 사회 복지 시설 수도 가장 많다.

⑤ 제시된 지역을 관리센터 수의 합계가 많은 순서대로 나열하면 서울특별시, 경기도, 인천광역시 순이다.

05 다음은 2021년 분기별 50대 이하의 구직급여 신청자 수를 나타낸 자료이다. 다음 중 자료에 대한 설명으로 옳은 것을 고르시오.

[분기별 50대 이하의 구직급여 신청자 수]

(단위: 명)

구분	1분기	2분기	3분기	4분기
20대 이하	77,838	49,856	48,682	48,454
30대	76,750	52,128	47,782	47,043
40대	89,976	56,426	51,011	51,470
50대	108,860	66,206	59,955	63,444

※ 출처: KOSIS(고용노동부, 구직급여신청동향)

① 2분기 이후 40대 신청자 수는 전 분기 대비 매 분기 감소하였다.

② 4분기 20대 이하 신청자 수는 1분기 대비 30,000명 이상 감소하였다.

③ 2분기와 3분기 30대 신청자 수의 합은 100,000명 이상이다.

④ 제시된 연령대 중 다른 연령대에 비하여 매 분기 신청자 수가 가장 많은 연령대는 50대이다.

⑤ 제시된 연령대 중 1분기 신청자 수에서 두 번째로 높은 비중을 차지하는 연령대는 20대 이하이다.

06 다음은 2021년 상반기 X 사업과 Y 사업의 매출액을 나타낸 자료이다. 각 사업의 매출액이 매월 일정한 규칙으로 변화할 때, X 사업과 Y 사업 매출액 차이가 처음으로 7,500백만 원 이하가 되는 월은?

[사업별 매출액]

(단위: 백만 원)

구분	1월	2월	3월	4월	5월	6월
X 사업	10,300	10,200	10,100	10,000	9,900	9,800
Y 사업	600	800	1,000	1,200	1,400	1,600

① 8월　② 9월　③ 10월　④ 11월　⑤ 12월

07 다음은 측량종류별 공공측량 현황을 나타낸 자료이다. 이를 바탕으로 만든 그래프로 옳은 것을 고르시오.

[측량종류별 공공측량 현황]

(단위: 건)

구분	2016년	2017년	2018년	2019년	2020년
수치지도제작	51	37	64	69	63
지도제작	28	8	11	6	4
영상지도제작	13	7	7	14	9

※ 출처: KOSIS(국토교통부, 국토지리정보현황)

① [연도별 지도제작 공공측량 건수]

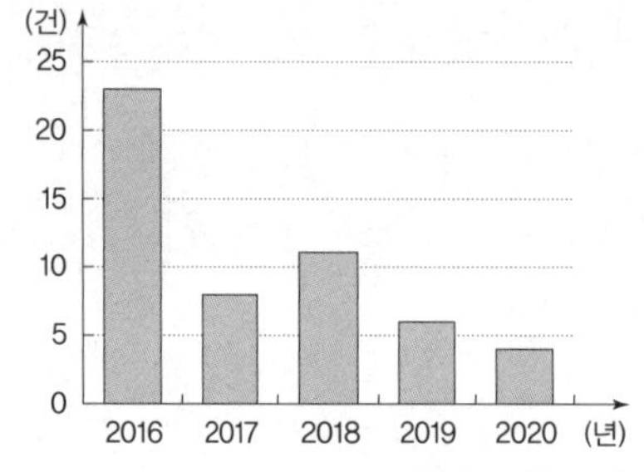

② [수치지도제작 공공측량 건수의 전년 대비 증감량]

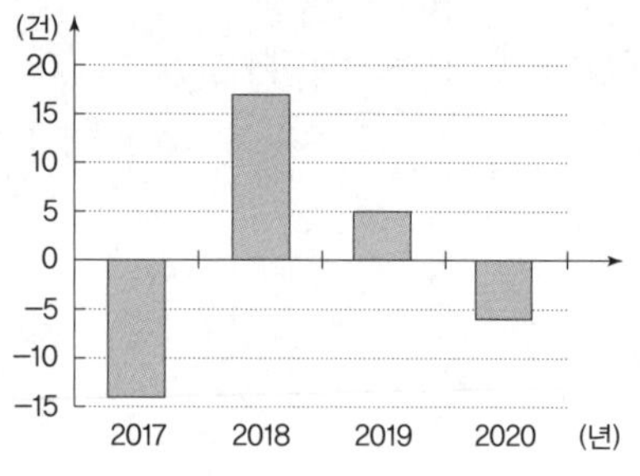

③ [영상지도제작 공공측량 건수의 전년 대비 증감률]

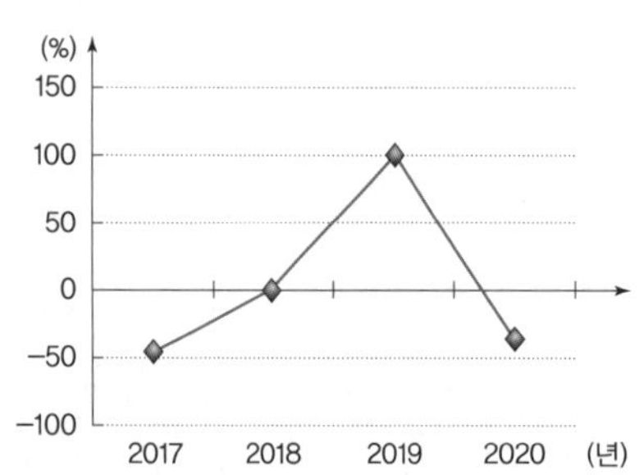

④ [2018년 측량종류별 공공측량 건수]

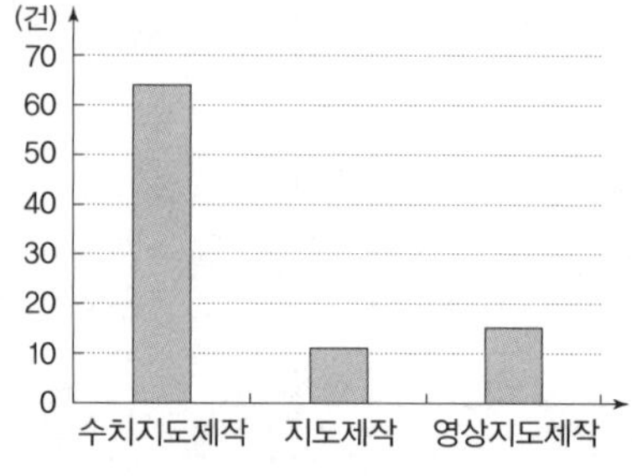

⑤ [제시된 측량종류에 따른 연도별 공공측량 건수 합계]

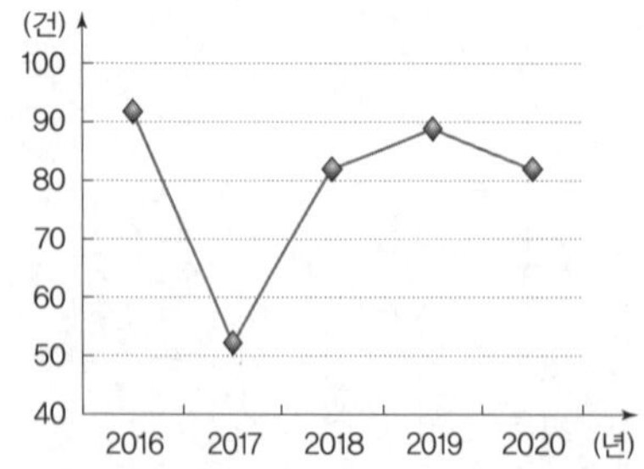

08 **다음 전제를 읽고 반드시 참인 결론을 고르시오.**

전제	골프를 치는 모든 사람은 헬스를 한다.
	클라이밍을 하는 어떤 사람은 헬스를 하지 않는다.
결론	

① 클라이밍을 하는 모든 사람은 골프를 치지 않는다.

② 골프를 치는 모든 사람은 클라이밍을 한다.

③ 클라이밍을 하면서 골프를 치지 않는 사람이 있다.

④ 골프를 치면서 클라이밍을 하는 사람이 있다.

⑤ 골프를 치지 않는 모든 사람은 클라이밍을 하지 않는다.

09 **A, B, C, D, E 5명은 각각 서로 다른 사무용품을 1개씩 신청하려고 한다. 다음 조건을 모두 고려하였을 때, 항상 거짓인 것을 고르시오.**

- 5명은 볼펜, 샤프, 색연필, 연필, 형광펜 중 한 가지를 신청한다.
- B는 형광펜을 신청한다.
- A와 E 중 색연필을 신청하는 사람이 있다.
- D는 연필 또는 형광펜을 신청한다.
- A는 볼펜 또는 샤프를 신청한다.

① 볼펜을 신청하는 사람은 A이다.

② D와 E 중 색연필을 신청하는 사람이 있다.

③ 샤프를 신청하는 사람은 C가 아니다.

④ A가 샤프를 신청하면 C가 볼펜을 신청한다.

⑤ 연필을 신청하는 사람은 D가 아니다.

10 다음 도형에 적용된 규칙을 찾아 '?'에 해당하는 도형을 고르시오.

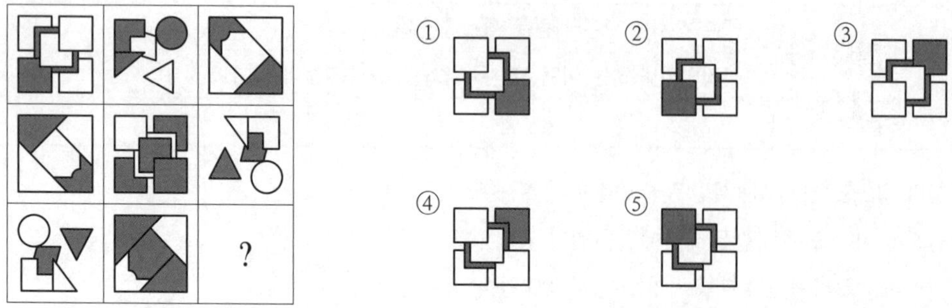

11 다음 각 기호가 문자, 숫자의 배열을 바꾸는 규칙을 나타낸다고 할 때, 문제의 '?'에 해당하는 것을 고르시오.

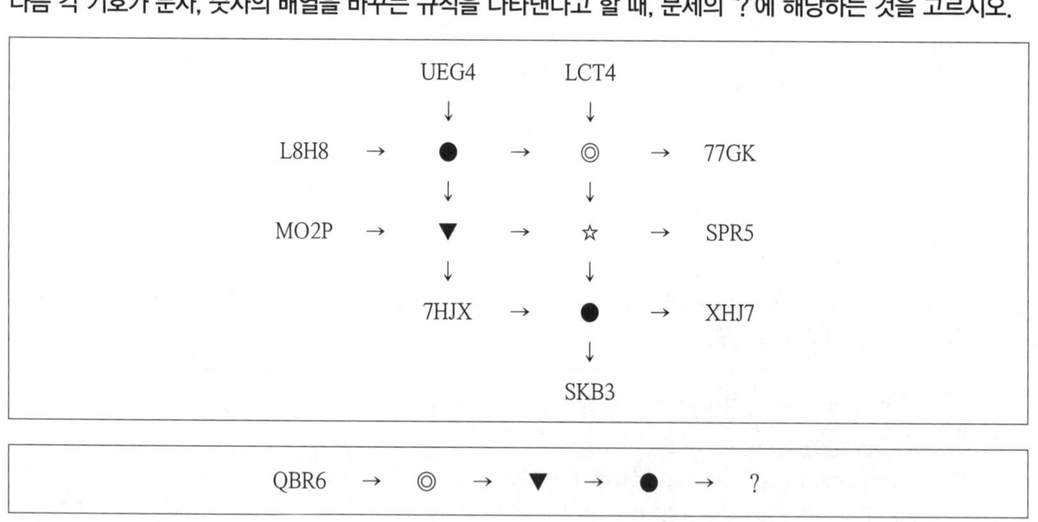

① 4ZPO　　② OZP4　　③ 8DTS　　④ VGW2　　⑤ SDT8

12 다음 단어 쌍의 관계를 유추하여 빈칸에 들어갈 적절한 단어를 고르시오.

봄 : (　　) = 가을 : 입추

① 대서　② 한로　③ 망종
④ 경칩　⑤ 소설

13 다음 단어 쌍의 관계를 유추하여 나머지와 다른 관계인 것을 고르시오.

① 범인 - 용인
② 접경 - 경계
③ 언변 - 변설
④ 의중 - 심중
⑤ 고의 - 우발

14 다음 내용을 바탕으로 추론할 수 있는 것을 고르시오.

인간은 언제부터 화장을 하게 되었을까? 시기적으로 가장 오래된 화장품은 스페인 남부 무르시아 지역에서 발견된 조개껍데기이다. 연구진에 따르면 조개껍데기에서 오늘날 파운데이션과 같은 노란 빛깔의 색소와 검은색 광물이 혼합된 붉은색 파우더가 발견되었고, 이는 5만 년 전 네안데르탈인들이 화장을 했음을 증명한다고 한다. 다만, 화장 자체에 대한 기록은 고대 이집트부터이다. 당시의 화장은 신체를 보호하고 외부로부터 방어한다는 의미를 지녔다고 한다. 특히 이집트 기후가 고온 다습했기 때문에 이집트인들은 화장을 함으로써 피부의 손상을 막고자 했다. 또한, 이집트인들은 독충과 같은 외부 자극으로부터 피부를 보호하기 위해 연고를 발랐는데, 이는 태양열로 피부가 쉽게 노화되지 않도록 도왔다고 한다. 한편으로는 피부를 부드럽게 만들고자 향유와 연고를 발랐고, 안료를 통해 얼굴에 색을 입혔다. 문신과 비슷한 방법을 활용한 것이 특징이며, 당대 문신이 성인이 되기 위한 의식이면서 주술적 의미가 있었다는 점을 고려하면 화장의 역할이 신체 보호에 한정되지 않았음을 추측할 수 있다. 고대 이집트에서 화장술이 가장 발달한 시기는 이집트의 마지막 여왕인 클레오파트라가 통치하던 시대로, 당시의 여성들은 눈 주위를 짙게 칠해 눈매를 강조하는 화장을 했다고 한다.

① 고대 이집트에서 클레오파트라는 자신의 미모가 가려지지 않도록 옅은 화장을 즐겨했을 것이다.

② 고대 이집트인이 피부에 바른 연고는 태양열에 취약해 피부 노화를 급속화했다는 단점이 있다.

③ 고대 이집트는 고온 건조한 기후였을 것이다.

④ 오늘날 발견된 화장품 중 가장 오래된 것은 네안데르탈인이 사용한 조개껍데기 화장품이다.

⑤ 고대 이집트에서 문신은 신체를 보호하고 외부로부터 자신을 지킨다는 의미로 시행되었다.

15 **다음 진술이 모두 참이라고 할 때 반드시 거짓일 수밖에 없는 것을 고르시오.**

혈액형에 대한 상식에 따르면 부모가 모두 O형일 경우 자녀의 혈액형도 O형이어야 한다. 그러나 이 상식에는 예외의 경우가 존재한다. 바로 O형 부모 사이에서 A형이나 B형 자녀가 태어나는 경우이다. 이는 부모의 어느 한쪽 혈액형이 봄베이(Bombay) O형인 경우로, 양쪽 모두 봄베이 O형일 경우 AB형 자녀도 태어날 수 있다고 알려져 있다. 그렇다면 봄베이 O형이란 무엇일까? 봄베이 혈액형을 이해하기 위해서는 먼저 유전자형과 표현형에 대해 알고 있어야 한다. 유전자형은 유전자에 의해 생물 내부적으로 결정되는 형질로, 이것이 겉으로 드러날 경우 표현형이라고 한다. 우리가 흔히 ABO식 혈액형으로 알고 있는 A형, B형, AB형, O형을 표현형이라 부르며, O형의 유전자형은 OO이다. 이와 달리 봄베이 O형은 A형 또는 B형 유전자를 갖고 있지만, 적혈구에 A형 또는 B형의 항원이 없는 경우를 말한다. 이에 따라 유전자형은 A형 또는 B형이지만 표현형은 O형이 되는 것이다. 항원의 구조를 살펴보면 먼저 적혈구 표면에 H 항원이 만들어진 후 A 항원이나 B 항원이 붙을 수 있는데, 봄베이 O형의 경우 아직 밝혀지지 않은 어떤 이유로 인해 H 항원이 만들어지지 않아 이어서 만들어져야 할 A 항원이나 B 항원이 생성되지 않은 것이다. 그런데 A 항원 또는 B 항원을 생성하는 유전자는 존재하기 때문에 자녀에게 유전자가 그대로 전달되어 부모의 혈액형이 표현형으로 O형인 경우에도 A형이나 B형 또는 AB형의 자녀가 태어날 수 있게 된다.

① 봄베이 O형에서는 H 항원이 생성될 수 없다.

② O형과 봄베이 O형의 표현형은 서로 다르지만 유전자형은 서로 같다.

③ 봄베이 O형에서 A 항원 또는 B 항원을 생성하는 유전자는 자녀에게 전달된다.

④ 부모의 혈액형이 모두 봄베이 O형일 경우에는 자녀의 혈액형이 AB형일 수 있다.

⑤ 유전자에 따라 생물 내부적으로 결정되는 고유의 특징을 유전자형이라 한다.

약점 보완 해설집 p.66

[01 - 05] 다음 설명을 읽고, Input이 Output으로 정렬되기 위해 필요한 데이터 이동 횟수를 구하시오.

[사원 데이터 정렬]

• Input

18 이민우	18 진정연	38 오지혜	13 박수인	32 감우민

① 사원 데이터는 전체 사원 중 각 사원의 입사 순서를 나타내는 숫자와 이름으로 구성된다.

② 입사 순서가 가장 빠른 사원 데이터를 찾아 왼쪽에서 첫 번째에 위치한 사원 데이터와 자리를 교환한다. 이때 데이터를 1회 이동한 것으로 취급한다.

18 이민우	18 진정연	38 오지혜	13 박수인	32 감우민

→

13 박수인	18 진정연	38 오지혜	18 이민우	32 감우민

③ 왼쪽에서 첫 번째에 위치한 사원 데이터를 고정한다.

④ 입사 순서가 두 번째로 빠른 사원 데이터를 찾아 왼쪽에서 두 번째에 위치한 사원 데이터와 자리를 교환한다. 이때 입사 순서가 동일한 사원 데이터가 2개 이상일 경우 해당 사원 데이터의 이름을 비교하여 가나다순으로 가장 먼저 등장하는 사원 데이터가 두 번째에 위치하도록 자리를 교환한다.

13 박수인	18 진정연	38 오지혜	18 이민우	32 감우민

→

13 박수인	18 이민우	38 오지혜	18 진정연	32 감우민

⑤ 왼쪽에서 두 번째에 위치한 사원 데이터를 고정한다.

⑥ 위치를 이동할 필요가 없는 사원 데이터는 정렬 순서를 건너뛰고 데이터를 이동하지 않은 것으로 취급하며, Output 사원 데이터와 동일하게 위치가 고정될 때까지 위의 과정을 반복한다.

[Test Case]

• Input

48 성은지	19 박지수	23 이수미	19 도지원	36 최경수

• Output

19 도지원	19 박지수	23 이수미	36 최경수	48 성은지

[정답] 2회

01

• Input

06 한수인	51 조현정	37 채은실	12 유다빈	09 이은수	06 현미희

• Output

06 한수인	06 현미희	09 이은수	12 유다빈	37 채은실	51 조현정

02

• Input

92 조지수	58 이은경	57 심은우	63 백우천	23 나정영	60 기정제

• Output

23 나정영	57 심은우	58 이은경	60 기정제	92 조지수	63 백우천

03

• Input

21 장안오	13 경수원	15 김현아	21 정나희	43 김남희	21 이은정

• Output

13 경수원	15 김현아	21 이은정	21 장안오	43 김남희	21 정나희

04

• Input

34 박하루	37 금지연	13 김희수	29 이다영	35 김미숙	19 김동우	08 박영진

• Output

08 박영진	13 김희수	19 김동우	29 이다영	34 박하루	35 김미숙	37 금지연

05

• Input

46 이민수	31 정경용	38 신효석	59 최원준	46 도상원	09 오재근	27 한영우

• Output

09 오재근	27 한영우	31 정경용	59 최원준	46 도상원	46 이민수	38 신효석

[06 - 10] 다음 설명을 읽고, 출력값을 구하시오.

- 정수를 컴퓨터에 하나씩 입력할 때마다 입력값들에 대한 중앙값이 실시간으로 출력된다.
- 입력값은 입력 순서에 따라 $[a_1, a_2, a_3, \cdots, a_n]$으로 나타내며, 출력값은 중앙값의 출력 순서에 따라 $[b_1, b_2, b_3, \cdots, b_n]$으로 나타낸다.
- 입력값이 짝수개인 경우 중앙값에 위치한 두 수 중 더 작은 수를 출력하고, 중앙값에 위치한 두 수가 같을 경우 그 수를 출력한다. 예를 들어 정수 3, 5를 순서대로 하나씩 컴퓨터에 입력하면 입력값이 [3]일 때 출력값은 [3], 입력값이 [3, 5]일 때 출력값은 [3, 3]이다.

[Test Case]

입력값 = [1, 5, 3, −2]

[정답] [1, 1, 3, 1]

06 입력값=[4, 9, 13, −17, −9]

07 입력값=[−3, 100, 48, 7, 6, 10]

08 입력값=[22, 10, 31, 8, 9, 5]

09 입력값=[9, 16, 15, 22, 10, 13, 14]

10 입력값=[2, 3, 1, 1, 9, 7, 6, 4, 5, 4]

[11 - 15] 다음 설명을 읽고, N명의 사원이 서로 추석 선물을 나눠 가질 수 있는 경우의 수를 구하시오.

- N명의 사원들은 모두 매년 동료에게 나눠 줄 추석 선물을 1개씩 준비한다.
- 선물은 N명의 사원 모두 1개씩 나눠 가지며, 본인이 준비한 선물을 갖는 사원은 없다.

[Test Case]

N = 3

[정답] 2가지

11 N=4

12 N=5

13 N=6

14 N=7

15 N=8

[16 - 20] **다음 설명을 읽고, 제시된 숫자를 1로 만드는 데 걸리는 최소 시간을 구하시오.**

- 연산 1:2의 배수인 숫자를 2로 나눈다면, 숫자를 2로 나누었을 때의 값을 도출한다.
- 연산 2:3의 배수인 숫자를 3으로 나눈다면, 숫자를 3으로 나누었을 때의 값을 도출한다.
- 연산 3:2 이상의 숫자에서 1을 뺀다면, 해당 숫자에서 1을 뺀 값을 도출한다.
- 연산은 위의 3가지만 존재하고, 각 연산은 모두 1초가 소요된다.
- 숫자에 따라 적용할 수 있는 연산이 다르다. 예를 들어 숫자 6은 2 이상이면서 2와 3의 공배수이므로 연산 1, 2, 3이 모두 가능하지만, 숫자 8은 2 이상이면서 2의 배수이지만 3의 배수는 아니므로 연산 1, 3은 가능하지만, 연산 2는 할 수 없다.

[Test Case]

10

[정답] 3초

16 15

17 18

18 20

19 22

20 25

[21 - 25] **다음 설명을 읽고, 필요한 보호소 직원 수의 최솟값을 구하시오.**

- 한 유기견 보호소에는 1번 방부터 N번 방까지 총 N개의 방이 있으며, 방별 유기견 수는 $A = [A_1, A_2, \cdots, A_N]$과 같이 나타낸다.
- 유기견 보호소의 직원은 사육자와 보조자로 구분되며, 방마다 사육자는 무조건 1명만 존재하고, 보조자는 없거나 1명 이상 존재한다.
- 사육자 한 명당 돌볼 수 있는 유기견 수는 최대 B마리, 보조자 한 명당 돌볼 수 있는 유기견 수는 최대 C마리이다.
- 사육자와 보조자는 방 하나씩만 담당하며, 본인이 속한 방의 유기견만 돌볼 수 있다.

[Test Case]

A = [22, 7, 15], B = 10, C = 5

[정답] 7명

21 A=[15, 17, 23], B=7, C=4

22 A=[25, 42, 13], B=12, C=6

23 A=[64, 35, 72], B=15, C=10

24 A=[3, 17, 23, 55], B=3, C=2

25 A=[48, 12, 62, 90], B=13, C=7

약점 보완 해설집 p.70

SAMSUNG
SW
ACADEMY
FOR
YOUTH

취업강의 1위, 해커스잡

job.Hackers.com

PART 3

실력 UP 핵심이론노트

수리/추리논리력 핵심이론 정리 및 Quiz

CT 핵심이론 정리 및 Quiz

수리/추리논리력 핵심이론 정리

수리논리력을 높이기 위해서는 자주 출제되는 이론 및 공식, 자료 해석법을 먼저 학습하여 기본적인 연산 능력 및 자료해석 능력을 향상해야 한다. 응용계산은 출제 빈도가 높은 방정식과 부등식, 경우의 수와 확률 등의 이론 및 공식을 암기하고 문제에 적용하는 연습을 통해, 자료해석은 자료 해석법을 먼저 학습하고 빈출 계산식을 암기하여 문제 풀이에 적용하는 연습을 통해 정답률을 높일 수 있다.
추리논리력을 높이기 위해서는 관련 이론 및 규칙을 학습하여 문제 해결 능력을 향상해야 한다. 언어추리는 명제, 삼단논법과 같은 기초적인 논리 이론을 학습한 후, 문제를 빠르게 푸는 연습을 한다. 도형추리는 기출 규칙을 학습하고 이를 바탕으로 문제 풀이 원리를 익히고, 도식추리는 기출 규칙을 암기하여 문자를 빠르고 정확하게 숫자로 변환하는 연습을 하여 정답률을 높인다. 단어유추는 다양한 단어관계와 그 예시를 학습한다. 마지막으로 논리 추론은 글의 중심 화제를 찾고 핵심어 위주로 내용을 파악하는 연습을 통해 문제 풀이 속도를 높인다.

1. 수와 식

1 약수와 배수

□ 약수와 배수의 정의	• 자연수 A가 B로 나누어떨어질 때, B는 A의 약수, A는 B의 배수이다. $\underset{\text{배수}}{\underline{A}} = \underset{\text{약수}}{\underline{B}} \times \underset{\text{약수}}{\underline{Q}}$ 예 18=3×6 → 18의 약수: 3, 6 3과 6의 배수: 18
□ 소인수분해	• 자연수 N을 소인수들의 곱으로 나타내는 것이다. $N=a^x \times b^y \times c^z$ (단, a, b, c는 서로 다른 소인수) 예 $18=2\times3\times3=2^1\times3^2$
□ 약수의 개수	• 자연수 N이 $a^x \times b^y \times c^z$으로 소인수분해될 때, 약수의 개수는 $(x+1)(y+1)(z+1)$개이다. 예 18의 약수의 개수: (1+1)×(2+1)=6개
□ 최대공약수와 최소공배수	• 서로소는 1 이외에 다른 공약수를 갖지 않는 둘 이상의 자연수이다. • 최대공약수는 각 자연수를 소인수분해한 후, 공통 인수만을 곱하여 구한다. • 최소공배수는 각 자연수를 소인수분해한 후, 적어도 어느 한 자연수에 포함된 인수를 모두 곱하여 구한다. 예 $18=2\times3^2$, $60=2^2\times3\times5$ → 18과 60의 최대공약수: 2×3=6, 최소공배수: $2^2\times3^2\times5=180$ • 두 자연수 A, B의 최대공약수를 G, 최소공배수를 L이라고 하면, A=aG, B=bG, L=abG (단, a, b는 서로소) 예 $12=\underset{a}{\underline{3}}\times\underset{G}{\underline{(2\times2)}}$, $44=\underset{b}{\underline{11}}\times\underset{G}{\underline{(2\times2)}}$ 12와 44의 최소공배수: $\underset{a}{\underline{3}}\times\underset{b}{\underline{11}}\times\underset{G}{\underline{(2\times2)}}=132$

2 지수법칙과 제곱근

□ 거듭제곱	• 같은 수나 문자를 여러 번 곱한 것이다. • a의 n제곱이란 a를 n번 곱하는 것을 말한다. $a^n = \underbrace{a \times a \times \cdots \times a}_{n개}$ (n은 지수, a는 밑)
□ 지수법칙	$a \neq 0$, $b \neq 0$, m, n이 실수일 때, • $a^m \times a^n = a^{m+n}$ • $a^m \div a^n = a^{m-n}$ • $(a^m)^n = a^{mn}$ • $(ab)^n = a^n b^n$ 예 $2^3 \times 2^2 \div 2^4 = 2^{3+2-4} = 2^1$
□ a의 제곱근	• 어떤 수 x를 제곱하여 a가 되었을 때, x를 a의 제곱근이라고 한다. $x^2 = a \Leftrightarrow x = \pm\sqrt{a}$ (단, $a \geq 0$) • 양수 a의 $\begin{cases} 양의 제곱근 \sqrt{a} \\ 음의 제곱근 -\sqrt{a} \end{cases}$
□ 제곱근의 성질	• 0의 제곱근은 0이다. • $a > 0$일 때, $(\sqrt{a})^2 = a$, $\sqrt{a^2} = a$, $(-\sqrt{a})^2 = a$, $\sqrt{(-a)^2} = a$
□ 제곱근의 연산	$a > 0$, $b > 0$일 때, • $\sqrt{a} \times \sqrt{b} = \sqrt{ab}$ • $\sqrt{a} \div \sqrt{b} = \frac{\sqrt{a}}{\sqrt{b}} = \sqrt{\frac{a}{b}}$ • $\sqrt{a^2 b} = a\sqrt{b}$ • $\sqrt{\frac{a}{b^2}} = \frac{\sqrt{a}}{b}$ • $m\sqrt{a} + n\sqrt{a} = (m+n)\sqrt{a}$ • $m\sqrt{a} - n\sqrt{a} = (m-n)\sqrt{a}$
□ 분모의 유리화	• 어떤 분수의 분모에 근호가 있을 때, 분모와 분자에 각각 분모와 같은 무리수를 곱하거나, 무리식의 두 항 중 한 항의 부호가 반대인 무리식을 곱하여 분모를 유리수로 고치는 것이다. $a > 0$, $b > 0$일 때, • $\frac{b}{\sqrt{a}} = \frac{b \times \sqrt{a}}{\sqrt{a} \times \sqrt{a}} = \frac{b\sqrt{a}}{a}$ • $\frac{c}{\sqrt{a}+\sqrt{b}} = \frac{c(\sqrt{a}-\sqrt{b})}{(\sqrt{a}+\sqrt{b})(\sqrt{a}-\sqrt{b})} = \frac{c(\sqrt{a}-\sqrt{b})}{a-b}$ (단, $a \neq b$)

3 로그

□ 로그의 정의	• $a > 0$, $a \neq 1$, $N > 0$일 때, $a^x = N \Leftrightarrow x = \log_a N$ (N은 진수, a는 밑)
□ 로그의 성질	$a > 0$, $a \neq 1$, $b > 0$, $x > 0$, $y > 0$, n은 임의의 실수일 때, • $\log_a a = 1$, $\log_a 1 = 0$ • $\log_a xy = \log_a x + \log_a y$ • $\log_a \frac{x}{y} = \log_a x - \log_a y$ • $\log_a x^n = n\log_a x$ • $\log_a b = \frac{\log_c b}{\log_c a}$ (단, $c > 0$, $c \neq 1$) 예 $\log_3 3 + \log_2 2^2 + \log_5 2 + \log_5 3 = 1 + 2\log_2 2 + \log_5(2 \times 3) = 3 + \log_5 6$

4 다항식의 연산

□ 곱셈공식	• 다항식의 곱을 전개할 때 쓰이는 공식이다. • $(a\pm b)^2=a^2\pm 2ab+b^2$ • $(a+b)(a-b)=a^2-b^2$ • $(x+a)(x+b)=x^2+(a+b)x+ab$ • $(ax+b)(cx+d)=acx^2+(ad+bc)x+bd$ 예 $(3x+5)(4x-3)=12x^2+(-9+20)x-15=12x^2+11x-15$
□ 인수분해	• 다항식을 2개 이상의 인수의 곱으로 나타내는 것이다. • $a^2\pm 2ab+b^2=(a\pm b)^2$ • $a^2-b^2=(a+b)(a-b)$ • $x^2+(a+b)x+ab=(x+a)(x+b)$ • $acx^2+(ad+bc)x+bd=(ax+b)(cx+d)$ 예 $x^2-6x-16=(x+2)(x-8)$
□ 비례식의 계산	• $a:b=c:d$, 즉 $\frac{a}{b}=\frac{c}{d}$일 때 $ad=bc$ • $\frac{a}{b}=\frac{c}{d}=\frac{e}{f}=\frac{a+c+e}{b+d+f}=\frac{la+mc+ne}{lb+md+nf}$ (단, $b+d+f\neq 0$, $lb+md+nf\neq 0$)
□ 유리식의 계산	• 부분분수로의 분해: $\frac{1}{AB}=\frac{1}{B-A}\left(\frac{1}{A}-\frac{1}{B}\right)$ (단, $A\neq 0$, $B\neq 0$, $A\neq B$) • 번분수식의 계산: $\frac{\frac{A}{B}}{\frac{C}{D}}=\frac{A}{B}\div\frac{C}{D}=\frac{A}{B}\times\frac{D}{C}=\frac{AD}{BC}$

5 기수법

□ 십진법	• 0~9까지의 숫자를 이용하여 수를 표시하는 방법으로, 한 자리가 올라갈 때마다 자릿값이 10배씩 커지는 수의 표시 방법이다. • 십진법의 전개식: 십진법의 수를 10의 거듭제곱을 이용하여 나타낸 식이다. 예 $4789=4\times 10^3+7\times 10^2+8\times 10^1+9\times 10^0$
□ 이진법	• 0, 1의 두 숫자를 이용하여 수를 표시하는 방법으로, 한 자리가 올라갈 때마다 자릿값이 2배씩 커지는 수의 표시 방법이다. • 이진법의 전개식: 이진법의 수를 2의 거듭제곱을 이용하여 나타낸 식이다. 예 $11011_{(2)}=1\times 2^4+1\times 2^3+1\times 2^1+1\times 2^0$ • 십진법의 수를 이진법으로 변환하는 방법: 십진법의 수를 몫이 0이 될 때까지 계속 2로 나누고 그 나머지를 역순으로 정리한다. 예 2)7 2)3 … 1 2)1 … 1 0 … 1 → $7=111_{(2)}$

6 수열

□ 등차수열	• 정의: 어떤 수열 $\{a_n\}$의 연속한 두 항의 차가 일정한 값 d인 수열 • 공차: 등차수열에서 연속한 두 항의 차, $a_{n+1}-a_n=d$ • 등차수열의 일반항: $a_n=a+(n-1)d$ (단, 첫째항: a, 공차: d) • 등차수열의 합: $S_n=\frac{n\{2a+(n-1)d\}}{2}=\frac{n(a+l)}{2}$ (단, 첫째항: a, 끝항: l) • 세 수 a, b, c가 차례로 등차수열을 이룰 때, b를 a와 c의 등차중앙이라고 하고 $b=\frac{a+c}{2}$가 성립한다.
□ 등비수열	• 정의: 어떤 수열 $\{a_n\}$의 연속한 두 항 사이의 비가 일정한 값 r인 수열 • 공비: 등비수열에서 연속한 두 항의 비, $\frac{a_{n+1}}{a_n}=r$ • 등비수열의 일반항: $a_n=ar^{n-1}$ (단, 첫째항: a, 공비: r) • 등비수열의 합: $S_n=na$ $(r=1)$, $S_n=\frac{a(1-r^n)}{1-r}$ $(r\neq1)$ • 세 수 a, b, c가 차례로 등비수열을 이룰 때, b를 a와 c의 등비중앙이라고 하고 $b^2=ac$가 성립한다.
□ 계차수열	• 정의: 어떤 수열 $\{a_n\}$의 인접하는 두 항의 차로 이루어진 수열 • 계차수열의 일반항: $b_n=a_{n+1}-a_n$ • $\{a_n\}$의 일반항: $a_n=a+\sum_{k=1}^{n-1}b_k$ (단, 첫째항: a, $n\geq2$)
□ 피보나치수열	• 정의: 어떤 수열 $\{a_n\}$의 연속한 두 항의 합이 바로 다음 항으로 나타나는 수열 • 피보나치수열의 일반항: $a_n=a_{n-1}+a_{n-2}$ (단, 첫째항: 1, 둘째항: 1, $n\geq3$)

2. 방정식과 부등식

1 방정식

□ 이차방정식의 근의 공식	• 이차방정식 $ax^2+bx+c=0(a\neq0)$의 근은 $x=\frac{-b\pm\sqrt{b^2-4ac}}{2a}$
□ 이차방정식의 근과 계수와의 관계	이차방정식 $ax^2+bx+c=0(a\neq0)$의 두 근을 α, β라고 하면 • $\alpha+\beta=-\frac{b}{a}$ • $\alpha\beta=\frac{c}{a}$ 예 $2x^2+3x+1=0$의 두 근의 합: $-\frac{3}{2}$
□ 삼차방정식의 근과 계수와의 관계	삼차방정식 $ax^3+bx^2+cx+d=0(a\neq0)$의 세 근을 α, β, γ라고 하면 • $\alpha+\beta+\gamma=-\frac{b}{a}$ • $\alpha\beta+\beta\gamma+\gamma\alpha=\frac{c}{a}$ • $\alpha\beta\gamma=-\frac{d}{a}$ 예 $3x^3-7x^2+2x-9=0$의 세 근의 곱: $-\frac{-9}{3}=3$

2 방정식의 활용

□ 작업량	• 시간당 작업량 $=\frac{작업량}{시간}$ • 작업량 = 시간당 작업량 × 시간 • 시간 $=\frac{작업량}{시간당\ 작업량}$ 예 3시간 동안 꼬막 165개를 손질하는 윤진이의 시간당 작업량: $\frac{165}{3}=55$개
□ 거리·시간·속력	• 거리 = 속력 × 시간 • 시간 $=\frac{거리}{속력}$ • 속력 $=\frac{거리}{시간}$ • 평균 속력 $=\frac{총\ 이동거리}{총\ 이동시간}$ 예 시속 60km로 달리는 자동차가 20분 동안 이동한 거리: $60\times\frac{20}{60}=20$km
□ 소금물 농도	• 소금물의 농도(%) $=\frac{소금의\ 양}{소금물의\ 양}\times100$ • 소금의 양 = 소금물의 양 $\times\frac{소금물의\ 농도}{100}$ • 소금물의 양 = 물의 양 + 소금의 양 예 물 80g과 소금 20g을 섞어 만든 소금물의 농도: $\frac{20}{80+20}\times100=20\%$
□ 정가·이익·할인율·할인가	• 정가 = 원가 × (1 + 이익률) • 이익 = 정가 − 원가 (정가 > 원가) • 할인율(%) $=\left(\frac{정가-할인가}{정가}\right)\times100$ • 할인가 = 정가 × (1 − 할인율) 예 원가가 8만 원인 시계에 35%의 이익을 붙인 정가(판매가): 8 × 1.35 = 10.8만 원
□ 시침과 분침의 각도	• 시침이 움직이는 각도: 12시간에 360°, 1시간에 30°, 1분에 0.5° • 분침이 움직이는 각도: 1시간에 360°, 1분에 6° • a시 b분일 때, 시침과 분침이 이루는 각도: $\|(30°\times a+0.5°\times b)-6°\times b\|=\|30°a-5.5°b\|$ • 시침과 분침이 겹쳐질 조건: $30°\times a+0.5°\times b=6°\times b$ 예 10시 30분에 시침과 분침이 이루는 각도: $\|30°\times10-5.5°\times30\|=135°$
□ 연속한 수	• 연속한 두 정수: x, $x+1$ • 연속한 세 정수: $x-1$, x, $x+1$ • 연속한 두 홀수: $2x-1$, $2x+1$ • 연속한 세 홀수(짝수): $x-2$, x, $x+2$ 예 연속한 두 짝수의 곱이 48일 때, 연속한 두 짝수: $x\times(x+2)=48\rightarrow x=6$이므로 연속한 두 짝수는 6, 8
□ 간격	• a 길이의 일직선상 도로에 b 간격으로 심을 수 있는 최대 나무의 수: (a ÷ b) + 1 예 1m 길이의 식탁 위에 20cm 간격으로 컵을 놓으려고 할 때, 놓을 수 있는 컵의 최대 개수: (100 ÷ 20) + 1 = 6개

3 부등식

□ 부등식의 정의	• 부등호를 사용하여 두 수 또는 두 식의 대소관계를 나타낸 식이다.
□ 부등식의 성질	• a < b일 때, a+c < b+c, a−c < b−c • a < b, c > 0일 때, ac < bc, $\frac{a}{c} < \frac{b}{c}$ • a < b, c < 0일 때, ac > bc, $\frac{a}{c} > \frac{b}{c}$
□ 부등식의 사칙연산	a < x < b, c < y < d일 때, • 덧셈: a+c < $x+y$ < b+d • 뺄셈: a−d < $x-y$ < b−c • 곱셈: 경곗값들의 계산 결과, ac, bc, ad, bd 중 가장 큰 값과 가장 작은 값 • 나눗셈: 경곗값들의 계산 결과, $\frac{a}{c}$, $\frac{b}{c}$, $\frac{a}{d}$, $\frac{b}{d}$ 중 가장 큰 값과 가장 작은 값

3. 도형

1 도형의 기본 성질

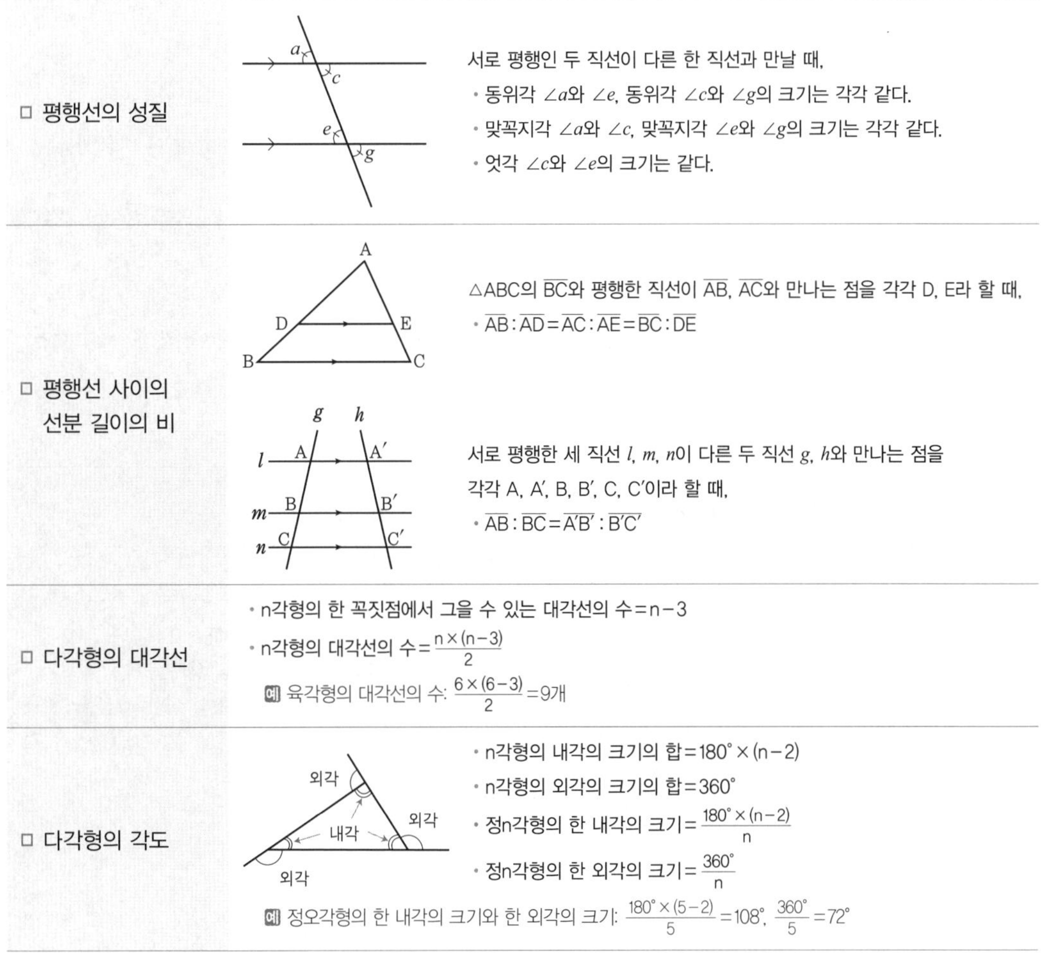

□ 평행선의 성질	서로 평행인 두 직선이 다른 한 직선과 만날 때, • 동위각 $\angle a$와 $\angle e$, 동위각 $\angle c$와 $\angle g$의 크기는 각각 같다. • 맞꼭지각 $\angle a$와 $\angle c$, 맞꼭지각 $\angle e$와 $\angle g$의 크기는 각각 같다. • 엇각 $\angle c$와 $\angle e$의 크기는 같다.
□ 평행선 사이의 선분 길이의 비	△ABC의 $\overline{BC}$와 평행한 직선이 $\overline{AB}$, $\overline{AC}$와 만나는 점을 각각 D, E라 할 때, • $\overline{AB}:\overline{AD}=\overline{AC}:\overline{AE}=\overline{BC}:\overline{DE}$ 서로 평행한 세 직선 l, m, n이 다른 두 직선 g, h와 만나는 점을 각각 A, A′, B, B′, C, C′이라 할 때, • $\overline{AB}:\overline{BC}=\overline{A'B'}:\overline{B'C'}$
□ 다각형의 대각선	• n각형의 한 꼭짓점에서 그을 수 있는 대각선의 수=n−3 • n각형의 대각선의 수=$\frac{n \times (n-3)}{2}$ 예 육각형의 대각선의 수: $\frac{6 \times (6-3)}{2}$=9개
□ 다각형의 각도	• n각형의 내각의 크기의 합=180°×(n−2) • n각형의 외각의 크기의 합=360° • 정n각형의 한 내각의 크기=$\frac{180^\circ \times (n-2)}{n}$ • 정n각형의 한 외각의 크기=$\frac{360^\circ}{n}$ 예 정오각형의 한 내각의 크기와 한 외각의 크기: $\frac{180^\circ \times (5-2)}{5}$=108°, $\frac{360^\circ}{5}$=72°

□ 사각형의 넓이	• 직사각형의 넓이: $S=a\times b$ • 정사각형의 넓이: $S=a^2$ • 마름모의 넓이: $S=\frac{1}{2}\times a\times b$ • 사다리꼴의 넓이: $S=\frac{1}{2}\times(a+b)\times h$ • 평행사변형의 넓이: $S=a\times h=a\times b\times \sin\theta$

2 삼각형

□ 삼각형의 합동조건	두 개의 삼각형이 있을 때, • 대응하는 세 변의 길이가 모두 같을 경우 • 대응하는 두 변의 길이와 그 끼인각의 크기가 같을 경우 • 대응하는 한 변의 길이와 양 끝 각의 크기가 각각 같을 경우
□ 삼각형의 닮음조건	두 개의 삼각형이 있을 때, • 세 쌍의 대응변의 길이의 비가 같을 경우 • 두 쌍의 대응변의 길이의 비와 그 끼인각의 크기가 같을 경우 • 두 쌍의 대응각의 크기가 같을 경우
□ 특수한 직각삼각형의 세 변의 길이	• 세 각의 크기가 각각 30°, 60°, 90°인 직각삼각형 $\overline{AB}:\overline{BC}:\overline{CA}=2:1:\sqrt{3}$ • 세 각의 크기가 각각 45°, 45°, 90°인 직각이등변삼각형 $\overline{AB}:\overline{BC}:\overline{CA}=\sqrt{2}:1:1$
□ 피타고라스의 정리	직각삼각형의 빗변이 c이고, 나머지 두 변을 각각 a, b라고 하면 • $a^2+b^2=c^2$ 예 빗변이 아닌 두 변의 길이가 각각 5, 12인 직각삼각형의 빗변의 길이를 제곱한 값: $5^2+12^2=169=13^2$
□ 피타고라스의 정리의 활용	• 직사각형의 대각선의 길이: $l=\sqrt{a^2+b^2}$ • 정사각형의 대각선의 길이: $l=\sqrt{2}a$
□ 삼각형의 내심의 특징	• 내심이란 삼각형의 내접원의 중심이다. • 삼각형의 세 내각의 이등분선은 내심에서 만난다. • 내심에서 삼각형의 각 변에 내린 수선의 길이는 내접원의 반지름 길이와 같다. $\overline{OD}=\overline{OE}=\overline{OF}=r$ (내접원의 반지름)

□ 삼각형의 외심의 특징

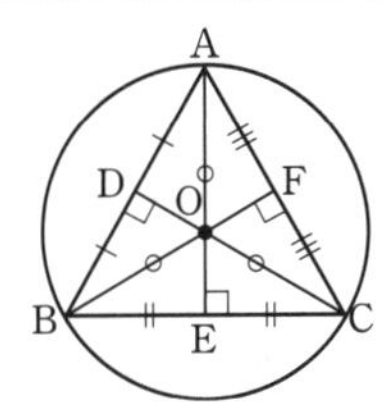

- 외심이란 삼각형의 외접원의 중심이다.
- 삼각형의 세 변의 수직이등분선은 외심에서 만난다.
- 외심에서 삼각형의 각 꼭짓점에 이르는 거리는 외접원의 반지름 길이와 같다.
  $\overline{OA}=\overline{OB}=\overline{OC}=R$ (외접원의 반지름)

□ 삼각형의 중선의 특징

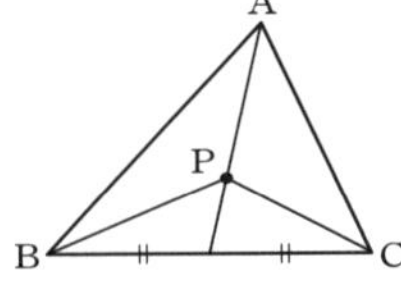

- 중선이란 한 꼭짓점과 대변의 중점을 이은 선분이다.
- 중선은 삼각형의 넓이를 이등분한다.
- 중선은 중선 위의 임의의 점 P와 다른 두 꼭짓점으로 만들어진 △PBC의 넓이를 이등분한다.

□ 삼각형의 무게중심의 특징

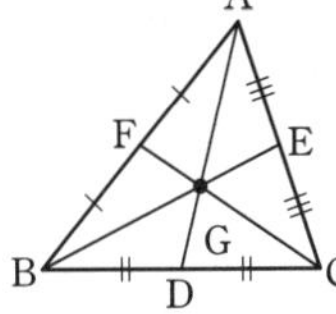

- 무게중심이란 삼각형의 세 중선이 만나는 점이다.
- 삼각형의 무게중심은 각 중선을 꼭짓점으로부터 2 : 1로 나눈다.
- 삼각형의 세 중선에 의하여 삼각형의 넓이가 6등분된다.
  △GAF = △GFB = △GBD = △GDC = △GCE = △GEA = $\frac{1}{6}$△ABC

□ 삼각형의 중점연결선의 특징

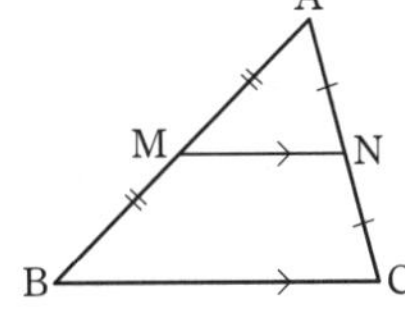

△ABC에서 점 M, N이 각각 $\overline{AB}$와 $\overline{AC}$의 중점이라고 하면
- $\overline{MN}$과 $\overline{BC}$는 평행하다.
- $\overline{MN}$의 길이는 $\overline{BC}$의 길이의 절반이다.

□ 정삼각형의 높이와 넓이

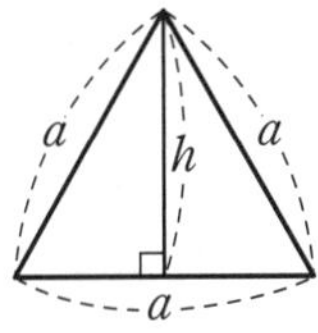

한 변의 길이가 a인 정삼각형에서
- 높이: $h=\frac{\sqrt{3}}{2}a$
- 넓이: $S=\frac{\sqrt{3}}{4}a^2$

  예 한 변의 길이가 4인 정삼각형의 높이와 넓이:
  $h=\frac{\sqrt{3}}{2}\times 4=2\sqrt{3}$, $S=\frac{\sqrt{3}}{4}\times 4^2=4\sqrt{3}$

□ 삼각형의 넓이

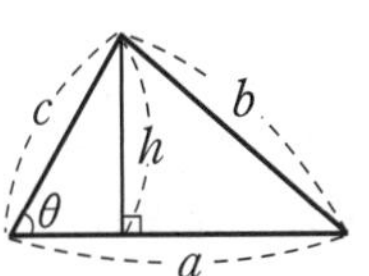

- 밑변의 길이와 높이를 이용하여 구하는 삼각형의 넓이:
  $S=\frac{1}{2}ah$
- 두 변의 길이와 그 끼인각을 이용하여 구하는 삼각형의 넓이:
  $S=\frac{1}{2}ac\sin\theta$ (단, $0° < \theta < 90°$)
- 세 변의 길이를 이용하여 구하는 삼각형의 넓이:
  $S=\sqrt{s(s-a)(s-b)(s-c)}$ $\left(\text{단, } s=\frac{a+b+c}{2}\right)$

□ 삼각비

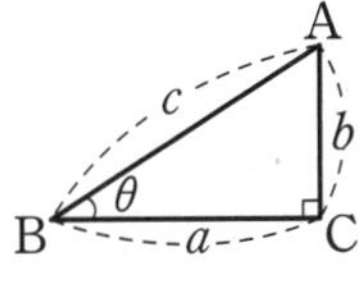

직각삼각형의 빗변이 c이고 나머지 두 변을 각각 a, b라고 하면

- $\sin\theta=\frac{b}{c}$ - $\sin 30°=\frac{1}{2}$ - $\sin 45°=\frac{\sqrt{2}}{2}$ - $\sin 60°=\frac{\sqrt{3}}{2}$
- $\cos\theta=\frac{a}{c}$ - $\cos 30°=\frac{\sqrt{3}}{2}$ - $\cos 45°=\frac{\sqrt{2}}{2}$ - $\cos 60°=\frac{1}{2}$
- $\tan\theta=\frac{b}{a}$ - $\tan 30°=\frac{\sqrt{3}}{3}$ - $\tan 45°=1$ - $\tan 60°=\sqrt{3}$

3 원

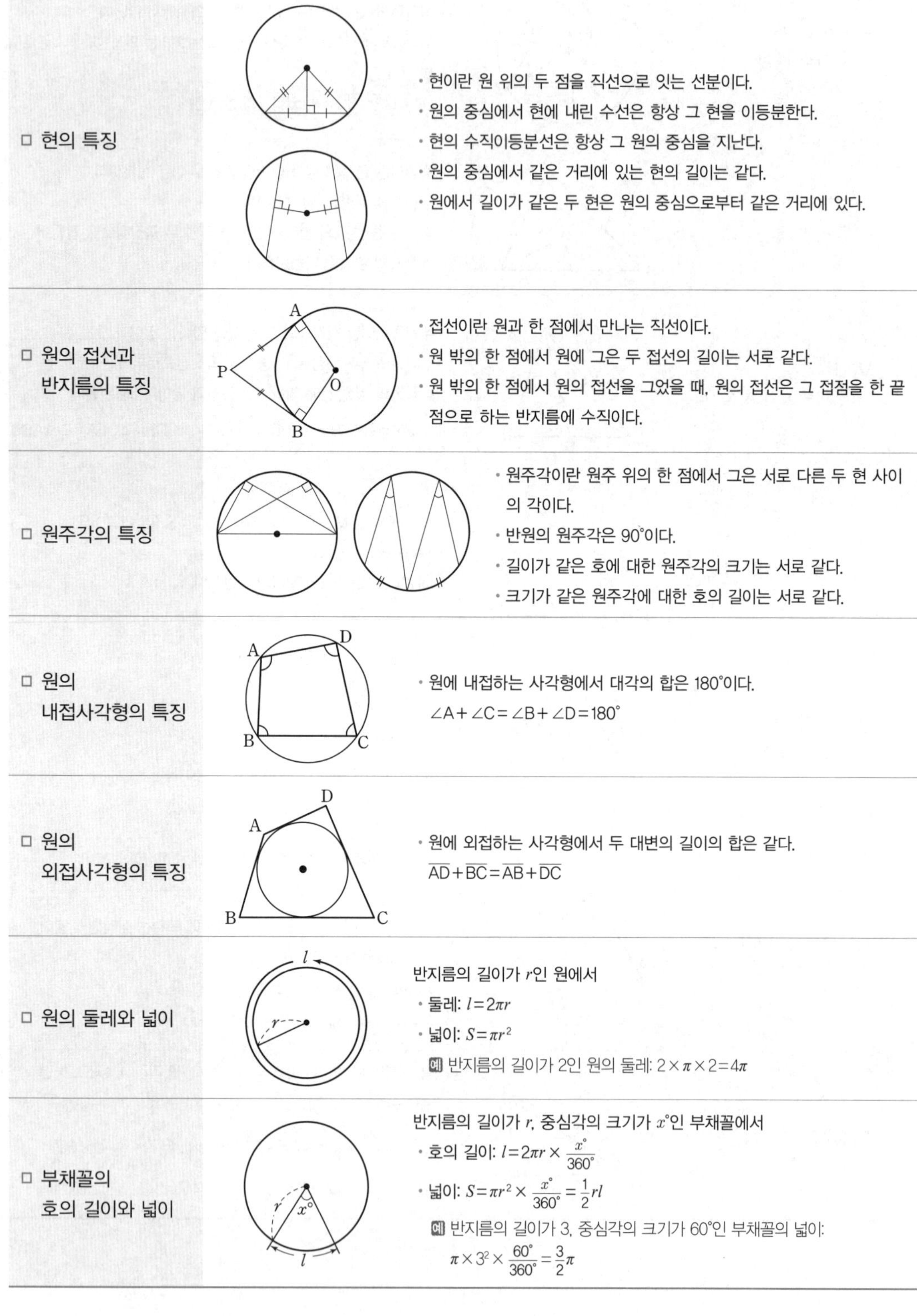

구분	내용
□ 현의 특징	• 현이란 원 위의 두 점을 직선으로 잇는 선분이다. • 원의 중심에서 현에 내린 수선은 항상 그 현을 이등분한다. • 현의 수직이등분선은 항상 그 원의 중심을 지난다. • 원의 중심에서 같은 거리에 있는 현의 길이는 같다. • 원에서 길이가 같은 두 현은 원의 중심으로부터 같은 거리에 있다.
□ 원의 접선과 반지름의 특징	• 접선이란 원과 한 점에서 만나는 직선이다. • 원 밖의 한 점에서 원에 그은 두 접선의 길이는 서로 같다. • 원 밖의 한 점에서 원의 접선을 그었을 때, 원의 접선은 그 접점을 한 끝점으로 하는 반지름에 수직이다.
□ 원주각의 특징	• 원주각이란 원주 위의 한 점에서 그은 서로 다른 두 현 사이의 각이다. • 반원의 원주각은 90°이다. • 길이가 같은 호에 대한 원주각의 크기는 서로 같다. • 크기가 같은 원주각에 대한 호의 길이는 서로 같다.
□ 원의 내접사각형의 특징	• 원에 내접하는 사각형에서 대각의 합은 180°이다. $\angle A+\angle C=\angle B+\angle D=180^\circ$
□ 원의 외접사각형의 특징	• 원에 외접하는 사각형에서 두 대변의 길이의 합은 같다. $\overline{AD}+\overline{BC}=\overline{AB}+\overline{DC}$
□ 원의 둘레와 넓이	반지름의 길이가 r인 원에서 • 둘레: $l=2\pi r$ • 넓이: $S=\pi r^2$ 예 반지름의 길이가 2인 원의 둘레: $2\times\pi\times2=4\pi$
□ 부채꼴의 호의 길이와 넓이	반지름의 길이가 r, 중심각의 크기가 x°인 부채꼴에서 • 호의 길이: $l=2\pi r\times\frac{x^\circ}{360^\circ}$ • 넓이: $S=\pi r^2\times\frac{x^\circ}{360^\circ}=\frac{1}{2}rl$ 예 반지름의 길이가 3, 중심각의 크기가 60°인 부채꼴의 넓이: $\pi\times3^2\times\frac{60^\circ}{360^\circ}=\frac{3}{2}\pi$

4 입체도형

□ 입체도형의 꼭짓점의 수와 모서리의 수	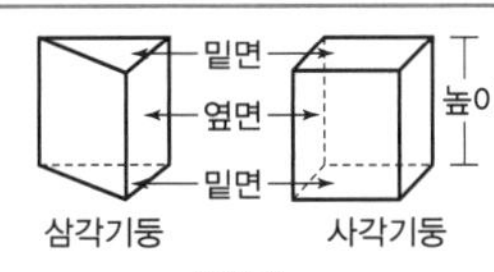 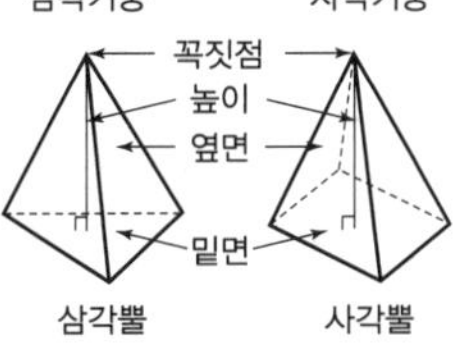 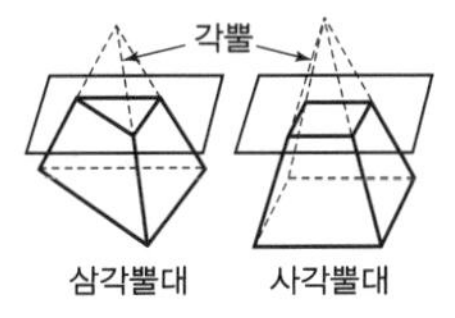	밑면이 n각형인 도형에서 • 기둥의 꼭짓점의 수: 2n, 모서리의 수: 3n 예 사각기둥의 모서리의 수: 3×4=12개 • 뿔의 꼭짓점의 수: n+1, 모서리의 수: 2n 예 삼각뿔의 꼭짓점의 수: 3+1=4개 • 각뿔대의 꼭짓점의 수: 2n, 모서리의 수: 3n 예 오각뿔대의 꼭짓점의 수: 2×5=10개
□ 입체도형의 부피	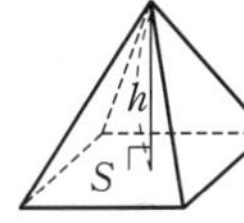 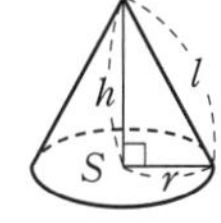	밑넓이가 S, 높이가 h인 뿔에서 • 부피: $V=\frac{1}{3}Sh$ 밑넓이가 S, 높이가 h인 기둥에서 • 부피: $V=Sh$ 예 밑넓이가 6, 높이가 7인 사각뿔의 부피: $V=\frac{1}{3}\times6\times7=14$
□ 구의 겉넓이와 부피	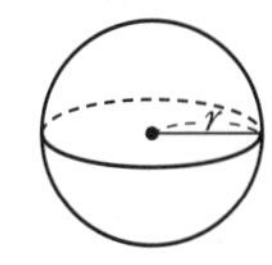	반지름의 길이가 r인 구에서 • 겉넓이: $S=4\pi r^2$ • 부피: $V=\frac{4}{3}\pi r^3$ 예 반지름의 길이가 5인 구의 겉넓이: $S=4\times\pi\times5^2=100\pi$
□ 정사면체의 높이와 부피	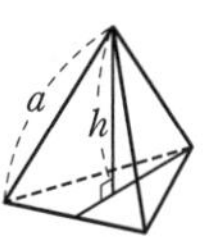	모서리의 길이가 a인 정사면체에서 • 높이: $h=\frac{\sqrt{6}}{3}a$ • 부피: $V=\frac{\sqrt{2}}{12}a^3$ 예 모서리의 길이가 3인 정사면체의 높이: $h=\frac{\sqrt{6}}{3}\times3=\sqrt{6}$
□ 닮은 도형의 비	닮은 도형의 닮음비가 m : n이면 • 겉넓이의 비는 $m^2 : n^2$ • 부피의 비는 $m^3 : n^3$ 예 닮음비가 1 : 3인 정육면체의 겉넓이의 비는 1 : 9 닮음인 두 원뿔의 닮음비가 2 : 5이면 부피의 비는 $2^3 : 5^3 = 8 : 125$ 겉넓이의 비가 9 : 16인 두 원기둥의 부피의 비는 27 : 64	

4. 경우의 수와 확률

1 경우의 수

□ 두 사건의 경우의 수	어떤 사건 A가 일어나는 경우의 수를 m, 어떤 사건 B가 일어나는 경우의 수를 n이라고 하면 • 두 사건 A, B가 동시에 일어나지 않을 때, 사건 A 또는 B가 일어나는 경우의 수: $m+n$ • 두 사건 A, B가 서로 영향을 주지 않을 때, 두 사건 A, B가 동시에 일어나는 모든 경우의 수: $m\times n$ 예 어떤 사건 A가 일어나는 경우의 수는 2가지, 어떤 사건 B가 일어나는 경우의 수는 3가지일 때, 두 사건 A, B가 동시에 일어날 수 있는 모든 경우의 수: $2\times3=6$가지
□ 동전, 주사위를 던질 때 경우의 수	• n개의 동전을 던질 때의 경우의 수: 2^n • n개의 주사위를 던질 때의 경우의 수: 6^n
□ 줄 세울 때 경우의 수	• n명을 줄 세우는 경우의 수: $n\times(n-1)\times(n-2)\times\cdots\times2\times1=n!$ • n명 중 k명만 줄 세우는 경우의 수: $n\times(n-1)\times(n-2)\times\cdots\times(n-k+1)$ 예 여자 5명 중 3명을 줄 세우는 경우의 수: $5\times4\times3=60$가지
□ 대표를 선출할 때 경우의 수	• n명 중 자격이 다른 2명의 대표를 선출할 때의 경우의 수: $n\times(n-1)$ • n명 중 자격이 같은 2명의 대표를 선출할 때의 경우의 수: $\frac{n\times(n-1)}{2}$ 예 5명 중 자격이 같은 2명의 대표를 선출할 때의 경우의 수: $\frac{5\times4}{2}=10$가지

2 확률

□ 확률	어떤 사건 A가 일어날 확률을 p, 어떤 사건 B가 일어날 확률을 q라고 하면 • 사건 A가 일어날 확률: $\frac{\text{사건 A가 일어날 경우의 수}}{\text{모든 경우의 수}}$ 예 주사위 한 개를 던졌을 때, 2의 배수가 나올 확률: $\frac{3}{6}=\frac{1}{2}$ • 두 사건 A, B가 동시에 일어나지 않을 때, 사건 A 또는 B가 일어날 확률: $p+q$ • 두 사건 A, B가 서로 영향을 주지 않을 때, 두 사건 A, B가 동시에 일어날 확률: $p\times q$ • 사건 A가 일어나지 않을 확률: $1-p$ • '적어도…'의 확률: 1−(반대 사건의 확률) 예 3개의 동전을 동시에 던졌을 때, 뒷면이 적어도 한 개 나올 확률: 1−(모두 앞면이 나올 확률)$=1-\frac{1}{8}=\frac{7}{8}$
□ 확률의 기댓값	어떤 사건 A가 일어날 확률을 p, 이때의 상금을 a라고 하면 • 1번 시행할 때, 상금의 기댓값: $p\times a$ • n번 시행할 때, 상금의 기댓값: $\underbrace{(p\times a)+(p\times a)+\cdots+(p\times a)}_{(p\times a)\text{가 n개}}=(p\times a)\times n$ 예 주사위 한 개를 던져서 소수가 나오면 300원을 받게 될 때, 주사위를 3번 던졌을 때의 기댓값: $\left(\frac{3}{6}\times300\right)\times3=450$원
□ 조건부확률	• 조건부확률이란 두 사건 A, B에 대하여 A가 일어났다고 가정하였을 때, B가 일어날 확률이다. • 사건 A가 일어났을 때의 사건 B의 조건부확률: $P(B\mid A)=\frac{P(A\cap B)}{P(A)}$ (단, $P(A)\neq0$)
□ 독립사건의 조건	• 독립사건이란 두 사건 A, B에 대하여 한 사건이 일어날 확률이 다른 사건이 일어날 확률에 영향을 주지 않는 것이다. • 두 사건 A와 B가 서로 독립이기 위한 필요충분조건: $P(A\cap B)=P(A)\times P(B)$

3 순열과 조합

□ 순열	• 순열이란 서로 다른 n개에서 중복을 허락하지 않고 r개를 택하여 한 줄로 배열하는 경우의 수이다. $_nP_r = \underbrace{n \times (n-1) \times (n-2) \times \cdots \times (n-r+1)}_{r개}$ (단, $0 < r \leq n$) 예 6명의 학생 중 3명을 뽑아서 일렬로 세우는 경우의 수: $6 \times 5 \times 4 = 120$가지
□ 중복순열	• 서로 다른 n개에서 중복을 허락하여 r개를 택하는 경우의 수: n^r 예 1~9까지의 숫자 중 중복을 허락하여 세 자리 숫자를 만드는 경우의 수: $9^3 = 729$가지
□ 같은 것이 있는 순열	• n개 중 같은 것이 각각 p개, q개, r개일 때, n개를 모두 사용하여 한 줄로 배열하는 경우의 수: $\frac{n!}{p!q!r!}$ (단, $p+q+r=n$) 예 a, a, b, c, c, c, d를 일렬로 나열하는 경우의 수: $\frac{7!}{2!1!3!1!} = 420$가지
□ 원순열	• 서로 다른 n개를 원형으로 배열하는 방법의 수: $\frac{_nP_n}{n} = \frac{n!}{n} = (n-1)!$ • 서로 다른 n개에서 r개를 택하여 원형으로 배열하는 경우의 수: $\frac{_nP_r}{r}$ 예 네 사람이 원형 모양의 식탁에 둘러앉는 방법의 수: $(4-1)! = 3! = 6$가지
□ 조합	• 조합이란 서로 다른 n개에서 순서를 고려하지 않고 r개를 뽑는 경우의 수이다. $_nC_r = \frac{n \times (n-1) \times (n-2) \times \cdots \times (n-r+1)}{r!} = \frac{n!}{r!(n-r)!}$ (단, $0 < r \leq n$) 예 동아리 회원 7명 중 2명의 대표를 뽑는 경우의 수: $_7C_2 = \frac{7!}{2!5!} = 21$가지

5. 통계

□ 도수분포

몸무게(kg)	학생 수(명)
35이상~40미만	2
40~45	3
45~50	6
50~55	8
55~60	6
60~65	5
합계	30

(계급: 몸무게 구간 / 도수: 학생 수)

• 변량: 자료의 특성을 수량으로 나타낸 것
• 도수: 각 계급에 속하는 변량의 수
• 계급: 변량을 일정한 간격으로 나눈 구간
• 계급값: 각 계급의 양 끝값의 합을 2로 나눈 값

□ 평균

• 평균 $= \frac{변량의\ 총합}{변량의\ 개수}$
• 도수분포표 평균 $= \frac{(계급값 \times 도수)의\ 총합}{도수의\ 총합}$
예 A반 학생들의 영어 성적이 각각 60점, 70점, 80점일 때, A반 영어 성적의 평균: $\frac{60+70+80}{3} = 70$점

□ 표준편차

• 편차 = 변량 − 평균
• 표준편차 $= \sqrt{분산} = \sqrt{\frac{(편차)^2의\ 총합}{변량의\ 개수}}$
• 도수분포표에서 표준편차 $= \sqrt{분산} = \sqrt{\frac{\{(편차)^2 \times 도수\}의\ 총합}{도수의\ 총합}}$

6. 집합

□ 합집합의 원소의 개수	원소의 수가 한정되어 있는 유한집합 A, B, C에서 • A∪B의 원소의 수: $n(A\cup B)=n(A)+n(B)-n(A\cap B)$ • A∪B∪C의 원소의 수: $n(A\cup B\cup C)=n(A)+n(B)+n(C)-n(A\cap B)-n(B\cap C)-n(A\cap C)+n(A\cap B\cap C)$ 예 $n(A)=3$, $n(B)=5$, $n(A\cup B)=5$일 때, A∩B의 원소의 수는 $5=3+5-n(A\cap B)$이므로 $n(A\cap B)=3$
□ 부분집합의 개수	원소의 수가 n개인 집합 A에서 • A의 부분집합의 수: 2^n 예 A={1, 2, 3}일 때, A의 부분집합의 수: $2^3=8$개 • 특정한 원소 m개를 반드시 포함하는 부분집합의 개수: 2^{n-m} • 특정한 원소 m개를 포함하지 않는 부분집합의 개수: 2^{n-m}

7. 자료해석

1 빈출 계산 식

□ 변화량	• 기준연도 대비 비교연도 A의 변화량=비교연도 A－기준연도 A 예 2018년 심사 처리 건수가 379,574건이고, 2019년 심사 처리 건수가 433,562건일 때, 2018년 대비 2019년의 심사 처리 건수의 변화량: 433,562－379,574=53,988건
□ 증감률	• 기준연도 대비 비교연도 A의 증감률(%)={(비교연도 A－기준연도 A)/기준연도 A}×100 예 2018년 심사 처리 건수가 379,574건이고, 2019년 심사 처리 건수가 433,562건일 때, 2018년 대비 2019년의 심사 처리 건수의 증감률: {(433,562－379,574)/379,574}×100≒14.2%
□ 비중	• 전체에서 A가 차지하는 비중(%)=(A/전체)×100 예 2019년 특허·실용신안의 심사 처리 건수는 193,934건이고, 전체 심사 처리 건수는 433,562건일 때, 전체에서 특허·실용신안의 심사 처리 건수가 차지하는 비중: (193,934/433,562)×100≒44.7%
□ 평균	• 산술평균=변량의 총합/변량의 개수 예 2019년 특허·실용신안의 심사 처리 건수는 193,934건, 상표 심사 처리 건수는 172,606건일 때, 두 심사 처리 건수의 평균: (193,934+172,606)/2=183,270건

2 자료 해석법

<table>
<tr><td rowspan="5">□ 자료 해석법</td><td>• 문제를 풀기 전 자료의 소재를 미리 확인한다.
• 자료의 소재 및 내용을 먼저 확인하면 문제를 미리 추론할 수 있으므로 풀이 시간을 단축할 수 있다. 단, 추론을 하되 제시된 자료 이외에 자신이 알고 있는 지식을 덧붙여 문제를 풀이해서는 안 된다.</td></tr>
<tr><td>• 문제를 풀기 전 자료의 형태를 파악한다.
• 시계열 형태의 자료가 제시된 경우 항목별 추세를 파악한다.
• 시계열이 아닌 형태의 자료가 제시된 경우 항목 간의 관계를 파악한다.</td></tr>
<tr><td>• 자료의 단위가 비율인 경우 문제 풀이에 주의한다.
• 제시된 비율을 통해 또 다른 정보를 도출할 수 있음을 명심한다.
예 여성의 비율과 전체 인원수가 제시된 경우 여성의 인원수를 구할 수 있다.
• 한정된 정보만으로 문제를 풀이한다는 사실에 명심한다.
예 여성의 비율 이외에 추가 정보가 제시되지 않는 경우 구체적인 수치 즉, 여성의 인원수에 대한 정보는 알 수 없다.</td></tr>
<tr><td>• 보기를 확인할 때에는 계산이 필요한 보기를 가장 마지막에 확인한다.
• 계산이 필요 없는 보기가 정답이 될 수도 있으므로 계산이 필요한 보기를 가장 마지막에 확인하여 문제 풀이 시간을 단축한다.</td></tr>
<tr><td>• 계산이 필요한 보기는 계산 과정을 최소한으로 줄여서 풀이한다.
• 보기에 제시된 숫자의 일의 자리 수가 모두 다를 경우 일의 자리 수만을 계산한다.
• 보기에 제시된 숫자 간의 크기 차이가 클 경우 십의 자리 또는 백의 자리에서 반올림하여 근삿값으로 계산한다.</td></tr>
</table>

8. 언어추리

1 명제

<table>
<tr><td>□ 명제의 정의</td><td>• 가정과 결론으로 구성되어 참과 거짓을 명확히 판별할 수 있는 문장이다.
예 독일어를 할 수 있는 사람은(가정) / 스페인어를 할 수 있다(결론).</td></tr>
<tr><td>□ 명제의 '역', '이', '대우'</td><td>• 명제: P이면 Q이다.
예 축구를 할 수 있는 사람은 야구도 할 수 있다.
• 명제의 '역': Q이면 P이다.
예 야구를 할 수 있는 사람은 축구도 할 수 있다.
• 명제의 '이': P가 아니면 Q가 아니다.
예 축구를 할 수 없는 사람은 야구도 할 수 없다.
• 명제의 '대우': Q가 아니면 P가 아니다.
예 야구를 할 수 없는 사람은 축구도 할 수 없다.</td></tr>
<tr><td>□ 명제 사이의 관계</td><td>• 명제와 '대우' 사이의 관계: 주어진 명제가 참일 때 그 명제의 '대우'만이 참인 것을 알 수 있고, 주어진 명제가 거짓일 때 그 명제의 '대우'만이 거짓인 것을 알 수 있다.
• 명제와 '역', '이' 사이의 관계: 주어진 명제의 참과 거짓을 판별할 수 있더라도 그 명제의 '역'과 '이'의 참과 거짓은 판별할 수 없다.</td></tr>
<tr><td>□ 명제의 분리</td><td>• 분리된 명제가 참인 경우
(S or P) → Q : S → Q (참), P → Q (참)
S → (P and Q) : S → P (참), S → Q (참)
• 분리된 명제의 참과 거짓을 판별할 수 없는 경우
S → (P or Q) : S → P (알 수 없음), S → Q (알 수 없음)
(S and P) → Q : S → Q (알 수 없음), P → Q (알 수 없음)</td></tr>
<tr><td>□ 명제의 집합관계</td><td>• 모든 S는 P이다.
[P ⊃ S] [S=P]
• 어떤 S는 P이다.
[P ⊃ S] [S ⊃ P] [S=P] [S, P 교집합]</td></tr>
</table>

□ 명제의 집합관계

- 모든 S는 P가 아니다. / 어떤 S도 P가 아니다.

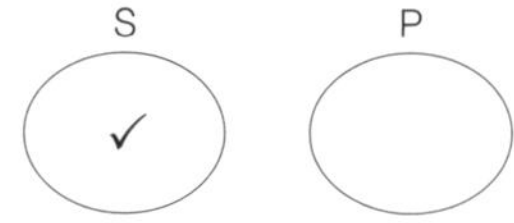

- 어떤 S는 P가 아니다.

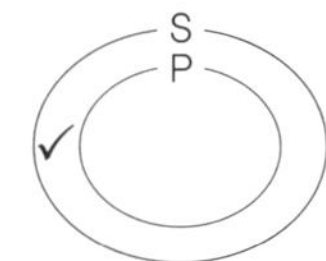

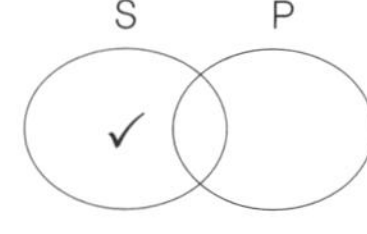

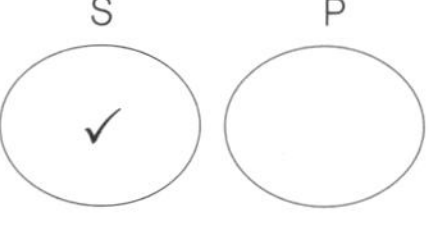

2 삼단논법

□ 삼단논법의 정의

- 명제로 구성된 두 개의 전제로부터 하나의 결론을 도출하는 추리 방법이다.

대전제	모든 동물은 잠을 잔다.
소전제	모든 다람쥐는 동물이다.
결론	모든 다람쥐는 잠을 잔다.

- 대전제: 결론의 술어 개념인 '대개념'을 포함한 전제
- 소전제: 결론의 주어 개념인 '소개념'을 포함한 전제
- 매개념: 결론의 중개 역할을 하면서 전제에만 나오는 개념

□ 타당성 증명 규칙

- 긍정명제: 긍정의 관계를 나타내는 명제
  예 모든 동물은 잠을 잔다.
- 부정명제: 부정 판단을 나타내는 명제
  예 모든 동물은 다람쥐가 아니다.
- 대전제와 소전제 모두 긍정명제라면 결론도 긍정명제여야 한다.
- 대전제와 소전제 중 하나라도 부정명제라면 결론은 반드시 부정명제여야 한다.
- 삼단논법에서 두 개의 전제가 모두 부정명제일 수는 없다.

구분	경우 1	경우 2	경우 3
대전제(전제 1)	긍정명제	긍정명제	부정명제
소전제(전제 2)	긍정명제	부정명제	긍정명제
결론	긍정명제	부정명제	부정명제

□ 타당한 논증

- 전제를 참으로 받아들일 경우에 결론도 틀림없이 참이 된다면 타당한 논증이다.
  예 1. 전제 1: 모든 정치가는 공무원이다.
  전제 2: 어떤 사업가도 공무원은 아니다.
  결론: 어떤 사업가도 정치가는 아니다.

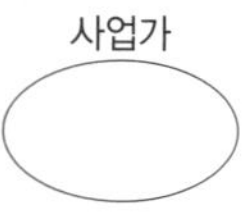

□ 타당한 논증

2. 전제 1: 어떤 정치가도 사업가가 아니다.
전제 2: 어떤 공무원은 정치가이다.
결론: 어떤 공무원은 사업가가 아니다.

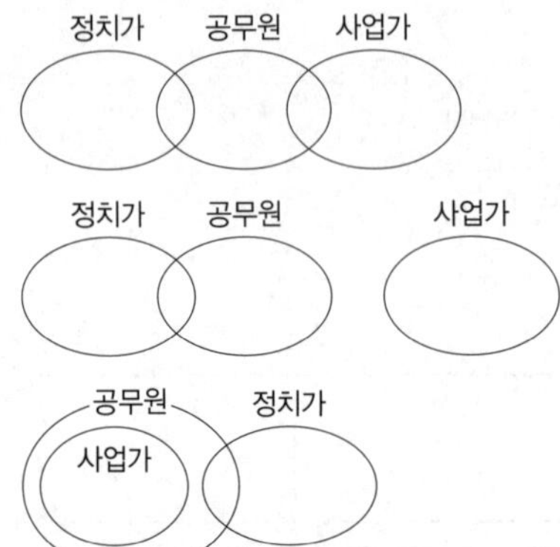

□ 타당하지 않은 논증

• 반례가 한 가지라도 존재한다면 타당하지 않은 논증이다.

예 1. 전제 1: 어떤 공무원은 사업가이다.
전제 2: 모든 정치가는 공무원이다.
결론: 어떤 정치가는 사업가이다.
→ 아래의 반례와 같이 모든 정치가는 사업가가 아닐 수도 있으므로 타당하지 않은 결론이다.

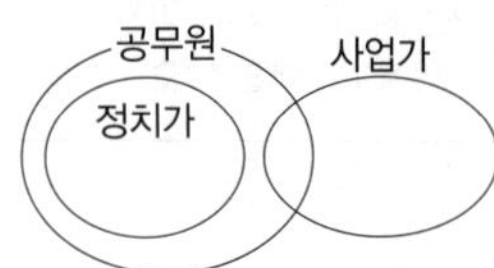

2. 전제 1: 모든 정치가는 공무원이다.
전제 2: 어떤 사업가도 정치가는 아니다.
결론: 어떤 사업가도 공무원은 아니다.
→ 아래의 반례와 같이 공무원인 사업가가 존재할 수도 있으므로 타당하지 않은 결론이다.

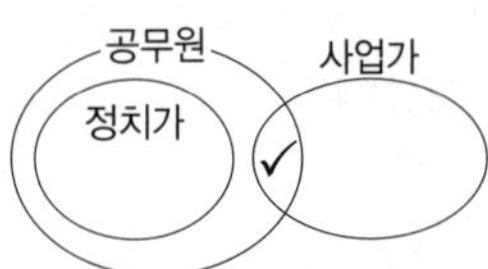

3. 전제 1: 어떤 공무원도 사업가는 아니다.
전제 2: 어떤 공무원은 정치가이다.
결론: 어떤 정치가는 사업가이다.
→ 아래의 반례와 같이 모든 정치가는 사업가가 아닐 수도 있으므로 타당하지 않은 결론이다.

□ 타당하지 않은 논증	4. 전제 1: 모든 정치가는 공무원이다. 전제 2: 모든 정치가는 사업가이다. 결론: 모든 사업가는 공무원이다. → 아래의 반례와 같이 공무원이 아닌 사업가가 존재할 수도 있으므로 타당하지 않은 결론이다. 

9. 도형추리

1 도형 변환 규칙

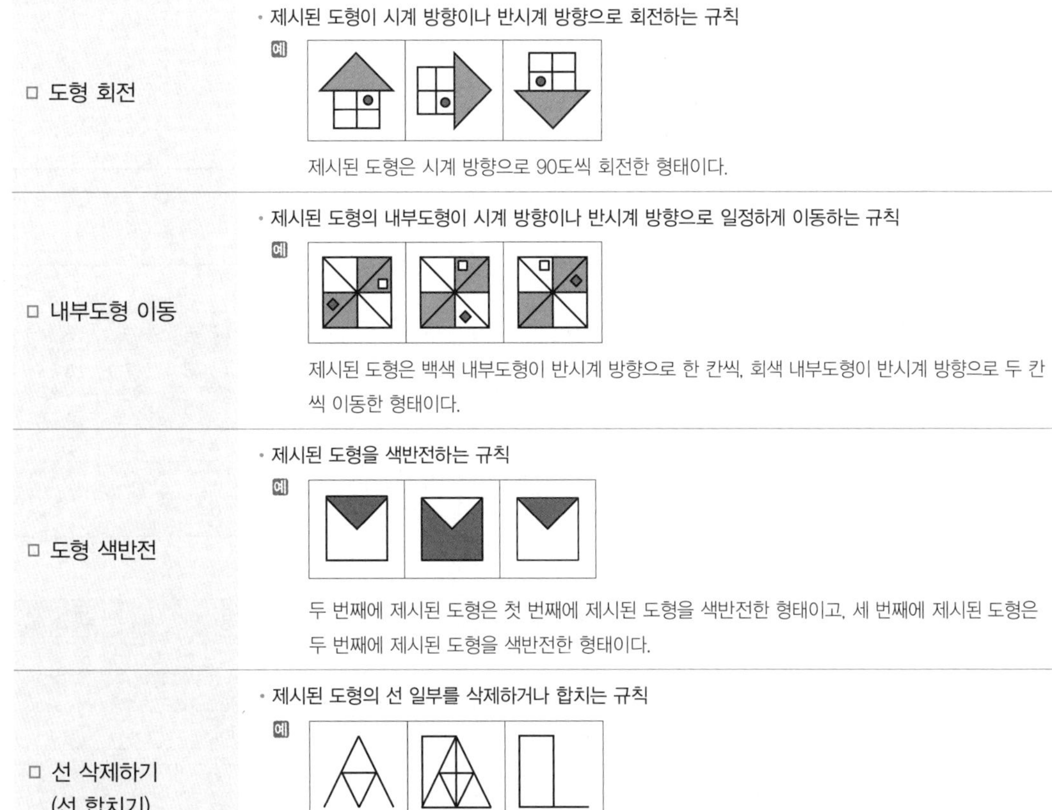

□ 도형 회전	• 제시된 도형이 시계 방향이나 반시계 방향으로 회전하는 규칙 예 제시된 도형은 시계 방향으로 90도씩 회전한 형태이다.
□ 내부도형 이동	• 제시된 도형의 내부도형이 시계 방향이나 반시계 방향으로 일정하게 이동하는 규칙 예 제시된 도형은 백색 내부도형이 반시계 방향으로 한 칸씩, 회색 내부도형이 반시계 방향으로 두 칸씩 이동한 형태이다.
□ 도형 색반전	• 제시된 도형을 색반전하는 규칙 예 두 번째에 제시된 도형은 첫 번째에 제시된 도형을 색반전한 형태이고, 세 번째에 제시된 도형은 두 번째에 제시된 도형을 색반전한 형태이다.
□ 선 삭제하기 (선 합치기)	• 제시된 도형의 선 일부를 삭제하거나 합치는 규칙 예 세 번째에 제시된 도형은 두 번째에 제시된 도형에서 첫 번째에 제시된 도형의 선을 삭제한 형태이다. (두 번째에 제시된 도형은 첫 번째와 세 번째에 제시된 도형의 선을 합친 형태이다.)

□ 면 자르기

- 제시된 도형의 면을 가로 방향이나 세로 방향으로 자르는 규칙

예

두 번째에 제시된 도형은 첫 번째에 제시된 도형을 세로 방향으로 자른 후 하나의 모양만 나타낸 형태이고, 세 번째에 제시된 도형은 두 번째에 제시된 도형을 세로 방향으로 자른 후 하나의 모양만 나타낸 형태이다.

10. 도식추리

1 변환 규칙

□ 문자 변환/증감

- 문자의 순서에 따라 문자를 다른 문자로 변환시키는 규칙
  예 abcd → acde (a, b+1, c+1, d+1)
- 제시된 각 숫자의 크기를 증가시키거나 감소시키는 규칙
  예 2857 → 1948 (2−1, 8+1, 5−1, 7+1)

□ 자리 변환

- 문자나 숫자를 특정 자리로 이동시키거나 자리를 서로 바꾸는 규칙
  예 abcd → dcba, 1254 → 4521

2 문자 순서

□ 알파벳

- 오름차순에 따른 알파벳 순서

…	X	Y	Z	A	B	C	D	E	F	G	H	I
…	−2	−1	0	1	2	3	4	5	6	7	8	9
J	K	L	M	N	O	P	Q	R	S	T	U	V
10	11	12	13	14	15	16	17	18	19	20	21	22
W	X	Y	Z	A	B	C	…					
23	24	25	26	27	28	29	…					

□ 한글 자음

- 오름차순에 따른 한글 자음 순서

…	ㅌ	ㅍ	ㅎ	ㄱ	ㄴ	ㄷ	ㄹ	ㅁ	ㅂ	ㅅ
…	−2	−1	0	1	2	3	4	5	6	7
ㅇ	ㅈ	ㅊ	ㅋ	ㅌ	ㅍ	ㅎ	ㄱ	ㄴ	ㄷ	…
8	9	10	11	12	13	14	15	16	17	…

□ 한글 모음

- 오름차순에 따른 한글 모음 순서

…	ㅠ	ㅡ	ㅣ	ㅏ	ㅑ	ㅓ	ㅕ	ㅗ
…	−2	−1	0	1	2	3	4	5
ㅛ	ㅜ	ㅠ	ㅡ	ㅣ	ㅏ	ㅑ	ㅓ	…
6	7	8	9	10	11	12	13	…

11. 단어유추

1 유의관계

□ 강등(降等) ≒ 좌천(左遷)	등급이나 계급 따위가 낮아짐
□ 개선(改善) ≒ 개량(改良)	잘못된 것이나 부족한 것, 나쁜 것 따위를 고쳐 더 좋게 만듦
□ 개업(開業) ≒ 창업(創業)	영업을 처음 시작함
□ 격려(激勵) ≒ 고무(鼓舞)	용기나 의욕이 솟아나도록 북돋워 줌
□ 결점(缺點) ≒ 하자(瑕疵)	잘못되거나 부족하여 완전하지 못한 점
□ 결핍(缺乏) ≒ 부족(不足)	있어야 할 것이 없어지거나 모자람
□ 귀감(龜鑑) ≒ 교훈(敎訓)	거울로 삼아 본받을 만한 모범
□ 기대(期待) ≒ 촉망(屬望)	어떤 일이 원하는 대로 이루어지기를 바라면서 기다림
□ 기색(氣色) ≒ 동정(動靜)	일이나 현상이 벌어지고 있는 낌새
□ 납득(納得) ≒ 수긍(首肯)	다른 사람의 말이나 행동, 형편 따위를 잘 알아서 긍정하고 이해함
□ 단안(斷案) ≒ 결정(決定)	옳고 그름을 판단함
□ 둔화(鈍化) ≒ 약화(弱化)	세력이나 힘이 약해짐
□ 매개(媒介) ≒ 간접(間接)	둘 사이에서 양편의 관계를 맺어 줌
□ 몰두(沒頭) ≒ 탐닉(耽溺)	어떤 일에 온 정신을 다 기울여 열중함
□ 무식(無識) ≒ 과문(寡聞)	배우지 않은 데다 보고 듣지 못하여 아는 것이 없음
□ 묵과(默過) ≒ 묵인(默認)	잘못을 알고도 모르는 체하고 그대로 넘김
□ 미연(未然) ≒ 사전(事前)	어떤 일이 아직 그렇게 되지 않은 때
□ 미행(尾行) ≒ 추적(追跡)	다른 사람의 행동을 감시하거나 증거를 잡기 위하여 그 사람 몰래 뒤를 밟음
□ 발명(發明) ≒ 창안(創案)	아직까지 없던 기술이나 물건을 새로 생각하여 만들어 냄
□ 번창(繁昌) ≒ 번영(繁榮)	번화하게 창성함
□ 복용(服用) ≒ 투약(投藥)	약을 먹음
□ 본질(本質) ≒ 실태(實態)	본디부터 가지고 있는 사물 자체의 성질이나 모습
□ 비운(悲運) ≒ 불운(不運)	순조롭지 못하거나 슬픈 운수나 운명
□ 상황(狀況) ≒ 정세(情勢)	일이 되어 가는 과정이나 형편
□ 생산(生産) ≒ 제조(製造)	인간이 생활하는 데 필요한 각종 물건을 만들어 냄
□ 서거(逝去) ≒ 작고(作故)	고인이 되었다는 뜻으로, 사람의 죽음을 높여 이르는 말
□ 선정(選定) ≒ 선발(選拔)	여럿 가운데서 어떤 것을 뽑아 정함
□ 세련(洗練) ≒ 숙련(熟練)	서투르거나 어색한 데가 없이 능숙하고 미끈하게 갈고 닦음

□ 소모(消耗) ≒ 소비(消費)	써서 없앰
□ 숙독(熟讀) ≒ 탐독(耽讀)	어떤 글이나 책 따위를 열중하여 읽음
□ 실제(實際) ≒ 실질(實質)	사실의 경우나 형편
□ 실현(實現) ≒ 성취(成就)	꿈, 기대 따위를 실제로 이룸
□ 암시(暗示) ≒ 시사(示唆)	어떤 것을 미리 간접적으로 표현해 줌
□ 역경(逆境) ≒ 난항(難航)	일이 순조롭지 않아 매우 어렵게 된 처지나 환경
□ 역사(歷史) ≒ 연혁(沿革)	인류 사회의 변천과 흥망의 과정 또는 그 기록
□ 열중(熱中) ≒ 골몰(汨沒)	한 가지 일에 정신을 쏟음
□ 운명(運命) ≒ 숙명(宿命)	인간을 포함한 모든 것을 지배하는 초인간적인 힘
□ 운용(運用) ≒ 운영(運營)	무엇을 움직이게 하거나 부리어 씀
□ 위탁(委託) ≒ 위임(委任)	남에게 사물이나 사람의 책임을 맡김
□ 유명(有名) ≒ 저명(著名)	이름이 널리 알려져 있음
□ 육성(育成) ≒ 교육(教育)	지식과 기술 따위를 가르치며 인격을 길러 줌
□ 의도(意圖) ≒ 취지(趣旨)	무엇을 하고자 하는 생각이나 계획
□ 의존(依存) ≒ 의지(依支)	다른 것에 몸을 기댐
□ 이완(弛緩) ≒ 해이(解弛)	바짝 조였던 정신이 풀려 늦추어짐
□ 인가(認可) ≒ 허가(許可)	행동이나 일을 하도록 허용함
□ 저가(低價) ≒ 염가(廉價)	시세에 비하여 헐한 값
□ 정독(精讀) ≒ 미독(味讀)	뜻을 새겨 가며 자세히 읽음
□ 정세(情勢) ≒ 상황(狀況)	일이 되어 가는 형편
□ 제명(除名) ≒ 제적(除籍)	구성원 명단에서 이름을 빼어 구성원 자격을 박탈함
□ 제안(提案) ≒ 발의(發議)	안이나 의견으로 내놓음
□ 제압(制壓) ≒ 압도(壓倒)	위력이나 위엄으로 세력이나 기세 따위를 억눌러서 통제함
□ 증명(證明) ≒ 입증(立證)	어떤 상황이나 판단에 대하여 진실인지 아닌지 증거를 들어서 밝힘
□ 지시(指示) ≒ 명령(命令)	윗사람이나 상위 조직이 아랫사람이나 하위 조직에게 무엇을 하게 함
□ 질타(叱咤) ≒ 힐난(詰難)	트집을 잡아 거북할 만큼 따지고 듦
□ 착안(着眼) ≒ 착상(着想)	어떤 일이나 창작의 실마리가 되는 생각이나 구상 따위를 잡음
□ 채용(採用) ≒ 기용(起用)	사람을 골라서 씀
□ 추정(推定) ≒ 추측(推測)	미루어 생각하여 헤아림
□ 포부(抱負) ≒ 희망(希望)	마음속에 지니고 있는, 미래에 대한 계획이나 희망

□ 풍조(風潮) ≒ 시류(時流)	그 시대의 풍조나 경향
□ 풍파(風波) ≒ 파란(波瀾)	세찬 바람과 험한 물결을 아울러 이르는 말
□ 한계(限界) ≒ 범위(範圍)	일정하게 한정된 영역
□ 핵심(核心) ≒ 요점(要點)	사물의 가장 중심이 되는 부분
□ 허공(虛空) ≒ 천공(天空)	텅 빈 공중
□ 현실(現實) ≒ 실제(實際)	현재 실제로 존재하는 사실이나 상태
□ 혼잡(混雜) ≒ 번잡(煩雜)	여럿이 한데 뒤섞이어 어수선함
□ 환대(歡待) ≒ 우대(優待)	반갑게 맞아 정성껏 후하게 대접함
□ 활용(活用) ≒ 변통(變通)	충분히 잘 이용함
□ 회복(回復) ≒ 만회(挽回)	원래 상태로 돌이키거나 원래의 상태를 되찾음
□ 회전(回轉) ≒ 선회(旋回)	어떤 것을 축으로 물체 자체가 빙빙 돎

2 반대관계

□ 가결(可決) ↔ 부결(否決)	• 가결: 회의에서, 제출된 의안을 합당하다고 결정함 • 부결: 의논한 안건을 받아들이지 아니하기로 결정함
□ 가명(假名) ↔ 본명(本名)	• 가명: 실제의 자기 이름이 아닌 이름 • 본명: 가명이나 별명이 아닌 본디 이름
□ 가입(加入) ↔ 탈퇴(脫退)	• 가입: 조직이나 단체 따위에 들어가거나, 서비스를 제공하는 상품 따위를 신청함 • 탈퇴: 관계하고 있던 조직이나 단체 따위에서 관계를 끊고 물러남
□ 가해(加害) ↔ 피해(被害)	• 가해: 다른 사람의 생명이나 신체, 재산, 명예 따위에 해를 끼침 • 피해: 생명이나 신체, 재산, 명예 따위에 손해를 입음
□ 걸작(傑作) ↔ 졸작(拙作)	• 걸작: 매우 훌륭한 작품 • 졸작: 솜씨가 서투르고 보잘것없는 작품
□ 격감(激減) ↔ 급증(急增)	• 격감: 수량이 갑자기 줆 • 급증: 갑작스럽게 늘어남
□ 경상(經常) ↔ 임시(臨時)	• 경상: 일정한 상태로 계속하여 변동이 없음 • 임시: 미리 정하지 아니하고 그때그때 필요에 따라 정한 것
□ 경직(硬直) ↔ 유연(柔軟)	• 경직: 몸 따위가 굳어서 뻣뻣하게 됨 • 유연: 부드럽고 연하다
□ 경험(經驗) ↔ 상상(想像)	• 경험: 자신이 실제로 해 보거나 겪어 봄. 또는 거기서 얻은 지식이나 기능 • 상상: 실제로 경험하지 않은 현상이나 사물에 대하여 마음속으로 그려 봄
□ 고의(故意) ↔ 과실(過失)	• 고의: 일부러 하는 생각이나 태도 • 과실: 부주의나 태만 따위에서 비롯된 잘못이나 허물
□ 공급(供給) ↔ 수요(需要)	• 공급: 요구나 필요에 따라 물품 따위를 제공함 • 수요: 어떤 재화나 용역을 일정한 가격으로 사려고 하는 욕구

□ 과작(寡作) ↔ 다작(多作)	• 과작: 작품 따위를 적게 지음 • 다작: 작품 따위를 많이 지어냄
□ 교수(敎授) ↔ 학습(學習)	• 교수: 학문이나 기예(技藝)를 가르침 • 학습: 배워서 익힘
□ 근면(勤勉) ↔ 태만(怠慢)	• 근면: 부지런히 일하며 힘씀 • 태만: 열심히 하려는 마음이 없고 게으름
□ 기정(旣定) ↔ 미정(未定)	• 기정: 이미 결정되어 있음 • 미정: 아직 정하지 못함
□ 낭독(朗讀) ↔ 묵독(默讀)	• 낭독: 글을 소리 내어 읽음 • 묵독: 소리를 내지 않고 속으로 글을 읽음
□ 낭보(朗報) ↔ 비보(悲報)	• 낭보: 기쁜 기별이나 소식 • 비보: 슬픈 기별이나 소식
□ 눌변(訥辯) ↔ 달변(達辯)	• 눌변: 더듬거리는 서툰 말솜씨 • 달변: 능숙하여 막힘이 없는 말
□ 능숙(能熟) ↔ 미숙(未熟)	• 능숙: 능하고 익숙하다 • 미숙: 열매나 음식이 아직 익지 않은 상태에 있다
□ 단란(團欒) ↔ 불화(不和)	• 단란: 한 가족의 생활이 원만하고 즐거움 • 불화: 서로 화합하지 못함
□ 답습(踏襲) ↔ 창조(創造)	• 답습: 예로부터 해 오던 방식이나 수법을 좇아 그대로 행함 • 창조: 전에 없던 것을 처음으로 만듦
□ 독점(獨占) ↔ 공유(共有)	• 독점: 혼자서 모두 차지함 • 공유: 두 사람 이상이 한 물건을 공동으로 소유함
□ 망각(忘却) ↔ 기억(記憶)	• 망각: 어떤 사실을 잊어버림 • 기억: 이전의 인상이나 경험을 의식 속에 간직하거나 도로 생각해 냄
□ 매몰(埋沒) ↔ 발굴(發掘)	• 매몰: 보이지 아니하게 파묻히거나 파묻음 • 발굴: 땅속이나 큰 덩치의 흙, 돌 더미 따위에 묻혀 있는 것을 찾아서 파냄
□ 배출(排出) ↔ 흡수(吸收)	• 배출: 안에서 밖으로 밀어 내보냄 • 흡수: 빨아서 거두어들임
□ 백주(白晝) ↔ 심야(深夜)	• 백주: 환히 밝은 낮 • 심야: 깊은 밤
□ 보편(普遍) ↔ 특수(特殊	• 보편: 모든 것에 두루 미치거나 통함 • 특수: 특별히 다름
□ 상이(相異) ↔ 유사(類似)	• 상이: 서로 다름 • 유사: 서로 비슷함
□ 선두(先頭) ↔ 후미(後尾)	• 선두: 대열이나 행렬, 활동 따위에서 맨 앞 • 후미: 뒤쪽의 끝
□ 송신(送信) ↔ 수신(受信)	• 송신: 주로 전기적 수단을 이용하여 전신이나 전화, 라디오, 텔레비전 방송 따위의 신호를 보냄 • 수신: 우편이나 전보 따위의 통신을 받음

□ 수익(收益) ↔ 손실(損失)	• 수익: 이익을 거두어들임 • 손실: 잃어버리거나 축나서 손해를 봄
□ 순종(順從) ↔ 거역(拒逆)	• 순종: 순순히 따름 • 거역: 윗사람의 뜻이나 지시 따위를 따르지 않고 거스름
□ 연결(連結) ↔ 단절(斷絕)	• 연결: 사물과 사물을 서로 잇거나 현상과 현상이 관계를 맺게 함 • 단절: 자르거나 베어서 끊음
□ 염세(厭世) ↔ 낙천(樂天)	• 염세: 세상을 괴롭고 귀찮은 것으로 여겨 비관함 • 낙천: 세상과 인생을 즐겁고 좋은 것으로 여김
□ 온건(穩健) ↔ 강경(强硬)	• 온건: 생각이나 행동 따위가 사리에 맞고 건실함 • 강경: 굳세게 버티어 굽히지 않음
□ 우월(優越) ↔ 열등(劣等)	• 우월: 다른 것보다 나음 • 열등: 보통의 수준이나 등급보다 낮음
□ 융성(隆盛) ↔ 쇠퇴(衰退)	• 융성: 기운차게 일어나거나 대단히 번성함 • 쇠퇴: 기세나 상태가 쇠하여 전보다 못하여 감
□ 이용(利用) ↔ 악용(惡用)	• 이용: 대상을 필요에 따라 이롭게 씀 • 악용: 알맞지 않게 쓰거나 나쁜 일에 씀
□ 인정(認定) ↔ 부인(否認)	• 인정: 확실히 그렇다고 여김 • 부인: 어떤 내용이나 사실을 옳거나 그러하다고 인정하지 아니함
□ 임대(賃貸) ↔ 임차(賃借)	• 임대: 돈을 받고 자기의 물건을 남에게 빌려줌 • 임차: 돈을 내고 남의 물건을 빌려 씀
□ 자의(自意) ↔ 타의(他意)	• 자의: 자기의 생각이나 의견 • 타의: 다른 사람의 생각이나 의견
□ 절약(節約) ↔ 낭비(浪費)	• 절약: 함부로 쓰지 아니하고 꼭 필요한 데에만 써서 아낌 • 낭비: 시간이나 재물 따위를 헛되이 헤프게 씀
□ 종결(終結) ↔ 시작(始作)	• 종결: 일을 끝냄 • 시작: 어떤 일이나 행동의 처음 단계를 이루거나 그렇게 하게 함
□ 주의(注意) ↔ 방심(放心)	• 주의: 마음에 새겨 두고 조심함 • 방심: 마음을 다잡지 아니하고 풀어 놓아 버림
□ 중시(重視) ↔ 경시(輕視)	• 중시: 가볍게 여길 수 없을 만큼 매우 크고 중요하게 여김 • 경시: 대수롭지 않게 보거나 업신여김
□ 찰나(刹那) ↔ 영원(永遠)	• 찰나: 어떤 일이나 사물 현상이 일어나는 바로 그때 • 영원: 어떤 상태가 끝없이 이어짐
□ 천연(天然) ↔ 인위(人爲)	• 천연: 사람의 힘을 가하지 아니한 상태 • 인위: 자연의 힘이 아닌 사람의 힘으로 이루어지는 일
□ 출발(出發) ↔ 도달(到達)	• 출발: 목적지를 향하여 나아감 • 도달: 목적한 곳이나 수준에 다다름
□ 침착(沈着) ↔ 경망(輕妄)	• 침착: 행동이 들뜨지 아니하고 차분함 • 경망: 행동이나 말이 가볍고 조심성이 없음

□ 통합(統合) ↔ 분리(分離)	• 통합: 둘 이상의 조직이나 기구 따위를 하나로 합침 • 분리: 서로 나뉘어 떨어짐
□ 팽창(膨脹) ↔ 수축(收縮)	• 팽창: 부풀어서 부피가 커짐 • 수축: 부피나 규모가 줄어듦
□ 폐쇄(閉鎖) ↔ 개방(開放)	• 폐쇄: 문 따위를 닫아걸거나 막아 버림 • 개방: 문이나 어떠한 공간 따위를 열어 자유롭게 드나들고 이용하게 함
□ 폐지(廢止) ↔ 존속(存續)	• 폐지: 실시하여 오던 제도나 법규, 일 따위를 그만두거나 없앰 • 존속: 어떤 대상이 그대로 있거나 어떤 현상이 계속됨
□ 폭로(暴露) ↔ 은폐(隱蔽)	• 폭로: 알려지지 않았거나 감춰져 있던 사실을 드러냄 • 은폐: 덮어 감추거나 가리어 숨김
□ 한기(寒氣) ↔ 서기(暑氣)	• 한기: 추운 기운 • 서기: 더운 기운
□ 할인(割引) ↔ 할증(割增)	• 할인: 일정한 값에서 얼마를 뺌 • 할증: 일정한 값에 얼마를 더함
□ 허가(許可) ↔ 금지(禁止)	• 허가: 행동이나 일을 하도록 허용함 • 금지: 법이나 규칙이나 명령 따위로 어떤 행위를 하지 못하도록 함
□ 협조(協助) ↔ 훼방(毁謗)	• 협조: 힘을 보태어 도움 • 훼방: 남을 헐뜯어 비방함
□ 호평(好評) ↔ 혹평(酷評)	• 호평: 좋게 평함 • 혹평: 가혹하게 비평함
□ 환대(歡待) ↔ 괄시(恝視)	• 환대: 반갑게 맞아 정성껏 후하게 대접함 • 괄시: 업신여겨 하찮게 대함
□ 회고(回顧) ↔ 전망(展望)	• 회고: 뒤를 돌아다봄 • 전망: 넓고 먼 곳을 멀리 바라봄
□ 획득(獲得) ↔ 상실(喪失)	• 획득: 얻어 내거나 얻어 가짐 • 상실: 어떤 사람과 관계가 끊어지거나 헤어지게 됨

3 기타관계

□ 포함관계	• 한 단어가 다른 단어에 포함되는 단어의 관계 예 문학 – 수필, 포유류 – 박쥐
□ 전체 – 부분관계	• 한 단어는 전체, 다른 단어는 전체의 한 부분에 해당하는 단어의 관계 예 독수리 – 날개, 얼굴 – 코, 자동차 – 타이어
□ 동위관계	• 두 단어가 동일한 상위개념에 포함되는 단어의 관계 예 화강암 – 현무암, 질소 – 이산화탄소
□ 인과관계	• 한 단어는 원인, 다른 단어는 그로 인한 결과에 해당하는 단어의 관계 예 바람 – 파도, 폭우 – 홍수, 노력 – 성공

□ 재료 – 완제품관계	• 한 단어는 재료, 다른 단어는 그 재료로 만들어진 완제품에 해당하는 단어의 관계 예 콩 – 두부, 포도 – 와인, 비단 – 견사, 우유 – 버터, 고무 – 바퀴
□ 과거 – 현재관계	• 용도가 같은 과거 물건과 현재 물건에 해당하는 단어의 관계 예 마차 – 자동차, 흑백 TV – 컬러 TV
□ 도구 – 용도관계	• 한 단어는 도구, 다른 단어는 그 도구의 용도에 해당하는 단어의 관계 예 냄비 – 취사, 비누 – 세면, 실 – 바느질
□ 장치 – 동력원관계	• 한 단어는 장치, 다른 단어는 그 장치의 동력원에 해당하는 단어의 관계 예 돛단배 – 바람, 전등 – 전기, 증기기관 – 수증기
□ 순서관계	• 위치의 상하관계: 위치상 위·중간·아래에 해당하는 단어의 관계 예 하늘 – 산 – 땅, 천장 – 벽 – 바닥 • 시간의 전후관계: 시간의 흐름에 따라 이어지는 단어의 관계 예 아침 – 점심 – 저녁, 5월 – 6월 – 7월, 가을 – 겨울 – 봄
□ 서술관계	• 목적어 – 서술어관계: 목적어와 서술어로 결합하여 사용되는 단어의 관계 예 눈 – 감다, 타인 – 생각, 인재 – 육성 • 주어 – 서술어관계: 주어와 서술어로 결합하여 사용되는 단어의 관계 예 머리 – 자라다, 비 – 내리다
□ 제품 – 사람관계	• 제품 – 생산자관계: 한 단어는 제품, 다른 단어는 그 제품을 생산하는 사람에 해당하는 단어의 관계 예 망치 – 대장장이, 의상 – 디자이너 • 제품 – 사용자관계: 한 단어는 제품, 다른 단어는 그 제품을 사용하는 사람에 해당하는 단어의 관계 예 트랙터 – 농부, 톱 – 목수
□ 제공자 – 수혜자관계	• 한 단어는 서비스나 제품을 제공하는 사람, 다른 단어는 서비스나 제품을 제공받는 사람에 해당하는 단어의 관계 예 의사 – 환자, 선생님 – 학생
□ 보완재관계	• 서로 함께 소비될 때 효용이 증가하는 단어의 관계 예 도장 – 인주, 실 – 바늘
□ 한자성어 – 동물관계	• 한 단어는 한자성어, 다른 단어는 그 한자성어에 포함된 동물에 해당하는 단어의 관계 예 용호상박(龍虎相搏) – 용, 호랑이, 토사구팽(兎死狗烹) – 토끼, 개
□ 한자성어 – 색깔관계	• 한 단어는 한자성어, 다른 단어는 그 한자성어에 포함된 색에 해당하는 단어의 관계 예 동가홍상(同價紅裳) – 빨간색, 청렴결백(淸廉潔白) – 흰색

12. 논리추론

□ 세부 정보 파악하기	· 각 선택지의 핵심어를 찾아 표시하고, 글에서 그 핵심어를 설명하는 문장을 찾는다. – 선택지의 핵심어를 고를 때는 고유명사, 숫자와 같이 글에서 쉽게 찾을 수 있는 말을 우선적으로 고려한다. – 선택지의 핵심어를 고를 때는 글이나 선택지에 자주 반복되는 말을 제외하는 것이 좋다. 왜냐하면 여러 선택지에 공통적으로 나오는 말은 그 선택지만 대표하는 것으로 보기 어렵기 때문이다. – 선택지의 핵심어가 글에 그대로 등장하지 않는다면, 글에 나온 말이 유의어로 바뀐 것은 아닌지, 글에 나온 말의 상위개념을 사용해 일반적인 진술로 바뀐 것은 아닌지 확인해본다. · 반드시, 절대, 전혀, 뿐, 만 등과 같이 단정적인 표현이 포함된 선택지는 글의 내용과 일치하지 않을 확률이 높다. · 글에 나온 정보를 바탕으로 사실적 태도로 내용 일치 여부를 판단해야 하며, 자기 생각과 주관적 판단이 개입되거나 지나치게 확대 해석하지 않도록 해야 한다.
□ 필자의 주장 파악하기	· 글에 반복적으로 등장하는 어휘에 주목하며 제시된 글의 중심 화제를 찾는다. · 중심 화제를 토대로 필자의 주장을 찾는다. – 필자의 주장은 대부분 처음 또는 마지막에 위치하며, 전체 내용을 포괄할 수 있는 일반적이고 추상적인 진술로 표현된다. – 따라서, 그러므로, 요컨대 등과 같이 결론을 제시하거나 요약하는 접속어 뒤에 필자의 주장이 제시되는 경우가 많다. – 예컨대, 왜냐하면, 다시 말해 등과 같이 부연 설명을 덧붙이는 접속어가 나오면 그 앞에 필자의 주장이 제시되는 경우가 많다.

수리/추리논리력 핵심이론 Quiz

1회

학습날짜: ____________
맞힌 개수: ________ /16

01 자연수 24의 약수의 개수를 고르시오.

02 다음 빈칸에 들어갈 알맞은 값을 구하시오.

(1) $x^2-x-12=(x+\square)(x+\square)$

(2) $x^2-64=(x+\square)(x+\square)$

03 일정한 규칙으로 나열된 수를 통해 빈칸에 들어갈 알맞은 숫자를 고르시오.

3 6 12 24 48 □

[04-08] 다음 물음에 답하시오.

04 A가 집에서 학교까지 평균 30km/h의 속력으로 25분 동안 이동하여 학교에 도착했을 때, 집에서 학교까지의 거리를 구하시오.

05 원가가 1,200원인 제품에 15% 이익이 남도록 정가를 책정했을 때, 제품의 정가를 구하시오.

06 어떤 일을 유정이가 혼자 하면 2시간이 걸리고, 수진이가 혼자 하면 2시간 30분이 걸릴 때, 이 일을 유정이와 수진이가 함께 했을 때 걸리는 시간을 구하시오.

07 갑 회사의 남자 직원은 45명, 여자 직원은 30명일 때, 전체 직원에서 여자 직원이 차지하는 비중을 구하시오.

08 Z 농장의 가축 수는 2021년에 450마리이고, 2022년에 585마리일 때, 2022년 Z 농장 가축 수의 전년 대비 증가율을 구하시오.

[09-11] 다음 중 명제인 것은 O, 명제가 아닌 것은 X로 표시하시오.

09 녹차에는 카페인이 함유되어 있다.

10 $x=5$이면 $2x+5=15$이다.

11 지환이는 소설책을 좋아한다.

12 다음 명제의 '역', '이', '대우'를 구하시오.

꼼꼼한 사람은 주변 정리를 잘한다.

13 다음 삼단논법에서 대개념, 소개념, 매개념을 분리하여 쓰시오.

전제 1	역사 공부를 좋아하는 모든 사람은 박물관 관람을 좋아한다.
전제 2	박물관 관람을 좋아하는 모든 사람은 사진 찍기를 좋아한다.
결론	역사 공부를 좋아하는 모든 사람은 사진 찍기를 좋아한다.

14 다음 명제가 참일 때, 분리된 명제 중 참과 거짓을 판별할 수 있는 명제를 〈보기〉에서 고르시오.

- 생각이 많은 사람은 잠을 많이 자고 건망증이 있는 사람이다.
- 건망증이 있는 사람은 생각이 많거나 스트레스가 심하다.

〈보기〉

㉠ 건망증 없는 사람은 생각이 많지 않다.
㉡ 스트레스가 심한 사람은 잠을 많이 잔다.
㉢ 생각이 많은 사람은 스트레스가 심하다.
㉣ 생각이 많은 사람은 잠을 많이 잔다.

[15-16] 다음 중 타당한 논증은 O, 타당하지 않은 논증은 X로 표시하시오.

15 어떤 가수는 연기를 한다. 모든 음반을 발매한 사람은 가수이다. 따라서 음반을 발매한 사람은 연기를 한다.

16 모든 육상 선수는 달리기를 잘한다. 어떤 육상 선수는 높이뛰기를 잘한다. 따라서 어떤 육상 선수는 달리기를 잘하면서 높이뛰기도 잘한다.

2회

학습날짜: ____________
맞힌 개수: ________ /16

01 다음 빈칸에 들어갈 알맞은 값을 구하시오.

(1) $180=2^{\square}\times3^{\square}\times5^{\square}$

(2) $325=\square^{2}\times13$

02 다음 빈칸에 들어갈 알맞은 값을 구하시오.

- 평균 = $\dfrac{(\qquad)}{\text{변량의 개수}}$
- 편차 = $(\qquad)-$ 평균
- 표준편차 = $\sqrt{(\qquad)}=\sqrt{\dfrac{(\text{편차})^2\text{의 총합}}{(\qquad)}}$

03 일정한 규칙으로 나열된 수를 통해 빈칸에 들어갈 알맞은 숫자를 고르시오.

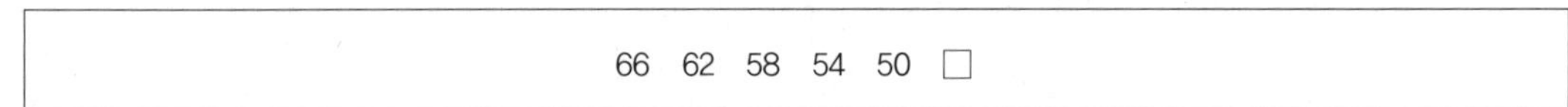

66 62 58 54 50 □

[04-08] 다음 물음에 답하시오.

04 농도가 15%인 소금물 200g에 소금을 더 넣었더니 소금물의 농도가 32%가 되었다. 더 넣은 소금의 양을 구하시오.

05 동전을 3번 던졌을 때, 최소 한 번 이상 앞면이 나올 확률을 구하시오.

06 어느 문구점에서 정가가 3,000원인 A 필통을 2,400원에 할인하여 판매하였다. A 필통의 할인율을 구하시오.

07 어느 아이스크림 가게에서 정가가 1,200원인 Y 아이스크림을 200개 판매하여 40,000원의 이익을 보았다. Y 아이스크림의 원가를 구하시오.

08 A 기업의 매출액은 2019년에 1,120억 원, 2020년에 1,320억 원, 2021년에 1,250억 원일 때, 2019년부터 2021년까지 A 기업의 평균 매출액을 구하시오.

09 제시된 각 문자를 알파벳, 한글 자음 및 한글 모음 순서에 따라 숫자로 변경하시오.

문자	P	ㅂ	ㅛ	U	ㅋ	R	ㅜ	N	Y
문자를 변경한 숫자									

[10-12] 다음 각 기호가 나타내는 변환 규칙의 종류를 쓰시오.

10

KM5E → ♣ → JK4C

11

RJU8 → ■ → 8UJR

12

ㄷㅈㅗㅕ → ♤ → ㄹㅊㅕㅓ

[13-14] 다음 단어 쌍의 관계를 유추하여 빈칸에 들어갈 적절한 단어를 고르시오.

13

한기 : 서기 = 가입 : (　　　)

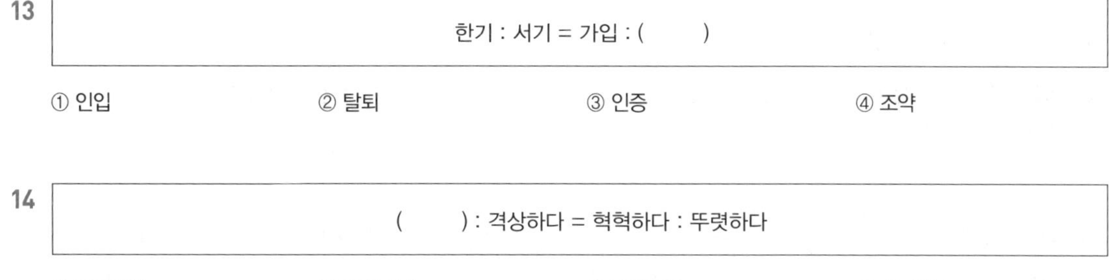

① 인입　　② 탈퇴　　③ 인증　　④ 조약

14

(　　　) : 격상하다 = 혁혁하다 : 뚜렷하다

① 강등하다　　② 격렬하다　　③ 격락하다　　④ 승격하다

[15-16] 다음 단어 쌍이 어떤 관계인지 쓰시오.

15 번창 - 번영 (　　　)

16 경직 - 유연 (　　　)

3회

학습날짜: ____________
맞힌 개수: ________ /16

01 다음 빈칸에 들어갈 알맞은 식을 구하시오.

(1) 서로 다른 n개를 원형으로 배열하는 방법의 수: (   )

(2) 서로 다른 n개에서 r개를 택하여 원형으로 배열하는 경우의 수: (   )

(3) 서로 다른 n개에서 중복을 허락하여 r개를 택하는 경우의 수: (   )

02 등차수열의 합 공식과 등비수열의 합 공식을 완성하시오.

등차수열의 합	등비수열의 합
$S_n=\frac{n(\quad\quad)}{2}=\frac{n(\quad\quad)}{2}$ (단, 첫째항: a, 끝항: l, 공차: d)	$S_n=na\ (r=1)$, $S_n=\frac{a(\quad\quad)}{1-r}\ (r\neq1)$ (단, 첫째항: a, 공비: r)

03 일정한 규칙으로 나열된 수를 통해 빈칸에 들어갈 알맞을 숫자를 고르시오.

2 5 7 12 19 □ 50 81 131

[04-08] 다음 물음에 답하시오.

04 현재 현웅이의 나이는 아버지의 나이보다 30살 어리고, 23년 뒤에는 아버지의 나이가 현웅이의 나이의 2배일 때, 현재 현웅이의 나이를 구하시오.

05 은정이는 동전을 던져 앞면이 나오면 5점, 뒷면이 나오면 3점을 얻는다. 은정이가 동전을 한 번 던졌을 때 얻을 수 있는 점수의 기댓값을 구하시오.

06 주사위를 세 번 던져서 짝수가 한 번 나올 확률을 구하시오.

07 T 공장의 제품 생산량은 2020년에 35,000개, 2021년에 28,000개일 때, 2021년 T 공장 제품 생산량의 전년 대비 감소율을 구하시오.

08 T 학교의 선생님 수는 180명, 학생 수는 450명일 때, 선생님 한 명당 학생 수를 구하시오.

[09-10] 다음 중 명제인 것은 O, 명제가 아닌 것은 X로 표시하시오.

09 재즈 음악은 아름답다.

10 2의 배수는 4의 배수이다.

11 다음 명제가 참일 때, 참과 거짓을 판별할 수 있는 명제를 〈보기〉에서 고르시오.

- 자전거 타기를 좋아하는 어떤 사람은 달리기를 좋아한다.
- 테니스를 좋아하지 않는 모든 사람은 자전거 타기를 좋아하지 않는다.

〈보기〉

㉠ 자전거 타기를 좋아하는 모든 사람은 테니스를 좋아한다.
㉡ 테니스를 좋아하지 않는 어떤 사람은 달리기를 좋아한다.
㉢ 자전거 타기를 좋아하면서 테니스를 좋아하는 사람이 있다.
㉣ 달리기를 좋아하는 어떤 사람은 테니스를 좋아한다.

12 다음 명제가 참일 때, 분리된 명제 중 항상 참인 명제를 〈보기〉에서 고르시오.

- 복숭아를 좋아하거나 수박을 좋아하는 사람은 사과를 좋아하지 않는다.

〈보기〉

㉠ 수박을 좋아하는 사람은 복숭아를 좋아한다.
㉡ 사과를 좋아하는 사람은 복숭아를 좋아한다.
㉢ 복숭아를 좋아하는 사람은 사과를 좋아하지 않는다.
㉣ 사과를 좋아하는 사람은 수박을 좋아하지 않는다.

[13-16] 다음 중 타당한 논증은 O, 타당하지 않은 논증은 X로 표시하시오.

13 모든 꽃은 향기가 난다. 어떤 식물은 향기가 나지 않는다. 따라서 어떤 식물은 꽃이 아니다.

14 운전을 못하는 사람만 택시를 탄다. 운전을 못하는 어떤 사람은 버스를 탄다. 따라서 택시를 타는 어떤 사람은 버스를 탄다.

15 공부를 잘하는 모든 사람은 꼼꼼하다. 꼼꼼한 사람은 성공하기 쉽다. 따라서 공부를 잘하는 모든 사람은 성공하기 쉽다.

16 어떤 종이도 플라스틱이 아니다. 어떤 종이는 가방이다. 따라서 어떤 가방은 플라스틱이다.

4회

학습날짜: ______
맞힌 개수: ______ /16

01 자연수 30, 48의 최대공약수와 최소공배수를 구하시오.

02 다음 식을 보고 옳은 것은 O, 옳지 않은 것은 X로 표시하시오.

(1) $3^9 \div 3^3 = 3^3$ ( )

(2) $(11^3)^2 = 11^6$ ( )

(3) $\left(\frac{2}{5}\right)^3 \times 5^2 = 1.6$ ( )

03 다음 빈칸에 들어갈 알맞은 항을 쓰시오.

(1) $(\mathrm{a}x+\mathrm{b})^2 = \mathrm{a}^2x^2 + \square x + \mathrm{b}^2$

(2) $\mathrm{ac}x^2 - (\mathrm{ad}-\mathrm{bc})x - \mathrm{bd} = (\square + \mathrm{b})(\mathrm{c}x + \square)$

04 이차방정식의 근의 공식을 완성하고, 이를 이용하여 제시된 방정식의 근을 도출하시오.

근의 공식	풀이
$x = \frac{\quad \pm \sqrt{\quad\quad}}{2\mathrm{a}}$	$2x^2 - 7x + 3 = 0$ $\rightarrow x =$

[05-08] 다음 물음에 답하시오.

05 A 호스와 B 호스로 욕조에 물을 채우면 3시간이 걸리고, A 호스만으로 욕조에 물을 채우면 5시간이 걸린다. B 호스만으로 욕조에 물을 채울 때 걸리는 시간을 구하시오.

06 은영이가 240km/h의 속력으로 달리는 기차를 타고 2시간 30분 이동한 후, 4.2km/h의 속력으로 15분간 걸어서 목적지에 도착하였다. 은영이가 이동한 거리를 구하시오.

07 농도가 30%인 소금물 140g에 물 60g을 추가했을 때의 소금물의 농도를 구하시오.

08 입구부터 직선 거리가 150m인 골목에 5m 간격으로 가로등을 설치하려고 할 때, 설치할 수 있는 가로등은 최대 몇 개인지 구하시오.

09 제시된 각 문자를 알파벳, 한글 자음 및 한글 모음 순서에 따라 숫자로 변경하시오.

문자	G	ㅅ	ㅕ	M	ㄹ	X	I	W	V
문자를 변경한 숫자									

[10-12] 다음 각 기호가 나타내는 변환 규칙의 종류를 쓰시오.

10

2G5N → ⦿ → 0D7Q

11

FT7E → ▶ → E7FT

12

ㅅㄱㅑㅛ → ☺ → ㅑㄱㅅㅛ

[13-14] 다음 단어 쌍의 관계를 유추하여 빈칸에 들어갈 적절한 단어를 고르시오.

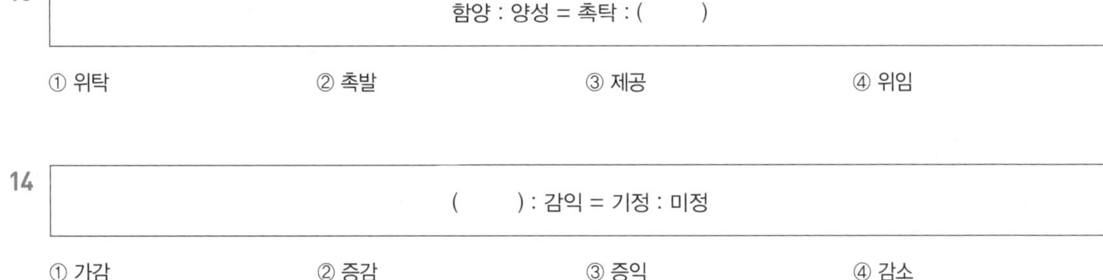

13

함양 : 양성 = 촉탁 : (　　　)

① 위탁　　② 촉발　　③ 제공　　④ 위임

14

(　　　) : 감익 = 기정 : 미정

① 가감　　② 증감　　③ 증익　　④ 감소

[15-16] 다음 단어 쌍이 어떤 관계인지 쓰시오.

15 누에 - 비단 (　　　)

16 얼굴 - 눈 (　　　)

5회

학습날짜: ____________
맞힌 개수: ________ /16

01 다음 중 삼각형의 닮음 조건에 위배되는 것을 고르시오. (△ABC, △DEF에서)

① $\angle A=\angle D$, $\angle C=\angle F$

② $\overline{AB}:\overline{DE}=\overline{BC}:\overline{EF}=\overline{CA}:\overline{FD}$

③ $\overline{AC}:\overline{DF}=\overline{AB}:\overline{DE}$

④ $\overline{BC}:\overline{EF}=\overline{CA}:\overline{FD}$, $\angle C=\angle F$

02 다음 빈칸에 들어갈 알맞은 값을 구하시오.

- 삼각기둥의 모서리의 수는 (   )이다.
- 사각뿔의 꼭짓점의 수는 (   )이다.

03 다음 빈칸에 들어갈 알맞은 식을 쓰시오.

- 밑넓이가 S, 높이가 h인 뿔의 부피는 (   )이다.
- 밑넓이가 S, 높이가 h인 기둥의 부피는 (   )이다.

04 다음 식의 값을 구하시오.

(1) $\cos 30°$　　(2) $\tan 60°$　　(3) $5!$　　(4) ${}_4C_2$

[05-08] 다음 물음에 답하시오.

05 한 개의 동전과 한 개의 주사위를 던졌을 때 나올 수 있는 경우의 수를 구하시오.

06 10명의 학생 중 4명을 줄세우는 경우의 수를 구하시오.

07 A, B, C, D의 수학 점수가 다음과 같을 때, 수학 점수의 평균과 표준편차를 구하시오.

	A	B	C	D
수학 점수	70점	80점	75점	95점

08 사과와 참외만 재배하는 G 과수원에서는 작년에 사과 1,250개와 참외 750개를 재배하였다. 작년 G 과수원에서 재배한 과일 중 참외가 차지하는 비중을 구하시오.

[09-10] 다음 중 명제인 것은 O, 명제가 아닌 것은 X로 표시하시오.

09 컴퓨터의 가격은 비싸다. (   )

10 사계절은 봄, 여름, 가을, 겨울이다. (   )

11 다음 명제의 '역', '이', '대우'를 구하시오.

커피를 좋아하는 사람은 홍차를 좋아하지 않는다.

12 다음 삼단논법에서 대개념, 소개념, 매개념을 분리하여 쓰시오.

전제 1	사회 경험이 많은 모든 사람은 저축을 많이 하는 사람이다.
전제 2	저축을 많이 하는 모든 사람은 자녀가 적다.
결론	사회 경험이 많은 모든 사람은 자녀가 적다.

13 다음 명제가 참일 때, 분리된 명제 중 참과 거짓을 판별할 수 있는 명제를 〈보기〉에서 고르시오.

- 과즙이 많고 저렴한 과일은 판매량이 높다.
- 벌레가 많이 먹은 과일은 과즙이 많고 판매량이 높다.

〈보기〉

㉠ 벌레가 많이 먹은 과일은 판매량이 높다.
㉡ 과즙이 많지 않은 과일은 벌레가 적게 먹었다.
㉢ 과즙이 많은 과일은 판매량이 높다.
㉣ 판매량이 높지 않은 과일은 벌레가 많이 먹었다.

[14-16] 다음 중 타당한 논증은 O, 타당하지 않은 논증은 X로 표시하시오.

14 어떤 생필품은 비싸다. 모든 칫솔은 생필품이다. 따라서 어떤 칫솔은 비싸다.

15 제조 과정에서 유해 물질을 사용하지 않는 모든 제품은 저렴한 제품이 아니다. 제조 과정에서 유해 물질을 사용한 모든 제품은 인기 품목에 포함되지 않는다. 따라서 모든 저렴한 제품은 인기 품목에 포함되지 않는다.

16 어떤 제철 과일은 씨가 없다. 씨가 있는 모든 제철 과일은 달다. 따라서 단 모든 제철 과일은 씨가 있다.

수리/추리논리력 핵심이론 Quiz 정답

수리/추리논리력 1회

01 8개
02 (1) 3, −4 (2) 8, −8
03 96
04 12.5km
05 1,380원
06 $\frac{10}{9}$시간
07 40%
08 30%
09 O
10 O
11 X
12 역: 주변 정리를 잘하는 사람은 꼼꼼하다, 이: 꼼꼼하지 않은 사람은 주변 정리를 잘하지 못한다,
대우: 주변 정리를 잘하지 못하는 사람은 꼼꼼하지 않다.
13 대개념: 사진 찍기를 좋아하는 사람, 소개념: 역사 공부를 좋아하는 사람, 매개념: 박물관 관람을 좋아하는 사람
14 ㉠, ㉣
15 X
16 O

수리/추리논리력 2회

01 (1) 2, 2, 1 (2) 5
02 변량의 총합, 변량, 분산, 변량의 개수
03 46
04 50g
05 $\frac{7}{8}$
06 20%
07 1,000원
08 1,230억 원
09 16, 6, 6, 21, 11, 18, 7, 14, 25
10 문자 변환/증감(abcd → a−1, b−2, c−1, d−2)
11 자리 변환(abcd → dcba)
12 문자 변환/증감(abcd → a+1, b+1, c−1, d−1)
13 ②
14 ④
15 유의관계
16 반대관계

수리/추리논리력 3회

01 (1) $\frac{{}_{n}P_{n}}{n}=\frac{n!}{n}=(n-1)!$ (2) $\frac{{}_{n}P_{r}}{r}$ (3) n^r
02 $2a+(n-1)d$, $a+l$, $1-r^n$
03 31
04 7살
05 4점
06 $\frac{3}{8}$
07 20%
08 2.5명
09 X
10 O
11 ㉠, ㉢, ㉣
12 ㉢, ㉣
13 O
14 X
15 O
16 X

수리/추리논리력 4회

01 6, 240
02 (1) X (2) O (3) O
03 (1) 2ab (2) ax, −d
04 • 근의 공식: $x=\frac{-b\pm\sqrt{b^2-4ac}}{2a}$ • x=0.5 또는 x=3
05 7시간 30분
06 601.05km
07 21%
08 31개
09 7, 7, 4, 13, 4, 24, 10, 23, 22
10 문자 변환/증감(abcd → a−2, b−3, c+2, d+3)
11 자리 변환(abcd → dcab)
12 자리 변환(abcd → cbad)
13 ①
14 ③
15 재료−완제품관계
16 전체−부분관계

수리/추리논리력 5회

01 ③
02 9개, 5개
03 $V=\frac{1}{3}Sh$, $V=Sh$
04 (1) $\frac{\sqrt{3}}{2}$ (2) $\sqrt{3}$ (3) 120 (4) 6
05 12가지
06 5,040가지
07 80점, $\sqrt{87.5}$
08 37.5%
09 X
10 O
11 역: 홍차를 좋아하지 않는 사람은 커피를 좋아한다. 이: 커피를 좋아하지 않는 사람은 홍차를 좋아한다.
대우: 홍차를 좋아하는 사람은 커피를 좋아하지 않는다.
12 대개념: 자녀가 적은 사람, 소개념: 사회 경험이 많은 사람, 매개념: 저축을 많이 하는 사람
13 ㉠, ㉡
14 X
15 O
16 X

CT 핵심이론 정리

CT는 Computational Thinking의 약자로, 관련 문제를 풀려면 유형별 핵심이론을 먼저 학습하여 컴퓨터에 대한 기본적인 사고 능력을 향상시켜야 한다. 정렬은 주어진 데이터를 정렬하는 다양한 방법을 암기하고 문제에 적용하는 연습을 통해 문제 풀이 시간을 단축할 수 있으며, 이산수학은 명제, 논리 연산자, 집합, 행렬 등의 이론 및 공식을 암기하여 문제 풀이에 적용하면 정답률을 높일 수 있다. 다이나믹 프로그래밍은 점화식, 수열 등의 이론 및 공식을 암기하고 문제에 적용하는 연습을 해야 하며, 그리디는 알고리즘에 대한 핵심이론 및 기본적인 연산 과정을 이해하고 문제에 적용하면 문제 풀이 속도를 향상시킬 수 있다.

1. 정렬

1 정렬 대표 이론

□ 선택정렬

· 정렬 전의 데이터 중 가장 작은 값의 데이터를 찾아 가장 앞에 위치한 데이터와 자리를 교체해가며 정렬하는 방식이다.

예 제시된 데이터에 선택정렬을 적용하여 오름차순으로 정렬하시오.

16	7	3	8	10

① 가장 작은 값의 데이터인 3과 가장 앞에 위치한 16의 자리를 교체한다.

16	7	3	8	10	→	3	7	16	8	10

② 3을 제외한 나머지 데이터 중 가장 작은 값인 7은 이미 두 번째 자리에 위치하므로 자리를 이동하지 않는다. 이에 따라 7을 제외한 나머지 데이터들 중 가장 작은 값인 8과 세 번째 자리에 위치한 16의 자리를 교체한다.

3	7	16	8	10	→	3	7	8	16	10

③ 3, 7, 8을 제외한 나머지 데이터 중 가장 작은 값인 10과 네 번째 자리에 위치한 16의 자리를 교체한다.

3	7	8	16	10	→	3	7	8	10	16

따라서 제시된 데이터를 선택정렬을 적용하여 오름차순으로 정렬하면 3, 7, 8, 10, 16이다.

□ 삽입정렬

· 정렬 전의 데이터들을 적절한 위치에 삽입해가며 정렬하는 방식이다.

예 제시된 데이터에 삽입정렬을 적용하여 오름차순으로 정렬하시오.

16	12	3	8	10

① 두 번째 데이터 12와 12의 앞에 위치한 16의 크기를 비교했을 때, 두 번째 데이터가 더 작으므로 16을 한 칸 뒤로 이동시키고 12를 16 앞에 위치시킨다.

16	12	3	8	10	→	12	16	3	8	10

② 세 번째 데이터 3과 3의 앞에 위치한 12, 16의 크기를 비교했을 때, 3이 가장 작으므로 12와 16을 한 칸씩 뒤로 이동시키고 3을 가장 앞에 위치시킨다.

12	16	3	8	10	→	3	12	16	8	10

③ 네 번째 데이터 8과 8의 앞에 위치한 3, 12, 16의 크기를 비교했을 때, 8은 3보다 크고, 12, 16보다 작으므로 12, 16을 한 칸씩 뒤로 이동시키고 8을 12 바로 앞에 위치시킨다.

3	12	16	8	10	→	3	8	12	16	10

④ 마지막 데이터 10과 10의 앞에 위치한 3, 8, 12, 16의 크기를 비교했을 때, 10은 3, 8보다 크고, 12, 16보다 작으므로 12, 16을 한 칸씩 뒤로 이동시키고 10을 12 바로 앞에 위치시킨다.

3	8	12	16	10	→	3	8	10	12	16

따라서 제시된 데이터를 삽입정렬을 적용하여 오름차순으로 정렬하면 3, 8, 10, 12, 16이다.

□ 버블정렬

- **서로 이웃한 데이터들을 비교하여 값이 큰 데이터를 뒤로 보내며 정렬하는 방식이다.**

예 제시된 데이터에 버블정렬을 적용하여 오름차순으로 정렬하시오.

16	12	3	8	10

① 첫 번째 데이터 16과 두 번째 데이터인 12의 크기를 비교했을 때, 16이 더 크므로 둘의 위치를 교체한다.

16	12	3	8	10	→	12	16	3	8	10

② 두 번째 데이터 16과 세 번째 데이터인 3의 크기를 비교했을 때, 16이 더 크므로 둘의 위치를 교체한다.

12	16	3	8	10	→	12	3	16	8	10

③ 세 번째 데이터 16과 네 번째 데이터인 8의 크기를 비교했을 때, 16이 더 크므로 둘의 위치를 교체한다.

12	3	16	8	10	→	12	3	8	16	10

④ 네 번째 데이터 16과 다섯 번째 데이터인 10의 크기를 비교했을 때, 16이 더 크므로 둘의 위치를 교체한다.

12	3	8	16	10	→	12	3	8	10	16

⑤ 오름차순으로 정렬되지 않았으므로 처음부터 다시 시작한다. 첫 번째 데이터 12와 두 번째 데이터인 3의 크기를 비교했을 때, 12가 더 크므로 둘의 위치를 교체한다.

12	3	8	10	16	→	3	12	8	10	16

⑥ 두 번째 데이터 12와 세 번째 데이터인 8의 크기를 비교했을 때, 12가 더 크므로 둘의 위치를 교체한다.

3	12	8	10	16	→	3	8	12	10	16

⑦ 세 번째 데이터 12와 네 번째 데이터인 10의 크기를 비교했을 때, 12가 더 크므로 둘의 위치를 교체한다. 데이터가 오름차순으로 정렬되었으므로 데이터의 위치 교체를 멈춘다.

3	8	12	10	16	→	3	8	10	12	16

따라서 제시된 데이터를 버블정렬을 적용하여 오름차순으로 정렬하면 3, 8, 10, 12, 16이다.

□ 퀵정렬

- **기준 키를 기준으로 작거나 같은 값의 데이터는 앞에, 큰 값의 데이터는 뒤에 위치하도록 정렬하여 작은 값의 데이터와 큰 값의 데이터로 분리해가며 정렬하는 방식이다.**

예 제시된 데이터에 퀵정렬을 적용하여 오름차순으로 정렬하시오.

18	16	50	30	8	17	6	27

① 맨 앞에 위치한 18을 기준 키로 하여 기준 키 바로 다음 순서에 위치한 데이터부터 순차적으로 확인하여 기준 키보다 큰 데이터인 50을 선택하고 마지막 순서에 위치한 데이터부터 왼쪽 방향으로 순차적으로 확인하여 기준 키 18보다 작은 데이터인 6을 선택한 후 선택한 50과 6의 자리를 교체한다.

18	16	6	30	8	17	50	27

② 계속하여 기준 키 18보다 큰 데이터인 30을 선택하고 기준 키 18보다 작은 데이터인 17을 선택한 후 선택한 30과 17의 자리를 교체한다.

18	16	6	17	8	30	50	27

□ 퀵정렬

③ 기준 키 18보다 큰 데이터인 30을 선택하고 기준 키보다 작은 데이터인 8을 선택하는데, 선택한 데이터의 위치가 교차하므로 두 데이터의 위치를 교체하지 않고 기준 키 18과 18보다 작은 데이터인 8의 위치를 교체한다. 이때, 기준 키보다 큰 데이터를 발견하지 못하는 경우에는 기준 키와 기준 키보다 작은 데이터 중 가장 마지막 순서에 위치한 데이터의 자리를 교체한다.

8	16	6	17	18	30	50	27

④ 여기서 기준 키 18을 기준으로 왼쪽에는 기준 키보다 작은 데이터들이, 오른쪽에는 큰 데이터들이 있으며, 기준 키를 중심으로 왼쪽 데이터들은 왼쪽 데이터들끼리 다시 정렬하고 오른쪽 데이터들은 오른쪽 데이터들끼리 다시 정렬한다.

⑤-1) 먼저, 왼쪽 데이터 [8, 16, 6, 17]에 대해 맨 앞에 위치한 8을 기준 키로 하여 기준 키 8보다 큰 데이터인 16을 선택하고 기준 키 8보다 작은 데이터인 6을 선택한 후 선택한 16과 8의 자리를 교체한다.

8	6	16	17

⑤-2) 계속해서 8보다 큰 데이터인 16을 선택하고 8보다 작은 데이터인 6을 선택하는데, 두 데이터의 위치가 교차되므로 기준 키 8과 작은 데이터인 6의 자리를 교체한다.

6	8	16	17

⑤-3) 다시 [16, 17]에 대해 기준 키 16보다 큰 데이터인 17을 선택하고 기준 키보다 작은 데이터는 없으므로 자리를 교체하지 않는다.

6	8	16	17

⑥-1) 또한, 오른쪽 데이터 [30, 50, 27]에 대해 맨 앞에 위치한 30을 기준 키로 하여 기준 키 30보다 큰 데이터인 50을 선택하고 기준 키 30보다 작은 데이터인 27을 선택한 후 선택한 50과 27의 자리를 교체한다.

30	27	50

⑥-2) 계속해서 30보다 큰 데이터인 50을 선택하고 30보다 작은 데이터인 27을 선택하는데, 두 데이터의 위치가 교차되므로 기준 키 30과 작은 데이터인 27의 자리를 교체한다.

27	30	50

따라서 제시된 데이터를 퀵정렬을 적용하여 오름차순으로 정렬하면 6, 8, 16, 17, 18, 27, 30, 50이다.

2. 이산수학

1 명제

□ 합성 명제	하나 이상의 명제들이 논리연산자에 의해 결합된 명제
□ 항진 명제	합성 명제를 구성하는 단일 명제의 진릿값에 상관없이 진릿값이 항상 참(T)인 명제
□ 모순 명제	합성 명제를 구성하는 단일 명제의 진릿값에 상관없이 진릿값이 항상 거짓(F)인 명제
□ 조건 명제	명제 p가 조건 또는 원인이 되고, 명제 q가 결론 또는 결과로 제시되는 명제 • 조건 명제의 역: 명제 $p \rightarrow q$에 대해 $q \rightarrow p$ • 조건 명제의 이: 명제 $p \rightarrow q$에 대해 $\sim p \rightarrow \sim q$ • 조건 명제의 대우: 명제 $p \rightarrow q$에 대해 $\sim q \rightarrow \sim p$

2 논리 연산자

□ 부정	• 부정 명제(NOT)의 기호: $\sim p$ • 부정 명제의 진릿값: 명제 p에 대해 p가 참(T)이면 대해 $\sim p$는 거짓(F), p가 거짓(F)이면 $\sim p$는 참(T)
□ 논리곱	• 논리곱(AND)의 기호: $p \wedge q$ • 논리곱의 진릿값: 명제 p, q에 대해 p, q의 진릿값이 모두 참(T)이면 $p \wedge q$는 참(T), 그 외의 경우에는 거짓(F)
□ 논리합	• 논리합(OR)의 기호: $p \vee q$ • 논리합의 진릿값: 명제 p, q에 대해 p, q의 진릿값 중 하나라도 참(T)이면 $p \vee q$는 참(T), p와 q의 진릿값이 모두 거짓(F)이면 $p \vee q$는 거짓(F)
□ 배타적 논리합	• 배타적 논리합(XOR)의 기호: $p \oplus q$ • 배타적 논리합의 진릿값: 명제 p, q에 대해 p, q의 진릿값 중 하나가 참이고, 다른 하나가 거짓일 때 $p \oplus q$는 참(T), p와 q의 진릿값이 모두 참(T)이거나 모두 거짓(F)이면 $p \oplus q$는 거짓(F)

3 행렬

□ 행렬의 정의	• n, m이 양의 정수일 때, n행, m열로 나열된 실수의 2차원 배열 $A=\begin{bmatrix} a_{11} & a_{12} & \cdots & a_{1m} \\ a_{21} & a_{22} & \cdots & a_{2m} \\ \cdots & \cdots & \cdots & \cdots \\ a_{n1} & a_{n2} & \cdots & a_{nm} \end{bmatrix}=[a_{ij}]$
□ 행렬의 덧셈과 뺄셈	• 덧셈 표현: $A+B$, 뺄셈 표현: $A-B$ 예 $A=\begin{bmatrix} a_{11} & a_{12} \\ a_{21} & a_{22} \end{bmatrix}$, $B=\begin{bmatrix} b_{11} & b_{12} \\ b_{21} & b_{22} \end{bmatrix}$일 때, $A+B=\begin{bmatrix} a_{11}+b_{11} & a_{12}+b_{12} \\ a_{21}+b_{21} & a_{22}+b_{22} \end{bmatrix}$, $A-B=\begin{bmatrix} a_{11}-b_{11} & a_{12}-b_{12} \\ a_{21}-b_{21} & a_{22}-b_{22} \end{bmatrix}$이다.
□ 행렬의 곱셈	• 곱셈 표현: $A\times B$ 예 $A=\begin{bmatrix} a_{11} & a_{12} \\ a_{21} & a_{22} \end{bmatrix}$, $B=\begin{bmatrix} b_{11} & b_{12} \\ b_{21} & b_{22} \end{bmatrix}$일 때, $A\times B=\begin{bmatrix} a_{11}\times b_{11}+a_{12}\times b_{21} & a_{11}\times b_{12}+a_{12}\times b_{22} \\ a_{21}\times b_{11}+a_{22}\times b_{21} & a_{21}\times b_{12}+a_{22}\times b_{22} \end{bmatrix}$이다.
□ 행렬식	n차 정사각행렬에 대응하는 수를 구하는 식으로, $\|A\|$ 또는 det(A)로 나타낸다. • 2차 정사각행렬의 행렬식: 대각선으로 원소들을 각각 곱한 후 곱한 값을 빼는 방식 예 $A=\begin{bmatrix} a & b \\ c & d \end{bmatrix}$일 때, $\|A\|=(a\times d)-(b\times c)=ad-bc$ • 3차 정사각행렬의 행렬식: 대각선으로 원소들을 각각 곱한 후 곱한 값을 빼는 방식 예 $A=\begin{bmatrix} a & b & c \\ d & e & f \\ g & h & i \end{bmatrix}$일 때, $\|A\|=\{(a\times e\times i)+(b\times f\times g)+(c\times h\times d)\}-\{(c\times e\times g)+(f\times h\times a)+(i\times d\times b)\}$

4 관계

□ 관계의 정의	• 두 개 이상의 원소 또는 개체 등 간의 연관성을 의미하는 것으로, 두 집합에 있는 원소와 원소 관계를 이항관계라 하며, 세 개의 집합에 있는 원소와 원소 사이의 관계를 삼항관계라 한다.
□ 순서쌍과 곱집합	• 순서쌍: 원소들을 표현하는 방법으로, 원소들 사이에 순서를 갖는 것을 말한다. • 곱집합: 임의의 두 집합 X, Y에 대하여 $x\in X$, $y\in Y$의 모든 순서쌍 (x, y)의 집합

5 함수

□ 함수의 정의

- 집합 X, Y에 대해 집합 X에서 Y로 가는 관계가 성립할 때, 집합 X의 원소 1에 대해 집합 Y의 원소 b 하나가 대응하는 관계

  예 $1\in X$, $a\in Y$에 대하여 $(1, a)\in f$일 때, $f(1)=a$이다.

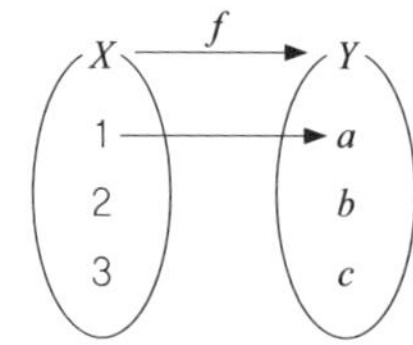

- 집합 X에서 Y로 가는 관계 $f: X \to Y$

□ 전사함수

- 전사함수의 정의: 함수 $f: X \to Y$에서 f의 치역인 $f(X)$가 공역인(Y)와 일치할 때의 함수 f를 말한다.

  예 집합 $X=\{1, 2, 3\}$, 집합 $Y=\{a, b, c\}$라 할 때,

  $\{(1, a), (2, a), (3, b)\}$의 공역은 $\{a, b, c\}$이고, 치역은 $\{a, b\}$이므로 공역과 치역이 같지 않다. 따라서 이는 전사함수가 아니다.

  $\{(1, a), (2, c), (3, b)\}$의 공역은 $\{a, b, c\}$이고, 치역도 $\{a, b, c\}$이므로 공역과 치역이 같다. 따라서 이는 전사함수이다.

□ 단사함수

- 단사함수의 정의: 함수 $f: X \to Y$에서 각 원소가 정의역의 오직 한 원소와 관계를 가질 때의 함수 f를 말한다.
- 함수 $f(X)$가 $x_1 \neq x_2 \to f(x_1) \neq f(x_2)$를 만족할 경우 이를 단수함수 또는 일대일함수라 한다.

□ 전단사함수

- 전단사함수의 정의: 함수 $f: X \to Y$가 전사함수임과 동시에 단사함수일 경우를 전단사함수라 하며, 일대일 대응이라고도 한다.

□ 역함수

- 역함수의 정의: 함수 f의 공역 Y의 임의의 원소 y에 대하여 정의역 X에 $f(x)=y$를 만족하는 원소 x가 오직 하나 존재할 때, f의 역함수는 대응관계 $Y \to X$, $y \to x$를 뜻하며, f의 역함수를 f^{-1}이라 쓴다.

3. 다이나믹 프로그래밍

1 점화식

□ 점화식	점화식은 수열의 일반항을 한 개 이상의 앞선 항들을 이용하여 나타낸 식으로, 연속적으로 증가하는 n에 대해 단계적으로 답을 구함으로써 문제를 푸는 방법이다. 예 $a=\{1, 3, 5, 7, 9, \cdots\}$ $a_1=1$ $a_2=a_1+2$ $a_3=a_2+2$ … $a_{n+1}=a_n+2$
□ 일계 점화식	$a_{n+1}=f(n)a_n+g(n)$ (f, g는 n의 함수) 형태의 점화식이다. 예 등차수열, 등비수열

2 다이나믹 프로그래밍 대표 이론

□ 크루스칼 알고리즘	모든 중점을 연결하는 간선들의 가중치의 합이 최소가 되게 하는 그래프를 만드는 알고리즘의 하나로 가중치가 작은 간선부터 오름차순으로 정렬한 후에 가중치가 작은 순서대로 하나씩 선을 색칠하여 가중치의 합이 최소인 그래프를 구하는 알고리즘이다. 예 각 지점 A, B, C, D, E 사이를 잇는 다리의 건설 비용이 그림과 같을 때 A~E 지점이 모두 연결되도록 다리를 만들기 위한 최소 건설 비용을 구하시오. 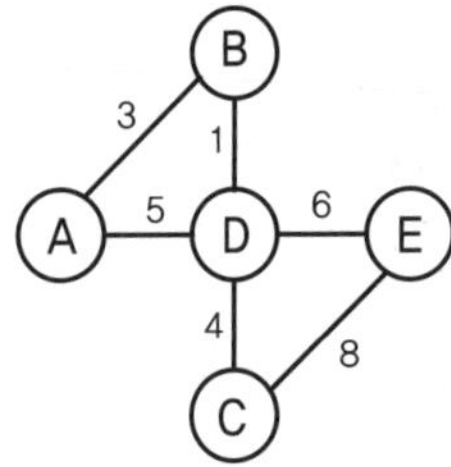 A, B, C, D, E 지점 사이를 잇는 다리의 건설 비용을 오름차순으로 정렬하면 [1, 3, 4, 5, 6, 8]이다. 이후 그림에서 오름차순으로 정렬된 비용이 적은 순서대로 하나씩 다리를 색칠한다. 이때 출발 지점과 도착 지점이 같은 경우를 사이클이라 하며, 건설한 다리에는 사이클이 포함되지 않아야 한다. 예를 들어 비용이 적은 순서로 색칠했을 때, A → B → D → A와 같이 출발 지점과 도착 지점이 동일한 경우가 생기지 않도록 D → A 다리는 색칠하지 않는다. 이와 같은 방법으로 건설할 다리를 나타내면 다음과 같다. 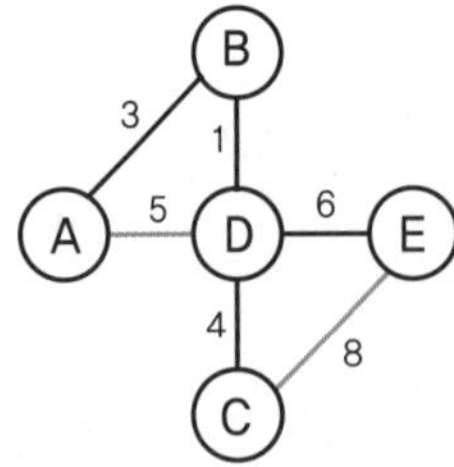 따라서 A~E 지점이 모두 연결되도록 다리를 만들기 위한 최소 건설 비용은 3+1+4+6=14이다.

□ 다익스트라 알고리즘	어느 한 지점에서 다른 지점까지의 최단 거리를 찾는 알고리즘이다.

예 A, B, C, D, E 사이의 거리가 그림과 같을 때, A에서 E로 가는 최단 거리를 구하시오.

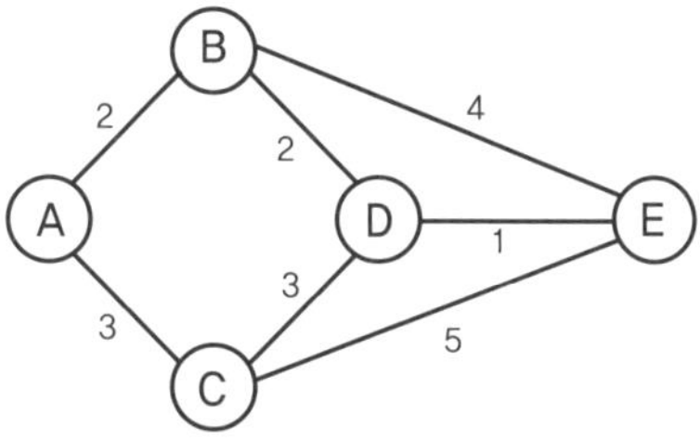

A에서 출발하여 A를 통해 바로 갈 수 있는 지점들의 최단 거리는 다음과 같다.

구분	A	B	C	D	E
최단 거리	0	2	3	–	–

먼저 A를 통해 바로 가거나 B를 경유하여 갈 수 있는 지점들의 최단 거리는 다음과 같다.

구분	A	B	C	D	E
최단 거리	0	2	3	2+2=4	2+4=6

다음으로 A를 통해 바로 가거나 C를 경유하여 갈 수 있는 지점들의 최단 거리는 다음과 같다.

구분	A	B	C	D	E
최단 거리	0	2	3	3+3=6	3+5=8

이때 D와 E의 경우 C를 경유하여 갈 때보다 B를 경유하여 갈 때 더 거리가 짧으므로 A에서 출발하여 B 또는 C 지점을 경유해 갈 때의 최단 거리는 다음과 같다.

구분	A	B	C	D	E
최단 거리	0	2	3	4	6

다음으로 A에서 출발하여 D를 경유해 갈 수 있는 지점들의 최단 거리는 다음과 같다.

구분	A	B	C	D	E
최단 거리	0	2	3	4	4+1=5

이때 E의 경우 D를 경유하여 갈 때가 B 또는 C를 경유한 뒤 바로 갈 때보다 거리가 더 짧으므로 A 지점부터 B, C, D 지점을 경유해 갈 때의 최단 거리는 다음과 같다.

구분	A	B	C	D	E
최단 거리	0	2	3	4	5

따라서 A에서 E로 가는 최단 경로는 A → B → D → E이고, 최단 거리는 5이다.

□ LCS
(최장 공통
부분 수열)

주어진 여러 개의 수열의 공통된 부분 수열 중에 가장 긴 부분 수열이다.

예 [A, G, C]와 [G, A, B, C] 두 수열의 LCS 길이를 구하시오.

각 수열을 행과 열로 나타내면 다음과 같다.

구분	0	G	A	B	C
0	0	0	0	0	0
A	0				
G	0				
C	0				

※ 알고리즘의 규칙성을 위해 0일 때를 추가

각 수열의 첫 문자부터 비교하여 문자가 같으면 왼쪽 대각선 위의 숫자에 1을 더한 값을 적고, 문자가 같지 않으면 위 또는 왼쪽의 숫자 중 큰 숫자를 적어준다. 예를 들어 3행 3열의 경우 A와 G는 다르므로 위쪽 또는 왼쪽의 숫자 중 더 큰 수인 0을 적고, 3행 4열의 경우 A와 A는 같으므로 왼쪽 대각선 위 숫자에 1을 더한 0+1=1을 적어준다. 3행 5열 A와 B는 다르므로 위쪽 또는 왼쪽의 숫자 중 더 큰 수인 1을 적고, 3행 6열도 A와 C는 다르므로 위쪽 또는 왼쪽의 숫자 중 더 큰 1을 적는다.

구분	0	G	A	B	C
0	0	0	0	0	0
A	0	0	1	1	1
G	0				
C	0				

위와 같은 방법으로 표를 모두 채우면 다음과 같다.

구분	0	G	A	B	C
0	0	0	0	0	0
A	0	0	1	1	1
G	0	1	1	1	1
C	0	1	1	1	2

이에 따라 두 수열 [A, G, C]와 [G, A, B, C]의 LCS 길이는 2이다.

□ LIS
(최장 증가
부분 수열)

주어진 수열에서 오름차순으로 정렬된 가장 긴 부분 수열이다.

예 수열 [4, 2, 3, 5]의 LIS 길이를 구하시오.

A[i]를 수열 내 위치에 따른 값이라고 하면 A[1]=4, A[2]=2, A[3]=3, A[4]=5이고, D[i]는 A[i]를 마지막 값으로 가지는 가장 긴 증가 부분 수열의 길이라고 하면

A[i]가 LIS의 마지막 값이 되기 위해서는 A[i]가 추가되기 전 증가 부분 수열의 마지막 값이 A[i]보다 작은 값이어야 한다. 이에 따라 A[i]가 LIS의 마지막 값일 때의 D[i]는 A[i]가 추가되기 전 증가 부분 수열의 값 중 가장 큰 값에 +1을 해준 값이 된다.

i	0	1	2	3	4
A[i]	0	4	2	3	5
D[i]	0				

※ 알고리즘의 규칙성을 위해 i=0일 때를 추가

i=1일 때 A[1]=4이므로 A[1]은 A[0]보다 큼에 따라 D[1]은 D[0] 뒤에 붙을 수 있으므로 D[1]=D[0]+1=1이다.

i	0	1	2	3	4
A[i]	0	4	2	3	5
D[i]	0	1			

□ LIS (최장 증가 부분 수열)

i=2일 때 A[2]=2이므로 A[2]는 A[0]보다 크고 A[1]보다 작음에 따라 D[2]는 D[0] 뒤에 붙을 수 있지만, D[1] 뒤에는 붙을 수 없으므로 D[2]=D[0]+1=1이다.

i	0	1	2	3	4
A[i]	0	4	2	3	5
D[i]	0	1			

i=3일 때 A[3]=3이므로 A[3]은 A[0], A[2]보다 크고 A[1]보다 작음에 따라 D[3]은 D[0], D[2] 뒤에 붙을 수 있지만, D[1] 뒤에는 붙을 수 없으므로 D[3]의 최댓값은 D[3]=D[2]+1=2이다.

i	0	1	2	3	4
A[i]	0	4	2	3	5
D[i]	0	1	1	2	

i=4일 때 A[4]=5이므로 A[4]는 A[0]~A[3]보다 큼에 따라 D[4]는 D[0]~D[3] 뒤에 붙을 수 있으므로 D[4]의 최댓값은 D[4]=D[3]+1=3이다.

i	0	1	2	3	4
A[i]	0	4	2	3	5
D[i]	0	1	1	2	3

따라서 수열 [4, 2, 3, 5]의 LIS는 [2, 3, 5]이며, 길이는 3임을 알 수 있다.

4. 그리디

1 그리디 알고리즘

□ 그리디 알고리즘의 정의

- 그리디 알고리즘은 문제의 최적해 계산 시 사용하는 방법으로, 최종 결과에 도달할 때까지 매 순간 마주하는 여러 대안 중 각각 최적의 답을 선택했을 때, 최종적인 결과 역시 최적이 되는 것을 말한다.
- 그리디 알고리즘을 적용하기 위해서는 문제가 탐욕 선택 속성과 최적 부분 구조 두 가지 조건을 만족하는지 확인해야 한다.

□ 탐욕 선택 속성

- 이전의 선택이 이후의 선택에 영향을 주지 않아야 한다는 것으로, 선택이 독립적이어야 함을 의미한다.

예 100원짜리 동전과 500원짜리 동전을 최소로 사용하여 700원을 만들려고 할 때, 700원을 만들기 위한 동전의 최소 개수를 구하시오.

: 500원짜리 동전은 이후 선택할 100원짜리 동전의 사용 개수를 고려하지 않더라도 2개 사용할 경우 1,000원이 되어 700원을 초과하므로 1개를 사용해야 함을 알 수 있고, 이후 나머지 200원은 100원짜리 동전 2개를 선택하면 된다.

따라서 700원을 만들기 위한 동전의 최소 개수는 3개이다.

□ 최적 부분 구조

- 문제 전체에 대한 최적해가 부분 문제에 대해서도 최적해가 되어야 하는 것으로, 각각의 부분 문제에 대한 최적해가 모였을 때, 전체 문제에 대한 최적해가 도출되어야 함을 의미한다.

예 다음 그림에서 A에서 C로 가는 최단 경로를 구하시오.

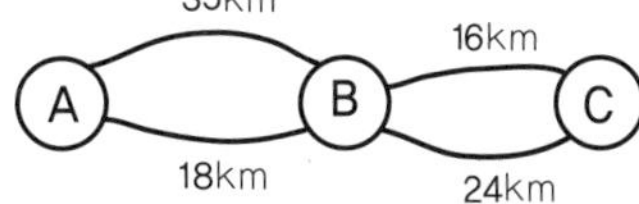

: A에서 B로 가는 최단 경로와 B에서 C로 가는 최단 경로를 각각 선택하더라도 각 부분 경로에 대한 최적해가 A에서 C로 가는 최단 경로, 즉 전체 문제에 대한 최적해가 된다.

따라서 A에서 C로 가는 최단 경로는 18+16=34km이다.

2 그리디 대표 이론

□ 최소 비용 신장 트리

- 그래프 내 정점(연결 대상)을 잇는 간선 각각에 가중치가 존재할 때, 모든 간선의 가중치의 합이 최소가 되도록 만들어진 신장 트리이다. 이때 가중치는 간선의 거리, 간선을 이동하는 데 걸리는 시간, 간선을 연결하는 비용 등을 나타낸다.
- 그래프 내 모든 정점이 간선으로 연결되어 있어야 하며, 간선들로 인한 사이클이 포함되어서는 안 된다. 여기서 사이클은 출발점과 도착점이 같아지는 간선이 포함된 경우를 뜻한다.

예

사이클이 포함된 그래프	사이클이 포함되지 않은 그래프

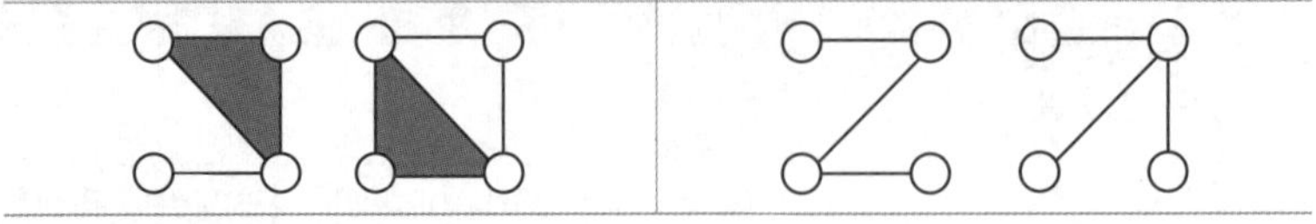

- 최소 비용 신장 트리에서 간선의 수: 정점의 수 − 1

예 정점 4개를 연결하는 최소 비용 신장 트리 내 간선의 수: 4−1=3개

□ 인터벌 스케줄링(Interval Scheduling) 알고리즘

- 시작 시간과 종료 시간(s[i], f[i])이 정해진 n개의 활동들의 집합이 있을 때, 서로 겹치지 않는 최대 개수의 활동들의 집합을 구하는 알고리즘 기법이다.

예 같은 날 P 회의실 사용을 예약한 회의 정보가 다음과 같을 때, 회의실을 이용할 수 있는 회의의 최대 개수를 구하시오.

구분	시작 시간	종료 시간
A 회의	10:00	13:00
B 회의	09:00	11:00
C 회의	15:00	17:00
D 회의	12:00	14:00

: P 회의실을 이용할 수 있는 회의의 최대 개수를 구하기 위해서는 종료 시간이 빠른 순서대로 회의를 오름차순으로 정렬한 뒤, 종료 시간이 가장 빠른 회의부터 우선 배정해야 한다. 회의의 종료 시간이 빠른 순서대로 오름차순으로 정렬하면 B 회의, A 회의, D 회의, C 회의순이고, B 회의부터 회의실에 배정하면 B 회의의 종료 시간보다 시작 시간이 빠른 A 회의는 회의실을 이용할 수 없다. 이에 따라 B 회의가 09:00~11:00, D 회의가 12:00~14:00, C 회의가 15:00~17:00에 회의실을 사용할 수 있다.

따라서 A 회의실을 이용할 수 있는 회의의 최대 개수는 3개이다.

□ Knapsack 알고리즘

- n개의 물건에 각각 무게 w와 가치 v가 정해져 있고, 용량이 C인 배낭이 있을 때, 배낭에 담긴 물건이 최대 가치를 갖도록 물건을 넣는 알고리즘 기법이다.
- Fractional Knapsack 알고리즘: 배낭에 물건을 부분적으로 담는 것을 허용하는 것으로, 가치가 가장 많이 나가는 물건을 배낭에 넣고, 그다음으로 가치가 두 번째로 많이 나가는 물건을 넣을 때, 물건의 무게가 배낭의 용량을 초과하여 통째로 배낭에 넣을 수 없는 경우 배낭에 넣을 수 있을 만큼만 물건을 부분적으로 담는 것을 허용하는 알고리즘 기법이다.

예 단위 그램당 가치가 5만 원인 A 보석 10g, 단위 그램당 가치가 10만 원인 B 보석 20g, 단위 그램당 가치가 8만 원인 C 보석 5g을 최대 30g까지 담을 수 있는 배낭에 넣으려고 할 때, 배낭에 넣을 수 있는 보석의 최대 가치를 구하시오.

: 배낭에 넣을 수 있는 보석의 최대 가치를 구하기 위해서는 단위 무게당 가치가 높은 순서대로 내림차순으로 정렬한 뒤, 가치가 가장 높은 보석부터 배낭에 넣어야 한다. 단위 그램당 가치가 높은 순서대로 보석을 내림차순으로 정렬하면 B 보석, C 보석, A 보석 순이고, 배낭에 가치가 가장 높은 B 보석을 전부 넣으면 배낭의 남은 용량은 30−20=10g이다. 이후 다음으로 가치가 높은 C 보석을 배낭에 전부 넣으면 배낭의 남은 용량은 10−5=5g이므로 A 보석은 5g만 넣을 수 있다.

따라서 배낭에 넣을 수 있는 보석의 최대 가치는 B 보석 20g의 가치 20×10=200만 원, C 보석 5g의 가치 8×5=40만 원, A 보석 5g의 가치 5×5=25만 원을 더한 200+40+25=265만 원이다.

CT 핵심이론 Quiz

1회

학습날짜: ______________
맞힌 개수: __________ /8

01 다음 입력 값을 선택정렬 방식을 적용하여 오름차순으로 정렬하려고 한다. 숫자의 위치를 교체할 때마다 1회 정렬했다고 할 때, 총 정렬 횟수를 구하시오.

> 입력 값={4, 13, 8, 19, 20}

02 다음 입력 값을 삽입정렬 방식을 적용하여 오름차순으로 정렬하려고 한다. 숫자를 적절한 위치에 삽입할 때마다 1회 정렬했다고 할 때, 총 정렬 횟수를 구하시오.

> 입력 값={13, 11, 2, 32, 19}

03 다음 제시된 명제의 부정 명제를 기호와 문장으로 나타내고, 그 진릿값을 구하시오.

> p: +7은 양수이다.

04 다음 제시된 명제의 논리곱 명제를 기호와 문장으로 나타내고, 그 진릿값을 구하시오.

> p: 1+2=7　　　q: 부산은 서울보다 남쪽에 있다.

05 등차수열의 일반항을 구하시오.

06 [V, R, C, T]와 [S, T, R, C] 두 수열의 LCS 길이를 구하시오.

07 갑은 햄버거 한 개를 4,270원에 구매한 뒤 10,000원을 지불하였다. 이후 10원, 50원, 100원, 500원짜리 동전과 1,000원짜리 지폐로 거스름돈을 받았다고 할 때, 갑이 거스름돈으로 받은 동전의 최소 개수를 구하시오.

08 다음 그림에서 A에서 C로 가는 최단 거리를 구하시오.

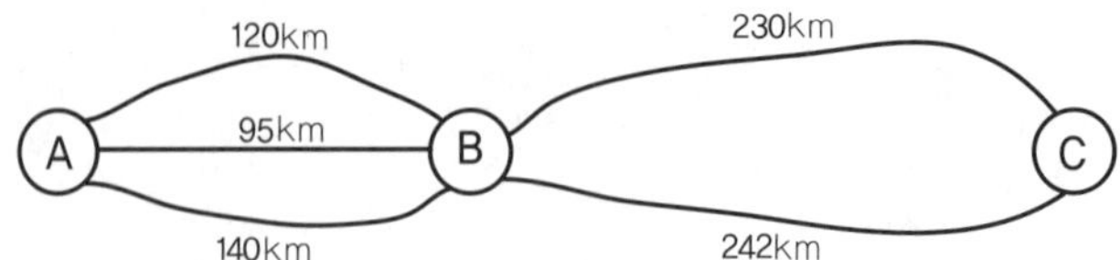

2회

01 다음 입력 값을 버블정렬 방식을 적용하여 오름차순으로 정렬하려고 한다. 숫자의 위치를 교체할 때마다 1회 정렬했다고 할 때, 총 정렬 횟수를 구하시오.

> 입력 값={5, 15, 2, 11, 22}

02 다음 입력 값을 퀵정렬 방식을 적용하여 오름차순으로 정렬하려고 한다. 숫자의 위치를 교체할 때마다 1회 정렬했다고 할 때, 총 정렬 횟수를 구하시오.

> 입력 값={16, 5, 19, 26, 20, 45}

03 다음 제시된 두 집합 A, B에 대해 곱집합 A×B를 구하시오.

> A={1, 2, 3}, B={x, y}

04 다음 제시된 행렬 A, B에 대해 행렬의 합 A+B를 구하시오.

> $A=\begin{bmatrix}5 & 6\\3 & 4\end{bmatrix}$, $B=\begin{bmatrix}2 & 3\\4 & 5\end{bmatrix}$

05 등비수열의 일반항을 구하시오.

06 [3, 6, 2, 4, 5, 8, 7, 6] 수열의 LIS 길이를 구하시오.

07 30kg당 가치가 21,000원인 A 보석이 20kg, 15kg당 가치가 30,000원인 B 보석이 25kg, 20kg당 가치가 50,000원인 C 보석이 30kg 있다. 총 40kg을 담을 수 있는 배낭에 보석을 담을 때, 담을 수 있는 보석의 최대 가치를 구하시오.

08 최소 비용으로 5개의 지역을 연결하는 다리를 건설하려고 할 때, 필요한 다리의 최소 개수를 구하시오.

3회

학습날짜: ____________
맞힌 개수: ________ /8

01 다음 입력 값을 선택정렬 방식을 적용하여 오름차순으로 정렬하려고 한다. 숫자의 위치를 교체할 때마다 1회 정렬했다고 할 때, 총 정렬 횟수를 구하시오.

입력 값={6, 17, 3, 10, 25}

02 다음 입력 값을 삽입정렬 방식을 적용하여 오름차순으로 정렬하려고 한다. 숫자를 적절한 위치에 삽입할 때마다 1회 정렬했다고 할 때, 총 정렬 횟수를 구하시오.

입력 값={18, 11, 25, 34, 31}

03 다음 집합 A의 부분집합 개수를 구하시오.

A={8, 9, 10, 13, 14}

04 다음 전체 집합의 부분집합 A에 대하여 $n(A^C)$를 구하시오.

U={1, 2, 3, 4, 5, 6, 7, 8}, A={2, 3, 4, 7}

05 피보나치수열의 일반항을 구하시오. (단, $a_1=1$, $a_2=1$)

06 [2, 7, 3, 6, 4, 5, 7, 8] 수열의 LIS 길이를 구하시오.

07 L 편의점에는 1엔, 5엔, 10엔, 50엔, 100엔, 500엔이 충분히 많이 있고, 언제나 동전의 개수가 최소가 되도록 거스름돈을 준다. 준희가 L 편의점에서 가격이 742엔인 아이스크림을 계산하면서 1,000엔을 건넸을 때, 준희가 거스름돈으로 받는 동전의 최소 개수를 구하시오.

08 다음 7월 22일에 A 회의실 예약을 희망하는 회의 정보를 토대로 7월 22일에 회의실을 사용할 수 있는 회의의 최대 개수를 구하시오.

구분	시작 시간	종료 시간
A 회의	13:00	16:00
B 회의	12:00	18:00
C 회의	17:00	19:00
D 회의	17:00	21:00
E 회의	18:00	22:00
F 회의	20:00	23:00
G 회의	23:00	23:59

4회

학습날짜: ________
맞힌 개수: ________ /8

01 다음 입력 값을 버블정렬 방식을 적용하여 오름차순으로 정렬하려고 한다. 숫자의 위치를 교체할 때마다 1회 정렬했다고 할 때, 총 정렬 횟수를 구하시오.

입력 값={32, 29, 23, 17, 31}

02 다음 입력 값을 퀵정렬 방식을 적용하여 오름차순으로 정렬하려고 한다. 숫자의 위치를 교체할 때마다 1회 정렬했다고 할 때, 총 정렬 횟수를 구하시오.

입력 값={23, 5, 37, 21, 7, 16}

03 다음 제시된 행렬 A, B에 대해 행렬의 차 A−B를 구하시오.

$$A=\begin{bmatrix}13 & 8\\15 & 12\end{bmatrix},\ B=\begin{bmatrix}5 & 6\\10 & 8\end{bmatrix}$$

04 다음 제시된 두 집합 A, B에 대해 곱집합 A×B를 구하시오.

A={5, 7, 10}, B={6, 8}

05 수열 [1, 2, 4, 7, 11, 16, …]의 일반항을 구하시오.

06 A, B, C, D, E 사이를 잇는 다리의 건설 비용이 그림과 같을 때 A~E 지점이 모두 연결되도록 다리를 만들기 위한 최소 건설 비용을 구하시오.

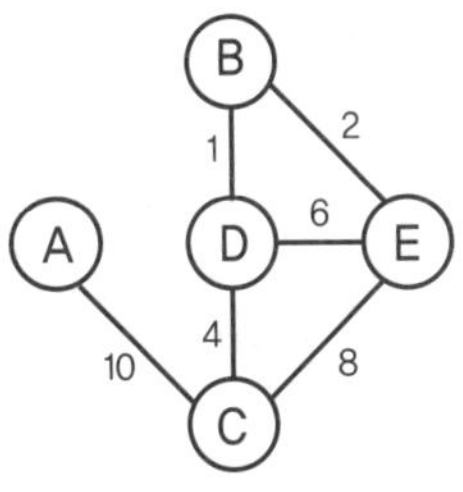

07 U 호텔은 연속하는 7일 중 나흘 동안만 사용할 수 있다. 주은이는 30일간의 휴가 동안 U 호텔에서 최대한 오래 머물려고 할 때, 주은이가 U 호텔에서 최대 며칠 동안 머물 수 있는지 구하시오.

08 제빵사 K씨는 빵을 만들기 위해 반죽을 발효시키려고 한다. 반죽을 만드는 시간은 1시간으로 모두 동일하고, 빵 종류에 따라 발효에 걸리는 시간은 각각 다르다. 발효에 걸리는 시간이 각각 2시간, 4시간, 6시간, 8시간인 빵 4개를 만들려고 할 때, 빵 4개의 반죽을 만들 때부터 발효가 완성되기까지 걸리는 최소 시간을 구하시오.

5회

학습날짜: ____________
맞힌 개수: ________ /8

01 다음 입력 값을 선택정렬 방식을 적용하여 오름차순으로 정렬하려고 한다. 숫자의 위치를 교체할 때마다 1회 정렬했다고 할 때, 총 정렬 횟수를 구하시오.

입력 값={9, 2, 7, 21, 11}

02 다음 입력 값을 버블정렬 방식을 적용하여 오름차순으로 정렬하려고 한다. 숫자의 위치를 교체할 때마다 1회 정렬했다고 할 때, 총 정렬 횟수를 구하시오.

입력 값={7, 24, 16, 41, 38}

03 다음 집합 A의 부분집합 개수를 구하시오.

A={1, 3, 5, 7, 9, 11}

04 다음 집합 A, B의 교집합에 대한 원소의 개수를 구하시오.

A={2, 4, 6, 8, 10, 12}, B={1, 2, 5, 7, 8, 14, 15}

05 수열 [3, 5, 7, 9, 11, 13, …]의 일반항을 구하시오.

06 A, B, C, D, E 사이의 거리가 그림과 같을 때 A에서 E로 가는 최단 거리를 구하시오.

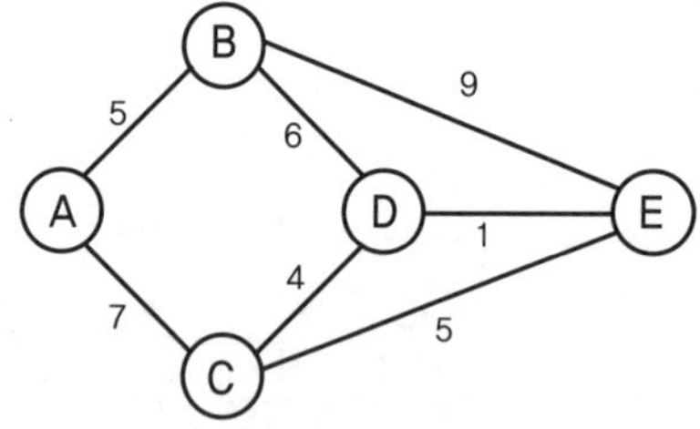

07 다음 설명을 보고 옳은 것은 O, 옳지 않은 것은 X로 표시하시오.

(1) 최소 비용 신장 트리에는 출발점과 도착지가 같아지는 간선이 존재해야 한다. (　　)

(2) 최소 비용 신장 트리 내 간선들의 가중치는 중점을 이동하는 비용, 시간, 거리 등을 나타낸다. (　　)

08 최대 5kg의 보석을 담을 수 있는 배낭이 있다. 1kg 무게의 보석이 3개, 2kg 무게의 보석이 2개, 3kg 무게의 보석이 1개, 4kg 무게의 보석이 1개, 5kg 무게의 보석이 2개 있을 때, 보석을 모두 담기 위해 필요한 배낭의 최소 개수를 구하시오.

CT 핵심이론 Quiz 정답

CT 1회

01 1회

02 3회

03
- 부정 명제 기호: ~p
- 부정 명제의 문장: +7은 양수가 아니다.
- 부정 명제의 진릿값: p가 참(T)이므로 명제 ~p는 거짓(F)이다.

04
- 논리곱 명제 기호: $p \wedge q$
- 논리곱 명제의 문장: 1+2=7이고, 부산은 서울보다 남쪽에 있다.
- 논리곱 명제의 진릿값: 명제 p는 거짓(F)이고, 명제 q는 참(T)으로, 두 명제 중 하나의 진릿값이 거짓(F)이므로 명제 $p \wedge q$는 거짓(F)이다.

05 $a_{n+1}=a_n+d$ (d는 상수)

06 2

07 6개

08 325km

CT 2회

01 3회

02 2회

03 A×B={(1, x), (1, y), (2, x), (2, y), (3, x), (3, y)}

04 $\begin{bmatrix} 7 & 9 \\ 7 & 9 \end{bmatrix}$

05 $a_{n+1}=ra_n$ (r은 상수)

06 4

07 95,000원

08 4개

CT 3회

01 3회

02 2회

03 32개

04 4개

05 $a_{n+2}=a_{n+1}+a_n$ ($a_1=1$, $a_2=1$)

06 6

07 7개

08 4개

CT 4회

01 7회

02 3회

03 $\begin{bmatrix} 8 & 2 \\ 5 & 4 \end{bmatrix}$

04 A×B={(5, 6), (5, 8), (7, 6), (7, 8), (10, 6), (10, 8)}

05 $a_{n+1}=1+\sum_{k=1}^{n} k$

06 17

07 18일

08 9시간

CT 5회

01 3회

02 2회

03 64개

04 2개

05 $a_{n+1}=a_n+2$

06 12

07 (1) X (2) O

08 5개

SAMSUNG
SW
ACADEMY
FOR
YOUTH

PART 4

에세이 및 면접

에세이 합격 가이드

1. 에세이 소개

SSAFY에서 에세이는 지원자가 SW를 얼마나 잘 알고 있는지를 확인하는 것이 아니라 SW에 얼마나 관심이 있는지를 확인하는 전형이다. 에세이 작성 시에는 자신의 논리력과 설득력을 잘 드러내야 하므로 상대적으로 자신의 스펙 중에 열위에 있다고 판단되는 부분부터 우위에 있다고 판단되는 부분까지 모두 생각해서 적어야 한다. 즉, 글을 읽는 사람이 에세이의 개요를 한눈에 볼 수 있을 정도로 구성력이 있으면서 논리적인 내용을 기반으로 완성도 높게 에세이를 작성해야 한다. 다만, 면접 전형에서는 에세이를 기반으로 한 질의응답이 이어지므로 거짓으로 내용을 꾸며내기보다는 최대한 솔직하게 자신의 열의를 드러내는 방향으로 작성해야 한다.

2. 에세이 출제 경향

매년 문항이 달라지고 있지만, 기본적인 질문 구성은 바뀌지 않으므로 현재까지의 에세이 기출 문항들을 정리하여 자신만의 답변을 작성해야 한다. 특히, 에세이 전형에서는 단순히 SSAFY에 지원하게 된 동기만을 묻는 것이 아닌 앞으로 어떤 개발자로 성장하고 싶은지, 교육 과정을 통해 어떤 역량을 추가로 향상시키고 싶은지에 대한 구체적인 답변을 요구하므로 본인의 능력보다 SW 개발자로 성장하기 위해 어떠한 분야에 관심을 기울이고 IT 공부를 해왔는지, 역량 향상을 위해 어떠한 학습 계획을 수립하고 있는지를 자세히 작성해야 한다. 최근 치러진 에세이 전형에서는 SSAFY 교육과정에 참여하는 이유와 향후 개발자로서의 목표를 500자 이내로 작성해야 하는 1개의 질문이 제시되었다.

3. 에세이 기출 문항

① SSAFY에 지원한 동기와 향후 어떤 SW 개발자로 성장하고 싶은지 관련 경험을 토대로 작성

② 공모전, 대외활동, 프로젝트 등 장기간에 걸쳐 과제를 완수했던 경험 또는 실패했던 사례 작성

③ SW에 관심을 갖게 된 계기 및 향후 어떤 SW 개발자로 성장하고 싶은지와 그 이유를 관련 경험을 토대로 작성

④ 취업을 목표로 한 활동(취업 지원 횟수, 인턴, 프로젝트 활동, 경진대회 등) 및 활동을 통해 배운 점 및 느낀 점 작성

4. 에세이 합격 전략

① SSAFY 에세이 전형의 기출 문항들에 대한 답변을 미리 작성하며 연습해 본다.

SSAFY 에세이 전형에서 출제되는 질문의 기본 구성은 바뀌지 않으므로 실제 답변 작성 시 활용할 수 있도록 현재까지 출제된 에세이 기출 문항들에 대한 답변을 미리 작성해보면서 자신을 어필할 수 있는 내용을 정리해두는 것이 좋다. 특히, 에세이는 매 기수에서 공통적으로 SW에 대해 관심을 갖게 된 계기 또는 향후 SW 개발자로서 성공하기 위한 자신만의 계획 및 전략을 묻는 문항이 출제되었으므로 실제로 출제된 문항에 대한 자신만의 이야기를 작성할 수 있도록 SW에 지원하게 된 배경과 SW 개발자로 성공하기 위해 수립한 학습 전략 등을 미리 작성해보며 연습하는 것이 좋다.

② 전달하고자 하는 내용의 핵심이 명확히 드러나도록 작성한다.

1~6기의 경우 각 500~1,000자 이내로 작성해야 하는 2개의 문항이 출제되었다. 그러나 최근에 치러진 7~8기의 경우 500자 이내로 작성해야 하는 1개의 문항이 출제되어 문항 수와 허용 글자 수는 줄어든 반면 복합적인 내용을 작성해야 하는 1개의 문항만이 제시됨에 따라 언급해야 하는 내용은 많아졌다. 따라서 전달하고자 하는 내용의 핵심이 짧은 글 안에 명확히 드러나도록 답변은 구체적이고 간결하게 작성하는 것이 좋다.

③ SSAFY가 원하는 인재에 부합하는 사람임을 잘 드러내야 한다.

SSAFY가 원하는 인재상은 SW의 개념과 원리를 이해하고 규칙을 찾아 문제를 해결하는 인재, 열정과 도전 정신으로 교육에 적극적으로 참여하는 인재, 지속적으로 학습하고 교육에 몰두하여 목표를 성취하는 인재이다. 이에 따라 에세이 작성 시에는 지원자가 SSAFY 인재상에 적합한 사람임을 드러내는 방향으로 작성해야 하며, 왜 지원자가 SSAFY에서 원하는 인재에 해당하는지를 구체적인 근거와 함께 명시하여야 한다. 특히 SW 관련 학습에 적극적이고 열정적으로 참여할 의지가 있으며, SW 관련 이론 및 문제에 대한 논리적 사고를 통해 SW 개발자로서 성공할 수 있다는 자신감을 드러내는 것이 중요하다.

④ SW에 대한 관심을 토대로 다양한 관련 경험을 기술한다.

SSAFY 에세이에서는 SW에 대한 관심과 SW 관련 학습 진행 정도 등을 통해 역량 향상을 위해 어떠한 노력을 진행하였는지를 드러내야 한다. SW에 관심을 가지게 된 계기를 작성하고, 이와 관련하여 어떠한 경험을 했는지, 어떤 프로젝트 및 활동을 진행해왔는지 등을 명시하여 SW에 대한 지원자의 관심이 생긴 이유와 이후에 SW 역량 증진을 위한 진행했던 노력을 기술하며 SW 개발자로서 발전할 수 있는 가능성을 보여주어야 한다.

에세이 기출 유형 연습

01 **삼성 청년 SW 아카데미에 지원하신 동기와 향후 어떤 SW 개발자로 성장하고 싶은지에 대해서 SW 관련 경험을 토대로 작성하시오. (500자 이내)** SSAFY 7, 8기 기출 유형
(SW 관련 경험: SW/IT 관련 학습, IT 관련 자격증 취득 및 학습, 인턴/직무 체험, 취미 활동, IT제품/앱/게임 등 서비스 사용 경험, 관련 기사 구독 및 영상 시청 등)

답안 작성 전에 글의 전체적인 개요를 구성해보세요.

서론	
본론	
결론	

문항에 대한 답안을 작성해보세요.

답안 작성 Tip

∨ SSAFY 교육 과정의 특징 등을 살펴보고 자신의 지원 동기와 접목하여 작성한다.

∨ SW 개발자가 되고자 하는 의지와 열정, 자기주도적 학습 능력을 중점으로 작성한다.

∨ SW 개발자로 성장하기 위해 지금까지 어떤 준비를 해왔는지 기술함과 동시에 SSAFY를 통해 발전하고 싶다는 의지가 드러나도록 작성한다.

∨ SSAFY는 SW 교육과정을 통해 실전형 SW 개발자로 성장할 수 있는 기회를 제공하므로 자신의 실력을 주기적으로 측정하여, SW 개발자로서의 포트폴리오 구상을 희망한다는 내용을 접목하여 작성한다.

02 취업을 목표로 한 활동(취업 지원 횟수, 인턴, 프로젝트 활동, 경진대회 등)을 구체적으로 기재하고, 이와 같은 노력과 결과를 통해 배우고 느낀 점을 중심으로 작성하시오. (각 500~1,000자 이내) SSAFY 4, 5, 6기 기출 유형

답안 작성 전에 글의 전체적인 개요를 구성해보세요.

서론	
본론	
결론	

문항에 대한 답안을 작성해보세요.

답안 작성 Tip

✓ 취업을 목표로 한 다양한 활동을 통해 어떤 점을 배우고 느꼈는지를 작성하되, 단순히 활동을 나열하는 것에서 그치지 않고 여러 활동을 하게 된 결과 SW 교육에 관심을 갖게 되었음을 연관 지어 작성한다.

03 **공모전, 대외활동, 프로젝트 등 장기간에 걸쳐 과제를 완수했던 경험 또는 실패했던 사례에 대해서 상세히 작성하시오. (각 500~1,000자 이내)** SSAFY 1, 2, 3기 기출 유형

답안 작성 전에 글의 전체적인 개요를 구성해보세요.

서론	
본론	
결론	

문항에 대한 답안을 작성해보세요.

답안 작성 Tip

- SSAFY에서는 실제 업무와 유사한 형태의 프로젝트 수행을 통해 학습자 간 협업 능력과 문제해결 역량을 키울 수 있으므로 코드 리뷰, 페어 프로그래밍 학습을 통한 상호 역량 향상을 지향한다는 내용으로 작성한다.
- 실패 사례를 작성하되, 실패 이유와 해결 방법, 이를 통해 배운 점은 무엇인지를 함께 작성하여 상황 대처 능력과 같은 상황을 반복하지 않고자 하는 의지가 드러나도록 작성한다.

면접 합격 가이드

1. 면접 전형 소개

다대일(면접관 2명, 면접자 1명)로 진행되는 면접 전형은 SW 적성검사에 합격한 지원자에 한해 기회가 주어지며, PT 면접과 인성 면접이 차례로 진행된다. 본격적인 면접 진행에 앞서 본인확인을 위해 SW 적성검사의 CT(Computational Thinking)와 동일한 유형의 문제 2문항이 출제되며, 12분 내에 풀이하면 된다. PT 면접에서는 약 1분간 간단한 자기소개 후 주어진 주제에 대한 자신의 생각을 발표하면 된다. 발표 후에는 면접관으로부터 발표 내용과 관련된 질문을 받게 되며, 이어서 진행되는 인성 면접에서는 지원자의 에세이를 바탕으로 한 질문이 주어진다.

2. 면접 전형 구성 및 특징

PT 면접	· 주제: 최신 IT 관련 키워드 2개가 주어지며, 그중 1개의 키워드를 선택 · 진행 시간: 약 30~40분 - 준비 시간: 약 10~15분 - 발표 시간: 약 5분 - 발표 내용 관련 Q&A 시간: 약 15~20분
인성 면접	· 질문 유형: 지원자의 에세이를 기반으로 한 질문 · 진행 시간: 약 15분
면접 전 사전 준비 사항	· 인성 면접은 지원자의 에세이를 바탕으로 진행되므로 자신이 제출한 에세이 내용을 완벽하게 숙지해야 한다. · 최신 IT 관련 기사를 찾아보는 등 IT 분야에 대해 폭넓은 지식을 준비해야 한다. · PT 면접과 인성 면접의 대표 질문을 파악하고, 각 질문에 대한 답변을 미리 정리해보아야 한다. · 실전과 같은 연습을 통해 자신의 표정이나 손짓, 버릇 등을 파악하여 단점을 보완하려는 노력을 해야 한다.

3. 인성 면접 기출 질문

① SSAFY에 지원하게 된 동기가 무엇인가

② SSAFY의 교육과정을 잘 이해하고 있는가

③ SSAFY를 통해 가장 배우고 싶은 것은 무엇인가

④ 끈기를 보여줄 수 있는 경험이 있는가

⑤ 협업 과정에서 갈등 상황이 발생할 경우 어떻게 해결할 것인가

4. 인성 면접 대비 전략

① 일관성 있게 답변한다.

인성 면접에서는 지원자의 에세이를 바탕으로 한 질문이 주어진다. 따라서 에세이와 상반된 내용으로 답변할 경우 지원자에 대한 신뢰성이 떨어져 탈락의 요인이 될 수 있으므로 에세이에 작성된 내용과 일관되게 답변하는 것이 좋다.

② 두괄식으로 답변한다.

면접관에게 자신의 의사나 생각을 명확히 전달해야 하므로 질문에 대해 대답할 때는 결론을 먼저 말하고 그에 따른 설명과 이유를 덧붙이는 것이 좋다. 따라서 질문을 받았을 때는 먼저 자신이 전달하고자 하는 내용을 명확히 결정해 두어야 한다.

③ 열정과 도전정신이 드러나게 답변한다.

SSAFY 교육생으로 선발되면 1년간 팀 프로젝트, 시험, 과제를 연속적으로 수행해야 하므로 SW 전공자가 아니더라도 전문 지식을 습득하여 SW 전문가로 거듭날 수 있다는 의지를 드러내야 한다. 특히 1년간의 교육과정을 따라갈 수 있다는 열정과 새로운 것에 대한 도전 정신이 뛰어남을 어필하면 좋다.

④ 취업을 위한 면접이 아닌 SW 교육생 선발을 위한 면접임을 명심한다.

SSAFY 지원 전형에서 면접은 SSAFY에 입사하기 위한 면접이 아닌 SW 교육생 선발을 위해 진행되므로 자신의 역량을 강조하기보다 배우고자 하는 의지를 강조하고 SSAFY를 통해 이루고자 하는 목표 위주로 답변하는 것이 좋다.

PT 면접 대비 IT 상식

최신 IT 트렌드의 개념뿐 아니라 IT 기술 활용 현황, 주요 장점 및 단점, 주제를 둘러싼 쟁점, 쟁점에 대한 본인의 견해, 해결 방안을 제시하는 것으로 PT 면접이 진행되므로 IT 상식을 미리 익혀두면 PT 면접에 도움이 될 수 있다.

1. AI

AI	'Artificial Intelligence(인공지능)'의 약자로, 인간의 지능으로 할 수 있는 사고, 학습, 추리, 논증 등을 컴퓨터 프로그램으로 실현한 기술 • 핵심포인트 – AI를 구현하는 방법 중 하나인 딥러닝은 사람이 판단 기준을 정해주지 않더라도 빅데이터 속의 패턴을 분석하여 컴퓨터 스스로 인지하고 추론할 수 있게 함 – AI의 발전으로 인해 무인화가 가속화되어 일자리가 줄어들 것으로 예상하고 있으며, 사무직의 약 86%가 AI로 대체될 것으로 예측됨
머신러닝 (Machine learning)	컴퓨터가 스스로 학습 과정을 거쳐 입력되지 않은 정보를 습득하고 분석하는 기술로 방대한 데이터를 분석해 미래를 예측하는 기술 • 핵심포인트 – 축적된 데이터를 토대로 상관관계와 특성을 찾아내고 결론을 내리는 기술 – 머신러닝은 초기에 필요한 답을 찾기 위해 데이터를 분류하고 기계를 학습시키는 과정에서 사람의 개입이 일정 부분 필요한 지도학습 방법으로 작동함
딥러닝 (Deep learning)	인간 두뇌의 정보처리 방식을 모방해 컴퓨터가 다양한 단계의 사고 과정을 거쳐 스스로 인지 및 추론, 판단하게 하는 기술 • 핵심포인트 – 딥러닝은 데이터를 기반으로 컴퓨터가 스스로 새로운 알고리즘을 만드는 머신러닝(Machine learning)의 한 방법이며, 인공신경망이라고 하는 인간의 뇌 구조를 바탕으로 한 알고리즘을 기반으로 함 – 축적된 데이터를 분석하고 이를 학습하여 최적의 결론을 내리는 기술 – 딥러닝은 사람의 노력 없이 컴퓨터가 스스로 학습하여 결론을 도출하는 비지도학습(Unsupervised learning) 방법으로 작동함
자율주행 자동차	고속도로 주행 지원 시스템, 차선 유지 시스템, 자동 긴급 제동 시스템 등을 이용하여 운전자가 차량을 조작하지 않아도 스스로 도로의 상황을 파악하며 주행하는 자동차 • 핵심포인트 – 자동차 기술은 주로 자동차 제조업체에서 주도했지만, 자율주행 자동차는 IT 업체에서 더 활발하게 연구 중이며 구글이 대표적인 사례임 – 정부는 완전자율주행 기술개발에 2027년까지 1조 1,000억 원을 투입할 예정이며, 국내 주요 기업도 향후 10년간 60조 원가량을 미래 차 분야에 투자할 계획을 갖고 있음 – 자율주행 자동차 상용화 촉진 및 지원에 관한 법률이 시행되고 있음

챗봇 (Chatbot)	채팅하는 로봇이라는 뜻인 'Chatting robot'의 줄임말로, 별도로 웹사이트를 방문하거나 애플리케이션을 실행하지 않고도 메신저를 통해 대화하듯 정보를 얻을 수 있는 시스템 • 핵심포인트 – 빅데이터가 구축되고 AI 기술이 발달하면서 고도화된 답변이 가능해짐 – 기업에서는 직원들의 업무용 스마트폰, PC 사용 패턴을 분석하여 이를 토대로 회의 장소 및 시간을 선정하는 데 활용하거나, 기업 내 빅데이터와 연동하여 자료를 보다 쉽고 빠르게 전달받는 데 활용하기도 함 – 서비스 업체들은 챗봇을 활용하여 소비자의 성향을 파악해 소비자에게 적합한 상품을 추천하거나, 누적된 빅데이터를 바탕으로 소비자의 문의에 답변을 함 – 챗봇을 사용하면 소비자가 상담원을 기다리지 않고 서비스를 이용할 수 있다는 장점이 있지만, 이로 인해 일자리가 줄어들 것이라는 우려가 제기됨 – 수동성이라는 챗봇의 특성으로 인해 사용자가 항상 먼저 채팅을 시작해야 함

2. 이동통신

5G	기존 LTE 주파수 대역보다 높은 초고주파 대역을 활용하는 5세대 이동통신 기술 • 핵심포인트 – 일반 LTE보다 280배 빠르며, 2GHz 이하의 주파수를 이용하는 LTE와는 달리 28GHz의 초고주파 대역을 활용함 – 정부는 5G 표준경쟁에서 주도권을 잡기 위해 5G망 구축을 위한 제도 개선 및 5G 국제 표준화를 위한 투자를 아끼지 않을 것이라고 밝힘 – 5G 기술 경쟁력 제고, 관련 콘텐츠, 서비스 등 기반 산업 육성이 요망됨
라이파이 (Li-Fi)	LED 전구에서 나오는 가시광선 파장을 이용해 데이터를 주고받는 무선통신 기술 • 핵심포인트 – 기존 와이파이보다 250배가량 빨라 이를 대체할 미래의 통신 기술로 주목되며, 다른 유무선 광통신 기술보다 인체에 무해하여 상용화 가능성도 높은 편임 – 빛으로 데이터를 직접 전송하기 때문에 와이파이의 단점인 보안과 전자파 문제 등을 해결할 수 있음 – 장비를 소형화하기 힘들고, 빛을 직접 받을 수 있는 환경에서만 사용할 수 있다는 한계가 있음
비콘 (Beacon)	블루투스 프로토콜을 기반으로 근거리의 스마트 기기를 자동으로 인식하여 데이터를 교류하는 근거리 통신 기술 • 핵심포인트 – 비콘 기술은 전력 소모가 적어 모든 기기가 항상 연결되어야 하는 사물인터넷(IoT) 환경에 적합함 – NFC(근거리무선통신)보다 가용거리가 길기 때문에 O2O(Online to Offline) 서비스에 적용하기 적합함 – 실내에서 GPS보다 더욱 정교하게 위치 파악을 할 수 있으며, 무선 결제에 다양하게 활용할 수 있음

3. 금융·의료

핀테크	'금융(Finance)'과 '기술(Technology)'의 합성어로, 결제, 대출, 자산관리 등의 금융 서비스가 IT, 모바일 기술과 결합된 새로운 형태의 금융 서비스 • 핵심포인트 – 대표적인 핀테크 서비스에는 금융기관을 거치지 않고 개인과 개인이 직접 금리를 결정하고 거래하는 P2P 금융이 있으며, 최근 P2P 금융 시장의 규모는 2조 원대를 돌파함 – 금융감독원에서는 핀테크 혁신을 적극 지원하기 위해 규제의 경직성을 해소하고, 진입규제를 완화할 필요가 있다고 발표함 – 핀테크가 발전할수록 화폐의 디지털화가 진행되어 현금 없는 사회가 빠르게 다가올 것으로 예상됨
가상화폐	실물화폐 없이 온라인에서 거래되는 화폐로, 암호화폐, 디지털화폐라고도 불림 • 핵심포인트 – 화폐 발행 등 생산비용이 들지 않고, 이체비용과 같은 거래비용을 절감할 수 있음 – 대표적인 가상화폐에는 비트코인, 이더리움, 리플, 대시, 아이오타 등이 있음 – 정부는 가상화폐가 음성적 거래에 악용될 여지가 있으며, 무분별한 투자로 인한 피해가 발생할 수 있다는 점 등을 들어 거래 실명제를 비롯한 가상화폐 거래 규제를 시행하기로 함
디지털 헬스케어	헬스케어 산업에 정보통신기술(ICT)을 결합한 것으로, 원격 의료, 원격 진단 등이 포함됨 • 핵심포인트 – 디지털 헬스케어의 근간은 의료용 빅데이터의 수집과 분석이며, AI가 의료용 빅데이터를 분석하여 개인 맞춤형 진단 및 치료가 가능해짐 – 웨어러블 디바이스를 통해 언제 어디서든 환자의 상태를 검사하고 진단할 수 있게 됨 – 우리나라의 경우 디지털 헬스케어의 기술 수준은 높지만 법과 제도적인 한계로 관련 산업의 성장이 가로막혀 규제 완화가 필요하다는 주장이 제기됨

4. 정보보안

블록체인 (Block chain)	관리 대상 데이터를 분산 관리하기 위하여 데이터를 블록으로 구분하고 각 블록을 고리 형태로 서로 연결하는 형식의 데이터 목록으로, 네트워크상에서 다수의 합의가 필요하여 임의로 변경할 수 없는 분산 컴퓨팅 기반의 데이터 위·변조 방지 기술 • 핵심포인트 – 가상화폐인 비트코인에 활용되며 은행, 증권사 등 공인된 금융기관이 아닌 거래 참여자들에게 중앙 서버 없이 거래 장부를 분산 배치하여 해킹을 막아 더욱 안전하게 보관이 가능함 – 블록체인은 가상화폐뿐만 아니라 클라우드 저장소 서비스, 메신저 서비스, 금융 서비스 등 다양한 분야에서 활용되고 있음
NFT	'대체 불가능한 토큰(Non-Fungible Token)'이라는 뜻으로 희소성을 갖는 디지털 자산을 대표하는 토큰으로 블록체인 기술을 활용 • 핵심포인트 – 디지털 자산에 별도의 고유한 인식 값을 부여하고 있어 상호 교환 및 복제가 불가능하다는 특징이 있음 – 비트코인과 같은 암호화폐는 대체 가능한 토큰으로 전부 동일한 가치를 지니고 있어 1:1 교환이 가능하지만, NFT는 소유권을 거래하는 형태로 거래가 이루어짐

마이데이터	개인 정보의 주체가 직접 자신의 정보를 열람하거나 저장하는 등 정보를 통합하여 관리 및 활용하는 과정으로 개인정보자기결정권과 개인정보 이동권을 기반으로 함 • 핵심포인트 – 마이데이터는 정보 주체, 데이터 보유자, 마이데이터 서비스 제공자, 제3자로 구성되며, 마이데이터 서비스 제공자는 데이터 보유자에게 개인 정보 공개 범위를 확대해 줄 것을 요구하는 반면 데이터 보유자는 개인정보 유출 우려로 인해 정보 공개 범위를 확대하지 않으려고 하여 정보 공개 범위를 둘러싼 마이데이터 서비스 제공자와 데이터 보유자 간 논쟁이 지속됨

5. 몰입형 콘텐츠

메타버스	웹상에서 아바타를 이용하여 사회, 경제, 문화적 활동을 하는 따위처럼 가상 세계와 현실 세계의 경계가 허물어지는 것을 이르는 말 • 핵심포인트 – 펜데믹으로 인한 언택트 문화가 메타버스를 발전시키는 데 큰 영향을 주었고, 현재 메타버스는 공연, 마케팅, 교육, 의료 등 다양한 생활영역에서 활용되며, 앞으로 시장이 더욱 활성화될 것으로 보임
VR	'Virtual Reality(가상현실)'의 약자로, 머리에 장착하는 디스플레이 디바이스 HMD를 통해 3D 가상공간을 실제처럼 체험할 수 있게 하는 기술 • 핵심포인트 – HMD는 스마트폰 화면을 확대하는 방식으로 가상공간을 보여주기 때문에 화면의 선명도가 떨어져 가상공간에 그물망처럼 격자가 보이는 모기장 현상이 발생함
AR	'Augmented Reality(증강현실)'의 약자로, 현실 세계의 배경이나 이미지에 3차원의 가상 이미지를 겹쳐서 보여주는 발전된 가상 현실 기술 • 핵심포인트 – 현실 세계와 가상 세계를 조화시켜 사용자가 분리된 세계임을 인지하지 못하도록 만들고, 사용자와 가상 세계 간의 실시간 상호작용을 가능하게 만들어 몰입감을 제공함 – 배경, 환경 모두 가상의 이미지를 사용하는 VR(가상현실)과 달리, 현실의 배경 또는 이미지에 추가되는 정보만 가상의 이미지로 보여준다는 점에서 차이가 있음
MR	'Mixed Reality(혼합현실)'의 약자로, 증강현실과 가상현실의 장점을 따서 현실세계와 가상세계의 정보를 결합한 기술 • 핵심포인트 – 시각을 활용한 MR뿐만 아니라 청각과 촉각을 활용한 MR 기술도 등장함 – 인간이 지닌 오감의 능력을 극대화하여 마치 새로운 육감이 생긴 것처럼 느끼게 함 – NASA는 MR을 이용하여 우주 비행사들이 우주를 간접적으로 체험할 수 있는 프로그램을 개발함
XR	'eXtended Reality(확장현실)'의 약자로, VR, AR, MR을 망라하는 초실감형 기술 • 핵심포인트 – VR, AR 기술의 개별 활용 및 혼합 활용을 자유롭게 선택하며 확장된 현실을 창조하고, 마이크로소프트는 현실 공간과 사물 정보에 최적화된 3D 홀로그램을 표시하는 안경 형태의 XR, 홀로렌즈를 개발

디지털 트윈	현실세계의 사물 및 장비 등을 가상 세계에 구현한 것으로, 실제 제품을 만들기 전 모의시험을 통해 발생 가능한 문제점을 파악 후 해결하는 데 활용되는 기술 • 핵심포인트 – 3차원 설계 프로그램의 활용 및 사물인터넷을 통해 방대한 양의 정보 수집을 통해 디지털 트윈의 정확도가 높아짐 – 가상 세계에서 장비 및 시스템의 상태를 모니터링하여 보수 시점 파악하거나 돌발 사고를 예방할 수 있어 사고 위험, 시제품 제작에 소요되는 비용과 시간을 절감할 수 있음

6. 기타

4차 산업혁명	기존의 산업과 서비스가 인공지능 및 사물인터넷, 빅데이터 등 정보통신기술과의 융합으로 생산성이 급격히 향상되고, 제품과 서비스가 지능화되면서 경제 · 사회 전반적으로 혁신적인 변화가 나타나는 차세대 산업혁명 • 핵심포인트 – 4차 산업혁명에서는 생산설비가 제품과 상황에 따라 능동적으로 작업 방식을 결정하며, 중앙집중화된 시스템의 통제를 받지 않고 각 기기가 개별 공정에 알맞은 것을 판단하여 실행하게 됨 – 초연결(Hyperconnectivity)과 초지능(Superintelligence)을 특징으로 하기 때문에 기존 산업혁명보다 더 넓은 범위에, 더 빠른 속도로 영향을 끼치게 됨
빅데이터	크기가 방대하고 형태가 다양하며, 생성부터 유통까지의 시간도 빨라 기존 시스템으로는 관리와 분석이 어려운 데이터 • 핵심포인트 – 크기(Volume), 다양성(Variety), 속도(Velocity)를 일컫는 3V에 최근에는 가치(Value), 정확성(Veracity)이 추가되어 4V, 5V 등으로 표현됨 – 앞으로도 빅데이터의 특징은 계속해서 새롭게 추가될 것으로 보임
IoT	'Internet of Things(사물인터넷)'의 약자로, 사물에 센서를 장착하여 사람의 개입 없이도 사물이 스스로 인터넷을 통해 실시간으로 데이터를 수집하고 교환할 수 있게 하는 기술 • 핵심포인트 – 스마트홈, 스마트워크 등 각종 스마트 서비스를 구현하는 데에 기본이 되는 가장 핵심적인 기술로 부상함 – 최근에는 모든 사물이 인터넷으로 연결되는 IoT 시대가 도래할 것이라는 전망이 나오면서 기업들은 관련 플랫폼을 정착시키는 것에 심혈을 기울이고 있음 – 각종 해킹이 빈번하게 발생하여 정보보안 솔루션이 중요한 쟁점이 됨
IoB	'Internet of Behaviors(행동인터넷)'의 약자로, 인간의 행동 데이터를 수집하여 분석한 뒤, 특정 행동을 유도하는 기술 • 핵심포인트 – 사용자의 운전 시간 및 운전 거리 등의 데이터를 통해 운전 습관을 분석하고, 파악한 운전 습관을 토대로 사고 가능성을 유추해 보험료 산정에 적용할 수 있음 – 환자의 건강 상태를 파악하여 휴식을 취하도록 권유하거나 식습관을 교정하는 등의 서비스를 제공함

클라우드 컴퓨팅 (Cloud computing)	**인터넷상의 데이터 서버에 프로그램을 두고 필요할 때마다 사용자의 컴퓨터나 스마트폰으로 불러와서 사용하는 인터넷 기반의 컴퓨터 기술** • 핵심포인트 – 클라우드 컴퓨팅을 도입하면 기업 또는 개인은 컴퓨터 시스템의 유지·보수와 관리 비용, 서버의 구매 및 설치 비용 등을 줄일 수 있으며, 외부 서버를 통해 자료를 안전하게 저장하고 저장 공간의 제약을 극복할 수 있음 – 빅데이터를 처리하기 위해서는 다수의 서버를 통한 분산처리가 필수적이므로 빅데이터와 클라우드는 밀접한 관계를 맺고 있음 – 서버가 해킹당할 경우 개인정보가 유출될 위험이 있으며, 서버에 장애가 발생하면 자료 이용이 불가능하다는 단점이 있음
스마트팩토리	**모든 설비와 장비가 무선통신으로 연결되어 전 공정이 자동화되어 있으며, 실시간 모니터링이 가능한 공장** • 핵심포인트 – 공장 내의 데이터가 실시간으로 수집되고, 이를 기반으로 한 의사결정이 이루어져 빠르고 정확한 진단이 가능함 – 제품 위치, 재고량 등을 자동으로 감지하여 인적·물적 자원을 절감함 – 제조업 분야에서 4차 산업혁명의 핵심으로 꼽힘
오픈소스	**소프트웨어의 설계 지도인 소스 코드가 무료로 공개되어 누구나 해당 소프트웨어를 사용하고 수정할 수 있는 소프트웨어** • 핵심포인트 – 오픈소스는 소프트웨어의 구조 및 작동원리에 대한 모든 정보를 담은 소스 코드를 공개함으로써 전 세계 누구나 소프트웨어 개발에 참여할 수 있도록 하고, 이를 통해 단기간에 우수한 소프트웨어를 만들 수 있다는 점에서 의의가 있음 – 대표적인 오픈소스로는 리눅스(Linux)가 있음
양자컴퓨터	**반도체가 아닌 원자를 기억소자로 활용하는 미래형 컴퓨터** • 핵심포인트 – 물리학자 리처드 파인만이 처음으로 양자컴퓨터라는 개념을 제안함 – 기존 컴퓨터가 0과 1의 2진법을 사용하여 비트(Bit)로 정보를 표시하는 것과 달리, 양자컴퓨터는 큐비트(Qubit)를 사용하여 0이면서 동시에 1로 나타낼 수 있어 00, 01, 10, 11과 같은 4개의 상태가 가능해져 기존 컴퓨터보다 빠르게 계산이 가능함 – IBM은 20큐비트 양자 프로세서를 탑재한 상용 양자컴퓨터인 'Q 시스템 원'을 선보였으며, 우리나라도 2022년부터 양자컴퓨터 구축을 본격화해 2024년까지 국내 양자컴퓨터 시스템을 구축할 계획임

해커스 SSAFY 통합 기본서

삼성 청년 SW 아카데미(싸피)

SW적성진단+에세이+면접

초판 3쇄 발행 2023년 5월 8일
초판 1쇄 발행 2022년 10월 4일

지은이	해커스 취업교육연구소
펴낸곳	(주)챔프스터디
펴낸이	챔프스터디 출판팀

주소	서울특별시 서초구 강남대로61길 23 (주)챔프스터디
고객센터	02-566-0001
교재 관련 문의	publishing@hackers.com
	해커스잡 사이트(job.Hackers.com) 교재 Q&A 게시판
학원 강의 및 동영상강의	job.Hackers.com

ISBN	978-89-6965-311-6 (13320)
Serial Number	01-03-01

최신판

해커스

SSAFY

통합 기본서

삼성 청년 SW 아카데미(싸피)

SW적성진단+에세이+면접

약점 보완 해설집

약점 보완 해설집

해커스잡

제1장 수리/추리논리력 출제예상문제

유형 1 응용계산

p.60

01	02	03	04	05
③	⑤	④	④	⑤
06	07	08	09	10
④	④	②	③	④
11	12	13	14	15
③	①	③	③	④
16	17	18	19	20
④	②	③	③	①
21	22	23	24	25
④	⑤	①	④	②

01 응용계산 문제 정답 ③

속력$=\frac{거리}{시간}$임을 적용하여 구한다.

둘레가 800m인 원형 운동장에서 같은 위치에 서 있는 현우와 은우는 동시에 반대 방향으로 출발하여 50초 후에 처음으로 만났고, 현우와 은우가 출발하여 처음 만났을 때까지 이동한 거리가 100m 차이가 나므로 둘 중 한 명은 450m, 나머지 한 명은 350m를 이동한 것을 알 수 있다. 이에 따라 현우 또는 은우의 속력은 각각 $\frac{450}{50}$=9m/s, $\frac{350}{50}$=7m/s이다.

따라서 현우와 은우의 속력 차이는 9−7=2m/s이다.

02 응용계산 문제 정답 ⑤

서로 다른 n개에서 순서를 고려하지 않고 r개를 택하는 경우의 수는 ${}_nC_r=\frac{n!}{r!(n-r)!}$임을 적용하여 구한다.

객실마다 임원이 1명씩 배정되어야 하므로 3개의 객실에 먼저 임원을 1명씩 배정한 후 사원 6명을 2명씩 배정한다.

3개의 객실에 임원을 1명씩 배정하는 경우의 수는 3!=3×2×1=6가지이고, 1호실, 2호실, 3호실에 각각 사원 6명을 2명씩 배정하는 경우의 수는 ${}_6C_2\times{}_4C_2\times{}_2C_2=\frac{6\times5}{2\times1}\times\frac{4\times3}{2\times1}\times1=90$가지이다.

따라서 객실마다 임원 1명과 사원 2명씩 배정되도록 객실을 배정하는 경우의 수는 6×90=540가지이다.

03 응용계산 문제 정답 ④

소금물의 농도$=\frac{소금의\ 양}{소금물의\ 양}\times100$임을 적용하여 구한다.

농도가 15%인 소금물 450g에 들어있는 소금의 양은 450$\times\frac{15}{100}$=67.5g이므로 소금 50g을 추가로 넣었을 때 만들어지는 소금물의 농도는 $\frac{67.5+50}{450+50}\times100$=23.5%이다.

따라서 만들어지는 소금물의 농도는 23.5%이다.

04 응용계산 문제 정답 ④

세 자리 자연수를 14로 나누었을 때 나머지가 8이 되는 가장 작은 세 자리 자연수는 14의 배수 중 100에 가장 근접한 자연수에 8을 더한 수이다. 14의 배수 중 100에 가장 근접한 자연수는 98이므로 14로 나누었을 때 나머지가 8이 되는 가장 작은 세 자리 자연수는 98+8=106이다.

따라서 106을 18로 나누면 106=(18×5)+16이므로 나머지는 16이다.

05 응용계산 문제 정답 ⑤

준우가 키우고 있는 동물들의 다리 수의 합을 x라고 하면

4A+4B+2C=x … ⓐ

A+B+C=25 → 4A+4B+4C=100 … ⓑ

ⓑ−ⓐ에서 x=100−2C이다.

따라서 준우가 키우고 있는 동물들의 다리 수의 합은 100−2C이다.

06 응용계산 문제

정답 ④

하나의 사건이 다른 사건의 결과에 영향을 주지 않는 독립사건 A가 발생할 확률을 p, 독립사건 A를 반복하는 횟수를 n이라고 할 때, A가 r번 발생할 확률은 ${}_nC_r \times p^r \times (1-p)^{n-r}$임을 적용하여 구한다.

Z가 동전을 던졌을 때, 앞면이 나와 주사위를 2번 굴리고 그중 2번이 짝수가 나올 확률은

$\frac{1}{2} \times \left\{{}_2C_2 \times \left(\frac{1}{2}\right)^2 \times \left(\frac{1}{2}\right)^0\right\} = \frac{1}{2} \times \left(1 \times \frac{1}{4} \times 1\right) = \frac{1}{8}$

또한 Z가 동전을 던졌을 때, 뒷면이 나와 주사위를 3번 굴리고 그중 2번이 짝수가 나올 확률은

$\frac{1}{2} \times \left\{{}_3C_2 \times \left(\frac{1}{2}\right)^2 \times \left(\frac{1}{2}\right)^1\right\} = \frac{1}{2} \times \left(3 \times \frac{1}{4} \times \frac{1}{2}\right) = \frac{3}{16}$

따라서 Z가 주사위를 굴려 짝수가 2번 나올 확률은 $\frac{1}{8} + \frac{3}{16} = \frac{5}{16}$이다.

07 응용계산 문제

정답 ④

지난번에 지윤이가 연필과 지우개를 사는 데 낸 금액은 10,700원이고, 가격이 오른 후 지난번과 같은 개수만큼 연필과 지우개를 사려면 200×15+500×4=5,000원을 추가로 내야 한다.

따라서 지윤이가 내야 할 금액은 10,700+5,000=15,700원이다.

08 응용계산 문제

정답 ②

5일 동안 신제품을 구매한 사람의 수는 매일 일정한 차이로 증가했으므로 그 차이를 k, 5월 3일에 신제품을 구매한 사람의 수를 x라고 하면, 1일부터 5일까지 각 일자에 신제품을 구매한 사람의 수는 순서대로 $x-2k$, $x-k$, x, $x+k$, $x+2k$이다.

1일부터 5일까지 신제품을 구매한 사람의 수는 총 1,995명이므로

$(x-2k)+(x-k)+x+(x+k)+(x+2k)=1{,}995$

$\rightarrow x=399$

따라서 5월 3일에 신제품을 구매한 사람의 수는 399명이다.

09 응용계산 문제

정답 ③

가로의 길이는 초당 4cm씩 줄어들므로 x초 후의 가로의 길이는 $80-4x$이고, 세로의 길이는 초당 2cm씩 늘어나므로 x초 후의 세로의 길이는 $20+2x$이다.

변경 전과 x초 후의 사각형의 넓이가 같으므로

$80 \times 20 = (80-4x)(20+2x) \rightarrow -8x^2+80x=0$

$\rightarrow -x(x-10)=0 \rightarrow x=0$ 또는 $x=10$

따라서 변경 전과 후의 넓이가 처음으로 같아질 때 사각형의 세로 길이는 20+(2×10)=40cm이다.

10 응용계산 문제

정답 ④

거리=속력×시간임을 적용하여 구한다.

90m/min=1.5m/s이므로 엘리베이터를 타고 이동한 거리는 1.5×10=15m이고, 아파트의 층간 거리가 일정하고 총 4개 층을 이동했다.

따라서 이 아파트의 층간거리는 $\frac{15}{4}$m이다.

11 응용계산 문제

정답 ③

날마다 판매된 음료의 개수가 같으므로 하루 동안 판매된 음료는 5일 동안 판매된 음료의 개수를 판매한 날로 나눈 값이다.

따라서 하루 동안 판매된 음료의 개수는 1,500/5=300잔이다.

12 응용계산 문제

정답 ①

지은이가 편의점에 가져간 돈의 금액을 x라고 하면

$x-3{,}000-\left(\frac{x-3{,}000}{2}\right)-4{,}300=500$

$\rightarrow x-3{,}000-\frac{1}{2}x+1{,}500-4{,}300=500 \rightarrow x=12{,}600$

따라서 지은이가 편의점에 가져간 돈의 금액은 12,600원이다.

빠른 문제 풀이 Tip

식을 세운 후 공통된 항을 묶어 계산 과정을 최소화한다.

$x-3{,}000-\left(\frac{x-3{,}000}{2}\right)-4{,}300=500$

위의 식에서 $(x-3{,}000)$이 공통되므로 이를 묶어 식을 정리한 후 계산하면 계산 과정을 줄일 수 있다.

$\left(\frac{x-3{,}000}{2}\right)-4{,}300=500 \rightarrow x=12{,}600$

따라서 지은이가 가져간 돈의 금액은 12,600원임을 알 수 있다.

13 응용계산 문제

정답 ③

서로 다른 n개에서 순서를 고려하지 않고 r개를 택하는 경우의 수는 ${}_nC_r=\frac{n!}{r!(n-r)!}$임을 적용하여 구한다.

신입사원 5명 중 2명을 인사팀에 배정하는 경우의 수는 ${}_5C_2=\frac{5!}{2!3!}=10$가지이다.

14 응용계산 문제

정답 ③

소금물의 농도(%)$=\frac{\text{소금의 양}}{\text{소금물의 양}}\times100$임을 적용하여 구한다.

농도가 7%인 소금물의 양을 x라고 하면 두 소금물을 섞은 소금물의 양은 $(200+x)$g이므로 농도가 6%인 소금물 $(200+x)$g에 들어있는 소금의 양은 $(200+x)\times\frac{6}{100}=\left(12+\frac{6x}{100}\right)$g이다. 이때, 농도가 6%인 $(200+x)$g 소금물에 들어있는 소금의 양은 농도가 3%인 소금물 200g과 농도가 7%인 소금물에 들어있던 소금의 양을 합한 값과 동일하다. 이에 따라

$12+\frac{6x}{100}=\left(200\times\frac{3}{100}\right)+\left(x\times\frac{7}{100}\right) \rightarrow 12+\frac{6x}{100}=6+\frac{7x}{100}$

$\rightarrow \frac{x}{100}=6 \rightarrow x=600$

따라서 농도가 7%인 소금물의 양은 600g이다.

15 응용계산 문제

정답 ④

A번, B번, C번 버스가 동시에 출발하는 시각의 간격은 버스 번호별 배차 간격의 최소공배수임을 적용하여 구한다.

6을 소인수분해하면 $6=2\times3$, 5는 소인수, 8을 소인수분해하면 $8=2^3$이므로 번호별 세 종류의 버스가 차고지에서 동시에 출발하는 시각의 간격은 $2^3\times3\times5=120$분이므로 번호별 세 종류의 버스가 차고지에서 동시에 출발하는 시각은 5시, 7시, 9시, 11시, 13시, 15시, 17시, 19시, 21시, 23시이다.

따라서 하루 동안 번호별 세 종류의 버스가 차고지에서 동시에 출발하는 횟수는 10회이다.

16 응용계산 문제

정답 ④

어떤 사건 A가 일어날 확률을 p라고 하면 사건 A가 일어나지 않을 확률은 1−p임을 적용하여 구한다.

A, B, C, D, E 5명이 원형 탁자에 둘러앉는 경우의 수는 $(5-1)!=4!=24$가지이고, A가 B 바로 오른쪽 옆에 이웃하여 원형 탁자에 둘러 앉는 경우의 수는 A와 B의 자리 순서가 고정됨에 따라 A와 B를 1명으로 보면 $(4-1)!=6$가지이다. 이에 따라 A가 B 바로 오른쪽 옆에 이웃하여 앉을 확률은 $\frac{6}{24}=\frac{1}{4}$이다.

따라서 A가 B 바로 오른쪽 옆에 이웃하여 앉지 않을 확률은 $1-\frac{1}{4}=\frac{3}{4}$이다.

17 응용계산 문제

정답 ②

시간당 작업량$=\frac{\text{작업량}}{\text{시간}}$임을 적용하여 구한다.

X의 시간당 작업량은 $\frac{1}{4}$, Y의 시간당 작업량은 $\frac{1}{6}$이므로 X와 Y가 함께 작업할 때의 시간당 작업량은 $\frac{1}{4}+\frac{1}{6}=\frac{5}{12}$이다. 이에 따라 X와 Y가 함께 작업할 때 일을 완성하기 위한 시간은 $\frac{\text{작업량}}{\text{시간당 작업량}}=\frac{1}{\frac{5}{12}}=\frac{12}{5}$시간이다.

따라서 X와 Y가 함께 작업한다고 할 때, 일을 완성하기 위해 걸리는 시간은 $\frac{12}{5}=2\frac{2}{5}=2\frac{24}{60}=2$시간 24분이다.

18 응용계산 문제 정답 ③

워크숍에 참석하는 모든 직원 수를 x라고 하면

워크숍에 참석하는 직원 1명이 받을 음료의 개수는 1+2+1=4병이고, 나눠줄 전체 음료의 개수는 440병이므로

$4x=440 \rightarrow x=110$

따라서 A 회사에 근무하는 직원 수는 110명이다.

19 응용계산 문제 정답 ③

갑과 을은 3판 2선승제로 격투 게임을 진행하여 최종적으로 갑이 을을 이기는 경우에 따른 확률을 나타내면 아래와 같다.

구분	첫 번째 게임 승리자	두 번째 게임 승리자	세 번째 게임 승리자	확률
경우 1	갑	갑	-	0.4×0.4=0.16
경우 2	갑	을	갑	0.4×0.6×0.4=0.096
경우 3	을	갑	갑	0.6×0.4×0.4=0.096

따라서 최종적으로 갑이 을을 이길 확률은 0.16+0.096+0.096=0.352=35.2%이다.

20 응용계산 문제 정답 ①

거리=속력×시간임을 적용하여 구한다.

갑은 집에서 출발하여 버스정류장까지 30분을 걸어가므로 갑이 걸어서 이동한 거리는 $4\times\frac{1}{2}$=2km이고,

버스를 2시간 동안 타고 이동하여 회사에 도착하였으므로 집에서 회사까지의 전체 이동 거리를 x, 버스의 속력을 y라고 하면

$x=2+(y\times2) \rightarrow y=\frac{x-2}{2}$

따라서 버스의 속력은 $\left(\frac{x}{2}-1\right)$km/h이다.

21 응용계산 문제 정답 ④

가죽가방 가격이 5만 원이므로 총 판매액이 300만 원인 영업사원이 판매한 가죽가방의 개수는 300/5=60개이다. 이에 따라 이 영업사원이 받는 기본 급여는 60만 원이고, 총 판매액이 200만 원보다 100만 원 더 많으므로 100만 원에 대한 10%의 보너스 급여는 100×0.1=10만 원이다.

따라서 총 판매액이 300만 원인 영업사원이 받는 급여는 60+10=70만 원이다.

22 응용계산 문제 정답 ⑤

영주가 버스로 등교한 횟수를 x라고 하면, 버스로 하교한 횟수는 $26-x$이다.

지하철 등교 횟수+버스 등교 횟수=지하철 하교 횟수+버스 하교 횟수이므로

$13+x=11+(26-x) \rightarrow x=12$

이때 영주가 등교한 일수는 지하철로 등교한 횟수와 버스로 등교한 횟수의 합과 같다.

따라서 이번 달에 영주가 등교한 일수는 13+12=25일이다.

빠른 문제 풀이 Tip

이번 달에 영주가 등교한 일수와 하교한 일수는 같으므로 지하철과 버스를 이용하여 등하교한 횟수로 이번 달에 영주가 등교한 일수를 계산하면 (13+11+26)/2=25일이다.

23 응용계산 문제 정답 ①

직사각형을 정사각형으로 나눌 때, 정사각형 한 변의 최대 길이는 직사각형 가로와 세로 길이의 최대공약수임을 적용하여 구한다.

90을 소인수분해하면 $90=2\times3^2\times5$, 126을 소인수분해하면 $126=2\times3^2\times7$이고, 최대공약수는 두 수의 공통인 수의 곱이다.

따라서 분양받는 텃밭 한 변의 최대 길이는 2×3^2=18m이다.

24 응용계산 문제

정답 ④

패키지를 구성하는 5만 원짜리 상품의 개수를 x, 7만 원짜리 상품의 개수를 y라고 할 때,

두 상품의 개수를 순서쌍 (x, y)로 나타내면

15만 원 이상 20만 원 이하의 패키지 상품을 구성할 수 있는 방법은 15만 원짜리인 (3, 0), 17만 원짜리인 (2, 1), 19만 원짜리인 (1, 2), 20만 원짜리인 (4, 0)이다.

이때 5만 원짜리 상품은 6종류이고, 7만 원짜리 상품은 4종류이므로 구성 가능한 15만 원짜리 패키지 상품의 경우의 수는 ${}_6C_3=\frac{6!}{3!\times3!}=20$가지,

17만 원짜리 패키지 상품의 경우의 수는

${}_6C_2\times{}_4C_1=\frac{6!}{2!\times4!}\times\frac{4!}{1!\times3!}=60$가지

19만 원짜리 패키지 상품의 경우의 수는

${}_6C_1\times{}_4C_2=\frac{6!}{1!\times5!}\times\frac{4!}{2!\times2!}=36$가지

20만 원짜리 패키지 상품의 경우의 수는

${}_6C_4=\frac{6!}{4!\times2!}=15$가지이다.

따라서 구성 가능한 패키지 상품의 경우의 수는 20+60+36+15=131가지이다.

25 응용계산 문제

정답 ②

이익=원가×$\frac{이익률}{100}$임을 적용하여 구한다.

서윤이가 원가 15,000원인 교재를 100권 제작해 5%의 이익을 남겨 판매할 때 얻는 이익과 제작한 50권의 교재를 판매하여 얻는 이익이 같아야 하므로

50권의 교재에 책정해야 하는 이익률을 x라고 하면

$15{,}000\times0.05\times100=15{,}000\times\frac{x}{100}\times50\rightarrow x=10$

따라서 서윤이가 50권의 교재를 판매하여 처음과 같은 이익을 남기기 위해 책정해야 하는 이익률은 10%이다.

유형 2 자료해석

p.68

01	02	03	04	05
③	②	⑤	③	②
06	07	08	09	10
①	③	①	④	④
11	12	13	14	15
⑤	④	⑤	①	④
16	17	18	19	20
③	⑤	③	⑤	②
21	22	23	24	25
④	①	②	④	③

01 자료해석 문제

정답 ③

B 지역과 E 지역의 방수시설 수 차이는 2018년에 20−13=7개, 2019년에 21−14=7개, 2020년에 23−16=7개, 2021년에 26−19=7개로 2018년 이후 매년 동일하므로 옳은 설명이다.

오답 체크

① 2021년 D 지역의 방수시설 수는 2017년 대비 55−41=14개 증가하였으므로 옳지 않은 설명이다.

② 2021년 C 지역의 방수시설 수는 같은 해 E 지역의 방수시설 수의 2배인 19×2=38개보다 적은 37개이므로 옳지 않은 설명이다.

④ 제시된 지역 중 2017~2021년 방수시설 수가 매년 20개 이상인 지역은 A 지역, C 지역, D 지역 총 3곳이므로 옳지 않은 설명이다.

⑤ 제시된 기간 동안 E 지역의 평균 방수시설 수는 (11+13+14+16+19)/5=14.6개로 15개 미만이므로 옳지 않은 설명이다.

02 자료해석 문제

정답 ②

2022년 교육서비스업에서 국내 카드 승인 실적의 전월 대비 증가율은 3월이 {(145−135)/135}×100 ≒ 7.4%, 5월이 {(152−136)/136}×100 ≒ 11.8%로 3월이 5월보다 작으므로 옳지 않은 설명이다.

오답 체크

① 제시된 기간 동안 도·소매업의 국내 카드 승인 실적이 전월 대비 처음으로 증가한 3월에 운수업의 국내 카드 승인 실적은 82백억 원으로 전월 64백억 원 대비 증가하였으므로 옳은 설명이다.

③ 제시된 기간 동안 숙박 및 음식점업의 국내 카드 승인 실적은 총 930+780+939+1,150+1,316=5,115백억 원=511.5천억 원으로 500천억 원 이상이므로 옳은 설명이다.

④ 5월 국내 카드 승인 실적이 150백억 원 미만인 운수업의 당월 국내 카드 승인 실적은 1월보다 124−72=52백억 원 증가하였으므로 옳은 설명이다.

⑤ 제시된 산업 중 2월 이후 국내 카드 승인 실적이 전월 대비 매월 증가한 산업은 여가 관련 서비스업 총 1개이므로 옳은 설명이다.

03 자료해석 문제 정답 ⑤

불쾌지수=a+{b×(건구 온도+습구 온도)}임을 적용하여 구한다.

A 지역의 건구 온도는 27.5℃, 습구 온도는 22.5℃, 불쾌지수는 76.6이므로

76.6=a+{b×(27.5+22.5)} → 76.6=a+50b … ⓐ

C 지역의 건구 온도는 18.9℃, 습구 온도는 16.1℃, 불쾌지수는 65.8이므로

65.8=a+{b×(18.9+16.1)} → 65.8=a+35b … ⓑ

ⓐ−ⓑ에서 10.8=15b → b=0.72이므로

이를 ⓐ에 대입하여 풀면

76.6=a+(50×0.72) → a=40.6이다.

㉠ 건구 온도={(불쾌지수−40.6)/0.72}−습구 온도임을 적용하면 D 지역의 습구 온도는 26.3℃, 불쾌지수는 80.2이므로 건구 온도는 {(80.2−40.6)/0.72}−26.3=28.7℃이다.

㉡ B 지역의 건구 온도는 23.8℃, 습구 온도는 21.2℃이므로 불쾌지수는 40.6+{0.72×(23.8+21.2)}=73이다.

따라서 ㉠은 28.7, ㉡은 73인 ⑤가 정답이다.

04 자료해석 문제 정답 ③

a. 제시된 기간 동안 처음으로 세종 원유 생산량이 부산 원유 생산량의 10배 이상이 된 2020년에 세종 원유 생산량은 23,888톤으로 2019년 24,033톤 대비 감소하였으므로 옳지 않은 설명이다.

b. 서울의 2021년 원유 생산량은 2017년 대비 {(58−44)/44}×100 ≒ 31.8% 증가하였으므로 옳지 않은 설명이다.

오답 체크

c. 제시된 기간 동안 광주의 평균 원유 생산량은 (3,088+2,930+2,671+2,880+2,592)/5=2,832.2톤으로 2,800톤 이상이므로 옳은 설명이다.

빠른 문제 풀이 Tip

c. 십의 자리에서 반올림한 광주의 연도별 원유 생산량에서 선택지에 제시된 평균 원유 생산량을 뺀 값을 모두 더한 값이 양수인지 음수인지 비교한다.

광주의 연도별 원유 생산량을 십의 자리에서 반올림하면 각각 3,100, 2,900, 2,700, 2,900, 2,600톤이고, 이 값에서 선택지에 제시된 평균 원유 생산량인 2,800톤을 뺀 값을 모두 더하면 (300+100−100+100−200)=200톤으로 양수임에 따라 광주의 평균 원유 생산량은 2,800톤 이상임을 알 수 있다.

05 자료해석 문제 정답 ②

2017년부터 2021년까지 자연 증가 건수의 평균은 (213,869+217,329+170,198+167,743+162,525)/5 ≒ 186,333명이다.

빠른 문제 풀이 Tip

선택지에 제시된 평균값의 크기 차이가 크므로 연도별 자연 증가 건수를 천의 자리에서 반올림한 근삿값으로 계산한다.
(21x,xxx+22x,xxx+17x,xxx+17x,xxx+16x,xxx)/5 ≒ 186,xxx명이므로 선택지 중 가장 가까운 ②가 정답이다.

06 자료해석 문제 정답 ①

2020년 인천과 울산의 게임 사업체 수의 합은 602+260=862개, 대구와 대전의 게임 사업체 수의 합은 581+333=914개이므로 옳지 않은 설명이다.

오답 체크

② 2019년 부산의 게임 사업체 수는 같은 해 울산의 게임 사업체 수의 2배인 366×2=732개보다 많은 776개이므로 옳은 설명이다.

③ 2017년 게임 사업체 수의 전년 대비 증가량은 부산이 812−792=20개, 대구가 681−637=44개, 인천이 604−555=49개, 광주가 592−538=54개, 대전이 405−386=19개, 울산이 371−324=47개로 2017년 게임 사업체 수의 전년 대비 증가량이 두 번째로 큰 광역시는 인천이므로 옳은 설명이다.

④ 2016년 6대 광역시의 평균 게임 사업체 수는 (792+637+555+538+386+324)/6≒538.7개로 500개 이상이므로 옳은 설명이다.

⑤ 2017년 이후 대전의 게임 사업체 수의 전년 대비 증감 추이는 증가−감소−증가−감소이고, 2017년 이후 게임 사업체 수의 전년 대비 증감 추이가 증가−감소−증가−감소한 광역시는 대전 하나이므로 옳은 설명이다.

07 자료해석 문제

정답 ③

2020년 서비스업 창업기업 수의 전년 대비 증가율은 {(1,329−1,127)/1,127}×100≒17.9%로 15% 이상이므로 옳은 설명이다.

오답 체크

① 2019년과 2021년 서비스업의 창업기업 수는 전년 대비 감소하였으므로 옳지 않은 설명이다.

② 2017년 서비스업 창업기업 수는 제조업 창업기업 수의 1.5배인 784×1.5=1,176천 개 보다 적은 1,097천 개이므로 옳지 않은 설명이다.

④ 제시된 기간 동안 제조업의 평균 창업기업 수는 (784+779+820+850+838)/5=814.2천 개로 820천 개 미만이므로 옳지 않은 설명이다.

⑤ 제시된 기간 동안 창업기업 수가 세 번째로 많은 해는 제조업이 2019년, 서비스업이 2018년으로 서로 다르므로 옳지 않은 설명이다.

08 자료해석 문제

정답 ①

b. 제시된 기간 동안 RH+ A형의 헌혈 건수가 RH+ 혈액형의 전체 헌혈 건수에서 차지하는 비중은 2017년이 (100/292)×100≒34.2%, 2018년이 (98/287)×100≒34.1%, 2019년이 (95/278)×100≒34.2%, 2020년이 (89/260)×100≒34.2%, 2021년이 (88/259)×100≒34.0%로 매년 30% 이상이므로 옳은 설명이다.

오답 체크

a. 2020년과 2021년의 RH+ B형의 헌혈 건수는 RH+ AB형의 헌혈 건수보다 각각 39만 건씩 더 많으므로 옳지 않은 설명이다.

c. 2018년 이후 RH+ 혈액형의 전체 헌혈 건수는 매년 전년 대비 감소하였고, 2018년 이후 헌혈 건수가 매년 감소한 혈액형은 RH+ A형 총 1개이므로 옳지 않은 설명이다.

09 자료해석 문제

정답 ④

A 농장의 닭은 1월에 31마리, 2월에 34마리, 3월에 1월, 2월 마릿수를 더한 31+34=65마리, 4월에 2월, 3월 마릿수를 더한 34+65=99마리, 5월에 3월, 4월 마릿수를 더한 65+99=164마리이므로 3월 이후 A 농장의 닭 마릿수는 직전 2개월의 닭 마릿수를 더한 값임을 알 수 있다.
A 농장의 오리는 1월에 22마리이고, 전월 대비 증가한 마릿수는 2월에 43−22=21마리, 3월에 65−43=22마리, 4월에 88−65=23마리, 5월에 112−88=24마리이므로 전월 대비 증가한 마릿수는 매월 1마리씩 증가함을 알 수 있다.
이에 따라 A 농장의 2022년 6월 이후 가축 수를 계산하면 아래와 같다.

구분	6월	7월	8월	9월
닭	99+164 =263마리	164+263 =427마리	263+427 =690마리	427+690 =1,117마리
오리	112+25 =137마리	137+26 =163마리	163+27 =190마리	190+28 =218마리

따라서 A 농장의 닭이 처음으로 1,000마리가 넘는 9월에 오리는 218마리이다.

10 자료해석 문제

정답 ④

2019년 A 자격증 취득자 수는 2016년 대비 {(22−14)/14}×100≒57.1% 증가하였으므로 옳은 설명이다.

오답 체크

① 2018년, 2019년에 취득자 수가 두 번째로 많은 자격증은 D 자격증이므로 옳지 않은 설명이다.

② 2016년 대비 2020년에 취득자 수가 증가한 자격증은 A 자격증, C 자격증, D 자격증이고, 2016년 대비 2020년 취득자 수는 A 자격증이 19−14=5백 명, C 자격증이 100−82=18백 명, D 자격증이 54−49=5백 명 증가하여 C 자격증이 가장 많이 증가하였으므로 옳지 않은 설명이다.

③ 2017년 이후 취득자 수가 매년 전년 대비 증가한 자격증은 없으므로 옳지 않은 설명이다.

⑤ 제시된 기간 동안 E 자격증 취득자 수의 평균은 (39+40+40+42+37)/5=39.6백 명=3.96천 명으로 4천 명 미만이므로 옳지 않은 설명이다.

11 자료해석 문제 정답 ⑤

2020년 남성근로자의 육아휴직 지원금액은 11,691백만 원으로 백억 원 이상이므로 옳지 않은 설명이다.

오답 체크

① 2021년 육아휴직자 1명당 평균 지원금액은 500,663/76,833 ≒ 6.5백만 원이므로 옳은 설명이다.

② 여성근로자의 육아휴직 지원금액이 처음으로 370,000백만 원을 넘은 2020년에 남성근로자의 육아휴직자 수는 2,293명이므로 옳은 설명이다.

③ 2017년부터 2021년까지 남성근로자의 육아휴직자 수의 평균은 (819+1,402+1,790+2,293+3,421)/5=1,945명이므로 옳은 설명이다.

④ 2018년 이후 여성근로자와 남성근로자의 육아휴직자 수는 매년 증가하였으므로 옳은 설명이다.

12 자료해석 문제 정답 ④

제시된 국립공원 중 2020년 탐방객 수가 2016년 대비 감소한 국립공원은 지리산, 설악산, 한라산, 내장산, 덕유산, 오대산, 주왕산, 소백산, 무등산 총 9개이므로 옳은 설명이다.

오답 체크

① 2017년 탐방객 수는 지리산이 주왕산의 307/131 ≒ 2.3배이므로 옳지 않은 설명이다.

② 제시된 국립공원을 탐방객 수가 많은 순서대로 네 개 나열하면 2016년에는 북한산, 설악산, 무등산, 지리산 순이고, 2020년에는 북한산, 지리산, 무등산, 계룡산 순임에 따라 탐방객 수가 네 번째로 많은 국립공원은 2016년이 지리산, 2020년이 계룡산으로 서로 다르므로 옳지 않은 설명이다.

③ 오대산과 치악산 탐방객 수의 합은 2019년이 136+76=212만 명, 2020년이 118+87=205만 명으로 2020년이 2019년보다 적으므로 옳지 않은 설명이다.

⑤ 2017년 이후 계룡산 탐방객 수는 전년 대비 매년 증가하였으나, 2018년 이후 내장산 탐방객 수는 전년 대비 매년 감소하였으므로 옳지 않은 설명이다.

빠른 문제 풀이 Tip

① 2017년 지리산 탐방객 수와 주왕산 탐방객 수의 2.5배를 비교한다.
2017년 지리산 탐방객 수는 307만 명으로 주왕산 탐방객 수의 2.5배인 131×2.5=327.5만 명보다 적음에 따라 지리산 탐방객 수가 주왕산 탐방객 수의 2.5배 미만임을 알 수 있다.

13 자료해석 문제 정답 ⑤

㉠ 가 신문사의 구독자 수는 2015년에 17만 명이고, 2016년 이후 구독자 수의 전년 대비 증가량은 2016년에 19−17=2만 명, 2017년에 38−19=19만 명, 2018년에 40−38=2만 명이며, 2021년에 164−82=82만 명이므로 가 신문사의 구독자 수는 전년 대비 +2, ×2만 명씩 격년으로 증가함을 알 수 있다. 이에 따라 2019년의 구독자 수는 2018년 대비 2배 증가한 40×2=80만 명이다.

㉡ 나 신문사의 구독자 수는 2015년에 16만 명이고, 2016년 이후 구독자 수의 전년 대비 증감량은 2016년에 15−16=−1만 명, 2017년에 18−15=3만 명, 2018년에 17−18=−1만 명, 2019년에 20−17=3만 명이므로 나 신문사의 구독자 수는 전년 대비 −1, +3만 명씩 격년으로 변화함을 알 수 있다. 이에 따라 2020년 구독자 수는 2019년 대비 1만 명 감소한 20−1=19만 명이다.

따라서 ㉠은 80, ㉡은 19인 ⑤가 정답이다.

14 자료해석 문제 정답 ①

2020년 C 소재와 F 소재의 투자액을 합한 금액에서 C 소재의 투자액이 차지하는 비중은 {110/(110+88)}×100 ≒ 55.6%로 60% 미만이므로 옳지 않은 설명이다.

오답 체크

② 제시된 기간 중 처음으로 A 소재의 투자액이 G 소재의 투자액보다 많아지는 2020년에 G 소재의 투자액은 2019년 656억 원보다 감소한 615억 원이므로 옳은 설명이다.

③ 제시된 기간 동안 B 소재의 연평균 투자액은 (26+30+48+118+109)/5=66.2억 원으로 60억 원 이상이므로 옳은 설명이다.

④ 2021년 투자액이 2017년 대비 감소한 소재는 F 소재, G 소재 총 2개이므로 옳은 설명이다.

⑤ 제시된 기간 동안 D 소재와 E 소재의 투자액 차이는 2017년에 39－24=15억 원, 2018년에 52－40=12억 원, 2019년에 54－47=7억 원, 2020년에 180－45=135억 원, 2021년에 228－40=188억 원으로 2018년에 두 번째로 작으므로 옳은 설명이다.

빠른 문제 풀이 Tip

① C 소재와 F 소재의 투자액을 합한 금액의 60%와 C 소재의 투자액을 비교한다.
C 소재와 F 소재의 투자액을 합한 금액의 60%는 (110+88)×0.6=118.8억 원으로 C 소재의 투자액인 110억 원보다 많음을 알 수 있다.

③ B 소재의 연도별 투자액에서 선택지에 제시된 평균 투자액을 뺀 값을 모두 더한 값이 양수인지 음수인지 비교한다.
B 소재의 연도별 투자액에서 선택지에 제시된 평균 투자액인 60억 원을 뺀 값을 모두 구하면 2017년에 26－60=－34억 원, 2018년에 30－60=－30억 원, 2019년에 48－60=－12억 원, 2020년에 118－60=58억 원, 2021년에 109－60=49억 원으로 이를 모두 더한 값은 －34－30－12+58+49=31로 양수임에 따라 연평균 투자액은 60억 원 이상임을 알 수 있다.

15 자료해석 문제 정답 ④

2013년의 교통혼잡비용은 26.9/(1+0.015)≒26.5조 원이다.
따라서 2021년 교통혼잡비용의 2013년 대비 증가액은 33.3－26.5≒6.8조 원이다.

16 자료해석 문제 정답 ③

위성체 제작 분야의 연구비는 2019년에 500×0.514=257억 원, 2020년에 600×0.468=280.8억 원으로 2020년 위성체 제작 분야의 연구비는 전년 대비 증가하였으므로 옳지 않은 설명이다.

오답 체크

① 제시된 기간 동안 지상 장비 분야의 평균 연구비는 {(500×0.134)+(600×0.139)}/2=75.2억 원으로 70억 원 이상이므로 옳은 설명이다.
② 2020년 발사체 제작 분야의 연구비는 같은 해 지상 장비 분야 연구비의 39.3/13.9≒2.8배이므로 옳은 설명이다.
④ 2019년 발사체 제작 분야의 연구비는 500×0.352=176억 원으로 170억 이상이므로 옳은 설명이다.
⑤ 2020년 우주산업 분야의 총 연구비에서 차지하는 비중이 전년 대비 증가한 분야는 발사체 제작, 지상 장비, 두 개 분야이고, 2020년 발사체 제작 분야의 연구비 비중은 39.3%로 전년 대비 39.3－35.2=4.1%p 증가하였으며, 2020년 지상 장비 분야의 연구비 비중은 13.9%로 전년 대비 13.9－13.4=0.5%p 증가하여 발사체 제작 분야의 연구비 비중이 가장 많이 증가하였으므로 옳은 설명이다.

빠른 문제 풀이 Tip

② 2020년 지상 장비 분야 연구비가 차지하는 비중의 2배와 발사체 제작 분야 연구비가 차지하는 비중을 비교한다.
2020년 지상 장비 분야 연구비가 차지하는 비중의 2배는 13.9×2=27.8%이고, 같은 해 발사체 제작 분야 연구비가 차지하는 비중은 39.3%이므로 2020년 발사체 제작 분야 연구비는 같은 해 지상 장비 분야 연구비의 2배 이상임을 알 수 있다.

17 자료해석 문제 정답 ⑤

전문대학교에서 ICT 관련 학과를 졸업한 2021년 남성 ICT 전문인력 취업자 수는 전년 대비 {(6－3)/6}×100=50% 감소하였으므로 옳은 설명이다.

오답 체크

① 4년제 대학교를 졸업한 2020년 남성 ICT 전문인력 취업자 중 ICT 관련 학과를 졸업한 사람은 26명, 비ICT 학과를 졸업한 사람은 23명으로 ICT 관련 학과를 졸업한 사람이 비ICT 학과를 졸업한 사람보다 더 많으므로 옳지 않은 설명이다.
② 대학원을 졸업한 2021년 여성 ICT 전문인력 취업자 수는 총 2+6+6=14명이므로 옳지 않은 설명이다.
③ 비ICT 학과를 졸업한 2021년 남성 ICT 전문인력 취업자 수는 전문대학교와 4년제 대학교에서 전년 대비 증가하였지만, 대학원에서는 전년 대비 감소하였으므로 옳지 않은 설명이다.
④ 4년제 대학교에서 ICT 학과를 졸업한 2021년 여성 ICT 전문인력 취업자 수는 전년 대비 25－22=3명 감소하였으므로 옳지 않은 설명이다.

18 자료해석 문제 정답 ③

2021년에 전체 10개의 국가 중 미국, 일본, 중국, 인도, 한국 5개의 국가가 50% 이상의 자국영화점유율을 나타내고 있으므로 옳은 설명이다.

오답 체크

① 2013년부터 2015년까지의 중국 자국영화점유율의 연평균은 (60+55+54)/3≒56.3%이므로 옳지 않은 설명이다.

② 자국영화점유율의 5위부터 8위까지의 순위는 2016년에 '프랑스 – 한국 – 영국 – 이탈리아'이고, 2018년에 '한국 – 프랑스 – 이탈리아 – 영국'이므로 옳지 않은 설명이다.

④ 한국의 자국영화점유율은 2014년, 2017년, 2019년, 2020년, 2021년에 전년 대비 증가하여 총 5번 증가했으므로 옳지 않은 설명이다.

⑤ 2012년과 2021년에는 미국의 자국영화점유율이 가장 높지만, 2013년부터 2020년까지는 인도의 자국영화점유율이 가장 높으므로 옳지 않은 설명이다.

19 자료해석 문제

정답 ⑤

2021년 내국인 관광객 수가 전년 대비 증가한 지역은 A 지역, B 지역, D 지역, E 지역이며, 2021년 내국인 관광객 수의 전년 대비 증가율은 A 지역이 {(80 – 73) / 73} × 100 ≒ 9.6%, B 지역이 {(88 – 80) / 80} × 100 = 10%, D 지역이 {(68 – 64) / 64} × 100 = 6.25%, E 지역이 {(66 – 55) / 55} × 100 = 20%로 2021년 내국인 관광객 수가 전년 대비 10% 이상 증가한 지역은 B 지역, E 지역이다.

따라서 B 지역과 E 지역의 2021년 평균 내국인 관광객 수는 (88 + 66) / 2 = 77십만 명 = 770만 명이다.

빠른 문제 풀이 Tip

2020년 지역별 내국인 관광객 수의 10%를 더한 값과 2021년 내국인 관광객 수를 비교한다.

2020년 내국인 관광객 수의 10%를 더한 값은 A 지역이 73 + 7.3 = 80.3십만 명, B 지역이 80 + 8 = 88십만 명, C 지역이 29 + 2.9 = 31.9십만 명, D 지역이 64 + 6.4 = 70.4십만 명, E 지역이 55 + 5.5 = 60.5십만 명으로 2021년 내국인 관광객 수가 전년 대비 10% 이상 증가한 지역은 B 지역과 E 지역이므로 두 지역의 2021년 평균 내국인 관광객 수는 (88 + 66) / 2 = 77십만 명 = 770만 명임을 알 수 있다.

20 자료해석 문제

정답 ②

학업성취도 = (a + 일평균 휴식시간) × b임을 적용하여 구한다.

H 학생의 2022년 1월 일평균 휴식시간은 180분, 학업성취도는 63점이므로

63 = (a + 180) × b → 63 = ab + 180b … ⓐ

H 학생의 2022년 4월 일평균 휴식시간은 210분, 학업성취도는 72점이므로

72 = (a + 210) × b → 72 = ab + 210b … ⓑ

ⓑ – ⓐ에서 9 = 30b → b = 0.3이므로

이를 ⓐ에 대입하여 풀면

63 = 0.3a + (180 × 0.3) → 0.3a = 63 – 54 → a = 30이다.

㉠ 일평균 휴식시간 = (학업성취도 / b) – a임을 적용하면 H 학생의 2022년 2월 학업성취도는 55.5점이므로 일평균 휴식시간은 (55.5 / 0.3) – 30 = 155분이다.

㉡ H 학생의 2022년 3월 일평균 휴식시간은 206분이므로 학업성취도는 (30 + 206) × 0.3 = 70.8점이다.

따라서 ㉠은 155, ㉡은 70.8인 ②가 정답이다.

21 자료해석 문제

정답 ④

2022년 4월 B 지역의 전염병 신규 감염자 수는 전월 대비 감소하였으므로 옳지 않은 설명이다.

오답 체크

① 제시된 기간 중 C 지역의 전염병 신규 감염자 수는 5월에 466명으로 가장 많으므로 옳은 설명이다.

② 2022년 4월 A 지역 전염병 신규 감염자 수의 전월 대비 증가율은 {(399 – 285) / 285} × 100 = 40%이므로 옳은 설명이다.

③ 제시된 지역 중 월별 전염병 신규 감염자 수가 가장 많은 지역은 1월에 C 지역, 2월에 C 지역으로 동일하므로 옳은 설명이다.

⑤ 2022년 2월 전염병 신규 감염자 수의 전월 대비 증가량은 A 지역이 323 – 287 = 36명, B 지역이 454 – 437 = 17명이므로 옳은 설명이다.

22 자료해석 문제

정답 ①

성장률이 가장 높은 해는 2018년이다.

따라서 2018년의 화장품 품목 한 개당 평균 생산 금액은 6,014,551 / 85,533 ≒ 70백만 원이다.

23 자료해석 문제

정답 ②

제시된 자료에 따르면 타 공사, 시설 미비, 제품 노후로 인한 연도별 가스사고 건수의 평균은 2017년이 (7 + 29 + 18) / 3 = 18건, 2018년이 (6 + 34 + 34) / 3 ≒ 24.7건, 2019년이 (14 + 29 + 14) / 3 = 19건, 2020년이 (11 + 27 + 16) / 3 = 18건, 2021년이 (10 + 14 + 18) / 3 = 14건이므로 옳은 그래프는 ②이다.

오답 체크

① 2021년 시설 미비로 인한 가스사고 건수의 전년 대비 증감량은 14−27=−13건이지만, 이 그래프에서는 −10건보다 높게 나타나므로 옳지 않은 그래프이다.

③ 2019년 제품 노후로 인한 가스사고 건수의 전년 대비 증감률은 {(14−34)/34}×100 ≒ −58.8%이지만, 이 그래프에서는 −50%보다 높게 나타나므로 옳지 않은 그래프이다.

④ 2017년 제품 노후로 인한 가스사고 건수는 18건이지만, 이 그래프에서는 20건보다 높게 나타나므로 옳지 않은 그래프이다.

⑤ 2019년 타 공사로 인한 가스사고 건수는 14건이지만, 이 그래프에서는 15건보다 높게 나타나므로 옳지 않은 그래프이다.

24 자료해석 문제 정답 ④

제시된 자료에 따라 중앙급전발전기와 비중앙급전발전기의 발전설비용량 합과 중앙급전발전기와 비중앙급전발전기의 발전설비용량 합의 전년 대비 증가율을 계산하면 아래와 같다.

구분	발전설비용량 합(GW)	전년 대비 증가율(%)
2016년	96+9=105	−
2017년	106+11=117	{(117−105)/105}×100 ≒ 11.4
2018년	105+14=119	{(119−117)/117}×100 ≒ 1.7
2019년	109+17=126	{(126−119)/119}×100 ≒ 5.9
2020년	109+21=130	{(130−126)/126}×100 ≒ 3.2

따라서 2017년 이후 중앙급전발전기와 비중앙급전발전기의 발전설비용량 합의 전년 대비 증가율이 일치하는 ④가 정답이다.

25 자료해석 문제 정답 ③

제시된 자료에 따라 2021년 K 과수원 사과 가공내역의 가공제품별 비중을 계산하면 아래와 같다.

구분	비중(%)
통조림	(70/350)×100=20
주스	(140/350)×100=40
잼	(77/350)×100=22
식초	(63/350)×100=18

따라서 2021년 K 과수원 사과 가공내역의 가공제품별 비중이 일치하는 ③이 정답이다.

유형 3 언어추리 p.89

01	02	03	04	05
⑤	④	①	③	③
06	07	08	09	10
④	④	④	⑤	②
11	12	13	14	15
⑤	③	⑤	④	④
16	17	18	19	20
②	①	③	④	③

01 언어추리 문제 정답 ⑤

지하철을 타지 않는 모든 사람이 버스를 타지 않는다는 것은 버스를 타는 모든 사람이 지하철을 탄다는 것이므로 버스를 타는 모든 사람이 택시를 타면 택시를 타면서 지하철을 타는 사람이 반드시 존재하게 된다.

따라서 '택시를 타는 어떤 사람은 지하철을 탄다.'가 타당한 결론이다.

오답 체크

버스를 타는 사람을 A, 택시를 타는 사람을 B, 지하철을 타는 사람을 C라고 하면

① 지하철을 타는 사람 중에 택시를 타지 않는 사람이 있을 수도 있으므로 반드시 참인 결론이 아니다.

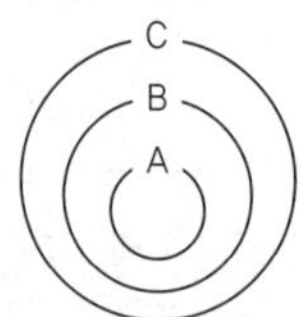

② 택시를 타는 모든 사람은 지하철을 탈 수도 있으므로 반드시 참인 결론이 아니다.

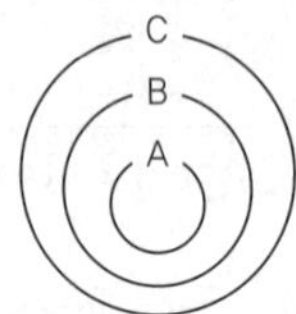

③ 지하철을 타는 사람 중에 택시를 타는 사람이 적어도 한 명 존재하므로 반드시 거짓인 결론이다.

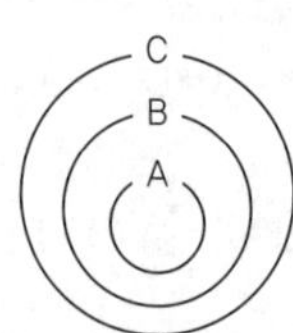

④ 택시를 타는 사람 중에 지하철을 타지 않는 사람이 있을 수도 있으므로 반드시 참인 결론이 아니다.

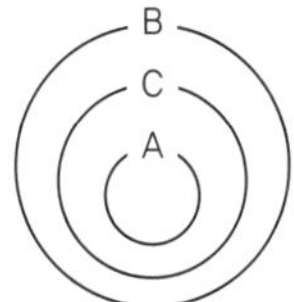

02 언어추리 문제 정답 ④

체력이 좋지 않은 모든 사람이 해독력이 좋지 않다는 것은 해독력이 좋은 모든 사람이 체력이 좋다는 것이므로 면역력이 좋은 모든 사람이 해독력이 좋으면 면역력이 좋은 모든 사람은 체력이 좋은 사람이 된다.
따라서 '면역력이 좋은 모든 사람은 체력이 좋다.'가 타당한 결론이다.

오답 체크

면역력이 좋은 사람을 A, 해독력이 좋은 사람을 B, 체력이 좋은 사람을 C라고 하면

①, ③ 면역력이 좋은 모든 사람은 체력이 좋으므로 반드시 거짓인 결론이다.

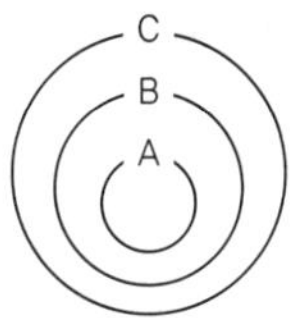

② 체력이 좋은 모든 사람은 면역력이 좋을 수도 있으므로 반드시 참인 결론이 아니다.

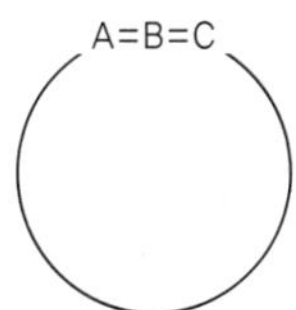

⑤ 체력이 좋은 사람 중에 면역력이 좋지 않은 사람이 있을 수도 있으므로 반드시 참인 결론이 아니다.

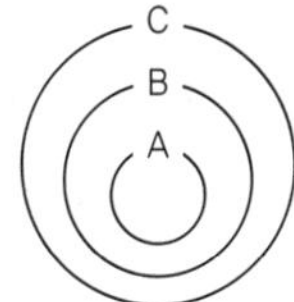

03 언어추리 문제 정답 ①

자바 교육을 받는 모든 사람이 파이썬 교육을 받고, 자바 교육을 받는 어떤 사람이 C언어 교육을 받으면 C언어 교육을 받으면서 파이썬 교육을 받는 사람이 반드시 존재하게 된다.
따라서 'C언어 교육을 받는 어떤 사람은 파이썬 교육을 받는다.'가 타당한 결론이다.

오답 체크

자바 교육을 받는 사람을 A, 파이썬 교육을 받는 사람을 B, C언어 교육을 받는 사람을 C라고 하면

②, ④ 파이썬 교육을 받는 사람 중에 C언어 교육을 받지 않는 사람이 있거나, C언어 교육을 받는 사람 중에 파이썬 교육을 받지 않는 사람이 있을 수도 있으므로 반드시 참인 결론이 아니다.

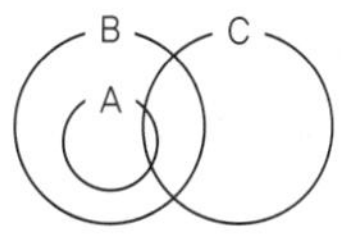

③ C언어 교육을 받는 모든 사람은 파이썬 교육을 받을 수도 있으므로 반드시 참인 결론이 아니다.

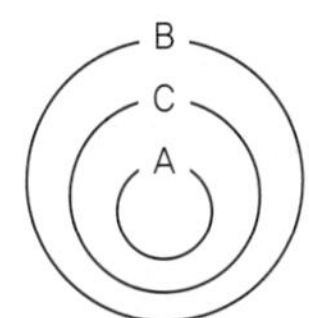

⑤ 파이썬 교육을 받는 모든 사람은 C언어 교육을 받을 수도 있으므로 반드시 참인 결론이 아니다.

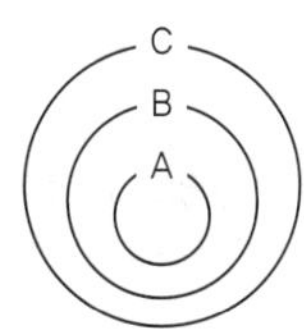

04 언어추리 문제 정답 ③

A와 B가 놀이터에 있으면 C도 있다는 것은 C가 놀이터에 없으면 A가 놀이터에 없거나 B가 없다는 것이고, E가 놀이터에 없으면 A와 B가 있다는 것은 A가 놀이터에 없거나 B가 없으면 E가 있다는 것이며, D가 놀이터에 있으면 G와 F가 없으므로 C가 놀이터에 없으면 G도 없다는 결론이 반드시 참이 되기 위해서는 E가 놀이터에 있으면 D도 있다는 전제가 필요하다.
따라서 'D가 놀이터에 없으면 E도 없다.'가 타당한 전제이다.

05 언어추리 문제 정답 ③

추론능력이 있는 사원은 문제해결능력이 없으며, 문제해결능력이 없는 사원은 기획능력이 있다. 또한, 대인관계능력이 없는 사원은 기획능력도 없다는 것은 기획능력이 있는 사원은 대인관계능력도 있다는 것이므로 추론능력이 있는 사원은 공감능력도 있다는 결론이 반드시 참이 되기 위해서는 대인관계능력이 있는 사원은 공감능력이 있다는 전제가 필요하다.

따라서 '수리능력 또는 대인관계능력이 있는 사원은 공감능력이 있다.'가 타당한 전제이다.

06 언어추리 문제 정답 ④

윤리 경영을 실천하는 모든 기업이 녹색 경영을 실천하고, 윤리 경영을 실천하는 어떤 기업이 영리 기업이 아니면 영리 기업이 아닌 기업 중에 녹색 경영을 실천하는 기업이 반드시 존재하게 된다.

따라서 '영리 기업이 아닌 어떤 기업은 녹색 경영을 실천하는 기업이다.'가 타당한 결론이다.

오답 체크

윤리 경영을 실천하는 기업을 A, 녹색 경영을 실천하는 기업을 B, 영리 기업을 C라고 하면

① 녹색 경영을 실천하는 기업 중에 영리 기업이 있을 수도 있으므로 반드시 참인 결론은 아니다.

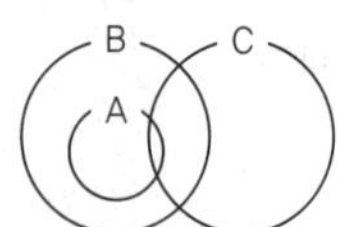

② 영리 기업이 아닌 기업 중에 녹색 경영을 실천하는 기업이 적어도 한 곳 존재하므로 반드시 거짓인 결론이다.

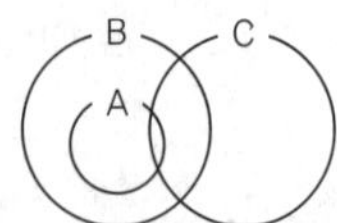

③ 영리 기업 중에 녹색 경영을 실천하지 않는 기업이 있을 수도 있으므로 반드시 참인 결론은 아니다.

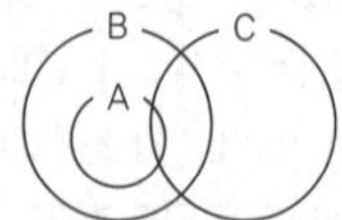

⑤ 녹색 경영을 실천하지 않는 모든 기업은 영리 기업이 아닐 수도 있으므로 반드시 참인 결론은 아니다.

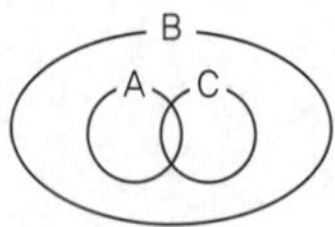

07 언어추리 문제 정답 ④

비가 오는 어떤 날이 천둥이 치는 날이고, 천둥이 치는 모든 날이 화창하지 않은 날이면 비가 오면서 화창하지 않은 날이 반드시 존재하게 된다.

따라서 '비가 오는 어떤 날은 화창하지 않은 날이다.'가 타당한 결론이다.

오답 체크

비가 오는 날을 A, 천둥이 치는 날을 B, 화창한 날을 C라고 하면

① 비가 오는 날 중에 화창하지 않은 날이 적어도 하루 존재하므로 반드시 거짓인 결론이다.

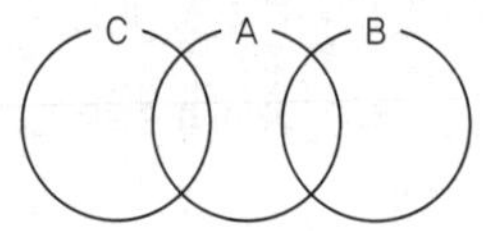

② 비가 오는 모든 날은 화창하지 않은 날일 수도 있으므로 반드시 참인 결론은 아니다.

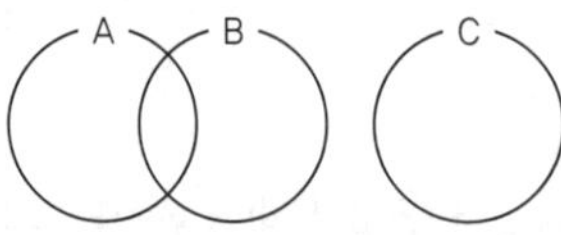

③ 화창하지 않은 날 중에 비가 오지 않는 날이 있을 수도 있으므로 반드시 참인 결론은 아니다.

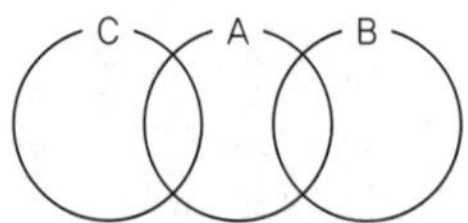

⑤ 화창한 날 중에 비가 오지 않은 날이 있을 수도 있으므로 반드시 참인 결론은 아니다.

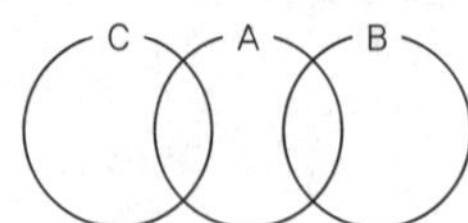

08 언어추리 문제

정답 ④

제시된 조건에 따르면 A는 네 번째 순서로 도착하였고, C는 할인 혜택을 받았으므로 첫 번째 또는 두 번째 순서로 도착하였다. 이때 B는 D보다 먼저 도착하였으므로 B와 D는 각각 두 번째, 세 번째 순서로 도착하였거나 첫 번째, 세 번째 순서로 도착하였음을 알 수 있다.

구분	혜택 O		혜택 X	
	첫 번째	두 번째	세 번째	네 번째
경우 1	C	B	D	A
경우 2	B	C	D	A

따라서 B와 D는 각각 두 번째, 세 번째 순서로 도착하였거나 첫 번째, 세 번째 순서로 도착하여 B와 D 사이에 도착한 사람은 아무도 없거나 1명이므로 항상 거짓인 설명이다.

오답 체크

① D는 세 번째 순서로 도착하여 할인 혜택을 받지 못하였으므로 항상 참인 설명이다.
② B는 첫 번째 또는 두 번째 순서로 도착하였으므로 항상 거짓인 설명은 아니다.
③ D는 세 번째, A는 마지막 순서로 도착하였으므로 항상 참인 설명이다.
⑤ C는 첫 번째 또는 두 번째 순서로 도착하여 C보다 늦게 도착한 사람은 2명 또는 3명이므로 항상 거짓인 설명은 아니다.

09 언어추리 문제

정답 ⑤

제시된 조건에 따르면 A 상품은 B 상품보다 비싸며, B 상품은 E 상품보다 비싸다. 또한, E 상품의 가격은 C 상품과 D 상품의 평균 가격과 일치하므로 C 상품, D 상품, E 상품을 가격이 비싼 순서부터 나열하면 'C 또는 D 상품 – E 상품 – C 또는 D 상품'이다. 이때 B 상품과 D 상품의 가격 차이는 30만 원이고, B 상품과 C 상품의 가격 차이는 5만 원 이하이므로 'C 상품 – E 상품 – D 상품' 순으로 가격이 높으며, C 상품과 A, B 상품의 가격 관계는 알 수 없으므로 가격이 비싼 상품부터 나열한 경우는 아래와 같다.

[경우 1] C 상품이 A, B 상품보다 싼 경우

1	2	3	4	5
A 상품	B 상품	C 상품	E 상품	D 상품

[경우 2] C 상품이 A 상품보다 싸고 B 상품보다 비싼 경우

1	2	3	4	5
A 상품	C 상품	B 상품	E 상품	D 상품

[경우 3] C 상품이 A, B 상품보다 비싼 경우

1	2	3	4	5
C 상품	A 상품	B 상품	E 상품	D 상품

따라서 E 상품이 두 번째로 싸므로 항상 옳은 설명이다.

10 언어추리 문제

정답 ②

제시된 조건에 따르면 전선이 연결되어 있지 않은 전구는 1개가 있으며, 전선이 연결되어 있지 않은 전구만 불이 켜지지 않는다. 또한, 2번 전선은 A 또는 D에 연결되어 있고, 3번 전 선은 B 또는 D에 연결되어 있다. 이때 B와 D 중 불이 켜지지 않는 전구가 있으므로 이에 따라 가능한 경우는 아래와 같다.

[경우 1] B에 불이 켜지지 않을 경우

A	B	C	D	E
2번	X	4번	3번	1번

[경우 2] D에 불이 켜지지 않을 경우

A	B	C	D	E
2번	3번	4번	X	1번

따라서 A 전구에 연결된 전선은 2번임을 알 수 있다.

11 언어추리 문제

정답 ⑤

제시된 조건에 따르면 보람이는 1월에, 경희는 6월에 여행을 다녀왔고, 주희는 홀수 달에 베트남에 다녀왔으므로 주희는 3월 또는 5월에 여행을 다녀왔다. 주희가 3월에 여행을 다녀왔을 경우, 보람이와 경은이 사이에는 한 명만 여행을 다녀왔으므로 2월에는 아무도 여행을 가지 않았고, 경은이는 4월에 사이판을 다녀왔다. 또한, 4월 이후에 홍콩을 다녀온 사람이 있으며, 보람이는 필리핀에 다녀오지 않았으므로 보람이는 태국에 다녀왔고, 혜정이와 경희가 각각 홍콩 또는 필리핀에 다녀왔음을 알 수 있다. 주희가 5월에 여행을 다녀왔을 경우, 경희가 홍콩을 다녀왔고, 혜정이와 경은이는 연달아 여행을 다녀왔으므로 3월에 혜정이가, 4월에 경은이가 여행을 다녀왔다. 이에 따라 5명의 여행 순서로 가능한 경우는 다음과 같다.

[경우 1] 주희가 3월에 여행을 다녀왔을 경우

1월	2월	3월	4월	5월	6월
보람	X	주희	경은	혜정	경희
태국	X	베트남	사이판	홍콩 또는 필리핀	홍콩 또는 필리핀

[경우 2] 주희가 5월에 여행을 다녀왔을 경우

1월	2월	3월	4월	5월	6월
보람	X	혜정	경은	주희	경희
태국	X	필리핀	사이판	베트남	홍콩

따라서 혜정이가 5월에 필리핀을 다녀왔다면 경희는 홍콩을 다녀왔으므로 항상 옳지 않은 설명이다.

12 언어추리 문제

정답 ③

제시된 조건에 따르면 주문받지 않은 종류의 음료는 없으므로 7명은 각각 서로 다른 종류의 음료를 주문했음을 알 수 있다. 우유를 주문한 사람과 탄산수를 주문한 사람은 7명 중 서로 가장 멀리 떨어져 앉아 있으므로 각각 가장 왼쪽 또는 가장 오른쪽에 앉아 있고, 스무디를 주문한 사람은 우유를 주문한 사람과 이웃하여 앉아 있다. 이때 녹차를 주문한 사람은 정중앙에 앉아 있고, 커피를 주문한 사람은 주스를 주문한 사람의 오른쪽에 이웃하여 앉아 있으므로 홍차를 주문한 사람이 녹차와 스무디를 주문한 사람 사이에 앉아 있음을 알 수 있다. 이에 따라 각 음료를 주문한 사람으로 가능한 경우는 아래와 같다.

[경우 1] 탄산수를 주문한 사람이 가장 왼쪽에 앉아 있는 경우

왼쪽			정중앙			오른쪽
탄산수	주스	커피	녹차	홍차	스무디	우유
나 또는 사	나 또는 사	바	마	가	다 또는 라	다 또는 라

[경우 2] 탄산수를 주문한 사람이 가장 오른쪽에 앉아 있는 경우

왼쪽			정중앙			오른쪽
우유	스무디	홍차	녹차	주스	커피	탄산수
다 또는 라	다 또는 라	가	마	나 또는 사	바	나 또는 사

따라서 '바'는 '라'보다 '사'와 더 가까이 앉아 있으므로 항상 옳지 않은 설명이다.

13 언어추리 문제

정답 ⑤

제시된 조건에 따르면 C는 얼룩소를 기르고 다섯 명 중 한 명만 진실을 말하므로 진실을 말하는 사람에 따라 기르는 소의 종류를 찾는다.

먼저 A가 진실을 말할 경우, A의 말(진실)에 따라 A는 C와 같은 종류의 소를 길러 얼룩소를 기르고, B의 말(거짓)에 따라 E도 얼룩소를 기른다. 또한, C의 말(거짓)에 따라 B는 얼룩소를 기르지 않으므로 검은소 또는 누렁소를 기르고, D의 말(거짓)에 따라 D는 누렁소를 기른다.

A(진실)	B(거짓)	C(거짓)	D(거짓)	E(거짓)
얼룩소	검은소 또는 누렁소	얼룩소	누렁소	얼룩소

두 번째로 B가 진실을 말할 경우, B의 말(진실)에 따라 C가 얼룩소를 기르므로 E는 얼룩소를 기르지 않는다. 이때, C의 말(거짓)에 따라 B는 얼룩소를 기르지 않지만 이 경우 E의 말도 진실이 되어 한 명만 진실을 말한다는 조건에 모순된다. 이에 따라 B의 말은 항상 거짓이며, C와 E는 둘 다 얼룩소를 기르므로 E의 말도 항상 거짓임을 알 수 있다.

세 번째로 C가 진실을 말할 경우, C의 말(진실)에 따라 B와 C는 얼룩소를 기르고, A의 말(거짓)에 따라 A는 얼룩소를 기르지 않으므로 검은소 또는 누렁소를 기른다. 또한, B의 말(거짓)에 따라 E도 얼룩소를 기르고, D의 말(거짓)에 따라 D는 누렁소를 기른다.

A(거짓)	B(거짓)	C(진실)	D(거짓)	E(거짓)
검은소 또는 누렁소	얼룩소	얼룩소	누렁소	얼룩소

마지막으로 D가 진실을 말할 경우, D의 말(진실)에 따라 D는 누렁소를 기르지 않으므로 검은소 또는 얼룩소를 기르고, A의 말(거짓)에 따라 A는 검은소 또는 누렁소를 기른다. 또한, B의 말(거짓)에 따라 C와 E는 얼룩소를 기르고, C의 말(거짓)에 따라 B는 얼룩소를 기르지 않으므로 검은소 또는 누렁소를 기른다.

A(거짓)	B(거짓)	C(거짓)	D(진실)	E(거짓)
검은소 또는 누렁소	검은소 또는 누렁소	얼룩소	검은소 또는 얼룩소	얼룩소

따라서 E는 얼룩소를 기르므로 항상 옳지 않은 설명이다.

오답 체크

① A가 진실을 말할 경우, A와 E는 모두 얼룩소를 기르므로 항상 옳지 않은 설명은 아니다.

② A가 진실을 말할 때 B가 누렁소를 기르는 경우, C가 진실을 말할 때 A가 누렁소를 기르는 경우, D가 진실을 말할 때 A와 B가 누렁소를 기르고, D가 얼룩소를 기르는 경우에는 검은소를 기르는 사람이 없으므로 항상 옳은 설명이다.

③ C가 진실을 말할 경우, A는 검은소 또는 누렁소를 기르고, D는 누렁소를 기르므로 항상 옳지 않은 설명은 아니다.

④ A와 C가 진실을 말할 경우 얼룩소를 기르는 사람은 3명이고, D가 진실을 말할 경우 얼룩소를 기르는 사람은 2명 또는 3명이므로 항상 옳은 설명이다.

14 언어추리 문제 정답 ④

제시된 조건에 따르면 5명 중 범인은 1명이며, 5명 중 2명만 진실을 말한다. 이때 진실과 거짓에 관련된 진술을 하고 있는 수용이와 수지의 진술을 비교하여 경우의 수가 적은 수지의 진술이 진실일 경우와 거짓일 경우를 가정해 본다.

먼저 수지의 진술이 진실일 경우 수용이의 진술은 거짓이고, 수용이의 진술에 따라 국진이와 완선이의 진술도 거짓이 되므로 수홍이의 진술은 진실이 된다.

두 번째로 수지의 진술이 거짓일 경우 수용이의 진술은 진실이고, 국진이와 완선이 중 진실을 말하는 사람이 있게 된다. 만약 국진이의 진술이 진실이면, 수홍이가 범인이고 완선, 수홍, 수지의 진술이 모두 거짓이 되어야 하지만 이는 수지가 범인이 아니라는 수홍이의 진술이 진실이 되어 모순이다. 만약 완선이의 진술이 진실이면, 국진, 수홍, 수지의 진술이 모두 거짓이 되어야 하지만 이 또한 수지가 범인이 아니라는 수홍이의 진술이 진실이 되어 모순이다. 이에 따라 수홍, 수지의 진술이 진실임을 알 수 있다.

따라서 5명 중 국진, 수홍, 수용, 수지는 범인이 아니므로 범인은 완선이다.

15 언어추리 문제 정답 ④

제시된 조건에 따르면 진경이는 4학년이며, 미영이보다 학년이 높은 현정이는 2학년 또는 3학년이다. 이때 고향이 청주인 사람은 3학년이므로 미주 또는 현정이가 되고, 둘 중 나머지 한 명의 고향은 전주이다. 또한, 미영이는 목포에 가본 적이 없으므로 미영이의 고향은 진주이며, 진경이의 고향은 목포이다. 이에 따라 네 사람의 학년과 고향으로 가능한 경우는 다음과 같다.

[경우 1] 현정이가 2학년일 경우

	진경	미영	미주	현정
학년	4학년	1학년	3학년	2학년
고향	목포	진주	청주	전주

[경우 2] 현정이가 3학년일 경우

	진경	미영	미주	현정
학년	4학년	1학년 또는 2학년	1학년 또는 2학년	3학년
고향	목포	진주	전주	청주

따라서 진경이의 고향은 목포이므로 항상 옳지 않은 설명이다.

16 언어추리 문제 정답 ②

제시된 조건에 따르면 도윤이의 등수는 2등이고, 명진이보다 점수가 낮은 사람은 없으므로 명진이의 등수는 4등이다. 이때 진우의 점수는 90점, 태영이의 점수는 70점이고, 점수가 높을수록 높은 등수를 차지하므로 진우의 등수는 1등, 태영이의 등수는 3등임을 알 수 있다.

1등	2등	3등	4등
진우(90점)	**도윤**	태영(70점)	**명진**

따라서 1등인 진우의 점수는 90점이므로 항상 참인 설명이다.

오답 체크

① 도윤이의 등수는 2등이고, 3등인 태영이의 점수는 70점이므로 항상 거짓인 설명이다.

③ 4등인 명진이보다 점수가 높은 사람은 3명이므로 항상 거짓인 설명이다.

④ 3등인 태영이보다 점수가 낮은 사람은 1명이므로 항상 거짓인 설명이다.

⑤ 진우의 등수는 1등이고, 도윤이의 등수는 2등이므로 항상 거짓인 설명이다.

17 언어추리 문제 정답 ①

B와 D의 말에 따르면 D는 먼저 출발해서 미팅 준비를 하므로 1시 비행기를 타며, E의 말에 따르면 B와 E는 1시 회의에 참석한 후 함께 출발하므로 2시부터 5시까지의 비행기를 탈 수 있다. 이때 F의 말에 따르면 F는 B가 탄 바로 다음 비행기를 타게 되므로 B와 E는 2시부터 4시까지, F는 3시부터 5시까지의 비행기를 탈 수 있다. B와 E가 타는 비행기 시간에 따라 1시부터 5시까지의 비행기에 탑승하는 사람들을 순서대로 나타내면 다음과 같다.

[경우 1] B와 E가 2시 비행기를 타게 될 경우

1시	2시	3시	4시	5시
D	B, E	F	C	A

[경우 2] B와 E가 3시 비행기를 타게 될 경우

1시	2시	3시	4시	5시
D	A	B, E	F	C

[경우 3] B와 E가 4시 비행기를 타게 될 경우

1시	2시	3시	4시	5시
D	A	C	B, E	F

따라서 4시 비행기에 탑승할 수 없는 사람은 A이다.

18 언어추리 문제

정답 ③

제시된 조건에 따르면 맨 뒤에 줄을 서는 사람은 다영이가 아니므로 다영이는 맨 앞 또는 앞에서 두 번째에 줄을 선다. 이때 나영이는 가영이보다 앞에 줄을 서므로 가능한 경우는 아래와 같다.

경우 1. 다영이가 맨 앞에 줄을 서는 경우

다영
나영
가영

경우 2. 다영이가 앞에서 두 번째에 줄을 서는 경우

나영
다영
가영

따라서 나영이가 맨 앞에 줄을 서면 다영이가 앞에서 두 번째에 줄을 서고, 다영이가 맨 앞에 줄을 서면 나영이가 앞에서 두 번째에 줄을 서게 되어 나영이와 다영이 사이에 줄을 서는 사람은 없으므로 항상 참인 설명이다.

오답 체크

① 다영이는 맨 앞 또는 앞에서 두 번째에 줄을 서므로 항상 참인 설명은 아니다.
② 가영이는 맨 뒤에 줄을 서므로 항상 거짓인 설명이다.
④ 가영이와 나영이 사이에 다영이가 줄을 서거나 나영이 바로 뒤에 가영이가 줄을 서므로 항상 참인 설명은 아니다.
⑤ 나영이는 뒤에서 두 번째 또는 세 번째에 줄을 서므로 항상 참인 설명은 아니다.

19 언어추리 문제

정답 ④

제시된 조건에 따르면 벽화에는 벽화를 그린 사람만이 메모를 남길 수 있으며, 발견된 벽화에는 "이 벽화를 그린 사람은 C가 아니다."라는 문장이 적혀 있다. 경우에 따라 A~D를 벽화의 주인으로 가정하고, 사람들 각각의 거짓말 여부와 "이 벽화를 그린 사람은 C가 아니다."라는 조건에 각자의 거짓말 여부를 대입한 결과는 아래와 같다.

	A	B	C	D
거짓말 여부	거짓말	거짓말	참말	참말
대입 결과	참말	참말	거짓말	참말

따라서 A~D의 거짓말 여부와 대입한 결과가 서로 일치하는 D가 벽화를 그린 사람임을 알 수 있다.

20 언어추리 문제

정답 ③

제시된 조건에 따르면 C는 평일에 총 이틀 동안 봉사활동을 하고, A와 C는 서로 다른 요일에 봉사활동을 하므로 C는 '월요일, 화요일' 또는 '화요일, 수요일' 또는 '수요일, 목요일'에 봉사활동을 하고, A는 '일요일, 수요일, 목요일' 또는 '일요일, 월요일, 목요일' 또는 '일요일, 월요일, 화요일'에 봉사활동을 한다. 또한, A나 C가 봉사활동을 하는 요일에는 항상 E도 봉사활동을 하므로 E는 일요일부터 목요일까지 5일 내내 봉사활동을 한다. 결과적으로 A는 3일, C는 2일, E는 5일 동안 봉사활동을 하므로 봉사활동 일수가 서로 같은 B와 D는 4일 동안 봉사활동을 한다. 이에 따라 5명이 봉사활동을 하는 요일로 가능한 경우는 아래와 같다.

[경우 1] C가 월요일, 화요일에 봉사활동을 하는 경우

일요일	월요일	화요일	수요일	목요일
A, B, D, E	B, C, D, E	B, C, D, E	A, E	A, B, D, E

[경우 2] C가 화요일, 수요일에 봉사활동을 하는 경우

일요일	월요일	화요일	수요일	목요일
A, B, D, E	A, B, D, E	B, C, D, E	C, E	A, B, D, E

[경우 3] C가 수요일, 목요일에 봉사활동을 하는 경우

일요일	월요일	화요일	수요일	목요일
A, B, D, E	A, B, D, E	A, B, D, E	C, E	B, C, D, E

따라서 봉사활동을 하는 요일이 확정된 사람은 B, D, E 세 사람이므로 항상 옳지 않은 설명이다.

유형 4 **도형추리** p.99

01	02	03	04	05
④	②	①	①	③
06	**07**	**08**	**09**	**10**
②	②	⑤	②	⑤
11	**12**	**13**	**14**	**15**
①	③	④	①	⑤
16	**17**	**18**	**19**	**20**
①	②	④	④	⑤

01 도형추리 문제 정답 ④

각 행에서 다음 열에 제시된 도형은 이전 열에 제시된 도형을 반시계 방향으로 90° 회전한 형태이다.

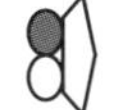

[3행 1열] [3행 2열]

따라서 '?'에 해당하는 도형은 ④이다.

02 도형추리 문제 정답 ②

각 행에서 2열에 제시된 도형은 1열과 3열에 제시된 도형을 결합한 형태이다.

[2행 1열] [2행 3열] **[2행 2열]**

따라서 '?'에 해당하는 도형은 ②이다.

03 도형추리 문제 정답 ①

각 열에서 다음 행에 제시된 도형은 이전 행에 제시된 도형을 시계 방향으로 90° 회전하면서 색반전한 형태이다.

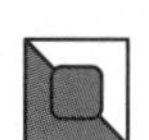

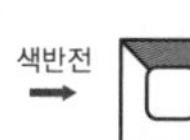

[1행 2열] [2행 2열]

따라서 '?'에 해당하는 도형은 ①이다.

04 도형추리 문제 정답 ①

각 행에서 2열에 제시된 도형은 1열에 제시된 도형을 좌우 대칭한 후 색반전한 형태이고, 3열에 제시된 도형은 2열에 제시된 도형을 시계 방향으로 90° 회전한 형태이다.

[3행 1열] **[3행 2열]** [3행 3열]

따라서 '?'에 해당하는 도형은 ①이다.

05 도형추리 문제 정답 ③

각 열에서 2행에 제시된 도형은 1행에 제시된 도형을 색반전한 형태이고, 3행에 제시된 도형은 2행에 제시된 도형을 상하 대칭한 형태이다.

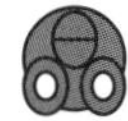

[1행 1열] [2행 1열] [3행 1열]

따라서 '?'에 해당하는 도형은 ③이다.

06 도형추리 문제 정답 ②

각 열에서 다음 행에 제시된 도형은 이전 행에 제시된 도형에서 외부 도형은 색반전, 내부 도형은 시계 방향으로 90° 회전한 형태이다.

[2행 2열] **[3행 2열]**

따라서 '?'에 해당하는 도형은 ②이다.

07 도형추리 문제 정답 ②

각 행에서 2열에 제시된 도형은 1열에 제시된 도형을 반시계 방향으로 90° 회전한 형태이고, 3열에 제시된 도형은 2열에 제시된 도형을 좌우 대칭한 형태이다.

[3행 1열] [3행 2열] [3행 3열]

따라서 '?'에 해당하는 도형은 ②이다.

08 도형추리 문제 정답 ⑤

각 열에서 다음 행에 제시된 도형은 이전 행에 제시된 도형을 시계 방향으로 90° 회전하면서 색반전한 형태이다.

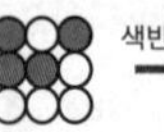
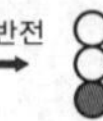

[1행 1열] **[2행 1열]**

따라서 '?'에 해당하는 도형은 ⑤이다.

09 도형추리 문제 정답 ②

각 행에서 제시된 도형은 다음 열에서 시계 방향으로 120° 회전하면서 한 행 아래로 이동한 형태이다.

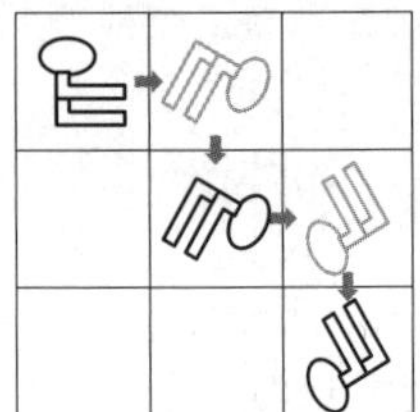

따라서 '?'에 해당하는 도형은 ②이다.

10 도형추리 문제 정답 ⑤

각 열에서 3행에 제시된 도형은 1행과 2행의 도형을 결합한 형태이다.

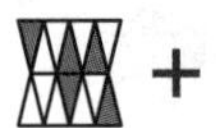

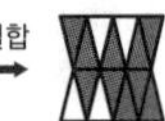

[1행 3열] [2행 3열] **[3행 3열]**

따라서 '?'에 해당하는 도형은 ⑤이다.

11 도형추리 문제 정답 ①

각 열에서 다음 행에 제시된 도형은 이전 행에 제시된 외부 도형을 시계 방향으로 90° 회전하고, 내부 도형을 반시계 방향으로 90° 회전한 형태이다.

[2행 3열] **[3행 3열]**

따라서 '?'에 해당하는 도형은 ①이다.

12 도형추리 문제 정답 ③

각 열에서 2행에 제시된 도형은 1행에 제시된 도형을 좌우 대칭한 형태이고, 3행에 제시된 도형은 2행에 제시된 도형을 상하 대칭한 형태이다.

[1행 2열] [2행 2열] [3행 2열]

따라서 '?'에 해당하는 도형은 ③이다.

13 도형추리 문제 정답 ④

각 열에서 다음 행에 제시된 도형은 이전 행에 제시된 도형에서 내부 도형을 반시계 방향으로 90° 회전한 형태이다.

[1행 1열] **[2행 1열]**

따라서 '?'에 해당하는 도형은 ④이다.

14 도형추리 문제 정답 ①

각 열에서 다음 행에 제시된 도형은 이전 행에 제시된 도형에서 외부 도형과 내부 도형의 자리를 바꾼 후 시계 방향으로 90° 회전한 형태이다.

[1행 1열] [2행 1열]

따라서 '?'에 해당하는 도형은 ①이다.

15 도형추리 문제 정답 ⑤

각 행에서 2열에 제시된 도형은 1열과 3열의 도형을 결합한 후 좌우 대칭한 형태이다.

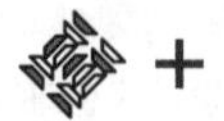
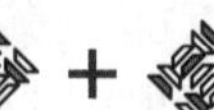

[3행 1열] [3행 3열] **[3행 2열]**

따라서 '?'에 해당하는 도형은 ⑤이다.

16 도형추리 문제 정답 ①

각 열에서 2행에 제시된 도형은 1행에 제시된 도형을 시계 방향으로 120° 회전한 형태이고, 3행에 제시된 도형은 2행에 제시된 도형을 상하 대칭한 형태이다.

[1행 3열] [2행 3열] [3행 3열]

따라서 '?'에 해당하는 도형은 ①이다.

17 도형추리 문제 정답 ②

각 행에 제시된 도형은 다음 열에서 반시계 방향으로 90° 회전하면서 한 행 위로 이동한 형태이다.

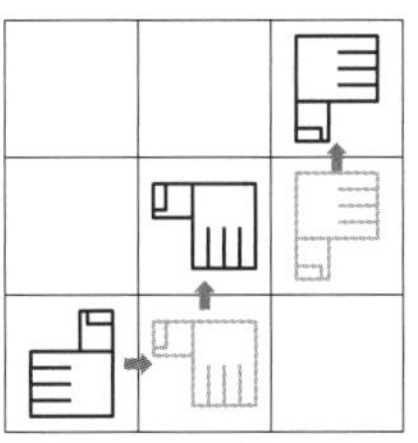

따라서 '?'에 해당하는 도형은 ②이다.

18 도형추리 문제 정답 ④

각 열에서 2행에 제시된 도형은 1행과 3행에 제시된 도형을 합친 후 상하 대칭한 형태이다.

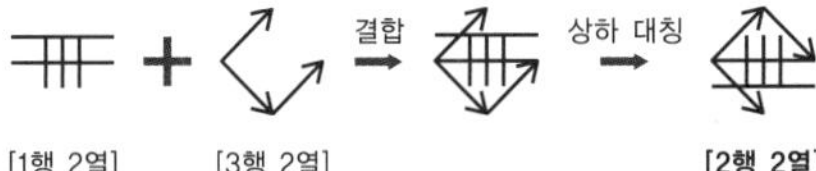

[1행 2열] [3행 2열] [2행 2열]

따라서 '?'에 해당하는 도형은 ④이다.

19 도형추리 문제 정답 ④

각 열에서 다음 행에 제시된 도형은 이전 행에 제시된 도형에서 외부 도형은 색반전, 내부 도형은 반시계 방향으로 90° 회전한 형태이다.

외부 색반전

내부 반시계 90°

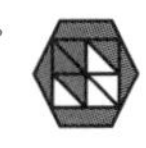

[2행 3열] [3행 3열]

따라서 '?'에 해당하는 도형은 ④이다.

20 도형추리 문제 정답 ⑤

각 행에서 이전 열에 제시된 도형 중 달 도형은 다음 열에서 시계 방향으로 120° 회전, 하트 도형은 반시계 방향으로 90° 회전, 다이아몬드 도형과 십자 도형은 색반전한 형태이다.

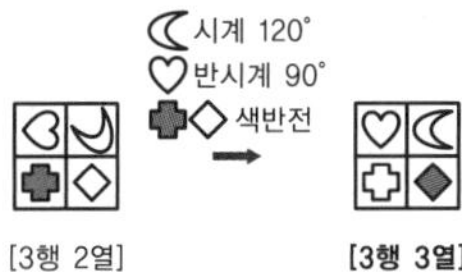

[3행 2열] [3행 3열]

따라서 '?'에 해당하는 도형은 ⑤이다.

유형 5 도식추리

p.106

01	02	03	04	05
⑤	②	②	①	④
06	07	08	09	10
③	③	④	①	⑤
11	12	13	14	15
③	①	②	⑤	④
16	17	18	19	20
②	①	⑤	③	④

[01-02]

◇: 문자와 숫자 순서에 따라 첫 번째 문자(숫자)를 바로 다음 순서에 오는 문자(숫자)로, 두 번째 문자(숫자)를 다음 두 번째 순서에 오는 문자(숫자)로, 세 번째 문자(숫자)를 다음 세 번째 순서에 오는 문자 (숫자)로, 네 번째 문자(숫자)를 다음 네 번째 순서에 오는 문자(숫자)로 변경한다.
ex. abcd → bdfh (a+1, b+2, c+3, d+4)

☆: 문자와 숫자 순서에 따라 첫 번째, 네 번째 문자(숫자)를 바로 이전 순서에 오는 문자(숫자)로, 두 번째, 세 번째 문자(숫자)를 이전 세 번째 순서에 오는 문자(숫자)로 변경한다.
ex. abcd → zyzc (a−1, b−3, c−3, d−1)

▼: 첫 번째 문자(숫자)를 네 번째 자리로, 두 번째 문자(숫자)를 첫 번째 자리로, 세 번째 문자(숫자)를 두 번째 자리로, 네 번째 문자(숫자)를 세 번째 자리로 이동시킨다.
ex. abcd → bcda

01 도식추리 문제

정답 ⑤

NX2Z → ▼ → X2ZN → ◇ → [Y4CR]

02 도식추리 문제

정답 ②

[HP5B] → ☆ → GM2A → ◇ → HO5E

[03-05]

◑: 첫 번째, 세 번째 문자의 자리를 서로 바꾸고, 두 번째, 네 번째 문자의 자리를 서로 바꾼다.
ex. abcd → cdab

◁: 문자 순서에 따라 첫 번째, 두 번째 문자를 바로 다음 순서에 오는 문자로, 세 번째, 네 번째 문자를 다음 두 번째 순서에 오는 문자로 변경한다.
ex. abcd → bcef (a+1, b+1, c+2, d+2)

◈: 첫 번째 문자를 네 번째 자리로, 두 번째 문자를 첫 번째 자리로, 세 번째 문자를 두 번째 자리로, 네 번째 문자를 세 번째 자리로 이동시킨다.
ex. abcd → bcda

♠: 문자 순서에 따라 첫 번째, 세 번째 문자를 바로 다음 순서에 오는 문자로, 두 번째, 네 번째 문자를 이전 두 번째 순서에 오는 문자로 변경한다.
ex. abcd → bzdb (a+1, b−2, c+1, d−2)

03 도식추리 문제

정답 ②

ㅁCRX → ♠ → ㅂASV → ◁ → [ㅅBUX]

04 도식추리 문제

정답 ①

YㅍㄷQ → ◈ → ㅍㄷQY → ◑ → [QYㅍㄷ]

05 도식추리 문제

정답 ④

[Aㅊll] → ◑ → llAㅊ → ♠ → JGBㅇ

[06-08]

☏: 세 번째, 네 번째 문자(숫자)의 자리를 서로 바꾼다.
ex. abcd → abdc
♥: 문자와 숫자 순서에 따라 첫 번째 문자(숫자)를 바로 이전 순서에 오는 문자(숫자)로, 두 번째 문자(숫자)를 다음 두 번째 순서에 오는 문자(숫자)로, 세 번째 문자(숫자)를 이전 세 번째 순서에 오는 문자(숫자)로, 네 번째 문자(숫자)를 다음 네 번째 순서에 오는 문자(숫자)로 변경한다.
ex. abcd → zdzh (a−1, b+2, c−3, d+4)
▣: 문자와 숫자 순서에 따라 첫 번째, 두 번째, 세 번째, 네 번째 문자(숫자)를 이전 두 번째 순서에 오는 문자(숫자)로 변경한다.
ex. abcd → yzab (a−2, b−2, c−2, d−2)

06 도식추리 문제

정답 ③

ㅁㅇF8 → ♥ → ㄹㅊC2 → ☏ → [ㄹㅊ2C]

07 도식추리 문제

정답 ③

RE9ㅎ → ▣ → PC7ㅌ → ♥ → [OE4ㄴ]

08 도식추리 문제

정답 ④

[ㅇV3R] → ☏ → ㅇVR3 → ▣ → ㅂTP1

[09-12]

⊙: 문자와 숫자 순서에 따라 첫 번째 문자(숫자)를 다음 네 번째 순서에 오는 문자(숫자)로, 두 번째 문자(숫자)를 다음 세 번째 순서에 오는 문자(숫자)로, 세 번째 문자(숫자)를 다음 두 번째 순서에 오는 문자(숫자)로, 네 번째 문자(숫자)를 바로 다음 순서에 오는 문자(숫자)로 변경한다.
ex. abcd → eeee (a+4, b+3, c+2, d+1)
♧: 첫 번째, 네 번째 문자(숫자)의 자리를 서로 바꾸고, 두 번째, 세 번째 문자(숫자)의 자리를 서로 바꾼다.
ex. abcd → dcba
△: 두 번째 문자(숫자)를 세 번째 자리로, 세 번째 문자(숫자)를 네 번째 자리로, 네 번째 문자(숫자)를 두 번째 자리로 이동시킨다.
ex. abcd → adbc
★: 문자와 숫자 순서에 따라 첫 번째, 세 번째 문자(숫자)를 바로 이전 순서에 오는 문자(숫자)로, 두 번째, 네 번째 문자(숫자)를 바로 다음 순서에 오는 문자(숫자)로 변경한다.
ex. abcd → zcbe (a−1, b+1, c−1, d+1)

09 도식추리 문제

정답 ①

WDM5 → △ → W5DM → ⊙ → [A8FN]

10 도식추리 문제

정답 ⑤

FR29 → ⊙ → JU40 → ★ → [IV31]

11 도식추리 문제

정답 ③

[L1BU] → △ → LU1B → ♧ → B1UL

12 도식추리 문제

정답 ①

[Z9BF] → ♧ → FB9Z → ★ → EC8A

[13-16]

☆: 문자와 숫자 순서에 따라 첫 번째, 세 번째 문자(숫자)를 바로 이전 순서에 오는 문자(숫자)로, 두 번째, 네 번째 문자(숫자)를 다음 두 번째 순서에 오는 문자(숫자)로 변경한다.
ex. abcd → zdbf (a−1, b+2, c−1, d+2)

△: 첫 번째 문자(숫자)를 두 번째 자리로, 두 번째 문자(숫자)를 네 번째 자리로, 세 번째 문자(숫자)를 첫 번째 자리로, 네 번째 문자(숫자)를 세 번째 자리로 이동시킨다.
ex. abcd → cadb

▣: 문자와 숫자 순서에 따라 첫 번째 문자(숫자)를 바로 이전 순서에 오는 문자(숫자)로, 두 번째 문자(숫자)를 이전 두 번째 순서에 오는 문자(숫자)로, 세 번째 문자(숫자)를 이전 세 번째 순서에 오는 문자(숫자)로, 네 번째 문자(숫자)를 이전 네 번째 순서에 오는 문자(숫자)로 변경한다.
ex. abcd → zzzz (a−1, b−2, c−3, d−4)

♠: 두 번째, 세 번째 문자(숫자)의 자리를 서로 바꾼다.
ex. abcd → acbd

13 도식추리 문제

정답 ②

ㅊV2C → ☆ → ㅈX1E → ♠ → ㅈ1XE

14 도식추리 문제

정답 ⑤

88Tㅅ → ▣ → 76Qㄷ → ☆ → 68Pㅁ

15 도식추리 문제

정답 ④

Fㅌ1G → ☆ → Eㅎ0I → △ → 0Eㅣㅎ

16 도식추리 문제

정답 ②

4Tㄹ C → ▣ → 3Rㄱ Y → ♠ → 3ㄱRY → △ → R3Yㄱ

[17-20]

♣: 첫 번째, 두 번째 문자(숫자)의 자리를 서로 바꾸고, 세 번째, 네 번째 문자(숫자)의 자리를 서로 바꾼다.
ex. abcd → badc

♤: 문자와 숫자 순서에 따라 첫 번째, 세 번째 문자(숫자)를 다음 세 번째 순서에 오는 문자(숫자)로, 두 번째, 네 번째 문자(숫자)를 바로 다음 순서에 오는 문자(숫자)로 변경한다.
ex. abcd → dcfe (a+3, b+1, c+3, d+1)

○: 첫 번째 문자(숫자)를 네 번째 자리로, 두 번째 문자(숫자)를 세 번째 자리로, 세 번째 문자(숫자)를 첫 번째 자리로, 네 번째 문자(숫자)를 두 번째 자리로 이동시킨다.
ex. abcd → cdba

☎: 문자와 숫자 순서에 따라 첫 번째, 두 번째, 세 번째, 네 번째 문자(숫자)를 다음 두 번째 순서에 오는 문자(숫자)로 변경한다.
ex. abcd → cdef (a+2, b+2, c+2, d+2)

17 도식추리 문제

정답 ①

UTR7 → ♣ → TU7R → ☎ → VW9T

18 도식추리 문제

정답 ⑤

WQ3P → ♤ → ZR6Q → ○ → 6QRZ

19 도식추리 문제

정답 ③

RN36 → ♣ → NR63 → ○ → 63RN

20 도식추리 문제

정답 ④

V2EZ → ♤ → Y3HA → ☎ → A5JC → ○ → JC5A

유형 6 단어유추

p.112

01	02	03	04	05
②	③	⑤	④	①
06	07	08	09	10
②	③	②	④	④
11	12	13	14	15
②	③	⑤	④	⑤
16	17	18	19	20
⑤	④	②	④	①

01 단어유추 문제 정답 ②

제시된 단어 낭비하다와 허비하다는 모두 시간이나 재물 따위를 헛되이 헤프게 씀을 뜻하므로 유의관계이다.
따라서 윗사람이 아랫사람에게 명령이나 지시를 내린다는 의미의 분부하다와 유의관계인 '명령하다'가 적절하다.

오답 체크
① 부담하다: 어떠한 의무나 책임을 지다
③ 거절하다: 상대편의 요구, 제안, 선물, 부탁 따위를 받아들이지 않고 물리치다
④ 상달하다: 윗사람에게 말이나 글로 여쭈어 알려 드리다
⑤ 이행하다: 실제로 행하다

02 단어유추 문제 정답 ③

제시된 단어 긴장하다와 이완하다는 각각 마음을 조이고 정신을 바짝 차림과 바짝 조였던 정신이 풀려 늦추어짐을 뜻하므로 반대관계이다.
따라서 어질고 슬기로워 사리에 밝다는 의미의 현명하다와 반대관계인 단어는 슬기롭지 못하고 둔하다는 의미의 '어리석다'가 적절하다.

오답 체크
① 슬기롭다: 슬기가 있다
② 공정하다: 공평하고 올바르다
④ 총명하다: 보거나 들은 것을 오래 기억하는 힘이 있다
⑤ 냉철하다: 생각이나 판단 따위가 감정에 치우치지 않고 침착하며 사리에 밝다

03 단어유추 문제 정답 ⑤

제시된 통달하다와 숙달하다는 모두 사물의 이치나 지식, 기술 따위를 훤히 알거나 아주 능란하게 함을 뜻하므로 유의관계이다.
따라서 눈을 감고 말없이 마음속으로 빈다는 의미의 묵도하다와 유의관계인 '묵념하다'가 적절하다.

오답 체크
① 인도하다: 이끌어 지도하다
② 참견하다: 자기와 별로 관계없는 일이나 말 따위에 끼어들어 쓸데없이 아는 체하거나 이래라저래라 하다
③ 묵시하다: 직접적으로 말이나 행동으로 드러내지 않고 은연중에 뜻을 나타내 보이다
④ 묵묵하다: 말없이 잠잠하다

04 단어유추 문제 정답 ④

제시된 단어 좌시하다와 방관하다는 모두 참견하지 아니하고 곁에서 보기만 함을 뜻하므로 유의관계이다.
따라서 깊이 생각하여 이치를 깨달아 알아낸다는 의미의 터득하다와 유의관계인 '간파하다'가 적절하다.

오답 체크
① 수용하다: 어떠한 것을 받아들이다
② 미지하다: 아직 알지 못하다
③ 짐작하다: 사정이나 형편 따위를 어림잡아 헤아리다
⑤ 개관하다: 전체를 대강 살펴보다

05 단어유추 문제 정답 ①

제시된 단어 약진하다와 퇴보하다는 각각 힘차게 앞으로 뛰어 나아감과 뒤로 물러감을 뜻하므로 반대관계이다.
따라서 마음이 넓고 아량이 있다는 의미의 너그럽다와 반대관계인 단어는 한쪽으로 치우쳐 도량이 좁고 너그럽지 못하다는 의미의 '편협하다'가 적절하다.

오답 체크
② 넉넉하다: 마음이 넓고 여유가 있다
③ 두둔하다: 편들어 감싸 주거나 역성을 들어 주다
④ 원만하다: 성격이 모난 데가 없이 부드럽고 너그럽다
⑤ 대범하다: 성격이나 태도가 사소한 것에 얽매이지 않으며 너그럽다

06 단어유추 문제 정답 ②

제시된 단어 통합과 분리는 각각 둘 이상의 조직이나 기구 따위를 하나로 합침과 서로 나뉘어 떨어짐을 뜻하므로 반대관계이다.
따라서 실시하여 오던 제도나 법규, 일 따위를 그만두거나 없앤다는 의미의 폐지와 반대관계인 단어는 어떤 대상이 그대로 있거나 어떤 현상이 계속된다는 의미의 '존속'이 적절하다.

오답 체크

① 철폐: 전에 있던 제도나 규칙 따위를 걷어치워서 없앰
③ 타파: 부정적인 규칙, 관습, 제도 따위를 깨뜨려 버림
④ 소거: 글자나 그림 따위가 지워짐
⑤ 중단: 중도에서 끊어지거나 끊음

07 단어유추 문제 정답 ③

제시된 단어 당착과 모순은 모두 말이나 행동 따위의 앞뒤가 맞지 않음을 뜻하므로 유의관계이다.
따라서 순종하지 아니하고 맞서서 반항한다는 의미의 항거와 유의관계인 '반항'이 적절하다.

오답 체크

① 순종: 순순히 따름
② 거행: 명령대로 시행함
④ 항복: 적이나 상대편의 힘에 눌리어 굴복함
⑤ 통곡: 소리를 높여 슬피 욺

08 단어유추 문제 정답 ②

제시된 단어 처우와 개선은 '처우를 개선하다'로 쓸 수 있으므로 목적어와 서술어의 관계이다.
따라서 산출하다의 목적어로 쓸 수 있는 '원가'가 적절하다.

오답 체크

① 투입: 사람이나 물자, 자본 따위를 필요한 곳에 넣음
③ 계산: 수를 헤아림
④ 결산: 일정한 기간 동안의 수입과 지출을 마감하여 계산함
⑤ 소비: 돈이나 물자, 시간, 노력 따위를 들이거나 써서 없앰

09 단어유추 문제 정답 ④

제시된 단어 안하무인(眼下無人)과 눈은 안하무인이 눈 아래에 사람이 없다는 의미의 한자성어이므로 한자성어와 한자성어에 포함된 신체 기관의 관계이다.
따라서 내 코(鼻)가 석 자라는 의미의 한자성어 오비삼척(吾鼻三尺)에 포함된 신체 기관인 '코'가 적절하다.

- 안하무인(眼下無人): 눈 아래에 사람이 없다는 뜻으로, 방자하고 교만하여 다른 사람을 업신여김을 이르는 말
- 오비삼척(吾鼻三尺): 내 코가 석 자라는 뜻으로, 자기 사정이 급하여 남을 돌볼 겨를이 없음을 이르는 말

10 단어유추 문제 정답 ④

제시된 단어 매수하다와 매도하다는 각각 물건을 사서 넘겨받음과 값을 받고 물건의 소유권을 다른 사람에게 넘김을 뜻하므로 반대관계이다.
따라서 어떤 일을 시작한다는 의미의 착수하다와 반대관계인 단어는 일을 끝낸다는 의미의 '종결하다'가 적절하다.

오답 체크

① 부상하다: 물 위로 떠오르다
② 작업하다: 일을 하다
③ 개시하다: 행동이나 일 따위를 시작하다
⑤ 기공하다: 공사를 착수하다

11 단어유추 문제 정답 ②

해임과 임명은 각각 어떤 지위나 맡은 임무를 그만두게 함과 일정한 지위나 임무를 남에게 맡김을 뜻하므로 반대관계이다.

오답 체크

①, ③, ④, ⑤는 모두 유의관계이다.

12 단어유추 문제 정답 ③

해산과 해체는 모두 집단, 조직, 단체 따위가 흩어져 없어짐을 뜻하므로 유의관계이다.

오답 체크

①, ②, ④, ⑤는 모두 반대관계이다.

13 **단어유추 문제** 정답 ⑤

정황과 판단은 '정황을 판단하다'로 쓸 수 있으므로 목적어와 서술어 관계이다.

오답 체크

①, ②, ③, ④는 모두 서술어와 부사어의 관계이다.

14 **단어유추 문제** 정답 ④

자동차와 휘발유는 서로를 보완하여 함께 사용해야 하는 보완재 관계이다.

오답 체크

①, ②, ③, ⑤는 대체재 관계이다.

15 **단어유추 문제** 정답 ⑤

품사와 명사는 명사가 품사의 일종이므로 포함관계이다.

오답 체크

①, ②, ③, ④는 모두 유의관계이다.

16 **단어유추 문제** 정답 ⑤

분해와 합성은 각각 여러 부분이 결합되어 이루어진 것을 그 낱낱으로 나눔과 둘 이상의 것을 합쳐서 하나로 이룸을 뜻하므로 반대관계이다.

오답 체크

①, ②, ③, ④는 모두 유의관계이다.

17 **단어유추 문제** 정답 ④

선정과 간택은 모두 여럿 가운데서 어떤 것을 뽑아 정함을 뜻하므로 유의관계이다.

오답 체크

①, ②, ③, ⑤는 모두 반대관계이다.

18 **단어유추 문제** 정답 ②

신체와 팔은 팔이 신체를 구성하는 한 부분이므로 부분관계이다.

오답 체크

①, ③, ④, ⑤는 모두 동위관계이다.

19 **단어유추 문제** 정답 ④

피아노와 악기는 피아노가 악기의 일종이므로 포함관계이다.

오답 체크

① 양산은 햇빛 차단 목적, ② 보일러는 난방 목적, ③ 연필은 필기 목적, ⑤ 냉장고는 음식 보관 목적이므로 모두 수단과 목적의 관계이다.

20 **단어유추 문제** 정답 ①

실력과 달리다는 '실력이 달리다'로 쓸 수 있으므로 주어와 서술어 관계이다.

오답 체크

②, ③, ④, ⑤는 모두 부사어와 서술어의 관계이다.

유형 7 논리추론

p.118

01	02	03	04	05
④	③	②	⑤	④
06	07	08	09	10
②	③	①	⑤	①
11	12	13	14	15
⑤	④	②	④	③
16	17	18	19	20
④	③	④	③	④

01 논리추론 문제 정답 ④

건물이나 집 안에 있을 경우 강풍으로 인한 2차 피해가 생기지 않도록 창문이 없는 방으로 이동해야 한다고 하였으므로 집 안에 있을 때 호우경보가 발령될 경우 탈출을 고려해 창문이 있는 방에 대피한다는 것은 옳지 않은 내용이다.

오답 체크

① 농촌 지역에서는 논둑 및 물꼬 확인 시 사고가 날 수 있어 논둑과 물꼬에 접근하지 말아야 한다고 하였으므로 옳은 내용이다.
② 호우주의보는 3시간 동안에 60mm가 넘는 비가 내리면 지정된다고 하였으므로 옳은 내용이다.
③ 호우주의보나 호우경보가 발생할 경우 수시로 배수로와 빗물받이 청소를 해야 한다고 하였으므로 옳은 내용이다.
⑤ 호우경보는 12시간 동안 180mm 이상의 비가 예상될 때 지정된다고 하였으므로 옳은 내용이다.

02 논리추론 문제 정답 ③

오이에는 비타민 C를 파괴하는 아스코르비나아제 효소가 함유되어 있지만, 불을 가하거나 산을 첨가하면 활성화되지 않는다고 하였으므로 비타민 C가 함유된 식품 및 오이를 함께 먹을 때 식초를 첨가할 경우 비타민 C가 모두 파괴된다는 것은 옳지 않은 내용이다.

오답 체크

① 오이에는 수분과 칼륨이 있어 섭취 시 갈증 완화 및 체내 노폐물 배출에도 도움이 된다고 하였으므로 옳은 내용이다.
② 오이의 95%는 수분으로 이루어져 있다고 하였으므로 옳은 내용이다.
④ 오이에는 미네랄 이산화규소 성분이 함유되어 있어 머리카락, 손톱, 발톱 등을 윤기 나게 한다고 하였으므로 옳은 내용이다.
⑤ 우리가 식용으로 섭취하는 오이는 박과 한해살이 덩굴풀의 열매이며, 제철은 4~7월이라고 하였으므로 옳은 내용이다.

03 논리추론 문제 정답 ②

호러스 알렌은 1884년 조선에 입국한 뒤 갑신정변 당시 부상을 입은 민영익을 치료해 고종의 신임을 얻었다고 하였으므로 갑신정변 당시 부상을 입은 민영익을 치료한 사람은 호러스 알렌임을 추론할 수 있다.

오답 체크

① 제중원은 1904년 미국의 사업가인 세브란스의 기부금을 받아 세브란스 병원으로 지어졌다고 하였으므로 옳지 않은 내용이다.
③ 제중원은 문을 연 지 13일 만에 대중을 구제한다는 의미의 '제중원'으로 이름을 바꾸었다고 하였으므로 옳지 않은 내용이다.
④ 1886년 3월에 16명의 학생을 뽑아 교육을 했다고 하였으므로 옳지 않은 내용이다.
⑤ 세브란스 병원의 전신은 제중원이라고 하였으므로 옳지 않은 내용이다.

04 논리추론 문제 정답 ⑤

카스트 제도는 맨 처음 형성되었을 당시에는 신분 구분이 엄격하지 않았으나, 신분 및 직업이 세습되며 하나의 사회 규범으로 자리잡으며 강력한 규범으로 작용한다고 하였으므로 카스트 제도가 처음 형성되었을 때부터 직업 및 계급적 구분이 엄격했다는 것은 옳지 않은 내용이다.

오답 체크

① 카스트 제도에 따르면 서민인 바이샤는 상업과 농업을 담당한다고 하였으므로 옳은 내용이다.
② 대도시에서는 카스트 제도가 점차 붕괴되고 있는 한편 지방에서는 여전히 강력한 규범으로 존재한다고 하였으므로 옳은 내용이다.
③ 카스트 제도는 아리아인이 인도에 침입한 이후인 1300년대를 전후하여 생겨났다고 하였으므로 옳은 내용이다.
④ 인도 정부에서는 카스트 제도를 법으로 금지하고 있다고 하였으므로 옳은 내용이다.

05 논리추론 문제 정답 ④

음식의 맛은 미각 외에 촉각과 후각이 복합적으로 작용해 같은 사람이더라도 맛에 대한 느낌이 상황에 따라 다를 수 있다고 하였으므로 특정 음식에 대해 느끼는 맛이 같은 사람이라면 항상 동일하다는 것은 옳지 않은 내용이다.

오답 체크

① 어린아이는 성인과 다르게 목구멍까지 미뢰가 있어 성인보다 더 다양하고 민감하게 맛을 느낀다고 하였으므로 옳은 내용이다.
② 떫은맛과 매운맛은 혀의 미뢰에서 느끼는 것이 아닌 통각 및 압각에 해당하는 피부 감각이라 하였으므로 옳은 내용이다.
③ 미뢰는 혀를 포함해 구강 내 전체에 분포한다고 하였으므로 옳은 내용이다.
⑤ 미각은 사람마다 차이가 크며, 식습관, 풍습, 편견, 정서 등에 따라 맛에 대한 인식이 달라질 수 있다고 하였으므로 옳은 내용이다.

06 논리추론 문제

정답 ②

이 글은 그리스 신화에서 유래된 피그말리온 효과는 타인에 대한 기대 및 격려가 개인의 능률 및 결과에 좋은 영향을 미친다는 내용이고, 〈보기〉는 스티그마 효과에 따르면 한번 나쁜 사람으로 낙인찍힌 사람은 무의식적으로 부정적인 태도를 취한다는 내용이다.
따라서 타인에 대한 긍정적 기대와 격려는 피그말리온 효과를 유발할 수 있지만, 잘못된 행동에 대해 낙인을 찍는 등의 행위는 스티그마 효과를 유발할 수 있어 주의해야 함을 알 수 있다.

07 논리추론 문제

정답 ③

매너리즘은 스타일과 양식을 의미하는 이탈리아어 마니에라에서 유래되었으며, 개성 있고 독특한 양식보다는 모방 및 아류를 뜻한다고 하였으므로 매너리즘이 이탈리아어인 마니에라에서 유래되어 모방과 아류라는 뜻을 내포하고 있음을 추론할 수 있다.

오답 체크

① 매너리즘은 1520년경부터 1600년대 초까지 있었던 회화 중심의 유럽 미술 양식이라고 하였으므로 옳지 않은 내용이다.
② 매너리즘은 내용보다는 양식 자체를 강조한다고 하였으므로 옳지 않은 내용이다.
④ 20세기 초 매너리즘 시대의 예술 시대의 예술에 대한 관심이 더해지며 독일의 비평가와 역사가들은 매너리즘이 미학적 왜곡과 정신적 격렬함이 무분별하고 기묘하게 반영된 것이라고 했으므로 옳지 않은 내용이다.
⑤ 매너리즘은 성숙기 르네상스 고전주의의 쇠퇴 또는 고전주의에 대한 반동으로 여겨진다고 하였으므로 옳지 않은 내용이다.

08 논리추론 문제

정답 ①

암컷 모기가 흡혈을 하고 나면 4~7일 정도 후에 알을 낳는다고 하였으므로 암컷 모기가 흡혈을 한 뒤에 바로 알을 낳아 번식한다는 것은 옳지 않은 내용이다.

오답 체크

② 모기가 날 수 있는 범위는 7~8m이며, 이는 건물 2층 높이에 해당한다고 하였으므로 옳은 내용이다.
③ 모기는 여러 질병을 옮기며, 그중 말라리아는 매년 100만 명의 생명을 앗아간다고 하였으므로 옳은 내용이다.
④ 암컷 모기 한 마리는 연못이나 하수구와 같이 고인 물이 존재하는 곳에서 한 번에 200개의 알을 낳는다고 하였으므로 옳은 내용이다.
⑤ 암컷 모기가 흡혈하는 이유는 단백질을 보충하기 위함이라고 하였으므로 옳은 내용이다.

09 논리추론 문제

정답 ⑤

좋은 선팅 필름이 높은 자외선 차단율을 가져야 한다고 생각하기 쉽지만, 적외선 차단 수치가 높을수록 총 태양에너지 차단율도 높일 수 있다고 하였으므로 선팅을 통해 총 태양에너지 차단율을 높이고자 한다면 자외선 차단율이 높은 제품을 선택해야 한다는 것은 옳지 않은 내용이다.

오답 체크

① 한여름 태양열이 강한 장소에 선팅이 되지 않은 자동차를 세워두면 자동차 내부 온도가 80~90도까지 올라간다고 하였으므로 옳은 내용이다.
② 적절한 선팅 유지 시 실내 온도를 낮추기 위한 에어컨 가동 정도를 줄여 에너지 절약 효과를 얻을 수 있다고 하였으므로 옳은 내용이다.
③ 선팅의 역할은 열 차단 및 자외선 차단에 있다고 하였으므로 옳은 내용이다.
④ 선팅은 연비 절약에도 큰 도움을 준다고 하였으므로 옳은 내용이다.

10 논리추론 문제

정답 ①

농도 높은 요산이 우리 몸에 쌓이면 통풍이 발생한다고 하였으므로 체내에 요산의 농도가 높을 경우 통풍이 발생함을 추론할 수 있다.

오답 체크

② 통풍은 여성보다는 남성에게서 발생 빈도가 높으며, 여성의 경우 폐경하기 전까지 여성호르몬으로 인해 요산 제거 능력이 유지된다고 하였으므로 옳지 않은 내용이다.

③ 통풍의 증상이 심할 경우 관절 변형 및 관절 불구가 나타날 수 있다고 하였으므로 옳지 않은 내용이다.
④ 통풍 발생 예방을 위해서는 계란, 치즈, 우유, 빵 등의 저퓨린 음식을 즐겨 먹어야 한다고 하였으므로 옳지 않은 내용이다.
⑤ 통풍은 관절의 염증과 극심한 통증을 유발한다고 하였으므로 옳지 않은 내용이다.

11 논리추론 문제

정답 ⑤

이 글은 공기가 높은 산을 넘고 지면으로 내려가면 공기가 고온 건조해지는 푄 현상의 발생 원인을 설명하는 내용이고, 〈보기〉는 분지 지역에 해당하는 대구는 높은 온도의 바람이 갇혀 순환되지 않아 체감 온도가 높고 덥고 습한 기온이 형성된다는 내용이다.
따라서 대구와 같은 분지 지역의 경우 푄 현상으로 인해 모인 높은 온도의 공기가 빠져나가지 못해 한여름 온도가 매우 높음을 알 수 있다.

12 논리추론 문제

정답 ④

마이야르 반응은 간장이나 된장과 같은 식품이 실온상태에서 발효되는 현상에서도 나타난다고 하였으므로 마이야르 반응이 섭씨 약 140~200℃ 사이의 온도에서만 확인할 수 있는 화학반응이라는 것은 옳지 않은 내용이다.

오답 체크

① 마이야르 반응은 긴 사슬의 끝에 있는 당이 다른 사슬의 끝에 있는 아미노산과 결합하여 반응하는 현상으로, 이를 통해 새로운 화학물질을 생성하며 반응한 화학물질은 자연스럽게 재정렬된다고 하였으므로 옳은 내용이다.
② 온도에 영향을 받는 마이야르 반응은 음식의 맛과 더불어 향기를 발생시킨다고 하였으므로 옳은 내용이다.
③ 섭씨 약 200℃ 이상에서 음식을 조리하게 될 경우 음식이 검게 타는 현상을 볼 수 있는데, 이는 마이야르 반응 과정에서 새로운 분자가 생성되며, 이어서 열분해 과정이 진행되기 때문이라고 하였으므로 옳은 내용이다.
⑤ 마이야르 반응은 화학반응에 관여하는 특별한 생체 효소가 없더라도 매우 빠른 속도로 진행된다고 하였으므로 옳은 내용이다.

13 논리추론 문제

정답 ②

걷거나 뛸 때 측정되는 진폭의 변화는 흔들림을 통해 측정되는 진폭의 변화보다 매우 작다는 성질이 있다고 하였으므로 사람이 걷거나 뛸 때 측정되는 진폭의 변화는 흔들림을 통해 측정되는 진폭의 변화보다 더 크다는 것은 옳지 않은 내용이다.

오답 체크

① 기계식 만보기는 내부에 있는 자석이 위아래로 흔들릴 때 생기는 자기장의 변화를 센서가 인식할 경우 사람의 걸음 수를 측정하는 기기라고 하였으므로 옳은 내용이다.
③ 기계식 만보기는 사람이 걸을 때 수직 방향으로 속도가 달라지는 현상을 이용하여 걸음 횟수를 측정한다고 하였으므로 옳은 내용이다.
④ 스마트 기기에 내재된 만보기에는 걷거나 뛸 경우 나타나는 진폭 변화의 최댓값이 설정되어 있어 실제 걸음 횟수를 비교적 정확히 측정할 수 있다고 하였으므로 옳은 내용이다.
⑤ 기계식 만보기가 수직 방향의 자기장 변화를 측정했다면 가속도 센서는 가로, 세로, 높이 세 방향 각각의 속도 변화 감지가 가능하다고 하였으므로 옳은 내용이다.

14 논리추론 문제

정답 ④

사람의 팔다리가 성장하기 위해서는 성장판의 연골 세포가 활발하게 세포 분열을 해야 한다고 하였으므로 성장판 내의 연골 세포가 활발하게 분열하는 사람이 그렇지 않은 사람보다 성장 정도가 더 좋음을 추론할 수 있다.

오답 체크

① 청소년기 적정한 운동은 사람의 성장 정도에 영향을 미친다고 하였으므로 옳지 않은 내용이다.
② 기본적으로 타고난 유전자가 전반적인 성장 정도를 결정한다고 하였으므로 옳지 않은 내용이다.
③ 여자의 경우 약 15세, 남성의 경우 약 17세에 성장판이 닫힌다고 하였으므로 옳지 않은 내용이다.
⑤ 성장판이 닫히면 더 이상 키가 크는 것과 같은 성장이 이루어지지 않는다고 하였으므로 옳지 않은 내용이다.

15 논리추론 문제

정답 ③

이 글은 파이어족이라는 용어가 글로벌 금융 위기 이후 사회생활을 시작한 밀레니얼 세대에 의해 도입되었다는 내용이고, <보기>는 경제난에서 출발하게 된 딩크족은 자녀 육아에 대한 비용 대신 부부만의 생활을 영위하며 경제적 풍족을 누린다는 내용이다.

따라서 파이어족 및 딩크족과 같은 생활 양식은 경제적 불확실성에서 생겨났음을 알 수 있다.

16 논리추론 문제

정답 ④

제시된 글의 필자는 척추관협착증의 주요 원인은 노화에 의한 퇴행성 변화이며, 최근에는 잘못된 자세, 운동 부족, 과체중 등으로 인해 젊은 층에서 척추관협착증이 빈번하게 나타나고 있으나 증상의 원인을 노화로만 인지하여 이를 방치할 경우 보행장애나 마비 증상으로 발전할 수 있으므로 주의를 기울여야 함을 당부함과 동시에 젊은 층의 경우 체중 조절이 필수적임을 주장하고 있다.

따라서 척추관협착증의 원인에는 운동 부족이나 비만, 잘못된 자세, 노화가 있으므로 젊은 층에서 발현된 증상이라 하더라도 무조건적인 체중 조절은 적절하지 않다는 반박이 타당하다.

17 논리추론 문제

정답 ③

제시된 글의 필자는 게임에 과도하게 몰입하는 이들은 스스로 조절할 수 있는 능력이 떨어지므로 게임 중독을 질병으로 분류해 이들이 정신과적 치료를 받도록 법적 기준을 마련해야 함을 주장하고 있다.

따라서 게임 중독을 정신과적 질환으로 분류하면 사회로부터의 분리가 더욱 심화할 수 있어 무조건 질병으로 분류하는 행태는 치료 효과에 부정적인 영향을 미칠 수 있다는 반박이 타당하다.

18 논리추론 문제

정답 ④

제시된 글의 필자는 공매도의 투기적 성격 때문에 공매도를 금지하는 국가도 있지만, 공매도의 장점과 시장의 자율성을 고려해 공매도를 금지해서는 안 됨을 주장하고 있다.
따라서 공매도가 투기적 성격을 띠기 때문에 결제 불이행 사태와 같은 주식 시장 혼란을 초래할 수 있으므로 무조건적 허용은 경계해야 한다는 반박이 타당하다.

19 논리추론 문제

정답 ③

제시된 글의 필자는 WAR이 야구 선수의 전 종목 성적에 따라 산출되고, 포지션, 리그, 구장에 따른 수치 보정도 이루어지므로 야구 선수의 연봉 산정 시 WAR을 기반으로 결정해야 함을 주장하고 있다.

따라서 포수 포지션을 맡고 있는 선수에 대해서는 WAR을 통해 정확한 수비 역량을 산출할 수 없으므로 모든 선수의 연봉 산출에 WAR을 일괄 반영해서는 안 된다는 반박이 타당하다.

20 논리추론 문제

정답 ④

제시된 글의 필자는 당뇨병 환자의 경우 더운 여름에 특히 취약하므로 6가지 식품군을 골고루 챙겨 먹어야 하지만 여름 제철 과일은 당 지수가 높으므로 섭취를 자제할 것을 주장하고 있다.

따라서 과일은 무기질과 비타민 흡수를 위해 섭취할 필요가 있어 적당량의 과일을 섭취한다면 오히려 당뇨병 환자의 건강관리에 도움이 된다는 반박이 타당하다.

유형 1 정렬

p.162

01	02	03	04	05
4회	3회	5회	5회	5회
06	**07**	**08**	**09**	**10**
1F11	RJ83	30DK	ZW30E	4EJF0

[01-05]

제시된 설명에 따라 [Test Case] 배열 내 숫자를 내림차순으로 정렬하면 다음과 같다.

- 정렬: 1회

7	2	1	9	4	→	9	2	1	7	4

- 정렬: 2회

9	2	1	7	4	→	9	7	1	2	4

- 정렬: 3회

9	7	1	2	4	→	9	7	4	2	1

- 모든 숫자의 자리 고정

9	7	4	2	1

따라서 [Test Case]에 제시된 배열 내 숫자가 내림차순으로 정렬되기 위해 필요한 정렬 횟수는 3회이다.

01 정렬 문제

정답 4회

제시된 설명에 따라 배열 내 숫자를 내림차순으로 정렬하면 다음과 같다.

- 정렬: 1회

18	4	7	23	12	→	23	4	7	18	12

- 정렬: 2회

23	4	7	18	12	→	23	18	7	4	12

- 정렬: 3회

23	18	7	4	12	→	23	18	12	4	7

- 정렬: 4회

23	18	12	4	7	→	23	18	12	7	4

- 모든 숫자의 자리 고정

23	18	12	7	4

따라서 제시된 배열 내 숫자가 내림차순으로 정렬되기 위해 필요한 정렬 횟수는 4회이다.

02 정렬 문제

정답 3회

제시된 설명에 따라 배열 내 숫자를 내림차순으로 정렬하면 다음과 같다.

• 정렬: 1회

31	28	35	17	21	→	35	28	31	17	21

• 정렬: 2회

35	28	31	17	21	→	35	31	28	17	21

• 정렬: 3회

35	31	28	17	21	→	35	31	28	21	17

• 모든 숫자의 자리 고정

35	31	28	21	17

따라서 제시된 배열 내 숫자가 내림차순으로 정렬되기 위해 필요한 정렬 횟수는 3회이다.

03 정렬 문제

정답 5회

제시된 설명에 따라 배열 내 숫자를 내림차순으로 정렬하면 다음과 같다.

• 정렬: 1회

26	29	39	42	22	33	→	42	29	39	26	22	33

• 정렬: 2회

42	29	39	26	22	33	→	42	39	29	26	22	33

• 정렬: 3회

42	39	29	26	22	33	→	42	39	33	26	22	29

• 정렬: 4회

42	39	33	26	22	29	→	42	39	33	29	22	26

• 정렬: 5회

42	39	33	29	22	26	→	42	39	33	29	26	22

• 모든 숫자의 자리 고정

42	39	33	29	26	22

따라서 제시된 배열 내 숫자가 내림차순으로 정렬되기 위해 필요한 정렬 횟수는 5회이다.

04 정렬 문제

정답 5회

제시된 설명에 따라 배열 내 숫자를 내림차순으로 정렬하면 다음과 같다.

• 정렬: 1회

36	48	25	38	45	27	→	48	36	25	38	45	27

• 정렬: 2회

48	36	25	38	45	27	→	48	45	25	38	36	27

• 정렬: 3회

48	45	25	38	36	27	→	48	45	38	25	36	27

• 정렬: 4회

48	45	38	25	36	27	→	48	45	38	36	25	27

• 정렬: 5회

48	45	38	36	25	27	→	48	45	38	36	27	25

• 모든 숫자의 자리 고정

48	45	38	36	27	25

따라서 제시된 배열 내 숫자가 내림차순으로 정렬되기 위해 필요한 정렬 횟수는 5회이다.

05 정렬 문제

정답 5회

제시된 설명에 따라 배열 내 숫자를 내림차순으로 정렬하면 다음과 같다.

• 정렬: 1회

58	36	40	63	32	43	52	→	63	36	40	58	32	43	52

• 정렬: 2회

63	36	40	58	32	43	52	→	63	58	40	36	32	43	52

• 정렬: 3회

63	58	40	36	32	43	52	→	63	58	52	36	32	43	40

• 정렬: 4회

63	58	52	36	32	43	40	→	63	58	52	43	32	36	40

• 정렬: 5회

63	58	52	43	32	36	40	→	63	58	52	43	40	36	32

• 모든 숫자의 자리 고정

63	58	52	43	40	36	32

따라서 제시된 배열 내 숫자가 내림차순으로 정렬되기 위해 필요한 정렬 횟수는 5회이다.

[06-10]

제시된 설명에 따르면 코드 길이가 짧은 것부터 왼쪽에 위치해야 하므로 제시된 코드 중 코드 길이가 3으로 가장 짧은 36Q가 가장 왼쪽에 위치해야 한다. 36Q를 제외한 나머지 코드는 코드 길이가 서로 같으므로 각 코드에 포함된 숫자의 합을 비교하면 다음과 같다.

A867	6Z4B	37DD	48CZ	AWE4
21	10	10	12	4

이때 각 코드에 포함된 숫자의 합이 10으로 동일한 6Z4B와 37DD의 왼쪽에서 첫 번째 문자를 비교하면 3이 6보다 작으므로 37DD가 6Z4B보다 왼쪽에 위치해야 한다.

이에 따라 코드를 정렬하면 다음과 같다.

36Q → AWE4 → 37DD → 6Z4B → 48CZ → A867

따라서 [Test Case]에서 왼쪽에서 세 번째에 위치하는 코드는 37DD이다.

06 정렬 문제

정답 1F11

나열된 코드의 코드 길이 및 각 코드에 포함된 숫자의 합을 비교하여 오름차순으로 정렬하면 다음과 같다.

코드 길이: 3	R11	2E2		
숫자의 합	2	4		
코드 길이: 4	1F11	AS24	GS25	338E
숫자의 합	3	6	7	14
코드 길이: 5	TS000	RV385		
숫자의 합	0	16		

이에 따라 코드를 정렬하면 다음과 같다.

R11 → 2E2 → 1F11 → AS24 → GS25 → 338E → TS000 → RV385

따라서 왼쪽에서 세 번째에 위치하는 코드는 1F11이다.

07 정렬 문제

정답 RJ83

나열된 코드의 코드 길이 및 각 코드에 포함된 숫자의 합을 비교하여 오름차순으로 정렬하면 다음과 같다.

코드 길이: 3	0WP					
숫자의 합	0					
코드 길이: 4	DJ82	02Z9	RJ83	FH39	4OD9	3888
숫자의 합	10	11	11	12	13	27
코드 길이: 5	FHASF					
숫자의 합	0					

이때 코드 길이가 4인 코드 중 각 코드에 포함된 숫자의 합이 11로 동일한 02Z9와 RJ83의 왼쪽에서 첫 번째 문자를 비교하면 숫자가 문자보다 왼쪽에 위치해야 하므로 02Z9가 RJ83보다 왼쪽에 위치해야 한다.

이에 따라 코드를 정렬하면 다음과 같다.

0WP → DJ82 → 02Z9 → RJ83 → FH39 → 4OD9 → 3888 → FHASF

따라서 왼쪽에서 네 번째에 위치하는 코드는 RJ83이다.

08 정렬 문제

정답 30DK

나열된 코드의 코드 길이 및 각 코드에 포함된 숫자의 합을 비교하여 오름차순으로 정렬하면 다음과 같다.

코드 길이: 3	9E2	518			
숫자의 합	11	14			
코드 길이: 4	W2WZ	30DK	30DJ	D23K	Q4D2
숫자의 합	2	3	3	5	6
코드 길이: 5	EJFFE				
숫자의 합	0				

이때 코드 길이가 4인 코드 중 각 코드에 포함된 숫자의 합이 3으로 동일한 30DK와 30DJ는 왼쪽에서 첫 번째 문자부터 세 번째 문자까지 동일함에 따라 네 번째 문자를 비교하면 알파벳은 사전 순서로 위치하므로 30DJ가 30DK보다 왼쪽에 위치해야 한다.

이에 따라 코드를 정렬하면 다음과 같다.

9E2 → 518 → W2WZ → 30DJ → 30DK → D23K → Q4D2 → EJFFE

따라서 왼쪽에서 다섯 번째에 위치하는 코드는 30DK이다.

09 정렬 문제

정답 ZW30E

나열된 코드의 코드 길이 및 각 코드에 포함된 숫자의 합을 비교하여 오름차순으로 정렬하면 다음과 같다.

코드 길이: 4	EJF0	102W	39ED	39EU	
숫자의 합	0	3	12	12	
코드 길이: 5	W0EKW	20FJE	ZW30E	S2501	39SLA
숫자의 합	0	2	3	8	12
코드 길이: 6	39VND8				
숫자의 합	20				

이때 코드 길이가 4인 코드 중 각 코드에 포함된 숫자의 합이 12로 동일한 39ED와 39EU는 코드의 왼쪽에서 첫 번째 문자부터 세 번째 문자까지 동일함에 따라 네 번째 문자를 비교하면 알파벳은 사전 순서로 위치하므로 39ED가 39EU보다 왼쪽에 위치해야 한다.

이에 따라 코드를 정렬하면 다음과 같다.

EJF0 → 102W → 39ED → 39EU → W0EKW → 20FJE → ZW30E → S2501 → 39SLA → 39VND8

따라서 오른쪽에서 네 번째에 위치하는 코드는 ZW30E이다.

10 정렬 문제

정답 4EJF0

나열된 코드의 코드 길이 및 각 코드에 포함된 숫자의 합을 비교하여 오름차순으로 정렬하면 다음과 같다.

코드 길이: 4	WKD0	20QR	E9FV		
숫자의 합	0	2	9		
코드 길이: 5	WJF2Q	Q0W12	4EJF0	W9WQZ	2JW9F
숫자의 합	2	3	4	9	11
코드 길이: 6	FJY2JE	E1IF93			
숫자의 합	2	13			

이에 따라 코드를 정렬하면 다음과 같다.

WKD0 → 20QR → E9FV → WJF2Q → Q0W12 → 4EJF0 → W9WQZ → 2JW9F → FJY2JE → E1IF93

따라서 오른쪽에서 다섯 번째에 위치하는 코드는 4EJF0이다.

유형 2 이산수학

p.166

01	02	03	04	05
10가지	11가지	46가지	136가지	4,192가지
06	**07**	**08**	**09**	**10**
120	240	1,008	8,160	32,736

[01-05]

제시된 설명에 따르면 N개의 단원 중 기철이가 공부한 R개의 단원과 문제가 출제될 R개의 단원이 순서와 상관없이 M개 이상 일치할 경우 기말시험에 통과할 수 있으므로 조합을 이용하여 문제를 풀이할 수 있다. 기철이가 공부한 R개의 단원 중 M개, M+1개, ···, R개의 단원에서 문제가 출제되는 경우 기철이는 기말시험에 통과할 수 있으므로 기철이가 기말시험에 통과하는 경우의 수는 아래 경우의 수를 모두 더한 것과 같다.

- 공부한 R개의 단원 중 M개의 단원이 출제되는 경우의 수
- 공부한 R개의 단원 중 M+1개의 단원이 출제되는 경우의 수
- ···
- 공부한 R개의 단원 중 R개의 단원이 출제되는 경우의 수

이때 공부한 R개의 단원 중 M개의 단원이 출제되는 경우의 수는 공부한 R개의 단원에서 M개의 단원이 출제되는 경우와 공부하지 않은 N−R개의 단원에서 출제된 M개의 단원을 제외한 R−M개의 단원이 출제되는 경우를 곱한 값임에 따라 기철이가 기말시험에서 통과하는 경우의 수는

$({}_{R}C_{M} \times {}_{(N-R)}C_{(R-M)}) + ({}_{R}C_{(M+1)} \times {}_{(N-R)}C_{(R-(M+1))}) + \cdots + ({}_{R}C_{R} \times {}_{(N-R)}C_{(R-R)})$

이에 따라 [Test Case]에서 기철이가 기말시험에 통과하는 경우의 수는

$({}_{4}C_{3} \times {}_{(6-4)}C_{(4-3)}) + ({}_{4}C_{4} \times {}_{(6-4)}C_{(4-4)}) = ({}_{4}C_{3} \times {}_{2}C_{1}) + ({}_{4}C_{4} \times {}_{2}C_{0}) = \left(\frac{4!}{1! \times 3!} \times \frac{2!}{1! \times 1!}\right) + (1 \times 1) = (4 \times 2) + 1 = 9$

따라서 [Test Case]에서 기철이가 기말시험에 통과하는 경우의 수는 9가지이다.

01 이산수학 문제

정답 10가지

$({}_{3}C_{1} \times {}_{2}C_{2}) + ({}_{3}C_{2} \times {}_{2}C_{1}) + ({}_{3}C_{3} \times {}_{2}C_{0}) = \left(\frac{3!}{1! \times 2!} \times 1\right) + \left(\frac{3!}{2! \times 1!} \times 2\right) + (1 \times 1) = (3 \times 1) + (3 \times 2) + 1 = 3 + 6 + 1 = 10$

따라서 기철이가 기말시험에 통과하는 경우의 수는 10가지이다.

02 이산수학 문제

정답 11가지

$({}_{5}C_{4} \times {}_{2}C_{1}) + ({}_{5}C_{5} \times {}_{2}C_{0}) = \left(\frac{5!}{4! \times 1!} \times 2\right) + (1 \times 1) = (5 \times 2) + 1 = 11$

따라서 기철이가 기말시험에 통과하는 경우의 수는 11가지이다.

03 이산수학 문제

정답 46가지

$({}_{5}C_{3} \times {}_{3}C_{2}) + ({}_{5}C_{4} \times {}_{3}C_{1}) \times ({}_{5}C_{5} \times {}_{3}C_{0}) = \left(\frac{5!}{3! \times 2!} \times \frac{3!}{2! \times 1!}\right) + \left(\frac{5!}{4! \times 1!} \times \frac{3!}{1! \times 2!}\right) + (1 \times 1) = \left(\frac{5 \times 4}{2 \times 1} \times 3\right) + (5 \times 3) + 1 = 30 + 15 + 1 = 46$

따라서 기철이가 기말시험에 통과하는 경우의 수는 46가지이다.

04 이산수학 문제

정답 136가지

$({}_9C_7 \times {}_3C_2)+({}_9C_8 \times {}_3C_1)+({}_9C_9 \times {}_3C_0)=\left(\frac{9!}{7! \times 2!} \times \frac{3!}{2! \times 1!}\right)+\left(\frac{9!}{8! \times 1!} \times \frac{3!}{1! \times 2!}\right)+(1 \times 1)=\left(\frac{9 \times 8}{2 \times 1} \times 3\right)+(9 \times 3)+1=108+27+1=136$

따라서 기철이가 기말시험에 통과하는 경우의 수는 136가지이다.

05 이산수학 문제

정답 4,192가지

$({}_{11}C_8 \times {}_6C_3)+({}_{11}C_9 \times {}_6C_2)+({}_{11}C_{10} \times {}_6C_1)+({}_{11}C_{11} \times {}_6C_0)=\left(\frac{11!}{8! \times 3!} \times \frac{6!}{3! \times 3!}\right)+\left(\frac{11!}{9! \times 2!} \times \frac{6!}{2! \times 4!}\right)+\left(\frac{11!}{10! \times 1!} \times \frac{6!}{1! \times 5!}\right)+(1 \times 1)=\left(\frac{11 \times 10 \times 9}{3 \times 2 \times 1} \times \frac{6 \times 5 \times 4}{3 \times 2 \times 1}\right)+\left(\frac{11 \times 10}{2 \times 1}\right) \times \left(\frac{6 \times 5}{2 \times 1}\right)+(11 \times 6)+(1 \times 1)=(165 \times 20)+(55 \times 15)+66+1=3{,}300+825+67=4{,}192$

따라서 기철이가 기말시험에 통과하는 경우의 수는 4,192가지이다.

[06-10]

원소의 수가 N개인 집합의 부분집합 개수는 2^N임을 적용하여 구한다.

제시된 설명에 따르면 N의 범위는 $3 \leq A \leq N \leq B$이고, N=A일 경우의 부분집합 개수부터 N=B일 경우의 부분집합 개수까지 모두 더한다. 이에 따라

$2^A+2^{(A+1)}+\cdots+2^B=2^A(2^0+2^1+\cdots+2^{(B-A)})=2^A \times (2^{(B-A+1)}-1)$이므로

부분집합 개수를 모두 더한 값은 $2^A \times (2^{(B-A+1)}-1)$임을 적용하여 구한다.

A=3, B=4일 때 각 경우의 부분집합 개수를 모두 더한 값은 $2^3 \times (2^{(4-3+1)}-1)=8 \times 3=24$개이다.

따라서 [Test Case]에서 출력되는 값은 24이다.

06 이산수학 문제

정답 120

A=3, B=6일 때 각 경우의 부분집합 개수를 모두 더한 값은 $2^3 \times (2^{(6-3+1)}-1)=8 \times 15=120$개이다.

따라서 출력되는 값은 120이다.

07 이산수학 문제

정답 240

A=4, B=7일 때 각 경우의 부분집합 개수를 모두 더한 값은 $2^4 \times (2^{(7-4+1)}-1)=16 \times 15=240$개이다.

따라서 출력되는 값은 240이다.

08 이산수학 문제

정답 1,008

A=4, B=9일 때 각 경우의 부분집합 개수를 모두 더한 값은 $2^4 \times (2^{(9-4+1)}-1)=16 \times 63=1{,}008$개이다.

따라서 출력되는 값은 1,008이다.

09 이산수학 문제

정답 8,160

A=5, B=12일 때 각 경우의 부분집합 개수를 모두 더한 값은 $2^5 \times (2^{(12-5+1)}-1)=32 \times 255=8,160$개이다.
따라서 출력되는 값은 8,160이다.

10 이산수학 문제

정답 32,736

A=5, B=14일 때 각 경우의 부분집합 개수를 모두 더한 값은 $2^5 \times (2^{(14-5+1)}-1)=32 \times 1,023=32,736$개이다.
따라서 출력되는 값은 32,736이다.

빠른 문제 풀이 Tip

범위에 따른 원소의 수에 대해 각각의 부분집합 개수를 구하여 더한다.
Test Case에서 A=3, B=4이므로 N=3일 때부터 N=4일 때까지 각각의 부분집합 개수를 구하면
N=3일 때 부분집합 개수: $2^3=8$
N=4일 때 부분집합 개수: $2^4=16$
따라서 A=3, B=4일 때 부분집합 개수는 8+16=24개임을 알 수 있다.

유형 3 다이나믹 프로그래밍

p.168

01	02	03	04	05
9	21	39	73	122
06	**07**	**08**	**09**	**10**
9가지	25가지	195가지	712가지	1,000가지

[01-05]

나열된 N개의 접시 중 N번째 접시에 정해진 열량을 K[N], 나열된 N개의 접시에 담긴 간식을 섭취하여 얻을 수 있는 최대 열량을 DP[N]이라고 하면 접시는 연속으로 나열된 두 개의 접시까지는 모두 선택할 수 있으므로 N<3일 때 DP[N]은 항상 K[1]+…+K[N]이다. N≥3인 경우 연속으로 나열된 세 개의 접시를 모두 선택할 수는 없으므로 N번째 접시를 선택하거나 선택하지 않을 수 있으며, 각각의 경우에 대한 DP[N]은 다음과 같다.

• N번째 접시를 선택할 경우

N−1번째 접시와 N−2번째 접시를 동시에 선택할 경우 연속된 세 개의 접시를 선택할 수 없다는 규칙에 위배되므로 N−1 또는 N−2번째 접시 중 하나를 선택해야 한다. 이에 따라 N−1번째 접시를 선택할 경우 N−2번째 접시는 선택하지 못하므로 N−3번째 접시까지의 최대 열량에 N−1번째 접시와 N번째 접시의 열량을 더한 DP[N−3]+K[N−1]+K[N]이 얻을 수 있는 최대 열량이 되며, N−2번째 접시를 선택할 경우 N−1번째 접시는 선택하지 못하므로 N−2번째 접시까지의 최대 열량에 N번째 접시의 열량을 더한 DP[N−2]+K[N]이 얻을 수 있는 최대 열량이 된다. 따라서 N번째 접시를 선택할 경우 얻을 수 있는 최대 열량을 표로 나타내면 다음과 같다.

구분	DP[N]
N번째, N−1번째 접시를 선택할 경우	DP[N−3]+K[N−1]+K[N]
N번째, N−2번째 접시를 선택할 경우	DP[N−2]+K[N]

• N번째 접시를 선택하지 않을 경우

N−1번째 접시까지 얻을 수 있는 최대 열량과 동일하므로 DP[N]=DP[N−1]이 된다.

이에 따라 N≥3일 때 DP[N]은 Max{(DP[N−3]+K[N−1]+K[N]), (DP[N−2]+K[N]), DP[N−1]}이다.

[Test Case]에서 나열된 순서에 따른 접시별 열량은 [3, 2, 5, 8, 4]이므로 간식을 섭취하여 얻을 수 있는 최대 열량은 다음과 같다.

DP[1]=K[1]=3

DP[2]=K[1]+K[2]=3+2=5

DP[3]=Max{(DP[0]+K[2]+K[3]), (DP[1]+K[3]), DP[2]}=Max(7, 8, 5)=8

DP[4]=Max{(DP[1]+K[3]+K[4]), (DP[2]+K[4]), DP[3]}=Max(3+5+8, 5+8, 8)=16

DP[5]=Max{(DP[2]+K[4]+K[5]), (DP[3]+K[5]), DP[4]}=Max(5+8+4, 8+4, 16)=17

따라서 [Test Case]에 제시된 접시별 열량에 따른 간식을 섭취하여 얻을 수 있는 최대 열량은 17이다.

01 다이나믹 프로그래밍 문제

정답 9

DP[1]=K[1]=2

DP[2]=K[1]+K[2]=2+4=6

DP[3]=Max{(DP[0]+K[2]+K[3]), (DP[1]+K[3]), DP[2]}=Max(7, 5, 6)=7

DP[4]=Max{(DP[1]+K[3]+K[4]), (DP[2]+K[4]), DP[3]}=Max(2+3+2, 6+2, 7)=Max(7, 8, 7)=8

DP[5]=Max{(DP[2]+K[4]+K[5]), (DP[3]+K[5]), DP[4]}=Max(6+2+1, 7+1, 8)=Max(9, 8, 8)=9

따라서 간식을 섭취하여 얻을 수 있는 최대 열량은 9이다.

02 다이나믹 프로그래밍 문제

정답 21

DP[1]=K[1]=6

DP[2]=K[1]+K[2]=6+3=9

DP[3]=Max{(DP[0]+K[2]+K[3]), (DP[1]+K[3]), DP[2]}=Max(11, 14, 9)=14

DP[4]=Max{(DP[1]+K[3]+K[4]), (DP[2]+K[4]), DP[3]}=Max(6+8+5, 9+5, 14)=Max(19, 14, 14)=19

DP[5]=Max{(DP[2]+K[4]+K[5]), (DP[3]+K[5]), DP[4]}=Max(9+5+7, 14+7, 19)=Max(21, 21, 19)=21

따라서 간식을 섭취하여 얻을 수 있는 최대 열량은 21이다.

03 다이나믹 프로그래밍 문제

정답 39

DP[1]=K[1]=11

DP[2]=K[1]+K[2]=11+9=20

DP[3]=Max{(DP[0]+K[2]+K[3]), (DP[1]+K[3]), DP[2]}=Max(15, 17, 20)=20

DP[4]=Max{(DP[1]+K[3]+K[4]), (DP[2]+K[4]), DP[3]}=Max(11+6+7, 20+7, 20)=Max(24, 27, 20)=27

DP[5]=Max{(DP[2]+K[4]+K[5]), (DP[3]+K[5]), DP[4]}=Max(20+7+12, 20+12, 27)=Max(39, 32, 27)=39

따라서 간식을 섭취하여 얻을 수 있는 최대 열량은 39이다.

04 다이나믹 프로그래밍 문제

정답 73

DP[1]=K[1]=10

DP[2]=K[1]+K[2]=10+25=35

DP[3]=Max{(DP[0]+K[2]+K[3]), (DP[1]+K[3]), DP[2]}=Max(48, 33, 35)=48

DP[4]=Max{(DP[1]+K[3]+K[4]), (DP[2]+K[4]), DP[3]}=Max(10+23+14, 35+14, 48)=Max(47, 49, 48)=49

DP[5]=Max{(DP[2]+K[4]+K[5]), (DP[3]+K[5]), DP[4]}=Max(35+14+8, 48+8, 49)=Max(57, 56, 49)=57

DP[6]=Max{(DP[3]+K[5]+K[6]), (DP[4]+K[6]), DP[5]}=Max(48+8+17, 49+17, 57)=Max(73, 66, 57)=73

따라서 간식을 섭취하여 얻을 수 있는 최대 열량은 73이다.

05 다이나믹 프로그래밍 문제

정답 122

DP[1]=K[1]=16

DP[2]=K[1]+K[2]=16+14=30

DP[3]=Max{(DP[0]+K[2]+K[3]), (DP[1]+K[3]), DP[2]}=Max(31, 33, 30)=33

DP[4]=Max{(DP[1]+K[3]+K[4]), (DP[2]+K[4]), DP[3]}=Max(16+17+22, 30+22, 33)=Max(55, 52, 33)=55

DP[5]=Max{(DP[2]+K[4]+K[5]), (DP[3]+K[5]), DP[4]}=Max(30+22+31, 33+31, 55)=Max(83, 64, 55)=83

DP[6]=Max{(DP[3]+K[5]+K[6]), (DP[4]+K[6]), DP[5]}=Max(33+31+28, 55+28, 83)=Max(92, 83, 83)=92

DP[7]=Max{(DP[4]+K[6]+K[7]), (DP[5]+K[7]), DP[6]}=Max(55+28+20, 83+20, 92)=Max(103, 103, 92)=103

DP[8]=Max{(DP[5]+K[7]+K[8]), (DP[6]+K[8]), DP[7]}=Max(83+20+19, 92+19, 103)=Max(122, 111, 103)=122

따라서 간식을 섭취하여 얻을 수 있는 최대 열량은 122이다.

[06-10]

제시된 설명에 따라 식당을 예약한 날의 개수를 K, 식당을 예약한 날을 일정이 빠른 순서대로 R_1, R_2, …, R_K라고 하면, 식당을 예약한 날의 일정은 변경할 수 없으므로 일정을 변경할 수 있는 구간은 여행 1~(R_1−1)일째, (R_1+1)~(R_2−1)일째, (R_2+1)~(R_3−1)일째, …, (R_K+1)~N일째이다. (단, R_1=1인 경우 (R_1+1)~(R_2−1)일째부터 일정을 변경할 수 있으며, R_K=N인 경우 (R_{K-1}+1)~(R_K−1)까지 일정을 변경할 수 있다.)

예를 들어 5일간 5개의 지역을 방문하며, 여행 3일째에 방문할 지역의 식당을 예약하였다면, 일정을 변경할 수 있는 날은 여행 1~2일째, 여행 4~5일째이다. 이때 일정은 하루를 앞당기거나 하루를 늦추는 것만 가능하며, 하루에 두 지역을 동시에 방문하거나 한 지역에서 2일 이상 머무를 수 없으므로, 어느 한 일정을 변경하면 변경한 날에 방문할 예정이던 지역의 일정도 함께 변경하여야 하고, 이 역시 하루를 앞당기거나 하루를 늦추는 것만 가능하다. 일정을 변경할 수 있는 구간에 위치한 지역의 개수를 L, L개 지역을 방문하는 여행 일정으로 가능한 경우의 수를 DP[L]이라고 하면, L의 값에 따른 DP[L]은 다음과 같다.

• L=1일 때

1일째	2일째	3일째
식당 예약	a 지역 방문	식당 예약

일정은 하루 간격으로만 변경할 수 있으며, 식당을 예약한 날의 일정은 변경할 수 없으므로 DP[1]=1이다.

• L=2일 때

1일째	2일째	3일째	4일째
식당 예약	a 지역 방문	b 지역 방문	식당 예약

− a 지역을 일정대로 방문하는 경우: b 지역도 일정대로 3일째에 방문해야 한다.

− a 지역을 일정대로 방문하지 않는 경우: a 지역을 3일째, b 지역을 2일째에 방문해야 한다.

따라서 DP[2]=2이다.

• L≥3일 때

1일째	2일째	3일째	4일째	5일째
식당 예약	a 지역 방문	b 지역 방문	c 지역 방문	식당 예약

− a 지역을 일정대로 방문하는 경우: a 지역을 제외한 나머지 지역을 방문하는 일정으로 가능한 경우의 수만 고려하므로 여행 일정으로 가능한 경우의 수는 DP[L−1]이다.

− a 지역을 일정대로 방문하지 않는 경우: a 지역을 3일째, b 지역을 2일째에 방문해야 함에 따라 두 지역을 제외한 나머지 지역을 방문하는 일정으로 가능한 경우의 수만 고려하므로 여행 일정으로 가능한 경우의 수는 DP[L−2]이다.

따라서 DP[L]=DP[L−1]+DP[L−2]이다.

이에 따라 일정을 변경할 수 있는 구간에 위치한 지역의 개수에 따른 여행 일정으로 가능한 경우의 수는 다음과 같다.

DP[1]=1

DP[2]=2

DP[3]=DP[2]+DP[1]=2+1=3

DP[4]=DP[3]+DP[2]=3+2=5

DP[5]=DP[4]+DP[3]=5+3=8

DP[6]=DP[5]+DP[4]=8+5=13

DP[7]=DP[6]+DP[5]=13+8=21

DP[8]=DP[7]+DP[6]=21+13=34

DP[9]=DP[8]+DP[7]=34+21=55

DP[10]=DP[9]+DP[8]=55+34=89

…

[Test Case]에서 10일간 10개의 지역을 방문하며, 여행 3, 7일째에 방문할 지역의 식당을 예약하였으므로, 일정을 변경할 수 있는 구간 및 식당을 예약한 일정은 다음과 같다.

1일째	2일째	3일째	4일째	5일째	6일째	7일째	8일째	9일째	10일째
변경 가능		예약	변경 가능			예약	변경 가능		

일정을 변경할 수 있는 구간은 여행 1~2일째, 여행 4~6일째, 여행 8~10일째이고, 일정을 변경할 수 있는 구간에 방문할 지역은 각각 2, 3, 3개이므로 여행 일정으로 가능한 경우의 수는 DP[2] × DP[3] × DP[3]이다.

따라서 [Test Case]에서 민준이의 여행 일정으로 가능한 경우의 수는 DP[2] × DP[3] × DP[3] = 2 × 3 × 3 = 18가지이다.

06 다이나믹 프로그래밍 문제

정답 9가지

9일간 9개의 지역을 방문하며, 여행 4, 6일째에 방문할 지역의 식당을 예약하였으므로 일정을 변경할 수 있는 구간 및 식당을 예약한 일정은 다음과 같다.

1일째	2일째	3일째	4일째	5일째	6일째	7일째	8일째	9일째
DP[3]			예약	DP[1]	예약	DP[3]		

따라서 민준이의 여행 일정으로 가능한 경우의 수는 DP[3] × DP[1] × DP[3] = 3 × 1 × 3 = 9가지이다.

07 다이나믹 프로그래밍 문제

정답 25가지

12일간 12개의 지역을 방문하며, 여행 2, 7, 8일째에 방문할 지역의 식당을 예약하였으므로 일정을 변경할 수 있는 구간 및 식당을 예약한 일정은 다음과 같다.

1일째	2일째	3일째	4일째	5일째	6일째
DP[1]	예약	DP[4]			
7일째	**8일째**	**9일째**	**10일째**	**11일째**	**12일째**
예약	예약	DP[4]			

따라서 민준이의 여행 일정으로 가능한 경우의 수는 DP[1] × DP[4] × DP[4] = 1 × 5 × 5 = 25가지이다.

08 다이나믹 프로그래밍 문제

정답 195가지

15일간 15개 지역을 방문하며, 여행 4, 9일째에 방문할 지역의 식당을 예약하였으므로 일정을 변경할 수 있는 구간 및 식당을 예약한 일정은 다음과 같다.

1일째	2일째	3일째	4일째	5일째	6일째	7일째	8일째
DP[3]			예약	DP[4]			
9일째	**10일째**	**11일째**	**12일째**	**13일째**	**14일째**	**15일째**	
예약	DP[6]						

따라서 민준이의 여행 일정으로 가능한 경우의 수는 DP[3] × DP[4] × DP[6] = 3 × 5 × 13 = 195가지이다.

09 다이나믹 프로그래밍 문제

정답 712가지

16일간 16개의 지역을 방문하며, 여행 6일째에 방문할 지역의 식당을 예약하였으므로 일정을 변경할 수 있는 구간 및 식당을 예약한 일정은 다음과 같다.

<table>
<tr><th>1일째</th><th>2일째</th><th>3일째</th><th>4일째</th><th>5일째</th><th>6일째</th><th>7일째</th><th>8일째</th></tr>
<tr><td colspan="5">DP[5]</td><td>예약</td><td colspan="2"></td></tr>
<tr><th>9일째</th><th>10일째</th><th>11일째</th><th>12일째</th><th>13일째</th><th>14일째</th><th>15일째</th><th>16일째</th></tr>
<tr><td colspan="8">DP[10]</td></tr>
</table>

따라서 민준이의 여행 일정으로 가능한 경우의 수는 DP[5] × DP[10] = 8 × 89 = 712가지이다.

10 다이나믹 프로그래밍 문제

정답 1,000가지

20일간 20개의 지역을 방문하며, 여행 5, 10, 15일째에 방문할 지역의 식당을 예약하였으므로 일정을 변경할 수 있는 구간 및 식당을 예약한 일정은 다음과 같다.

<table>
<tr><th>1일째</th><th>2일째</th><th>3일째</th><th>4일째</th><th>5일째</th><th>6일째</th><th>7일째</th><th>8일째</th><th>9일째</th><th>10일째</th></tr>
<tr><td colspan="4">DP[4]</td><td>예약</td><td colspan="4">DP[4]</td><td>예약</td></tr>
<tr><th>11일째</th><th>12일째</th><th>13일째</th><th>14일째</th><th>15일째</th><th>16일째</th><th>17일째</th><th>18일째</th><th>19일째</th><th>20일째</th></tr>
<tr><td colspan="4">DP[4]</td><td>예약</td><td colspan="5">DP[5]</td></tr>
</table>

따라서 민준이의 여행 일정으로 가능한 경우의 수는 DP[4] × DP[4] × DP[4] × DP[5] = 5 × 5 × 5 × 8 = 1,000가지이다.

유형 4 그리디

p.170

01	02	03	04	05
5명	4명	5명	5명	5명
06	**07**	**08**	**09**	**10**
D	M	R	X	C

[01-05]
제시된 설명에 따라 전시실을 최대한 많은 작가에게 대여해 주기 위해서는 작가 한 명의 대여 시간이 끝난 후 남은 시간에 최대한 많은 작가가 대여할 수 있어야 하므로 대여 Finish Time이 가장 빠른 작가에게 첫 번째 순서로 대여해 주어야 한다. 이때 신청서에 기재된 Finish Time이 가장 빠른 작가는 대여 Finish Time이 12시인 A이므로 A는 서울 미술관의 전시실을 첫 번째 순서로 대여할 수 있다. 또한, A 바로 다음 순서로 전시실을 대여할 수 있는 작가는 대여 Start Time이 A의 대여 Finish Time보다 늦거나 같은 작가 중 Finish Time이 가장 빠른 작가에게 대여해 주어야 하므로 A – F – E 순으로 전시실을 대여할 수 있다.
따라서 [Test Case]에 제시된 작가별 대여 희망 Start Time과 Finish Time을 고려했을 때, 전시실을 대여할 수 있는 작가의 수는 최대 3명이다.

01 그리디 문제

정답 5명

제시된 설명에 따라 전시실을 최대한 많은 작가에게 대여해 주기 위해서는 작가 C – F – D – E – A 순으로 전시실을 대여할 수 있으므로 전시실을 대여할 수 있는 작가의 수는 최대 5명이다.

02 그리디 문제

정답 4명

제시된 설명에 따라 전시실을 최대한 많은 작가에게 대여해 주기 위해서는 작가 A – C – F – D 순으로 전시실을 대여할 수 있으므로 전시실을 대여할 수 있는 작가의 수는 최대 4명이다.

03 그리디 문제

정답 5명

제시된 설명에 따라 전시실을 최대한 많은 작가에게 대여해 주기 위해서는 작가 E – A – F – B – G 순으로 전시실을 대여할 수 있으므로 전시실을 대여할 수 있는 작가의 수는 최대 5명이다.

04 그리디 문제

정답 5명

제시된 설명에 따라 전시실을 최대한 많은 작가에게 대여해 주기 위해서는 작가 C – F – D – A – G 순으로 전시실을 대여할 수 있으므로 전시실을 대여할 수 있는 작가의 수는 최대 5명이다.

05 그리디 문제

정답 5명

제시된 설명에 따라 전시실을 최대한 많은 작가에게 대여해 주기 위해서는 작가 H – C – A – D – F 순으로 전시실을 대여할 수 있으므로 전시실을 대여할 수 있는 작가의 수는 최대 5명이다.

[06-10]

제시된 설명에 따라 N개의 알파벳을 사용하여 각 알파벳에 해당하는 숫자의 합 V를 나타내는 문자열 중 사전상 가장 먼저 등장하는 문자열을 구성하기 위해서는 사전상 가장 먼저 등장하는 알파벳인 A를 N개 사용하여 문자열을 만든 후 제시된 V의 값과 비교하여 V의 값을 초과하기 직전까지 문자열의 가장 오른쪽에 위치한 알파벳 A부터 왼쪽으로 차례대로 Z로 바꿔야 한다. A와 Z로만 구성된 문자열이 나타내는 값과 제시된 V의 값을 비교하여 A와 Z로만 구성된 문자열이 V의 값을 넘지 않는 최댓값일 때 이를 V의 값으로 만들기 위해 더해 주어야 할 숫자에 해당하는 알파벳을 가장 오른쪽에 사용된 알파벳 A와 대체하여 최종 문자열을 만들어야 한다.

이에 따라 알파벳 개수 N=7, 숫자의 합 V=68일 때, 사전상 가장 먼저 등장하는 문자열로 구성하는 과정을 순서대로 나타내면 다음과 같다.

① 알파벳 A를 7개 사용하여 문자열 AAAAAAA를 구성할 경우, 각각의 알파벳에 해당하는 숫자의 합 V=7×1=7이다.

② 문자열 AAAAAAA의 가장 오른쪽에 위치한 알파벳 A부터 왼쪽으로 차례대로 Z로 바꿔주며 제시된 V의 값과 비교한다.

③ 문자열을 AAAAAAZ로 만들 경우, 각각의 알파벳에 해당하는 숫자의 합 V=(6×1)+(1×26)=32이고, 문자열 AAAAAZZ로 구성할 경우, 각각의 알파벳에 해당하는 숫자의 합 V=(5×1)+(2×26)=57이지만, 문자열 AAAAZZZ로 구성할 경우에 각각의 알파벳에 해당하는 숫자의 합 V=(4×1)+(3×26)=82로 68을 초과하므로 Z는 최대 2개로 구성해야 함을 알 수 있다.

④ 문자열 AAAAAZZ로 구성할 경우 각각의 알파벳에 해당하는 숫자의 합은 68을 나타내기에는 숫자 11이 부족한 57이므로 맨 오른쪽에서 왼쪽으로 세 번째 자리에 사용할 문자는 알파벳 A를 대체하여 숫자 12에 해당하는 L로 바꿔준다.

⑤ 이에 따라 구성한 문자열 AAAALZZ에서 최소 개수로 사용한 문자는 1번 사용한 L이다.

따라서 [Test Case]에 제시된 알파벳 개수와 문자열에 따라 최종 도출되는 문자는 L이다.

06 그리디 문제

정답 D

제시된 설명에 따라 알파벳 개수 N=6, 각각의 알파벳에 해당하는 숫자의 합 V=84일 경우 사전상 가장 먼저 등장하는 문자열을 나타내면 AADZZZ이며, 각각의 알파벳에 해당하는 숫자의 합은 1+1+4+26+26+26=84이므로 최종 도출되는 문자는 D이다.

07 그리디 문제

정답 M

제시된 설명에 따라 알파벳 개수 N=7, 각각의 알파벳에 해당하는 숫자의 합 V=94일 경우 사전상 가장 먼저 등장하는 문자열을 나타내면 AAAMZZZ이며, 각각의 알파벳에 해당하는 숫자의 합은 1+1+1+13+26+26+26=94이므로 최종 도출되는 문자는 M이다.

08 그리디 문제

정답 R

제시된 설명에 따라 알파벳 개수 N=8, 각각의 알파벳에 해당하는 숫자의 합 V=75일 경우 사전상 가장 먼저 등장하는 문자열을 나타내면 AAAAARZZ이며, 각각의 알파벳에 해당하는 숫자의 합은 1+1+1+1+1+18+26+26=75이므로 최종 도출되는 문자는 R이다.

09 그리디 문제

정답 X

제시된 설명에 따라 알파벳 개수 N=8, 각각의 알파벳에 해당하는 숫자의 합 V=81일 경우 사전상 가장 먼저 등장하는 문자열을 나타내면 AAAAAXZZ이며, 각각의 알파벳에 해당하는 숫자의 합은 1+1+1+1+1+24+26+26=81이므로 최종 도출되는 문자는 X이다.

10 그리디 문제

정답 C

제시된 설명에 따라 알파벳 개수 N=9, 각각의 알파벳에 해당하는 숫자의 합 V=86일 경우 사전상 가장 먼저 등장하는 문자열을 나타내면 AAAAACZZZ이며, 각각의 알파벳에 해당하는 숫자의 합은 1+1+1+1+1+3+26+26+26=86이므로 최종 도출되는 문자는 C이다.

SAMSUNG SW ACADEMY FOR YOUTH

PART 2 실전모의고사

실전모의고사 1회

정 답

수리/추리논리력

p.176

01	02	03	04	05
응용계산	응용계산	자료해석	자료해석	자료해석
①	②	①	③	①
06	07	08	09	10
언어추리	언어추리	도형추리	도형추리	도식추리
③	④	①	②	④
11	12	13	14	15
도식추리	단어유추	단어유추	논리추론	논리추론
①	②	②	⑤	②

CT(Computational Thinking)

p.186

01	02	03	04	05
정렬	정렬	정렬	정렬	정렬
3회	4회	3회	4회	5회
06	07	08	09	10
이산수학	이산수학	이산수학	이산수학	이산수학
2번, 3번	3번, 9번	14번, 15번	8번, 9번	12번, 20번
11	12	13	14	15
다이나믹 프로그래밍	다이나믹 프로그래밍	다이나믹 프로그래밍	다이나믹 프로그래밍	다이나믹 프로그래밍
256가지	2,048가지	6,144가지	16,384가지	49,152가지
16	17	18	19	20
그리디	그리디	그리디	그리디	그리디
40만 원	21만 원	41만 원	42만 원	38만 원
21	22	23	24	25
그리디	그리디	그리디	그리디	그리디
57	33	64	149	516

취약 유형 분석표

유형별로 맞힌 개수, 틀린 문제 번호와 풀지 못한 문제 번호를 적고 나서 취약한 유형이 무엇인지 파악해 보세요. 취약한 유형은 '기출유형공략'을 통해 복습하고 틀린 문제와 풀지 못한 문제를 다시 한번 풀어보세요.

	유형	맞힌 개수	틀린 문제 번호	풀지 못한 문제 번호
수리/추리논리력	응용계산	/2		
	자료해석	/3		
	언어추리	/2		
	도형추리	/2		
	도식추리	/2		
	단어유추	/2		
	논리추론	/2		
	TOTAL	/15		

	유형	맞힌 개수	틀린 문제 번호	풀지 못한 문제 번호
CT (Computational Thinking)	정렬	/5		
	이산수학	/5		
	다이나믹 프로그래밍	/5		
	그리디	/10		
	TOTAL	/25		

해 설

수리/추리논리력

p.176

01 응용계산 문제 정답 ①

제시된 세 가지 식 A+B=120, B+C=80, A+C=110을 모두 더하면

2(A+B+C)=310 → A+B+C=155

따라서 A의 값은 155−80=75이다.

02 응용계산 문제 정답 ②

거리=속력×시간임을 적용하여 구한다.

A가 집에서부터 학교까지 가는 데 걸린 시간은 총 38분이며, 버스를 타고 이동한 시간은 $\frac{20}{60}=\frac{1}{3}$시간, 즉 $\frac{1}{3}\times60$=20분이고, 버스에서 내려 학교까지 걸어간 시간은 6분이므로 A가 집에서부터 버스 정류장까지 걸어간 시간은 38−(20+6)=12분이다. 이에 따라 A의 집에서부터 A가 버스를 탄 버스 정류장까지의 거리는 $4.2\times\frac{12}{60}=4.2\times\frac{1}{5}$=0.84km임을 알 수 있다. 이때 A가 버스에서 내려 학교까지 걸어간 거리는 $3.6\times\frac{6}{60}$=3.6×0.1=0.36km이므로 A의 집에서 학교까지의 거리는 0.84+20+0.36=21.2km이다.

따라서 A의 집에서 학교까지의 거리는 21.2km이다.

빠른 문제 풀이 Tip

A가 걸어서 이동한 거리를 m, 시간을 분으로 통일하여 계산한다.

A가 집에서 버스 정류장까지 걸어간 시간을 x라고 하면, 버스로 이동한 시간은 $\frac{20}{60}$시간=20분, 학교 앞 버스 정류장에서 내려 학교까지 걸어간 시간은 6분, 집에서 출발해 학교에 도착하는 데 걸린 시간은 38분이므로 x=38−20−6=12분이다. A는 집에서 출발해 버스 정류장까지 70m/min의 속력으로 12분을 걸었으므로 840m, 버스로 20km, 학교 앞 버스 정류장에서 학교까지 시속 60m/min의 속력으로 6분을 걸어 360m를 이동하였으므로 A가 걸어서 이동한 840+360=1,200m=1.2km와 버스로 이동한 20km를 합치면 총 21.2km를 이동하였음을 알 수 있다.

03 자료해석 문제 정답 ①

제시된 국가기술자격의 남자 교육·훈련생 수는 총 63+128+32+93=316명이므로 옳지 않은 설명이다.

오답 체크

② 조경기사의 여자 자격 취득자 수가 해당 자격의 여자 교육·훈련생 수에서 차지하는 비중은 (21/30)×100=70%이므로 옳은 설명이다.

③ 용접기사의 남자 자격 취득자 수는 여자 자격 취득자 수의 98/1=98배이므로 옳은 설명이다.

④ 실내건축기사 남자와 여자 교육·훈련생 수 차이는 32−27=5명이고, 자격 취득자 수 차이는 19−11=8명이므로 옳은 설명이다.

⑤ 제시된 국가기술자격의 여자 자격 취득자 수 평균은 (9+1+11+21)/4=10.5명이므로 옳은 설명이다.

04 자료해석 문제 정답 ③

㉠ 가 양어장의 물고기 개체 수는 1월에 2,435마리이고, 2월 이후 전월 대비 증가한 물고기 개체 수는 2월에 2,735−2,435=300마리, 3월에 3,035−2,735=300마리, 4월에 3,335−3,035=300마리로 매월 300마리씩 증가함을 알 수 있다. 이에 따라 가 양어장의 5월 물고기 개체 수는 3,335+300=3,635마리이다.

㉡ 나 양어장의 물고기 개체 수는 1월에 4,368마리이고, 2월 이후 전월 대비 감소한 물고기 개체 수는 2월에 4,368−4,358=10마리, 3월에 4,358−4,338=20마리, 4월에 4,338−4,298=40마리, 5월에 4,298−4,218=80마리이므로 전월 대비 감소한 물고기 개체 수는 매월 2배씩 증가함을 알 수 있다. 이에 따라 나 양어장의 6월 물고기 개체 수는 4,218−(2×80)=4,058마리이다.

따라서 ㉠은 3,635, ㉡은 4,058인 ③이 정답이다.

05 자료해석 문제 정답 ①

제시된 자료에 따라 2020년 하반기 이후 대기업, 중기업, 소기업 공장 수 합계의 전반기 대비 증감률을 계산하면 다음과 같다.

구분	공장 수(백 개)	증감률(%)
2020년 상반기	14+11+17=42	-
2020년 하반기	10+8+15=33	{(33−42)/42}×100 ≒ −21.4
2021년 상반기	12+13+20=45	{(45−33)/33}×100 ≒ 36.4
2021년 하반기	11+11+17=39	{(39−45)/45}×100 ≒ −13.3

따라서 2020년 하반기 이후 대기업, 중기업, 소기업 공장 수 합계의 전반기 대비 증감률이 일치하는 ①이 정답이다.

06 언어추리 문제 정답 ③

감기에 걸린 모든 사람은 열이 나고, 재채기를 하지 않는 모든 사람이 감기에 걸리지 않았다는 것은 감기에 걸린 모든 사람이 재채기를 한다는 것이므로 재채기를 하면서 열이 나는 사람이 반드시 존재하게 된다.

따라서 '재채기를 하지 않는 모든 사람은 감기에 걸리지 않았다.'가 타당한 전제이다.

오답 체크

감기에 걸린 사람을 A, 열이 나는 사람을 B, 재채기를 하는 사람을 C라고 하면

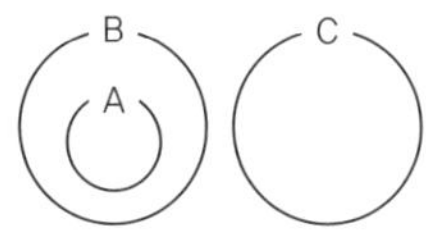

① 감기에 걸린 모든 사람이 열이 나고, 감기에 걸리지 않은 어떤 사람이 재채기를 하면 재채기를 하는 모든 사람은 열이 나지 않을 수도 있으므로 결론이 반드시 참이 되게 하는 전제가 아니다.

②, ④ 감기에 걸린 모든 사람이 열이 나고, 재채기를 하는 모든 사람이 감기에 걸리지 않았으면 재채기를 하는 모든 사람은 열이 나지 않을 수도 있으므로 결론이 반드시 참이 되게 하는 전제가 아니다.

⑤ 감기에 걸린 모든 사람이 열이 나고, 감기에 걸린 어떤 사람이 재채기를 하지 않으면 재채기를 하는 모든 사람은 열이 나지 않을 수도 있으므로 결론이 반드시 참이 되게 하는 전제가 아니다.

07 언어추리 문제 정답 ④

제시된 조건에 따르면 1번 자리는 운전석, 2번 자리는 조수석, 3번, 4번, 5번 자리는 뒷좌석이다. 이때 정윤이는 정식이보다 오른쪽 자리에 앉았고, 명년이보다 왼쪽 자리에 앉았으므로 정윤이는 4번 자리에 앉은 것을 알 수 있다. 또한, 명년이는 정윤이보다 오른쪽 자리에 앉았고, 경태보다 뒤쪽 자리에 앉았으므로 명년이는 5번 자리에 앉았으며, 동현이는 뒷좌석에 앉았으므로 동현이는 3번 자리에 앉았다. 이때 정식이는 정윤이보다 왼쪽 자리에 앉았으므로 정식이는 1번 자리에 앉고 남은 경태는 2번 자리에 앉은 것을 알 수 있다.

정식		경태
동현	정윤	명년

따라서 운전석에 앉은 사람은 정식이다.

08 도형추리 문제 정답 ①

각 열에서 3행에 제시된 도형은 1행과 2행의 도형을 결합한 후 시계 방향으로 180° 회전한 형태이다.

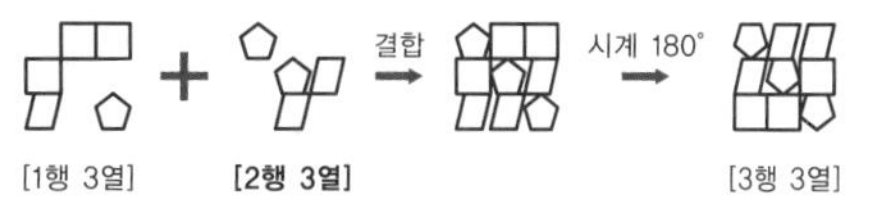

따라서 '?'에 해당하는 도형은 ①이다.

09 도형추리 문제 정답 ②

각 행에서 2열에 제시된 도형은 1열에 제시된 도형에서 외부 도형과 내부 도형의 자리를 바꾼 형태이고, 3열에 제시된 도형은 2열에 제시된 도형을 좌우 대칭한 형태이다.

따라서 '?'에 해당하는 도형은 ②이다.

10 도식추리 문제 정답 ④

CMEY → ▥ → BMDY → ⊙ → BYDM → ◑ → BWDK

▥: 문자 순서에 따라 첫 번째, 세 번째 문자를 바로 이전 순서에 오는 문자로 변경한다.
ex. abcd → zbbd (a−1, b, c−1, d)

◑: 문자 순서에 따라 두 번째, 네 번째 문자를 이전 두 번째 순서에 오는 문자로 변경한다.
ex. abcd → azcb (a, b−2, c, d−2)

⊙: 두 번째, 네 번째 문자의 자리를 서로 바꾼다.
ex. abcd → adcb

11 도식추리 문제 정답 ①

5YL0 → □ → 2BH4 → ★ → BH24 → ◇ → 2H4B

▲: 문자와 숫자 순서에 따라 첫 번째, 두 번째 문자(숫자)를 다음 네 번째 순서에 오는 문자(숫자)로, 세 번째, 네 번째 문자(숫자)를 이전 네 번째 순서에 오는 문자(숫자)로 변경한다.
ex. abcd → efyz (a+4, b+4, c−4, d−4)

★: 첫 번째 문자(숫자)를 세 번째 자리로, 두 번째 문자(숫자)를 첫 번째 자리로, 세 번째 문자(숫자)를 두 번째 자리로 이동시킨다.
ex. abcd → bcad

♧: 첫 번째 문자(숫자)를 세 번째 자리로, 두 번째 문자(숫자)를 네 번째 자리로, 세 번째 문자(숫자)를 두 번째 자리로, 네 번째 문자(숫자)를 첫 번째 자리로 이동시킨다.
ex. abcd → dcab

□: 문자와 숫자 순서에 따라 첫 번째 문자(숫자)를 이전 세 번째 순서에 오는 문자(숫자)로, 두 번째 문자(숫자)를 다음 세 번째 순서에 오는 문자(숫자)로, 세 번째 순서에 오는 문자(숫자)를 이전 네 번째 순서에 오는 문자(숫자)로, 네 번째 순서에 오는 문자(숫자)를 다음 네 번째 순서에 오는 문자(숫자)로 변경한다.
ex. abcd → xeyh (a−3, b+3, c−4, d+4)

◇: 첫 번째 문자(숫자)를 네 번째 자리로, 세 번째 문자(숫자)를 첫 번째 자리로, 네 번째 문자(숫자)를 세 번째 자리로 이동시킨다.
ex. abcd → cbda

12 단어유추 문제 정답 ②

제시된 단어 진보하다와 발전하다 모두 더 낫고 좋은 상태나 더 높은 단계로 나아감을 뜻하므로 유의관계이다.
따라서 짐이나 상품 따위를 내어보낸다는 의미의 출하하다와 유의관계인 '출시하다'가 적절하다.

오답 체크

① 적재하다: 물건이나 짐을 선박, 차량 따위의 운송 수단에 싣다
③ 투하하다: 던져 아래로 떨어뜨리다
④ 입하하다: 짐이나 상품 따위가 들어오다
⑤ 결탁하다: 마음을 결합하여 서로 의탁하다

13 단어유추 문제 정답 ②

참작하다와 감안하다 모두 이리저리 비추어 보아서 알맞게 고려함을 뜻하므로 유의관계이다.

오답 체크

①, ③, ④, ⑤는 모두 반대관계이다.

14 논리추론 문제 정답 ⑤

하루 중 상대 습도의 변화 양상은 기온 변화 양상과 정반대의 모습을 보인다고 하였으므로 하루 동안의 기온 변화 양상과 상대 습도 변화 양상이 동일하다는 것은 옳지 않은 내용이다.

오답 체크

① 공기 중의 수증기가 응결할 경우 기온은 낮아지고 공기 중의 수증기가 포화 상태에 이른다고 하였으므로 옳은 내용이다.
② 공기가 포함할 수 있는 최대 수증기량은 온도에 따라 상이하게 측정된다고 하였으므로 옳은 내용이다.
③ 기온이 상승해 포화수증기압이 올라갈 경우 상대 습도는 반대로 내려간다고 하였으므로 옳은 내용이다.
④ 머리카락은 습도 변화에 민감하기 때문에 모발 습도계를 사용하기도 한다고 하였으므로 옳은 내용이다.

15 논리추론 문제 정답 ②

제시된 글의 필자는 성격 유형 지표인 MBTI는 개개인의 성격을 16가지 유형으로 분류하여 스스로에 대한 이해도와 타인에 대한 이해도를 높이는 데 도움을 줌은 물론 대인 간 상호작용 개선에도 긍정적인 영향을 미치므로 MBTI를 개개인을 판단하는 지표로 적극 활용해야 함을 주장하고 있다.
따라서 MBTI가 개개인의 성질을 이해하는 데 도움이 될 순 있지만, 성격 유형 지표를 나타낸다는 점에서 타인을 이해하는 보조수단으로써 활용되어야 한다는 반박이 타당하다.

[01-05]

제시된 설명에 따라 [Test Case]의 데이터를 오름차순으로 정렬하면 다음과 같다.

• 이동 횟수: 1회

(4, 2)	(1, 4)	(3, 9)	(5, 8)	(2, 6)	(1, 5)	→	(1, 4)	(4, 2)	(3, 9)	(5, 8)	(2, 6)	(1, 5)

• 이동 횟수: 1회

(1, 4)	(4, 2)	(3, 9)	(5, 8)	(2, 6)	(1, 5)	→	(1, 4)	(3, 9)	(4, 2)	(5, 8)	(2, 6)	(1, 5)

네 번째 데이터의 x값이 네 번째 데이터보다 왼쪽에 위치한 모든 데이터의 x값보다 더 크므로 위치를 이동하지 않으며, 다섯 번째 데이터의 정렬을 시작한다.

• 이동 횟수: 1회

(1, 4)	(3, 9)	(4, 2)	(5, 8)	(2, 6)	(1, 5)	→	(1, 4)	(2, 6)	(3, 9)	(4, 2)	(5, 8)	(1, 5)

• 이동 횟수: 1회

(1, 4)	(2, 6)	(3, 9)	(4, 2)	(5, 8)	(1, 5)	→	(1, 4)	(1, 5)	(2, 6)	(3, 9)	(4, 2)	(5, 8)

모든 데이터가 오름차순으로 정렬되었으므로 데이터의 이동을 멈춘다.

따라서 [Test Case]에 제시된 데이터가 오름차순으로 정렬되기 위해 필요한 총 이동 횟수는 1+1+1+1=4회이다.

01 정렬 문제 정답 3회

제시된 설명에 따라 데이터를 오름차순으로 정렬하면 다음과 같다.

세 번째 데이터까지 오름차순으로 정렬되어 있으므로 네 번째 데이터부터 정렬을 시작한다.

• 이동 횟수: 1회

(3, 8)	(5, 2)	(8, 1)	(4, 6)	(7, 4)	(2, 9)	→	(3, 8)	(4, 6)	(5, 2)	(8, 1)	(7, 4)	(2, 9)

• 이동 횟수: 1회

(3, 8)	(4, 6)	(5, 2)	(8, 1)	(7, 4)	(2, 9)	→	(3, 8)	(4, 6)	(5, 2)	(7, 4)	(8, 1)	(2, 9)

• 이동 횟수: 1회

(3, 8)	(4, 6)	(5, 2)	(7, 4)	(8, 1)	(2, 9)	→	(2, 9)	(3, 8)	(4, 6)	(5, 2)	(7, 4)	(8, 1)

모든 데이터가 오름차순으로 정렬되었으므로 데이터의 이동을 멈춘다.

따라서 제시된 데이터가 오름차순으로 정렬되기 위해 필요한 총 이동 횟수는 1+1+1=3회이다.

02 정렬 문제 정답 4회

제시된 설명에 따라 데이터를 오름차순으로 정렬하면 다음과 같다.

• 이동 횟수: 1회

(5, −1)	(4, 5)	(6, −2)	(−1, 6)	(4, 5)	(2, 10)	→	(4, 5)	(5, −1)	(6, −2)	(−1, 6)	(4, 5)	(2, 10)

세 번째 데이터의 x값이 세 번째 데이터보다 왼쪽에 위치한 모든 데이터의 x값보다 크므로 위치를 이동하지 않으며, 네 번째 데이터의 정렬을 시작한다.

• 이동 횟수: 1회

(4, 5)	(5, −1)	(6, −2)	(−1, 6)	(4, 5)	(2, 10)	→	(−1, 6)	(4, 5)	(5, −1)	(6, −2)	(4, 5)	(2, 10)

• 이동 횟수: 1회

(−1, 6)	(4, 5)	(5, −1)	(6, −2)	(4, 5)	(2, 10)	→	(−1, 6)	(4, 5)	(4, 5)	(5, −1)	(6, −2)	(2, 10)

• 이동 횟수: 1회

(−1, 6)	(4, 5)	(4, 5)	(5, −1)	(6, −2)	(2, 10)	→	(−1, 6)	(2, 10)	(4, 5)	(4, 5)	(5, −1)	(6, −2)

모든 데이터가 오름차순으로 정렬되었으므로 데이터의 이동을 멈춘다.
따라서 제시된 데이터가 오름차순으로 정렬되기 위해 필요한 총 이동 횟수는 1+1+1+1=4회이다.

03 정렬 문제

정답 3회

제시된 설명에 따라 데이터를 오름차순으로 정렬하면 다음과 같다.
두 번째 데이터까지 오름차순으로 정렬되어 있으므로 세 번째 데이터부터 정렬을 시작한다.

• 이동 횟수: 1회

(8, −6)	(11, 2)	(7, −1)	(6, 7)	(13, 8)	(11, 9)	→	(7, −1)	(8, −6)	(11, 2)	(6, 7)	(13, 8)	(11, 9)

• 이동 횟수: 1회

(7, −1)	(8, −6)	(11, 2)	(6, 7)	(13, 8)	(11, 9)	→	(6, 7)	(7 −1)	(8, −6)	(11, 2)	(13, 8)	(11, 9)

다섯 번째 데이터의 x값이 다섯 번째 데이터보다 왼쪽에 위치한 모든 데이터의 x값보다 크므로 위치를 이동하지 않으며, 여섯 번째 데이터의 정렬을 시작한다.

• 이동 횟수: 1회

(6, 7)	(7 −1)	(8, −6)	(11, 2)	(13, 8)	(11, 9)	→	(6, 7)	(7 −1)	(8, −6)	(11, 2)	(11, 9)	(13, 8)

모든 데이터가 오름차순으로 정렬되었으므로 데이터의 이동을 멈춘다.
따라서 제시된 데이터가 오름차순으로 정렬되기 위해 필요한 총 이동 횟수는 1+1+1=3회이다.

04 정렬 문제

정답 4회

제시된 설명에 따라 데이터를 오름차순으로 정렬하면 다음과 같다.

• 이동 횟수: 1회

(5, 4)	(4, 9)	(−2, 6)	(9, 13)	(4, 9)	(13, 2)	(5, 8)	→	(4, 9)	(5, 4)	(−2, 6)	(9, 13)	(4, 9)	(13, 2)	(5, 8)

• 이동 횟수: 1회

(4, 9)	(5, 4)	(−2, 6)	(9, 13)	(4, 9)	(13, 2)	(5, 8)	→	(−2, 6)	(4, 9)	(5, 4)	(9, 13)	(4, 9)	(13, 2)	(5, 8)

• 이동 횟수: 1회

(−2, 6)	(4, 9)	(5, 4)	(9, 13)	(4, 9)	(13, 2)	(5, 8)	→	(−2, 6)	(4, 9)	(4, 9)	(5, 4)	(9, 13)	(13, 2)	(5, 8)

• 이동 횟수: 1회

(−2, 6)	(4, 9)	(4, 9)	(5, 4)	(9, 13)	(13, 2)	**(5, 8)**	→	(−2, 6)	(4, 9)	(4, 9)	(5, 4)	**(5, 8)**	(9, 13)	(13, 2)

모든 데이터가 오름차순으로 정렬되었으므로 데이터의 이동을 멈춘다.

따라서 제시된 데이터가 오름차순으로 정렬되기 위해 필요한 총 이동 횟수는 1+1+1+1=4회이다.

05 정렬 문제

정답 5회

제시된 설명에 따라 데이터를 오름차순으로 정렬하면 다음과 같다.

• 이동 횟수: 1회

(12, 3)	**(9, −5)**	(6, 6)	(12, 4)	(1, 9)	(6, 3)	(6, 6)	→	**(9, −5)**	(12, 3)	(6, 6)	(12, 4)	(1, 9)	(6, 3)	(6, 6)

• 이동 횟수: 1회

(9, −5)	(12, 3)	**(6, 6)**	(12, 4)	(1, 9)	(6, 3)	(6, 6)	→	**(6, 6)**	(9, −5)	(12, 3)	(12, 4)	(1, 9)	(6, 3)	(6, 6)

• 이동 횟수: 1회

(6, 6)	(9, −5)	(12, 3)	(12, 4)	**(1, 9)**	(6, 3)	(6, 6)	→	**(1, 9)**	(6, 6)	(9, −5)	(12, 3)	(12, 4)	(6, 3)	(6, 6)

• 이동 횟수: 1회

(1, 9)	(6, 6)	(9, −5)	(12, 3)	(12, 4)	**(6, 3)**	(6, 6)	→	(1, 9)	**(6, 3)**	(6, 6)	(9, −5)	(12, 3)	(12, 4)	(6, 6)

• 이동 횟수: 1회

(1, 9)	(6, 3)	(6, 6)	(9, −5)	(12, 3)	(12, 4)	**(6, 6)**	→	(1, 9)	(6, 3)	(6, 6)	**(6, 6)**	(9, −5)	(12, 3)	(12, 4)

모든 데이터가 오름차순으로 정렬되었으므로 데이터의 이동을 멈춘다.

따라서 제시된 데이터가 오름차순으로 정렬되기 위해 필요한 총 이동 횟수는 1+1+1+1+1=5회이다.

[06-10]

제시된 설명에 따르면 ○○훈련소에는 1번부터 N번까지의 훈련병이 있으며 N은 2 이상이고 두 명의 훈련병이 훈련에 참석하지 않았다. 이때 훈련에 참가하지 않은 두 명의 훈련병 번호를 각각 x, y라고 하면

○○훈련소 훈련병 번호를 모두 합한 값이 S_1, 훈련에 참가한 훈련병 번호를 모두 합한 값이 S_2이므로

$x+y=S_1-S_2$이고,

○○훈련소 훈련병 번호의 제곱을 모두 합한 값이 T_1, 훈련에 참가한 훈련병 번호의 제곱을 모두 합한 값이 T_2이므로

$x^2+y^2=T_1-T_2$이다.

$(x+y)^2=x^2+y^2+2xy$이므로 $(S_1-S_2)^2=(T_1-T_2)+2xy \rightarrow (55-41)^2=(220-120)+2xy$

$\rightarrow 14^2=100+2xy \rightarrow xy=48$

이때 48의 약수를 이용하여 두 수의 곱이 48이 되도록 순서쌍을 만들면 (1, 48), (2, 24), (3, 16), (4, 12), (6, 8)이고, 이 중 두 수가 모두 10 이하이면서 두 수의 합이 14인 수는 (6, 8)이다.

따라서 [Test Case]에서 훈련에 참가하지 않은 두 명의 훈련병 번호는 6번과 8번이다.

빠른 문제 풀이 **Tip**

두 근의 합과 두 근의 곱을 이용하여 방정식을 만들어 풀이한다.
$x+y=S_1-S_2=14$, $xy=48$로 두 근의 합과 두 근의 곱을 모두 구했으며
두 근 x, y로 이루어진 방정식은 $z^2-(x+y)z+xy=0$을 만족한다.
$z^2-14z+48=0 \rightarrow (z-6)(z-8)=0 \rightarrow z=6$ 또는 $z=8$
따라서 훈련에 참가하지 않은 두 훈련병 번호는 6번과 8번임을 알 수 있다.

06 이산수학 문제

정답 2번, 3번

$N=6$, $S_1=21$, $S_2=16$, $T_1=91$, $T_2=78$임에 따라
$(21-16)^2=(91-78)+2xy \rightarrow xy=(5^2-13)/2=6$
이때 6의 약수를 이용하여 두 수의 곱이 6이 되도록 순서쌍을 만들면 (1, 6), (2, 3)이고, 이 중 두 수가 모두 6 이하이면서 두 수의 합이 5인 수는 (2, 3)이다.
따라서 훈련에 참가하지 않은 두 명의 훈련병 번호는 2번과 3번이다.

07 이산수학 문제

정답 3번, 9번

$N=12$, $S_1=78$, $S_2=66$, $T_1=650$, $T_2=560$임에 따라
$(78-66)^2=(650-560)+2xy \rightarrow xy=(12^2-90)/2=27$
이때 27의 약수를 이용하여 두 수의 곱이 27이 되도록 순서쌍을 만들면 (1, 27), (3, 9)이고, 이 중 두 수가 모두 12 이하이면서 두 수의 합이 12인 수는 (3, 9)이다.
따라서 훈련에 참가하지 않은 두 명의 훈련병 번호는 3번과 9번이다.

08 이산수학 문제

정답 14번, 15번

$N=15$, $S_1=120$, $S_2=91$, $T_1=1{,}240$, $T_2=819$임에 따라
$(120-91)^2=(1{,}240-819)+2xy \rightarrow xy=(29^2-421)/2=210$
이때 210의 약수를 이용하여 두 수의 곱이 210이 되도록 순서쌍을 만들면 (1, 210), (2, 105), (3, 70), (5, 42), (6, 35), (7, 30), (10, 21), (14, 15)이고, 이 중 두 수가 모두 15 이하이면서 두 수의 합이 29인 수는 (14, 15)이다.
따라서 훈련에 참가하지 않은 두 명의 훈련병 번호는 14번과 15번이다.

09 이산수학 문제

정답 8번, 9번

$N=19$, $S_1=190$, $S_2=173$, $T_1=2{,}470$, $T_2=2{,}325$임에 따라
$(190-173)^2=(2{,}470-2{,}325)+2xy \rightarrow xy=(17^2-145)/2=72$
이때 72의 약수를 이용하여 두 수의 곱이 72가 되도록 순서쌍을 만들면 (1, 72), (2, 36), (3, 24), (4, 18), (6, 12), (8, 9)이고, 이 중 두 수가 모두 19 이하이면서 두 수의 합이 17인 수는 (8, 9)이다.
따라서 훈련에 참가하지 않은 두 명의 훈련병 번호는 8번과 9번이다.

10 이산수학 문제

정답 12번, 20번

$N=23$, $S_1=276$, $S_2=244$, $T_1=4{,}324$, $T_2=3{,}780$임에 따라

$(276-244)^2=(4{,}324-3{,}780)+2xy \rightarrow xy=(32^2-544)/2=240$

이때 240의 약수를 이용하여 두 수의 곱이 240이 되도록 순서쌍을 만들면 (1, 240), (2, 120), (3,80), (4, 60), (5, 48), (6, 40), (8, 30), (12, 20), (15, 16)이고, 이 중 두 수가 모두 23 이하이면서 두 수의 합이 32인 수는 (12, 20)이다.

따라서 훈련에 참가하지 않은 두 명의 훈련병 번호는 12번과 20번이다.

[11-15]

제시된 조건에 따르면 바둑판은 3행 3열로 이루어져 있으며 바둑돌은 바둑판의 한가운데 위치하여 총 N 턴 이동하고, 한 턴에 상, 하, 좌, 우 중 한 방향으로 한 칸씩 이동한다. 바둑돌이 이동하는 횟수에 따라 바둑돌 위치는 다음과 같다.

D[1]

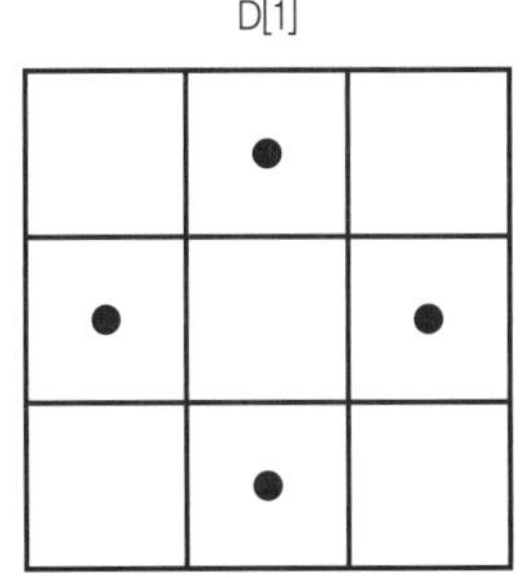

D[2]

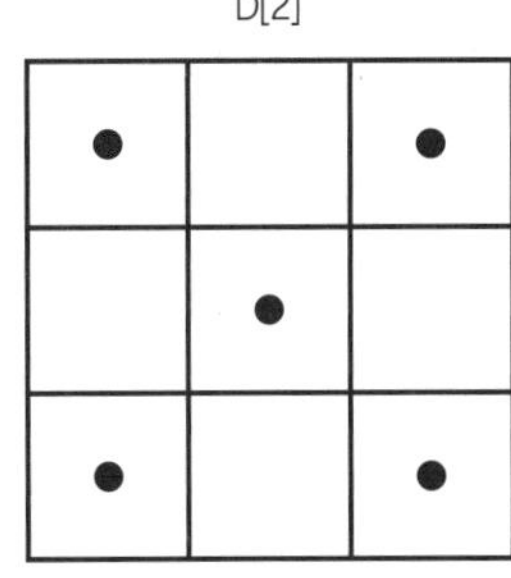

D[3]

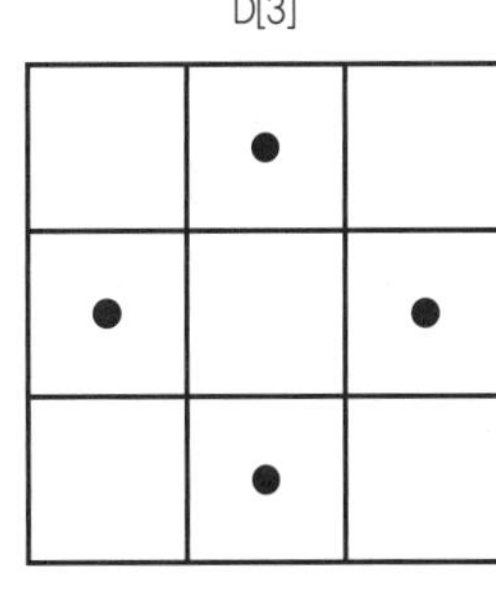

이때 최종 바둑돌 위치는 D[1]=D[3]=D[5]=…=D[2n−1]이고, D[2]=D[4]=D[6]=…=D[2n]이며, 바둑돌 이동 횟수에 따른 바둑돌 위치별 경우의 수는 다음과 같다.

D[1]=1×4=4

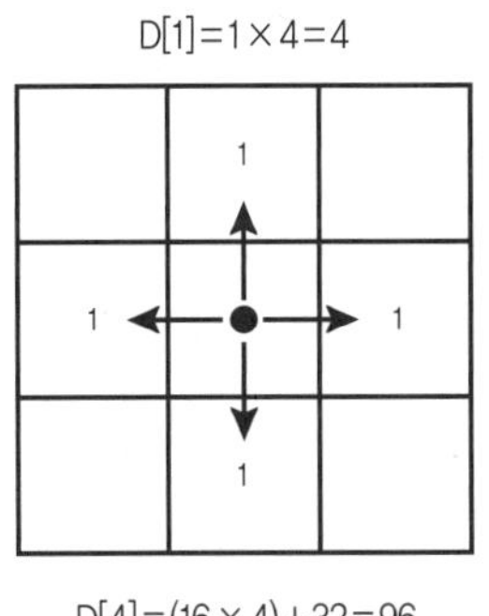

D[2]=(2×4)+4=12

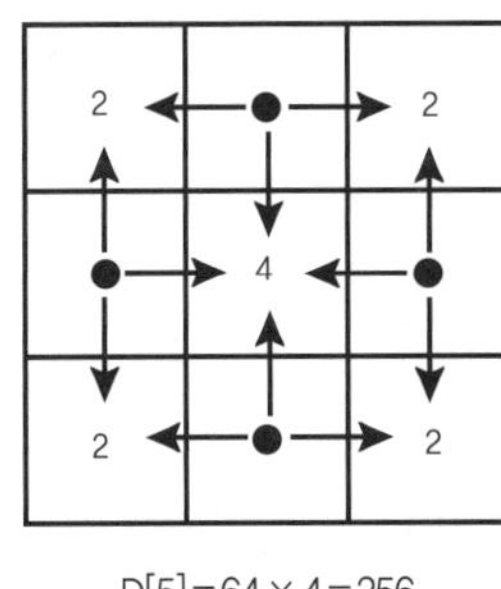

D[3]=8×4=32

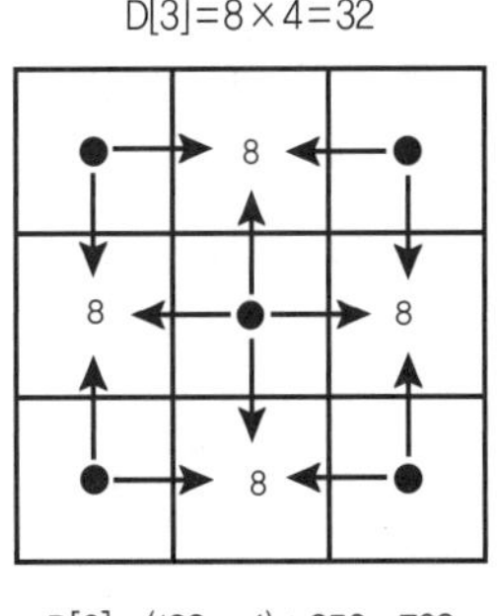

D[4]=(16×4)+32=96

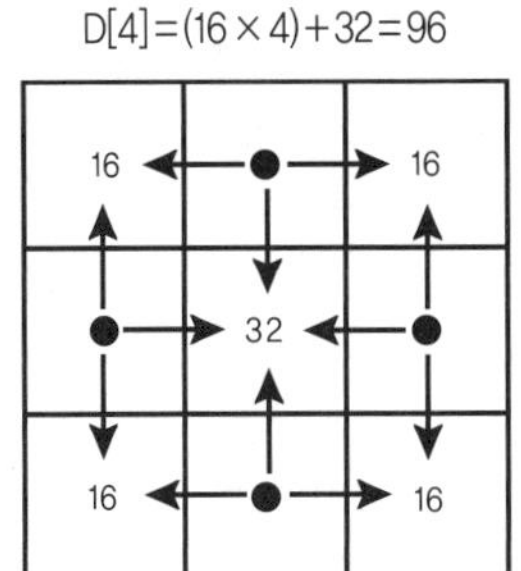

D[5]=64×4=256

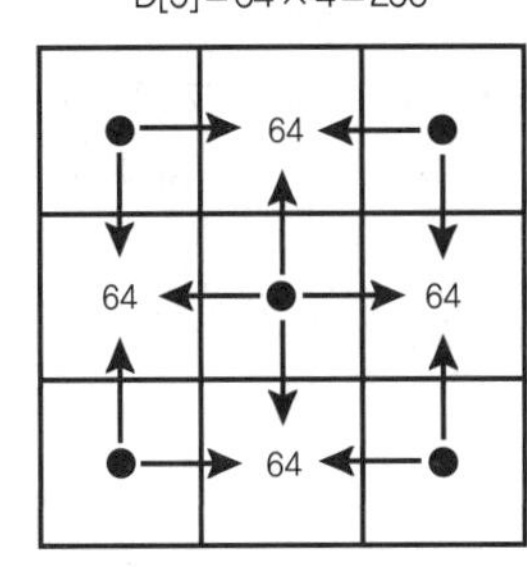

D[6]=(128×4)+256=768

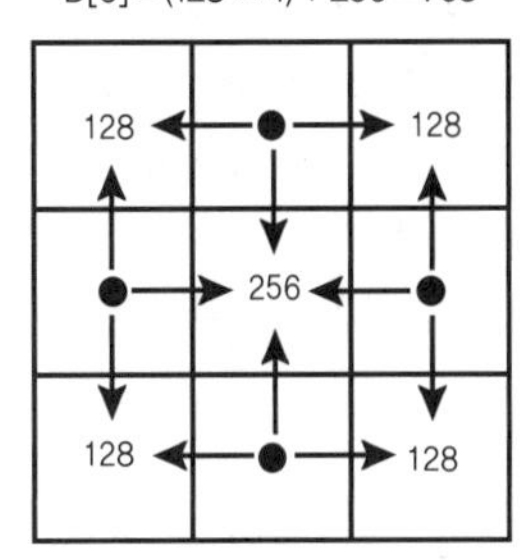

이에 따라 D[1]=4가지, D[2]=12가지이며, N ≥3 일 때부터는 바둑돌이 이동할 경우 점화식 D[N]=8×D[N−2]를 만족한다.

따라서 [Test Case]에서 N=3일 때, 바둑돌이 바둑판을 벗어나지 않을 경우의 수는 32가지이다.

빠른 문제 풀이 Tip

첫 항이 a_1, 공비가 r인 등비수열의 일반항은 $a_n=a_1r^{(n-1)}$임을 적용하여 구한다.
홀수 번째 항은 $a_1=4$, $r=8$을 만족하고, 짝수 번째 항은 $a_1'=12$, $r'=8$을 만족한다.
N=3일 때 홀수 번째 항 중 두 번째에 위치하여 n=2가 되므로
$a_2=4\times8^{(2-1)}=4\times8=32$
따라서 N=3일 때 바둑돌이 바둑판을 벗어나지 않을 경우의 수는 32가지임을 알 수 있다.

11 다이나믹 프로그래밍 문제

정답 256가지

N=5일 때, 바둑돌이 바둑판을 벗어나지 않을 경우의 수는 8×D[3]=8×32=256가지이다.

12 다이나믹 프로그래밍 문제

정답 2,048가지

N=7일 때, 바둑돌이 바둑판을 벗어나지 않을 경우의 수는 8×D[5]=8×256=2,048가지이다.

13 다이나믹 프로그래밍 문제

정답 6,144가지

N=8일 때, 바둑돌이 바둑판을 벗어나지 않을 경우의 수는 8×D[6]=8×768=6,144가지이다.

14 다이나믹 프로그래밍 문제

정답 16,384가지

N=9일 때, 바둑돌이 바둑판을 벗어나지 않을 경우의 수는 8×D[7]=8×2,048=16,384가지이다.

15 다이나믹 프로그래밍 문제

정답 49,152가지

N=10일 때, 바둑돌이 바둑판을 벗어나지 않을 경우의 수는 8×D[8]=8×6,144=49,152가지이다.

[16-20]

제시된 설명에 따르면 1개당 만 원으로 교환해주는 칩이 출발점에서 도착점까지 이동 경로마다 놓여있고, 갑은 출발점에서 출발하여 교차점에서는 오른쪽 또는 아래쪽으로만 이동하며 도착점에 도착하기까지 경로에 놓여있는 칩을 모두 주우며 이동하므로 각 교차점에서 주운 칩을 교환하여 얻을 수 있는 금액의 최댓값은 왼쪽 또는 위쪽 교차점에서 해당 교차점으로 이동하며 각각 경로의 금액을 더해 준 값 중 큰 값이다.
이에 따라 각 교차점에서 주운 칩을 교환하여 얻을 수 있는 금액의 최댓값을 나타내면 다음과 같다.

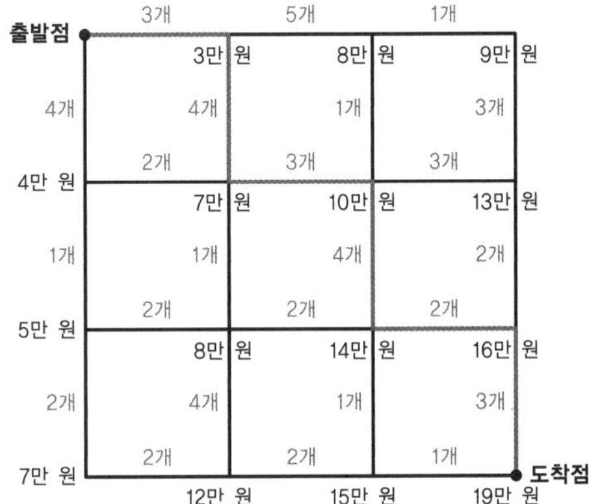

따라서 [Test Case]에서 값이 출발점에서 도착점까지 주운 칩을 교환하여 얻을 수 있는 금액의 최댓값은 19만 원이다.

16 그리디 문제

정답 40만 원

출발점
5개 9개 7개
5만 원 14만 원 21만 원
8개 2개 3개 6개
3개 2개 3개
8만 원 11만 원 17만 원 27만 원
3개 1개 7개 5개
5개 3개 2개
11만 원 16만 원 24만 원 32만 원
6개 4개 1개 8개
3개 6개 7개
17만 원 도착점
20만 원 26만 원 40만 원

따라서 값이 출발점에서 도착점까지 주운 칩을 교환하여 얻을 수 있는 금액의 최댓값은 40만 원이다.

17 그리디 문제

정답 21만 원

출발점
4개 3개 1개
4만 원 7만 원 8만 원
2개 1개 2개 3개
5개 4개 2개
2만 원 7만 원 11만 원 13만 원
5개 1개 2개 3개
1개 3개 1개
7만 원 8만 원 13만 원 16만 원
3개 4개 7개 3개
1개 1개 1개
10만 원 도착점
12만 원 20만 원 21만 원

따라서 값이 출발점에서 도착점까지 주운 칩을 교환하여 얻을 수 있는 금액의 최댓값은 21만 원이다.

18 그리디 문제

정답 41만 원

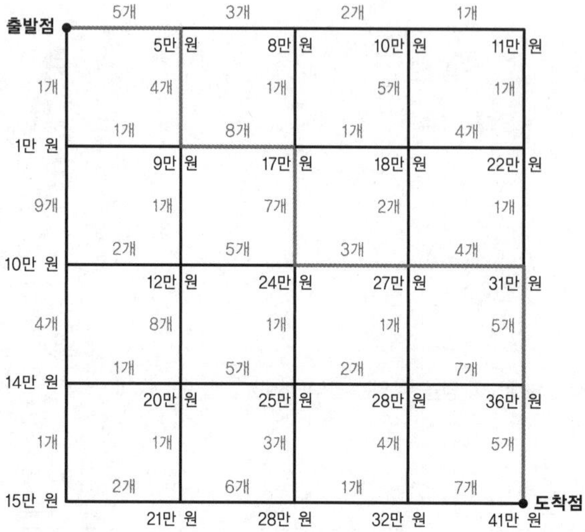

출발점
5개 3개 2개 1개
5만 원 8만 원 10만 원 11만 원
1개 4개 1개 5개 1개
1개 8개 1개 4개
1만 원 9만 원 17만 원 18만 원 22만 원
9개 1개 7개 2개 1개
2개 5개 3개 4개
10만 원 12만 원 24만 원 27만 원 31만 원
4개 8개 1개 1개 5개
1개 5개 2개 7개
14만 원 20만 원 25만 원 28만 원 36만 원
1개 1개 3개 4개 5개
2개 6개 1개 7개
15만 원 21만 원 28만 원 32만 원 41만 원
도착점

따라서 갑이 출발점에서 도착점까지 주운 칩을 교환하여 얻을 수 있는 금액의 최댓값은 41만 원이다.

19 그리디 문제

정답 42만 원

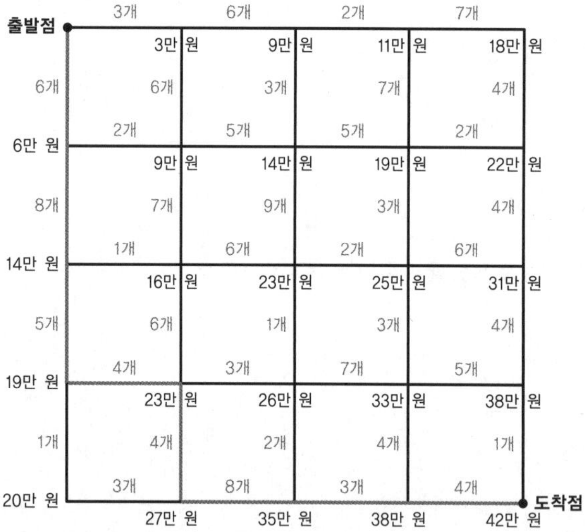

출발점
3개 6개 2개 7개
3만 원 9만 원 11만 원 18만 원
6개 6개 3개 7개 4개
2개 5개 5개 2개
6만 원 9만 원 14만 원 19만 원 22만 원
8개 7개 9개 3개 4개
1개 6개 2개 6개
14만 원 16만 원 23만 원 25만 원 31만 원
5개 6개 1개 3개 4개
4개 3개 7개 5개
19만 원 23만 원 26만 원 33만 원 38만 원
1개 4개 2개 4개 1개
3개 8개 3개 4개
20만 원 27만 원 35만 원 38만 원 42만 원
도착점

따라서 갑이 출발점에서 도착점까지 주운 칩을 교환하여 얻을 수 있는 금액의 최댓값은 42만 원이다.

20 그리디 문제

정답 38만 원

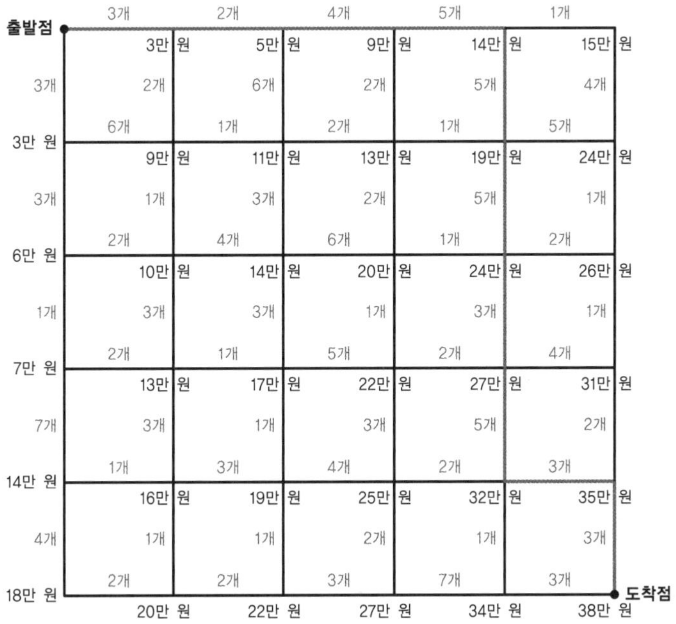

출발점
3개 2개 4개 5개 1개
3만 원 5만 원 9만 원 14만 원 15만 원
3개 2개 6개 2개 5개 4개
3만 원
6개 1개 2개 1개 5개
9만 원 11만 원 13만 원 19만 원 24만 원
3개 1개 3개 2개 5개 1개
6만 원
2개 4개 6개 1개 2개
10만 원 14만 원 20만 원 24만 원 26만 원
1개 3개 3개 1개 3개 1개
7만 원
2개 1개 5개 2개 4개
13만 원 17만 원 22만 원 27만 원 31만 원
7개 3개 1개 3개 5개 2개
14만 원
1개 3개 4개 2개 3개
16만 원 19만 원 25만 원 32만 원 35만 원
4개 1개 1개 2개 1개 3개
18만 원
2개 2개 3개 7개 3개
20만 원 22만 원 27만 원 34만 원 38만 원
도착점

따라서 갑이 출발점에서 도착점까지 주운 칩을 교환하여 얻을 수 있는 금액의 최댓값은 38만 원이다.

[21-25]

제시된 설명에 따라 N장의 카드를 M번 합쳐 얻을 수 있는 점수의 최솟값을 구하기 위해서는 항상 카드에 적힌 자연수가 가장 작은 두 장의 카드를 합쳐야 한다.

[Test Case]에서는 각각 2, 4, 3이 적힌 3장의 카드를 한 번 합치므로 가장 작은 두 수인 2와 3이 적힌 카드를 합친다. 이에 따라 2와 3이 적힌 카드에 2+3=5를 덮어쓴다.

2 4 3 → 5 4 5

이때 카드를 한 번 합친 후 N장의 카드에 적힌 자연수를 모두 더한 값이 카드게임의 점수가 되므로 카드게임의 점수는 5+4+5=14이다.

따라서 [Test Case]에 제시된 카드게임에서 얻을 수 있는 점수의 최솟값은 14이다.

21 그리디 문제

정답 57

카드를 한 번 합쳤을 때

5 9 8 → 13 9 13

카드를 두 번 합쳤을 때

13 9 13 → 22 22 13

따라서 카드게임에서 얻을 수 있는 점수의 최솟값은 22+22+13=57이다.

22 그리디 문제

정답 33

카드를 한 번 합쳤을 때

1	6	4	7	→	5	6	5	7

카드를 두 번 합쳤을 때

5	6	5	7	→	10	6	10	7

따라서 카드게임에서 얻을 수 있는 점수의 최솟값은 10+6+10+7=33이다.

23 그리디 문제

정답 64

카드를 한 번 합쳤을 때

2	5	7	11	→	7	7	7	11

카드를 두 번 합쳤을 때

7	7	7	11	→	14	14	7	11

카드를 세 번 합쳤을 때

14	14	7	11	→	14	14	18	18

따라서 카드게임에서 얻을 수 있는 점수의 최솟값은 14+14+18+18=64이다.

24 그리디 문제

정답 149

카드를 한 번 합쳤을 때

13	10	14	16	11	→	13	21	14	16	21

카드를 두 번 합쳤을 때

13	21	14	16	21	→	27	21	27	16	21

카드를 세 번 합쳤을 때

27	21	27	16	21	→	27	37	27	37	21

따라서 카드게임에서 얻을 수 있는 점수의 최솟값은 27+37+27+37+21=149이다.

25 그리디 문제

정답 516

카드를 한 번 합쳤을 때

23 21 19 17 15 → 23 21 19 32 32

카드를 두 번 합쳤을 때

23 21 19 32 32 → 23 40 40 32 32

카드를 세 번 합쳤을 때

23 40 40 32 32 → 55 40 40 55 32

카드를 네 번 합쳤을 때

55 40 40 55 32 → 55 72 40 55 72

카드를 다섯 번 합쳤을 때

55 72 40 55 72 → 95 72 95 55 72

카드를 여섯 번 합쳤을 때

95 72 95 55 72 → 95 127 95 127 72

따라서 카드게임에서 얻을 수 있는 점수의 최솟값은 95+127+95+127+72=516이다.

정 답

수리/추리논리력

p.194

01	02	03	04	05
응용계산	응용계산	응용계산	자료해석	자료해석
⑤	②	②	②	④
06	**07**	**08**	**09**	**10**
자료해석	자료해석	언어추리	언어추리	도형추리
②	③	③	⑤	③
11	**12**	**13**	**14**	**15**
도식추리	단어유추	단어유추	논리추론	논리추론
③	④	⑤	④	②

CT(Computational Thinking)

p.204

01	02	03	04	05
정렬	정렬	정렬	정렬	정렬
2회	3회	4회	5회	3회
06	**07**	**08**	**09**	**10**
이산수학	이산수학	이산수학	이산수학	이산수학
[4, 4, 9, 4, 4]	[−3, −3, 48, 7, 7, 7]	[22, 10, 22, 10, 10, 9]	[9, 9, 15, 15, 15, 13, 14]	[2, 2, 2, 1, 2, 2, 3, 3, 4, 4]
11	**12**	**13**	**14**	**15**
다이나믹 프로그래밍	다이나믹 프로그래밍	다이나믹 프로그래밍	다이나믹 프로그래밍	다이나믹 프로그래밍
9가지	44가지	265가지	1,854가지	14,833가지
16	**17**	**18**	**19**	**20**
다이나믹 프로그래밍	다이나믹 프로그래밍	다이나믹 프로그래밍	다이나믹 프로그래밍	다이나믹 프로그래밍
4초	3초	4초	5초	5초
21	**22**	**23**	**24**	**25**
그리디	그리디	그리디	그리디	그리디
12명	12명	16명	47명	27명

취약 유형 분석표

유형별로 맞힌 개수, 틀린 문제 번호와 풀지 못한 문제 번호를 적고 나서 취약한 유형이 무엇인지 파악해보세요. 취약한 유형은 '기출 유형공략'을 통해 복습하고 틀린 문제와 풀지 못한 문제를 다시 한번 풀어보세요.

	유형	맞힌 개수	틀린 문제 번호	풀지 못한 문제 번호
수리/추리논리력	응용계산	/3		
	자료해석	/4		
	언어추리	/2		
	도형추리	/1		
	도식추리	/1		
	단어유추	/2		
	논리추론	/2		
	TOTAL	/15		

	유형	맞힌 개수	틀린 문제 번호	풀지 못한 문제 번호
CT (Computational Thinking)	정렬	/5		
	이산수학	/5		
	다이나믹 프로그래밍	/10		
	그리디	/5		
	TOTAL	/25		

해 설

수리/추리논리력

p.194

01 응용계산 문제 정답 ⑤

순희와 정희가 2시간 동안 함께 밭을 매었으므로 순희와 정희가 각각 일한 시간은 120분이다. 이때 1m^2의 밭을 매는 데 순희는 12분, 정희는 8분이 소요되므로 순희는 120/12=10m^2, 정희는 120/8=15m^2의 밭을 맨 것을 알 수 있다. 따라서 순희와 정희가 맨 밭의 총넓이는 10+15=25m^2이다.

02 응용계산 문제 정답 ②

사건 A가 일어났을 때의 사건 B의 조건부확률 $P(B|A)=\frac{P(A\cap B)}{P(A)}$임을 적용하여 구한다.

여자 직원이 운동회 경품에 당첨될 사건을 A, 청팀이 운동회 경품에 당첨될 사건을 B라고 하면

청팀인 여자 직원이 운동회 경품에 당첨될 사건은 A∩B이다.

전체 직원 중 청팀인 여자 직원이 운동회 경품에 당첨될 확률은 $\frac{50\times0.7}{100}=0.35$,

전체 직원 중 백팀인 여자 직원이 운동회 경품에 당첨될 확률은 $\frac{50\times0.6}{100}=0.30$

$P(A)=0.35+0.30=0.65$

$P(A\cap B)=0.35$

$P(B|A)=\frac{0.35}{0.65}=\frac{7}{13}$

따라서 운동회에 참가한 여자 직원 1명이 운동회 경품에 당첨됐을 때, 그 직원이 청팀일 확률은 $\frac{7}{13}$이다.

빠른 문제 풀이 Tip

표를 이용하여 구한다.

청팀과 백팀은 각각 50명이고, 팀별 남자 비중은 청팀이 30%, 백팀이 40%이므로 팀별 성별에 따른 인원수는 아래와 같다.

구분	청팀	백팀	합계
남자	50×0.3=15명	50×0.4=20명	15+20=35명
여자	50−15=35명	50−20=30명	100−35=65명
합계	50명	50명	100명

따라서 운동회에 참가한 여자 직원 1명이 운동회 경품에 당첨됐을 때, 그 직원이 청팀일 확률은 $\frac{35}{65}=\frac{7}{13}$이다.

03 응용계산 문제 정답 ②

소금물의 농도 $=\frac{\text{소금의 양}}{\text{소금물의 양}}\times100$임을 적용하여 구한다.

농도가 8%인 소금물의 양을 x라고 하면 농도가 15%인 소금물의 양은 $140-x$이다.

이에 따라 농도가 8%인 소금물에 들어있는 소금의 양은 $0.08x$, 농도가 15%인 소금물에 들어있는 소금의 양은 $0.15\times(140-x)$이고, 농도가 12%인 소금물 140g에는 소금이 16.8g이 들어있으므로

$0.08x+21-0.15x=16.8 \rightarrow 0.07x=4.2 \rightarrow x=60$

따라서 처음에 있던 농도가 8%인 소금물의 양은 60g이다.

빠른 문제 풀이 Tip

내분점 공식 $n(P-a)=m(b-P)$을 이용하여 소금물의 비율을 구한다.

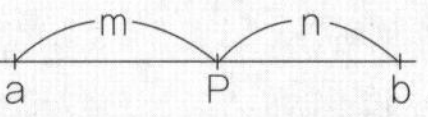

농도가 8%, 15%인 소금물을 섞어 농도가 12%인 소금이 140g 만들어졌으므로 a=8%, b=15%, P=12%이고, m=12−8=4, n=15−12=3이다. 이에 따라 P는 a와 b를 4:3 비율로 나누고, 12는 8보다 15에 가까운 수이므로 농도가 8%인 소금물이 전체 소금물의 $\frac{3}{7}$을 차지하여 처음에 있던 농도가 8%인 소금물의 양은 $140\times\frac{3}{7}=60$g임을 알 수 있다.

04 자료해석 문제 정답 ②

서울특별시 소재의 기타 시설 수는 경기도 소재의 기타 시설 수의 314/191 ≒ 1.6배이므로 옳지 않은 설명이다.

오답 체크

① 경기도 소재의 사회 복지 시설 수는 서울특별시 소재의 사회 복지 시설 수보다 2,156−2,068=88개소 더 많으므로 옳은 설명이다.

③ 인천광역시 소재의 사회 복지 시설 및 보건 의료 시설 수의 합은 718+31=749개소이므로 옳은 설명이다.
④ 제시된 지역 중 다른 지역에 비해 보건 의료 시설 수가 가장 많은 경기도가 다른 지역에 비해 사회 복지 시설 수도 가장 많으므로 옳은 설명이다.
⑤ 관리센터 수의 합계가 가장 많은 지역은 서울특별시, 두 번째로 많은 지역은 경기도, 세 번째로 많은 지역은 인천광역시이므로 옳은 설명이다.

05 자료해석 문제 정답 ④

제시된 연령대 중 다른 연령대에 비하여 매 분기 신청자 수가 가장 많은 연령대는 50대이므로 옳은 설명이다.

오답 체크

① 4분기 40대 신청자 수는 3분기 대비 증가하였으므로 옳지 않은 설명이다.
② 4분기 20대 이하 신청자 수는 1분기 대비 77,838−48,454=29,384명 감소하였으므로 옳지 않은 설명이다.
③ 2분기와 3분기 30대 신청자 수의 합은 52,128+47,782=99,910명이므로 옳지 않은 설명이다.
⑤ 제시된 연령대 중 1분기 신청자 수가 두 번째로 많은 연령대는 40대이므로 옳지 않은 설명이다.

06 자료해석 문제 정답 ②

X 사업의 매출액은 1월에 10,300백만 원이고, 전년 대비 감소액은 2월에 10,300−10,200=100백만 원, 3월에 10,200−10,100=100백만 원, 4월에 10,100−10,000=100백만 원, 5월에 10,000−9,900=100백만 원, 6월에 9,900−9,800=100백만 원이므로 매월 100백만 원씩 감소함을 알 수 있다.
Y 사업의 매출액은 1월에 600백만 원이고, 전년 대비 증가액은 2월에 800−600=200백만 원, 3월에 1,000−800=200백만 원, 4월에 1,200−1,000=200백만 원, 5월에 1,400−1,200=200백만 원, 6월에 1,600−1,400=200백만 원이므로 매월 200백만 원씩 증가함을 알 수 있다.
이에 따라 7월 이후 X 사업과 Y 사업의 매출액 차이를 계산하면 다음과 같다.

구분	X 사업	Y 사업	차이
7월	9,800−100 =9,700백만 원	1,600+200 =1,800백만 원	7,900백만 원
8월	9,700−100 =9,600백만 원	1,800+200 =2,000백만 원	7,600백만 원
9월	9,600−100 =9,500백만 원	2,000+200 =2,200백만 원	7,300백만 원
10월	9,500−100 =9,400백만 원	2,200+200 =2,400백만 원	7,000백만 원
11월	9,400−100 =9,300백만 원	2,400+200 =2,600백만 원	6,700백만 원
12월	9,300−100 =9,200백만 원	2,600+200 =2,800백만 원	6,400백만 원

따라서 X 사업과 Y 사업의 매출액 차이가 처음으로 7,500백만 원 이하가 되는 월은 9월이다.

07 자료해석 문제 정답 ③

제시된 자료에 따르면 2017년 이후 영상지도제작 공공측량 건수의 전년 대비 증감률은 2017년이 {(7−13)/13}×100≒−46.2%, 2018년이 {(7−7)/7}×100=0%, 2019년이 {(14−7)/7}×100≒100%, 2020년이 {(9−14)/14}×100≒−35.7%이므로 옳은 그래프는 ③이다.

오답 체크

① 2016년 지도제작 공공측량 건수는 28건이지만, 이 그래프에서는 25건보다 낮게 나타나므로 옳지 않은 그래프이다.
② 2018년 수치지도제작 공공측량 건수는 전년 대비 64−37=27건 증가하였으나, 이 그래프에서는 20건보다 낮게 나타나므로 옳지 않은 그래프이다.
④ 2018년 영상지도제작 공공측량 건수는 7건이지만, 이 그래프에서는 10건보다 높게 나타나므로 옳지 않은 그래프이다.
⑤ 제시된 측량종류에 따른 2020년 공공측량 건수의 합은 63+4+9=76건이지만, 이 그래프에서는 80건보다 높게 나타나므로 옳지 않은 그래프이다.

08 언어추리 문제 정답 ③

골프를 치는 모든 사람이 헬스를 한다는 것은 헬스를 하지 않는 모든 사람이 골프를 치지 않는다는 것이므로, 클라이밍을 하는 어떤 사람이 헬스를 하지 않으면 클라이밍을 하면서 골프를 치지 않는 사람이 반드시 존재하게 된다.
따라서 '클라이밍을 하면서 골프를 치지 않는 사람이 있다.'가 타당한 결론이다.

오답 체크

골프를 치는 사람을 A, 헬스를 하는 사람을 B, 클라이밍을 하는 사람을 C라고 하면

① 클라이밍을 하는 사람 중에 골프를 치는 사람이 있을 수도 있으므로 반드시 참인 결론은 아니다.

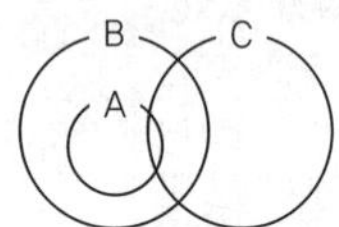

②, ④ 골프를 치는 모든 사람은 클라이밍을 하지 않을 수도 있으므로 반드시 참인 결론은 아니다.

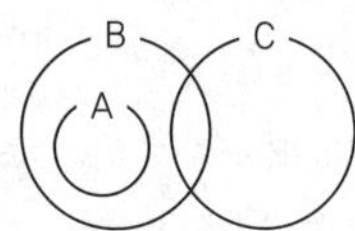

⑤ 골프를 치지 않는 사람 중에 클라이밍을 하는 사람이 적어도 한 명 존재하므로 반드시 거짓인 결론이다.

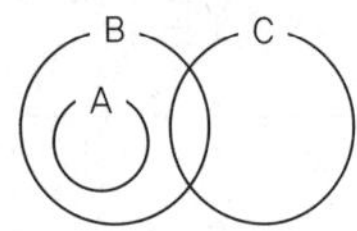

09 언어추리 문제

정답 ⑤

제시된 조건에 따르면 B는 형광펜을 신청하고, D는 연필 또는 형광펜을 신청하므로 D는 연필을 신청한다. 또한, A와 E 중 색연필을 신청하는 사람이 있고, A는 볼펜 또는 샤프를 신청하므로 E가 색연필을 신청하고, A와 C는 각각 볼펜 또는 샤프를 신청함을 알 수 있다.

A	B	C	D	E
볼펜 또는 샤프	**형광펜**	볼펜 또는 샤프	연필	색연필

따라서 연필을 신청하는 사람은 D이므로 항상 거짓인 설명이다.

오답 체크

① 볼펜을 신청하는 사람은 A 또는 C이므로 항상 거짓인 설명은 아니다.

② 색연필을 신청하는 사람은 E이므로 항상 참인 설명이다.

③ 샤프를 신청하는 사람은 A 또는 C이므로 항상 거짓인 설명은 아니다.

④ A가 샤프를 신청하면 C가 볼펜을 신청하므로 항상 참인 설명이다.

10 도형추리 문제

정답 ③

각 행에 제시된 도형은 다음 열에서 색반전하면서 시계 방향으로 90° 회전한 후 한 행 아래로 이동한 형태이다.

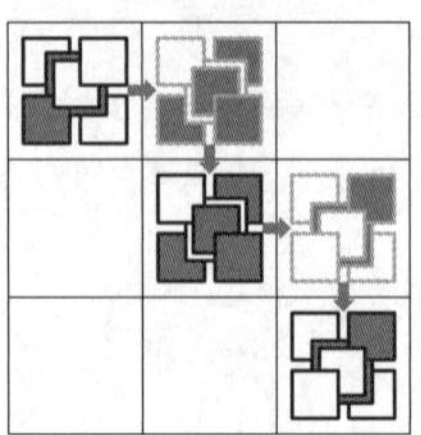

따라서 '?'에 해당하는 도형은 ③이다.

11 도식추리 문제

정답 ③

QBR6 → ◎ → PAQ5 → ▼ → SDT8 → ● → 8DTS

●: 첫 번째, 네 번째 문자(숫자)의 자리를 서로 바꾼다.
ex. abcd → dbca

▼: 문자와 숫자 순서에 따라 첫 번째, 두 번째, 세 번째, 네 번째 문자(숫자)를 다음 세 번째 순서에 오는 문자(숫자)로 변경한다.
ex. abcd → defg (a+3, b+3, c+3, d+3)

☆: 첫 번째 문자(숫자)를 두 번째 자리로, 두 번째 문자(숫자)를 세 번째 자리로, 세 번째 문자(숫자)를 네 번째 자리로, 네 번째 문자(숫자)를 첫 번째 자리로 이동시킨다.
ex. abcd → dabc

◎: 문자와 숫자 순서에 따라 첫 번째, 두 번째, 세 번째, 네 번째 문자(숫자)를 바로 이전 순서에 오는 문자(숫자)로 변경한다.
ex. abcd → zabc (a−1, b−1, c−1, d−1)

12 단어유추 문제

정답 ④

제시된 단어 가을과 입추는 입추가 가을에 해당하는 절기 중 하나로, 가을이 시작됨을 뜻하므로 계절과 계절에 해당하는 절기의 관계이다.
따라서 봄에 해당하는 절기 중 하나로, 겨울잠을 자던 벌레, 개구리 따위가 깨어 꿈틀거리기 시작하는 시기라는 의미의 '경칩'이 적절하다.

오답 체크

① 대서: 여름에 해당하는 절기 중 하나로, 1년 중 가장 무더운 시기
② 한로: 가을에 해당하는 절기 중 하나로, 찬이슬이 맺히기 시작하는 시기
③ 망종: 여름에 해당하는 절기 중 하나로, 보리가 익어 먹게 되고 모를 심는 시기
⑤ 소설: 겨울에 해당하는 절기 중 하나로, 첫눈이 내리는 시기

13 단어유추 문제 정답 ⑤

고의와 우발은 각각 일부러 하는 생각이나 태도와 우연히 일어남을 뜻하므로 반대관계이다.

오답 체크

①, ②, ③, ④는 모두 유의관계이다.

14 논리추론 문제 정답 ④

시기적으로 가장 오래된 화장품은 스페인 남부 무르시아 지역에서 발견된 조개껍데기이며, 이를 통해 5만 년 전 네안데르탈인도 화장을 했음이 증명되었다고 하였으므로 오늘날 발견된 화장품 가운데 가장 오래된 화장품이 네안데르탈인들이 사용한 조개껍데기 화장품임을 추론할 수 있다.

오답 체크

① 고대 이집트에서는 클레오파트라가 통치하던 시대에 화장술이 가장 발달했으며, 당시의 여성들은 눈 주위를 짙게 칠해 눈매를 강조하는 화장을 했다고 하였으므로 옳지 않은 내용이다.
② 이집트인들이 피부 보호를 위해 바른 연고는 태양열에 의해 피부가 쉽게 노화되지 않도록 도왔다고 하였으므로 옳지 않은 내용이다.
③ 고대 이집트의 기온은 고온 다습했다고 하였으므로 옳지 않은 내용이다.
⑤ 고대 이집트에서 문신은 성인이 되기 위한 의식임과 동시에 주술적 의미를 포함하고 있었다고 하였으므로 옳지 않은 내용이다.

15 논리추론 문제 정답 ②

O형은 유전자형이 OO일 수밖에 없지만, 봄베이 O형은 A형 또는 B형 유전자를 가지고 있다고 하였으며, 봄베이 O형의 표현형은 O형이라고 하였으므로 O형과 봄베이 O형의 표현형은 서로 다르나, 유전자형은 서로 동일하다는 것은 옳지 않은 내용이다.

오답 체크

① 봄베이 O형의 경우 확인되지 않은 어떠한 원인으로 인해 H 항원이 생성되지 않는다고 하였으므로 옳은 내용이다.
③ 봄베이 O형은 표현형과 유전자형이 서로 다른데, 표현형은 O형일지라도 A 또는 B 항원을 만드는 유전자를 가지고 있으며, 이 유전자는 자녀에게 전달된다고 하였으므로 옳은 내용이다.
④ 부모 양쪽 모두 봄베이 O형이라면 혈액형이 AB형인 자녀가 태어날 수 있다고 하였으므로 옳은 내용이다.
⑤ 유전자형은 유전자에 의해 생물 내부적으로 결정되는 형질이라 하였으므로 옳은 내용이다.

[01-05]

제시된 설명에 따라 [Test Case] 내 사원의 데이터를 정렬하면 다음과 같다.

• 이동 횟수: 1회

48 성은지	19 박지수	23 이수미	19 도지원	36 최경수	→	19 도지원	19 박지수	23 이수미	48 성은지	36 최경수

• 이동 횟수: 1회

19 도지원	19 박지수	23 이수미	48 성은지	36 최경수	→	19 도지원	19 박지수	23 이수미	36 최경수	48 성은지

따라서 [Test Case]에 제시된 Input이 Output으로 정렬되기 위해 필요한 데이터 이동 횟수는 1+1=2회이다.

01 정렬 문제

정답 2회

제시된 설명에 따라 사원의 데이터를 정렬하면 다음과 같다.

• 이동 횟수: 1회

06 한수인	51 조현정	37 채은실	12 유다빈	09 이은수	06 현미희	→	06 한수인	06 현미희	37 채은실	12 유다빈	09 이은수	51 조현정

• 이동 횟수: 1회

06 한수인	06 현미희	37 채은실	12 유다빈	09 이은수	51 조현정	→	06 한수인	06 현미희	09 이은수	12 유다빈	37 채은실	51 조현정

따라서 Input이 Output으로 정렬되기 위해 필요한 데이터 이동 횟수는 1+1=2회이다.

02 정렬 문제

정답 3회

제시된 설명에 따라 사원의 데이터를 정렬하면 다음과 같다.

• 이동 횟수: 1회

92 조지수	58 이은경	57 심은우	63 백우천	23 나정영	60 기정제	→	23 나정영	58 이은경	57 심은우	63 백우천	92 조지수	60 기정제

• 이동 횟수: 1회

23 나정영	58 이은경	57 심은우	63 백우천	92 조지수	60 기정제	→	23 나정영	57 심은우	58 이은경	63 백우천	92 조지수	60 기정제

• 이동 횟수: 1회

23 나정영	57 심은우	58 이은경	63 백우천	92 조지수	60 기정제	→	23 나정영	57 심은우	58 이은경	60 기정제	92 조지수	63 백우천

따라서 Input이 Output으로 정렬되기 위해 필요한 데이터 이동 횟수는 1+1+1=3회이다.

03 정렬 문제

정답 4회

제시된 설명에 따라 사원의 데이터를 정렬하면 다음과 같다.

• 이동 횟수: 1회

21 장안오	13 경수원	15 김현아	21 정나희	43 김남희	21 이은정	→	13 경수원	21 장안오	15 김현아	21 정나희	43 김남희	21 이은정

• 이동 횟수: 1회

13 경수원	21 장안오	15 김현아	21 정나희	43 김남희	21 이은정	→	13 경수원	15 김현아	21 장안오	21 정나희	43 김남희	21 이은정

• 이동 횟수: 1회

13 경수원	15 김현아	21 장안오	21 정나희	43 김남희	21 이은정	→	13 경수원	15 김현아	21 이은정	21 정나희	43 김남희	21 장안오

• 이동 횟수: 1회

13 경수원	15 김현아	21 이은정	21 정나희	43 김남희	21 장안오	→	13 경수원	15 김현아	21 이은정	21 장안오	43 김남희	21 정나희

따라서 Input이 Output으로 정렬되기 위해 필요한 데이터 이동 횟수는 1+1+1+1=4회이다.

04 정렬 문제

정답 5회

제시된 설명에 따라 사원의 데이터를 정렬하면 다음과 같다.

• 이동 횟수: 1회

34 박하루	37 금지연	13 김희수	29 이다영	35 김미숙	19 김동우	08 박영진	→	08 박영진	37 금지연	13 김희수	29 이다영	35 김미숙	19 김동우	34 박하루

• 이동 횟수: 1회

08 박영진	37 금지연	13 김희수	29 이다영	35 김미숙	19 김동우	34 박하루	→	08 박영진	13 김희수	37 금지연	29 이다영	35 김미숙	19 김동우	34 박하루

• 이동 횟수: 1회

08 박영진	13 김희수	37 금지연	29 이다영	35 김미숙	19 김동우	34 박하루	→	08 박영진	13 김희수	19 김동우	29 이다영	35 김미숙	37 금지연	34 박하루

• 이동 횟수: 1회

08 박영진	13 김희수	19 김동우	29 이다영	35 김미숙	37 금지연	34 박하루	→	08 박영진	13 김희수	19 김동우	29 이다영	34 박하루	37 금지연	35 김미숙

• 이동 횟수: 1회

08 박영진	13 김희수	19 김동우	29 이다영	34 박하루	37 금지연	35 김미숙	→	08 박영진	13 김희수	19 김동우	29 이다영	34 박하루	35 김미숙	37 금지연

따라서 Input이 Output으로 정렬되기 위해 필요한 데이터 이동 횟수는 1+1+1+1+1=5회이다.

05 정렬 문제

정답 3회

제시된 설명에 따라 사원의 데이터를 정렬하면 다음과 같다.

• 이동 횟수: 1회

46 이민수	31 정경용	38 신효석	59 최원준	46 도상원	09 오재근	27 한영우	→	09 오재근	31 정경용	38 신효석	59 최원준	46 도상원	46 이민수	27 한영우

• 이동 횟수: 1회

09 오재근	31 정경용	38 신효석	59 최원준	46 도상원	46 이민수	27 한영우	→	09 오재근	27 한영우	38 신효석	59 최원준	46 도상원	46 이민수	31 정경용

• 이동 횟수: 1회

09 오재근	27 한영우	38 신효석	59 최원준	46 도상원	46 이민수	31 정경용	→	09 오재근	27 한영우	31 정경용	59 최원준	46 도상원	46 이민수	38 신효석

따라서 Input이 Output으로 정렬되기 위해 필요한 데이터 이동 횟수는 1+1+1=3회이다.

[06-10]

제시된 설명에 따라 출력값을 구하기 위해 실시간으로 입력되는 입력값들을 크기가 작은 순서대로 재나열해 출력값을 구한다.
[Test Case]에서 입력값=[1, 5, 3, −2]이고, 입력값이 [1]일 때 중앙값은 1, 입력값이 [1, 5]일 때 중앙값은 두 수 중 더 작은 수인 1, 입력값이 [1, 5, 3]일 때, 입력값의 크기가 작은 순서대로 재나열하면 [1, 3, 5]이므로 중앙값은 3, 입력값이 [1, 5, 3, −2]일 때, 입력값의 크기가 작은 순서대로 재나열하면 [−2, 1, 3, 5]이므로 중앙값은 중앙에 위치한 1, 3 중 더 작은 1이다.
따라서 [Test Case]의 출력값은 [1, 1, 3, 1]이다.

빠른 문제 풀이 Tip

입력값이 2n−1개일 때 중앙값은 n번째로 작은 수이고, 입력값이 2n개일 때 중앙값은 n번째로 작은 수임을 적용하여 구한다.
입력값이 1개일 때와 2개일 때 중앙값은 가장 작은 값이고, 입력값이 3개일 때와 4개일 때 중앙값은 두 번째로 작은 값이므로 입력값에 따른 중앙값은 다음과 같다.
[1] → 가장 작은 수인 1
[1, 5] → 가장 작은 수인 1
[1, 5, 3] → 두 번째로 작은 수인 3
[1, 5, 3, −2] → 두 번째로 작은 수인 1
따라서 출력값은 [1, 1, 3, 1]임을 알 수 있다.

06 이산수학 문제

정답 [4, 4, 9, 4, 4]

입력값=[4]일 때, 중앙값은 4
입력값=[4, 9]일 때, 중앙값은 4
입력값=[4, 9, 13]일 때, 중앙값은 9
입력값=[4, 9, 13, −17]일 때, 중앙값은 4
입력값=[4, 9, 13, −17, −9]일 때, 중앙값은 4
따라서 출력값은 [4, 4, 9, 4, 4]이다.

07 이산수학 문제

정답 [-3, -3, 48, 7, 7, 7]

입력값=[-3]일 때, 중앙값은 -3

입력값=[-3, 100]일 때, 중앙값은 -3

입력값=[-3, 100, 48]일 때, 중앙값은 48

입력값=[-3, 100, 48, 7]일 때, 중앙값은 7

입력값=[-3, 100, 48, 7, 6]일 때, 중앙값은 7

입력값=[-3, 100, 48, 7, 6, 10]일 때, 중앙값은 7

따라서 출력값은 [-3, -3, 48, 7, 7, 7]이다.

08 이산수학 문제

정답 [22, 10, 22, 10, 10, 9]

입력값=[22]일 때, 중앙값은 22

입력값=[22, 10]일 때, 중앙값은 10

입력값=[22, 10, 31]일 때, 중앙값은 22

입력값=[22, 10, 31, 8]일 때, 중앙값은 10

입력값=[22, 10, 31, 8, 9]일 때, 중앙값은 10

입력값=[22, 10, 31, 8, 9, 5]일 때, 중앙값은 9

따라서 출력값은 [22, 10, 22, 10, 10, 9]이다.

09 이산수학 문제

정답 [9, 9, 15, 15, 15, 13, 14]

입력값=[9]일 때, 중앙값은 9

입력값=[9, 16]일 때, 중앙값은 9

입력값=[9, 16, 15]일 때, 중앙값은 15

입력값=[9, 16, 15, 22]일 때, 중앙값은 15

입력값=[9, 16, 15, 22, 10]일 때, 중앙값은 15

입력값=[9, 16, 15, 22, 10, 13]일 때, 중앙값은 13

입력값=[9, 16, 15, 22, 10, 13, 14]일 때, 중앙값은 14

따라서 출력값은 [9, 9, 15, 15, 15, 13, 14]이다.

10 이산수학 문제

정답 [2, 2, 2, 1, 2, 2, 3, 3, 4, 4]

입력값=[2]일 때, 중앙값은 2
입력값=[2, 3]일 때, 중앙값은 2
입력값=[2, 3, 1]일 때, 중앙값은 2
입력값=[2, 3, 1, 1]일 때, 중앙값은 1
입력값=[2, 3, 1, 1, 9]일 때, 중앙값은 2
입력값=[2, 3, 1, 1, 9, 7]일 때, 중앙값은 2
입력값=[2, 3, 1, 1, 9, 7, 6]일 때, 중앙값은 3
입력값=[2, 3, 1, 1, 9, 7, 6, 4]일 때, 중앙값은 3
입력값=[2, 3, 1, 1, 9, 7, 6, 4, 5]일 때, 중앙값은 4
입력값=[2, 3, 1, 1, 9, 7, 6, 4, 5, 4]일 때, 중앙값은 4
따라서 출력값은 [2, 2, 2, 1, 2, 2, 3, 3, 4, 4]이다.

[11-15]

제시된 설명에 따라 N명의 사원이 선물을 나눠 갖는 경우의 수를 DP[N]이라고 할 때, 사원이 1명일 경우 사원은 자신이 준비한 선물을 가지지 못하므로 DP[1]=0, 사원이 2명일 경우 사원들은 서로가 준비한 선물을 각각 교환하여 가지므로 DP[2]=1이다. N≥3일 때 사원을 A, B, C, …라고 하면 A 사원이 B 사원의 선물을 갖는 경우의 수는 다음 경우의 수를 모두 합한 값과 같다.

- A 사원이 B 사원의 선물을 가지며, B 사원도 A 사원의 선물을 가질 경우
  A 사원과 B 사원을 제외한 N−2명의 사원이 선물을 나눠 가지므로 DP[N]=DP[N−2]
- A 사원이 B 사원의 선물을 가지며, B 사원은 A 사원의 선물을 가지지 않는 경우
  A 사원을 제외한 N−1명의 사원이 선물을 나눠 가지므로 DP[N]=DP[N−1]

이에 따라 A 사원이 B 사원의 선물을 가질 경우 사원들이 선물을 나눠가질 수 있는 경우의 수 DP[N]=DP[N−1]+DP[N−2]이며, A 사원은 B 사원을 포함한 N−1명의 사원이 준비한 선물 중 하나를 가질 수 있으므로 A 사원이 선물을 가질 수 있는 경우의 수를 곱한 DP[N]은 다음과 같다.

- N≥3일 때, DP[N]=(N−1)×(DP[N−1]+DP[N−2])

이에 따라 N≥3일 때 N명의 사원이 선물을 나눠 가질 수 있는 경우의 수는 다음과 같다.

DP[3]=(3−1)(DP[2]+DP[1])=2×(1+0)=2
DP[4]=(4−1)(DP[3]+DP[2])=3×(2+1)=9
DP[5]=(5−1)(DP[4]+DP[3])=4×(9+2)=44
DP[6]=(6−1)(DP[5]+DP[4])=5×(44+9)=265
DP[7]=(7−1)(DP[6]+DP[5])=6×(265+44)=1,854
DP[8]=(8−1)(DP[7]+DP[6])=7×(1,854+265)=14,833
…

따라서 [Test Case]에 제시된 3명의 사원이 서로 추석 선물을 나눠 가질 수 있는 경우의 수는 2가지이다.

11 다이나믹 프로그래밍 문제

정답 9가지

N=4일 때, DP[4]=9
따라서 4명의 사원이 서로 추석 선물을 나눠 가질 수 있는 경우의 수는 9가지이다.

12 다이나믹 프로그래밍 문제

정답 44가지

N=5일 때, DP[5]=44

따라서 5명의 사원이 서로 추석 선물을 나눠 가질 수 있는 경우의 수는 44가지이다.

13 다이나믹 프로그래밍 문제

정답 265가지

N=6일 때, DP[6]=265

따라서 6명의 사원이 서로 추석 선물을 나눠 가질 수 있는 경우의 수는 265가지이다.

14 다이나믹 프로그래밍 문제

정답 1,854가지

N=7일 때, DP[7]=1,854

따라서 7명의 사원이 서로 추석 선물을 나눠 가질 수 있는 경우의 수는 1,854가지이다.

15 다이나믹 프로그래밍 문제

정답 14,833가지

N=8일 때, DP[8]=14,833

따라서 8명의 사원이 서로 추석 선물을 나눠 가질 수 있는 경우의 수는 14,833가지이다.

[16-20]

제시된 설명에 따르면 n이 2의 배수인 경우 연산 1이 가능하고, n이 3의 배수인 경우 연산 2가 가능하며, n이 2 이상인 경우 연산 3이 가능하므로 숫자에 따라 적용할 수 있는 연산이 다르다.

이때 n을 1로 만드는 데 걸리는 최소 시간을 D[n]이라 하면 D[n]은 3가지 연산 중 n에 적용할 수 있는 연산을 하여 도출된 최소 시간인 $D[\frac{n}{2}]$, $D[\frac{n}{3}]$, D[n−1]을 도출하고, 이 중 가장 짧은 시간이 소요되는 값에 방금 연산하는 데 소요된 1초를 추가해야 하므로 $D[n]=1+\min(D[\frac{n}{2}], D[\frac{n}{3}], D[n-1])$을 만족한다.

D[1]은 연산 없이 이미 1이므로 D[1]=0초이고, D[2] 이후부터 위 점화식을 적용하여 구하면 다음과 같다.

D[2]=1+min(D[1], D[1]]=1초

D[3]=1+min(D[1], D[2])=1초

D[4]=1+min(D[2], D[3])=2초

D[5]=1+D[4]=3초

D[6]=1+min(D[3], D[2], D[5])=2초

D[7]=1+D[6]=3초

D[8]=1+min(D[4], D[7])=3초

D[9]=1+min(D[3], D[8])=2초

D[10]=1+min(D[5], D[9])=3초이다.

따라서 [Test Case]에서 10을 1로 만드는 연산을 하는 데 걸리는 최소 시간은 3초이다.

빠른 문제 풀이 Tip

처음 제시된 숫자부터 적용할 수 있는 연산을 찾는다.
10은 2 이상이고 2의 배수이지만, 3의 배수가 아니므로 연산 1 또는 연산 3을 적용하면 도출되는 값은 다음과 같다.
[경우 1] 10에 연산 1을 적용하는 경우
10/2=5이고, 5는 2 이상이지만, 2 또는 3의 배수가 아니므로 연산 3을 적용하면 5−1=4이다.
다음으로 4는 2 이상이고, 2의 배수이므로 연산 1 또는 연산 3을 적용하면 (4/2=2 → 2/2=1) 또는 (4−1=3 → 3/3=1)로 걸리는 최소 시간은 4초이다.
[경우 2] 10에 연산 3을 적용하는 경우
10−1=9이고, 9는 2 이상이고 3의 배수이지만, 2의 배수가 아니므로 연산 2 또는 연산 3을 적용하면 (9/3=3 → 3/3=1) 또는 (9−1=8 → 8/2=4 또는 8−1=7 → …)으로 걸리는 최소 시간은 3초이다.
따라서 10을 1로 만드는 연산을 하는 데 걸리는 최소 시간은 3초임을 알 수 있다.

16 다이나믹 프로그래밍 문제

정답 4초

D[11]=1+D[10]=4초
D[12]=1+min(D[6], D[4], D[11])=3초
D[13]=1+D[12]=4초
D[14]=1+min(D[7], D[13])=4초
D[15]=1+min(D[5], D[14])=4초
따라서 15를 1로 만드는 연산을 하는 데 걸리는 최소 시간은 4초이다.

17 다이나믹 프로그래밍 문제

정답 3초

D[16]=1+min(D[8], D[15])=4초
D[17]=1+D[16]=5초
D[18]=1+min(D[9], D[6], D[17])=3초
따라서 18을 1로 만드는 연산을 하는 데 걸리는 최소 시간은 3초이다.

18 다이나믹 프로그래밍 문제

정답 4초

D[19]=1+D[18]=4초
D[20]=1+min(D[10], D[19])=4초
따라서 20을 1로 만드는 연산을 하는 데 걸리는 최소 시간은 4초이다.

19 다이나믹 프로그래밍 문제

정답 5초

D[21]=1+min(D[7], D[20]=4초
D[22]=1+min(D[11], D[21])=5초
따라서 22를 1로 만드는 연산을 하는 데 걸리는 최소 시간은 5초이다.

20 다이나믹 프로그래밍 문제

정답 5초

D[23]=1+D[22]=6초

D[24]=1+min(D[12], D[8], D[23])=4초

D[25]=1+D[24]=5초

따라서 25를 1로 만드는 연산을 하는 데 걸리는 최소 시간은 5초이다.

[21-25]

제시된 설명에 따르면 한 유기견 보호소에는 1번 방부터 N번 방까지 총 N개의 방이 있으며, 방별 유기견 수는 A=[A_1, A_2, …, A_N]과 같이 나타낸다.

유기견 보호소의 직원은 사육자와 보조자로 구분되며, 방마다 사육자는 무조건 1명만 존재하고, 보조자는 없거나 1명 이상 존재한다. 이때 i번 방의 유기견 수를 A_i라고 하면, 사육자 한 명당 돌볼 수 있는 유기견 수는 최대 B 마리이고, 보조자 한 명당 돌볼 수 있는 유기견 수는 최대 C 마리이므로 방별로 $A_i \le B$인 경우 필요한 보호소 직원 수는 사육자 1명이고, $A_i > B$인 경우 사육자 1명과 [(A_i−B)/C를 소수점 첫째 자리에서 반올림한 값]명의 보조자가 필요하다.

구분	1번 방	2번 방	3번 방
유기견 수	22마리	7마리	15마리
사육자가 돌볼 수 있는 유기견 수	10마리	10마리	10마리
보조자가 돌봐야 하는 유기견 수	22−10=12마리	7−10=−3 → 0마리	15−10=5마리
필요한 보조자 수	12/5=2.4 → 3명	0명	5/5=1명
필요한 보호소 직원 수	1+3=4명	1+0=1명	1+1=2명

따라서 [Test Case]에서 필요한 보호소 직원 수는 최소 4+1+2=7명이다.

21 그리디 문제

정답 12명

구분	1번 방	2번 방	3번 방
유기견 수	15마리	17마리	23마리
사육자가 돌볼 수 있는 유기견 수	7마리	7마리	7마리
보조자가 돌봐야 하는 유기견 수	15−7=8마리	17−7=10마리	23−7=16마리
필요한 보조자 수	8/4=2명	10/4=2.5 → 3명	16/4=4명
필요한 보호소 직원 수	1+2=3명	1+3=4명	1+4=5명

따라서 필요한 보호소 직원 수는 최소 3+4+5=12명이다.

22 그리디 문제

정답 12명

구분	1번 방	2번 방	3번 방
유기견 수	25마리	42마리	13마리
사육자가 돌볼 수 있는 유기견 수	12마리	12마리	12마리
보조자가 돌봐야 하는 유기견 수	25−12=13마리	42−12=30마리	13−12=1마리
필요한 보조자 수	13/6≒2.2 → 3명	30/6=5명	1/6≒0.2 → 1명
필요한 보호소 직원 수	1+3=4명	1+5=6명	1+1=2명

따라서 필요한 보호소 직원 수는 최소 4+6+2=12명이다.

23 그리디 문제

정답 16명

구분	1번 방	2번 방	3번 방
유기견 수	64마리	35마리	72마리
사육자가 돌볼 수 있는 유기견 수	15마리	15마리	15마리
보조자가 돌봐야 하는 유기견 수	64−15=49마리	35−15=20마리	72−15=57마리
필요한 보조자 수	49/10=4.9 → 5명	20/10=2명	57/10=5.7 → 6명
필요한 보호소 직원 수	1+5=6명	1+2=3명	1+6=7명

따라서 필요한 보호소 직원 수는 최소 6+3+7=16명이다.

24 그리디 문제

정답 47명

구분	1번 방	2번 방	3번 방	4번 방
유기견 수	3마리	17마리	23마리	55마리
사육자가 돌볼 수 있는 유기견 수	3마리	3마리	3마리	3마리
보조자가 돌봐야 하는 유기견 수	3−3=0마리	17−3=14마리	23−3=20마리	55−3=52마리
필요한 보조자 수	0명	14/2=7명	20/2=10명	52/2=26명
필요한 보호소 직원 수	1+0=1명	1+7=8명	1+10=11명	1+26=27명

따라서 필요한 보호소 직원 수는 최소 1+8+11+27=47명이다.

25 그리디 문제

정답 27명

구분	1번 방	2번 방	3번 방	4번 방
유기견 수	48마리	12마리	62마리	90마리
사육자가 돌볼 수 있는 유기견 수	13마리	13마리	13마리	13마리
보조자가 돌봐야 하는 유기견 수	48－13＝35마리	12－13＝－1 → 0마리	62－13＝49마리	90－13＝77마리
필요한 보조자 수	35/7＝5명	0명	49/7＝7명	77/7＝11명
필요한 보호소 직원 수	1+5＝6명	1+0＝1명	1+7＝8명	1+11＝12명

따라서 필요한 보호소 직원 수는 최소 6+1+8+12＝27명이다.

취업강의 1위 해커스잡 합격생이 말하는

삼성 최종합격의 비법!

실제 GSAT는 해커스 문제 유형에 가장 가까웠던 것 같습니다.

인적성 강의에서 특히 도움을 많이 받았습니다. 유형별로 공략방법을 들을 수 있어서 시간을 줄이는데 매우 도움이 되었고 타사와 비교했을 때 교재의 문제 유형이 실제 GSAT와 가장 유사해 실전감각을 키우는데 좋았습니다.

배*영 (2d****gi)

조*혁 (sa****k)

문제 푸는 방법을 알고 나니 시간이 많이 단축되었습니다.

해커스잡 강의에서 인적성을 빠르게 풀 수 있는 방법을 배웠습니다. 처음에 시간 단축하는 것이 많이 힘들었는데, 문제 푸는 방법을 알고 나니 시간이 많이 단축되었습니다. 실제 GSAT를 볼 때도 이 방법을 활용하여 문제를 풀었고, 합격할 수 있었습니다.

해커스 파랑이/하양이를 통해서 절대 틀리지 않도록 유형을 공부하였습니다.

해커스잡 강의를 들으면서 인적성 관련해서 도움을 되게 많이 받았습니다. 수리/추리 영역에서 어떤 식으로 준비를 해야 할지 막막했었는데 선생님들의 푸는 방식 및 노하우를 통해서 시간 단축을 많이 할 수 있었고, 시험에서도 좋은 결과를 받을 수 있는 원동력이 된 것 같습니다.

박*규 (SK******21)

유*영 (w***l)

김소원 선생님, 복지훈 선생님 덕에 최종합격까지 갈 수 있었던 것 같습니다

수리 영역에서는 김소원 선생님의 수리영역 3초 풀이법을 통해 계산 영역에서의 시간 단축과 계산 실수를 줄이고자 하였습니다. 특히, 전 곱셈 부분의 팁을 가장 많이 활용했던 것 같습니다. 추리 영역에서는 복지훈 선생님의 인강을 들었는데 그 중에서도 명제 부분은 복지훈 선생님이 알려주신 팁을 사용한 후로 거의 틀린 적이 없었습니다.

[1위 해커스잡] 헤럴드 선정 2018 대학생 선호 브랜드 대상 '취업 강의' 부문 1위

삼성 합격의 모든 것, **해커스잡 job.Hackers.com**